Regionale Bildungsplanung im Rahmen der Entwicklungsplanung

CIP-Kurztitelaufnahme der Deutschen Bibliothek

Regionale Bildungsplanung im Rahmen der Entwicklungsplanung: Zusammenhänge zwischen Bildungs- und Beschäftigungssystem/(zu den Autoren dieses Bd. Robert Geipel . . .). – Hannover: Schroedel, 1978.
  (Veröffentlichungen der Akademie für Raumforschung und
  Landesplanung: Forschungs- und Sitzungsberichte; Bd. 127)
  ISBN 3-507-91491-3

NE: Geipel, Robert (Mitarb.)

VERÖFFENTLICHUNGEN
DER AKADEMIE FÜR RAUMFORSCHUNG UND LANDESPLANUNG

Forschungs- und Sitzungsberichte
Band 127

Regionale Bildungsplanung im Rahmen der Entwicklungsplanung

– Zusammenhänge zwischen Bildungs- und Beschäftigungssystem –

HERMANN SCHROEDEL VERLAG KG · HANNOVER · 1978

Zu den Autoren dieses Bandes

Robert Geipel, Dr. phil., 49, o. Prof., Direktor des Geographischen Instituts der Technischen Universität München, Korrespondierendes Mitglied der Akademie für Raumforschung und Landesplanung.

Sabine Kudera, Dr. rer. pol., Dipl.-Soziologin, 35, Wissenschaftliche Assistentin am Institut für Soziologie der Universität München.

Dieter Mertens, Dr. rer. pol. habil., Dipl.-Volkswirt, 47, Direktor des Instituts für Arbeitsmarkt- und Berufsforschung der Bundesanstalt für Arbeit Nürnberg.

Werner E. Spies, Dr. phil., 50, o. Prof. für Allgemeine Pädagogik an der Pädagogischen Hochschule Ruhr in Dortmund.

Alfons Otto Schorb, Dr. phil., 57, o. Prof., Direktor des Staatsinstituts für Bildungsforschung und Bildungsplanung in München, Korrespondierendes Mitglied der Akademie für Raumforschung und Landesplanung.

Peter Meusburger, Dr. phil., 36, Oberassistent am Geographischen Institut der Universität Innsbruck.

Heinrich Pohl, Dr. rer. pol., Dipl.-Soziologe, 33, ehem. Wissenschaftlicher Mitarbeiter am Institut für Regionale Bildungsplanung in Hannover.

Johannes-J. Meister, Dr. phil., 41, Wissenschaftlicher Referent am Staatsinstitut für Bildungsforschung und Bildungsplanung in München.

Raimund Ritter, Dr. phil., 45, Prof., Direktor des Instituts für Lehrerfortbildung in Gars am Inn.

Karl-Hans Pauli, Studienreferendar, 30, Wissenschaftlicher Mitarbeiter der Planungsstelle der Diözese München-Freising.

Hans-Jörg Hörger, Dipl.-Ing., 43, Leiter der Hauptabteilung Allgemeine Bildungspolitik der Siemens AG in München.

Fridolin Hallauer, Dr. h. c., Dipl.-Ing., 57, Min.-Dirigent, Leiter der Abteilung Staatliches Bauwesen beim Finanzminister des Landes Nordrhein-Westfalen.

Karl Ganser, Dr. habil., 41, Prof. am Geographischen Institut der Technischen Universität München, Direktor und Prof. der Bundesforschungsanstalt für Landeskunde und Raumordnung in Bonn-Bad Godesberg, Ordentliches Mitglied der Akademie für Raumforschung und Landesplanung.

Best.-Nr. 91491
ISBN 3-507-91491-3

Alle Rechte vorbehalten · Hermann Schroedel Verlag KG Hannover · 1978
Gesamtherstellung: Th. Schäfer Druckerei GmbH, Hannover
Auslieferung durch den Verlag
ISSN 0344-0311

INHALTSVERZEICHNIS

Vorwort:

Seite

Robert Geipel, München — Der Forschungsansatz „Zusammenhang zwischen Bildungs- und Beschäftigtensystem" im Rahmen des Arbeitsprogramms des Arbeitskreises VII

I. Kapitel:

Sabine Kudera, München — Theoretische Konzeptionen zum Verhältnis von Bildungs- und Beschäftigungssystem 1

Dieter Mertens, Nürnberg — Unterqualifikation oder Überqualifikation? 15

II. Kapitel:

Werner E. Spies, Dortmund — Perspektivenwandel bei Zielsetzung und Systemabstimmung in regionaler Bildungsplanung 27

Alfons Otto Schorb, München — Revision regionaler Bildungsplanung? 41

III. Kapitel:

Peter Meusburger, Innsbruck — Regionale Unterschiede des Ausbildungsniveaus der Arbeitsbevölkerung – Zur regionalen Konzentration der Arbeitsplätze für Höherqualifizierte 49

Heinrich Pohl, Hannover — Schulische und betriebliche Qualifikationschancen in Niedersachsen – empirische Grundlagen zur Beurteilung und Steuerung regionaler Qualifikationsstrukturen 75

Johannes-J. Meister und Alfons Otto Schorb, München — Zur regionalen Auswirkung des Zusammenhangs von Bildungssystem und Beschäftigungssystem 107

Raimund Ritter, München — Die Ausbildungssituation in einem strukturschwachen Landkreis (Cham) 143

IV. Kapitel:

Robert Geipel und Karl-Hans Pauli, München — Arbeitsmarkt und Qualifikation – eine Fallstudie am Beispiel eines Münchner Automobilwerkes (BMW) ... 155

Hans-Jörg Hörger, München — Überlegungen zum Verhältnis von Beschäftigungs- und Bildungssystem aus der Sicht der Siemens AG 181

Fridolin Hallauer, Düsseldorf — Fallstudie Bauwirtschaft: Verhältnis von Beschäftigungs- und Bildungssystem 195

Nachwort:

Karl Ganser, München — Zur Raumbedeutsamkeit von Maßnahmen im Bildungsbereich 229

Mitglieder des Arbeitskreises
„Regionale Bildungsplanung im Rahmen der Entwicklungsplanung"

Prof. Dr. Robert Geipel, München, Leiter

Wiss. Ass. Dipl.-Geographin Gitta Muske, München, Geschäftsführerin

Prof. Dr. Kurt Aurin, Freiburg i. Br.

Abt.-Leiter Dipl.-Volkswirt Hans-Jürgen Back, Hannover

Min.-Direktor Dr. Eberhard Böning, Bonn

Min.-Dirigent Dr. Martin Dettinger-Klemm, Stuttgart

Prof. Dr. Peter Dienel, Wuppertal

Prof. Dr. Clemens Geißler, Hannover

Prof. Dr. Fridolin Hallauer, Düsseldorf

Prof. Dr. Alois Mayr, Bochum

Direktor Dr. Dieter Mertens, Nürnberg

Prof. Dr. Christoph Oehler, Frankfurt

Prof. Dr. Hansgert Peisert, Konstanz

Prof. Dr. Raimund Ritter, München

Senator Dr. Dieter Sauberzweig, Berlin

Prof. Dr. Alfons Otto Schorb, München

Prof. Dr. Werner E. Spies, München

Dozent Dipl.-Volkswirt Manfred Wunberg, Trier

Der Arbeitskreis stellt sich als Ganzes seine Aufgaben und Themen und diskutiert die einzelnen Beiträge mit den Autoren. Die wissenschaftliche Verantwortung für jeden Beitrag trägt der Autor allein.

Vorwort:

Der Forschungsansatz „Zusammenhang zwischen Bildungs- und Beschäftigungssystem" im Rahmen des Arbeitsprogramms des Arbeitskreises

von
Robert Geipel, München

I. Zum Arbeitskreis „Regionale Bildungsplanung"

Im Dezember 1967 konstituierte sich unter Leitung von WILHELM WORTMANN ein Forschungsausschuß „Regionale Bildungsplanung", der mit den Bänden 60 und 61 der Forschungs- und Sitzungsberichte der Akademie für Raumforschung und Landesplanung 1970 und 1971 erste Ergebnisse seiner Arbeit vorlegte[1]). Diese beiden ersten Bände (der zweite als Bericht über die 10. Wissenschaftliche Plenarsitzung in Hamburg) waren getragen von einer Thematik der späten 60er Jahre: der Wiederentdeckung des Humankapitals in der ökonomischen Theorie und der Einordnung dieser Wiederentdeckung in die Theorie der Raumentwicklung auch in der Bundesrepublik Deutschland, nachdem Studien in den USA gezeigt hatten, wie wichtig die Qualifikationsstruktur einer Bevölkerung und damit ihr Bildungssystem für wirtschaftliches Wachstum sind.

Anläßlich der 8. Sitzung des inzwischen umbenannten und von CLEMENS GEISSLER geleiteten Arbeitskreises „Regionale Bildungsplanung im Rahmen der Entwicklungsplanung" im Februar 1972 konnte bereits davon ausgegangen werden, daß sich innerhalb der fünf Jahre seit seiner Gründung eine breite Bewußtseinsbildung in der Öffentlichkeit vollzogen hatte. Es ging nicht mehr um die „Entdeckung" eines neuen Forschungsaspektes, sondern um seine Einbringung in die Raumentwicklung, begleitet von dem Versuch, darauf hinzuweisen, daß sich Bildungsplanung nicht sektoral abkapseln und ohne Querverbindung zu anderen raumwirksamen Entscheidungsträgern ressortmäßig verfestigen dürfe. In dieser zweiten Periode entstanden an fast allen Kultusministerien der Länder eigene Planungsabteilungen oder Staatsinstitute für (auch) regionale Bildungsplanung. Der Arbeitskreis konnte sich auf die Aufgabe konzentrieren, der Koordination von wissenschaftlicher Forschung und politisch-administrativer Planung zu dienen. Band 93 der Forschungs- und Sitzungsberichte[2]) markierte diese zweite Phase gemeinsamer Arbeit.

---

[1]) Beiträge zur Regionalen Bildungsplanung, Forschungs- und Sitzungsberichte der Akademie für Raumforschung u. Landesplanung, Bd. 60, Hannover 1970. – Bildungsplanung und Raumordnung, Forschungs- u. Sitzungsberichte der Akademie für Raumforschung u. Landesplanung, Bd. 61, Hannover 1971.

[2]) Integrierte Verfahren regionaler Bildungs- und Entwicklungsplanung, Forschungs- u. Sitzungsberichte der Akademie f. Raumforschung u. Landesplanung, Bd. 93, Hannover 1974.

1973 setzte mit der 12. Arbeitstagung als drittem Schwerpunkt die Beschäftigung mit der Infrastruktur des Bildungswesens ein. Die 18. Arbeitstagung im September 1975 verabschiedete den Band 107 der Forschungs- und Sitzungsberichte[3]). Bereits in diesem Band klang an vielen Stellen an, daß das Bildungswesen nicht vom Beschäftigungswesen getrennt gesehen werden dürfe, bereits hier wird den Friktionen nachgegangen, die sich aus demographischen Wellenbewegungen und Beschäftigungskrisen ergeben. In der vierten und letzten Phase seines Bestehens wandte sich deshalb der Arbeitskreis (jetzt unter der Leitung von ROBERT GEIPEL) seit seiner 19. Tagung im März 1976 in München folgerichtig dem Thema „Zusammenhang von Bildungs- und Beschäftigungssystem" zu. Bei drei weiteren Sitzungen im März 1977 in Hannover, im November 1977 in Bad Godesberg und im April 1978 in Freiburg diskutierten die Mitglieder und Gäste die im vorliegenden Band 127 vereinigten Beiträge, die hier kurz in ihren Intentionen und ihrem inneren Zusammenhang vorgestellt seien.

II. Die Themen des vorliegenden Bandes

Wie die bisherigen vier Forschungsberichte reflektiert auch der Abschlußband die Zusammensetzung des Arbeitskreises aus Wissenschaftlern, Planungspolitikern und Verwaltungsfachleuten; ein Umstand, der den Diskussionen ihre fruchtbare Spannung zwischen Theorie und Praxis vermittelte. Der Arbeitskreis hofft, daß auch bei der Lektüre der vorliegenden Beiträge (namentlich jener von SPIES und SCHORB) ein Teil dieser Atmosphäre erhalten bleibt.

a) Der Band beginnt noch im Vorfeld des Räumlichen mit Beiträgen zur Theorie des Zusammenhangs zwischen Bildungs- und Beschäftigungssystem. SABINE KUDERA vom Institut für Soziologie der Universität München gibt einen Aufriß der Diskussion über dieses Thema in der Bundesrepublik als Vergleich von sechs theoretischen Ansätzen. Dem Manpower-Ansatz, Absorptionsansatz, Substitutionsansatz und dem Ansatz der Angebotselastizität, die sämtlich eine expansive Bildungspolitik akzeptieren, steht der „Restriktionsansatz" gegenüber, welcher den Betrieben unterstellt, daß sie aus Gründen der Kostenminimierung Sperren gegen die Aufnahme „Hochqualifizierter" errichten, und schließlich der „statusdistributive Ansatz", der von einem „Bedarf an sozialer Ungleichheit" ausgeht und gegen „überschüssige" Bewerber um knappe hohe Positionen Selektionsbarrieren aufgerichtet sieht.

Kreisen die im Beitrag von S. KUDERA behandelten Theorieansätze vorwiegend um die Frage der Aufnahme von *Hochqualifizierten* ins Beschäftigungssystem, so fragt DIETER MERTENS, Direktor des Instituts für Arbeitsmarkt- und Berufsforschung der Bundesanstalt für Arbeit, nach den *Unterqualifizierten* bzw. danach, ob besser durch „Spitzenverknappung" oder „Basisverknappung" Friktionen bei der Abstimmung von Bildungs- und Beschäftigungssystem vermieden werden können, Überqualifikation oder Unterqualifikation schlimmere Planungsfehler darstellen und welche solcher Fehler leichter zu korrigieren wären. MERTENS plädiert dafür, den Qualifikationstrend der deutschen Gesellschaft nicht zu stoppen, sondern ihn fortzusetzen, weil sich beim Verdrängungswettbewerb auf dem Arbeitsmarkt herausgestellt habe, daß Positionen am unteren Ende des Qualifikationsspektrums immer weniger vorhanden sein werden und sich die Gesellschaft nicht leisten kann, entgegen säkularer Trends Teile der Heranwachsenden in

---

[3]) Infrastruktur im Bildungswesen, Forschungs- u. Sitzungsberichte der Akademie f. Raumforschung u. Landesplanung, Bd. 107, Hannover 1976.

Felder abzudrängen, für die eine Beschäftigungsgarantie in Zukunft noch zweifelhafter sein wird als für die Höherqualifizierten, auch wenn diese vor einer „Durststrecke" von mindestens zehn Jahren stehen dürften.

b) Standen in den beiden einleitenden Beiträgen Probleme der Systemabstimmung im weitesten Sinne im Vordergrund, so fragt WERNER SPIES aus der Position eines früher leitenden Bildungsplaners in Nordrhein-Westfalen und jetzigen Lehrstuhlinhabers für Pädagogik nach dem Perspektivenwandel von Bildungsplanung. Er kritisiert ihre Ineffektivität, weil sie angesichts des bestehenden Laufbahnrechts nicht verstanden habe, die Kette Bildung-Qualifikation-Berechtigung-Anspruch aufzusprengen, die Bildungsgänge vom Beschäftigungssystem „abzukoppeln" und „Jugendliche für unter Umständen mehrjährige Arbeitslosigkeit zu stabilisieren". Gegenüber solchen Aufgaben wählt sich *regionale* Bildungsplanung nach SPIES Auffassung – ähnlich wie die beiden einführenden Beiträge – ein zu sehr verengtes Blickfeld, hat teil an den Versäumnissen einer allgemeinen Planungseuphorie.

ALFONS OTTO SCHORB als Direktor des Staatsinstituts für Bildungsforschung und Bildungsplanung in München sucht diese Planungskritik zu widerlegen. Zwar habe SPIES damit recht, die „Reduktion unvorhersehbarer Geschichte auf eine geplante Strecke" zu kritisieren, doch kann sich regionale Bildungsplanung nur in dem Mittelfeld bewegen, das sich zwischen zwei Zonen von Unplanbarkeit öffnet: zwischen den Großverläufen und der nicht vorhersehbaren Spontaneität der Individuen. Eine Halbierung von Jahrgangsstärken hat den Überraschungscharakter früherer Kriege und Wirtschaftskrisen. Ihre Unvorhersehbarkeit und Unplanbarkeit dispensieren nicht von dem Auftrag, regionaler Bildungsplanung erst jene Perspektiven zu *finden*, von denen SPIES meint, daß sie sich so grundlegend *gewandelt* hätten, um an Planbarkeit überhaupt zu verzweifeln.

Im Dialog von SPIES und SCHORB ist ein Gutteil der kritischen Reflexionen eingefangen, auf deren Hintergrund der Arbeitskreis stets seine Diskussionen führte: den Spannungen zwischen Bundes- und Länderkompetenzen, zwischen „A"- und „B"-Ländern, zwischen Theoretikern und Politikern.

c) Diesen vier grundsätzlichen Beiträgen folgen Studien „mittleren Maßstabs", zunächst mit einem Gesamtstaat (Österreich) beginnend, in der Folge auf Länder der Bundesrepublik (Niedersachsen, Bayern) oder ausgewählte Landkreise eingehend.

PETER MEUSBURGER vom Geographischen Institut der Universität Innsbruck stellt bei seiner Analyse des österreichischen Beschäftigungssystems die räumliche Dimension der Qualifikationsstruktur in den Vordergrund, wobei er die Größe und den zentralörtlichen Rang eines Arbeitsortes mit dem Ausbildungsniveau seiner Arbeitsbevölkerung in Beziehung setzt und auf die starke räumliche Konzentration der Arbeitsplätze für Höchstqualifizierte hinweist. Die Ursachen für die großen regionalen Unterschiede des Ausbildungsniveaus der Arbeitsbevölkerung bzw. die regionale Konzentration der Arbeitsplätze für Höchstqualifizierte werden vor allem durch Hypothesen aus den Bereichen der Organisations-, Informations- und Kommunikationstheorie zu erklären versucht.

Inwiefern die räumliche Differenzierung und Hierarchie des Arbeitsplatzangebots rückkoppelnd auch das Berufsbildungsverhalten mitbestimmt, wird in den folgenden Beiträgen von HEINRICH POHL, JOHANNES-JÜRGEN MEISTER/ALFONS OTTO SCHORB und RAIMUND RITTER deutlich.

Alle drei Studien beschäftigen sich mit der Ausbildungssituation in ihren regionalen Abweichungen, jedoch mit jeweils unterschiedlicher Blickrichtung.

H. POHL vom Institut für Regionale Bildungsplanung an der TU Hannover zielt darauf, dem Planer der Berufsbildungseinrichtungen ein durchschaubares, auf vorhandener Regionalstatistik basierendes Instrumentarium anzubieten, welches ihm gestattet, die regionale Ausbildungsplatzversorgung als Entscheidungsgrundlage für eine mögliche Steuerung der Qualifikationschancen einzuschätzen. Während dieser Beitrag in erster Linie methodisch orientiert ist, sind die beiden folgenden stärker inhaltlich ausgerichtet.

Bei der Arbeit von MEISTER und SCHORB vom Staatsinstitut für Bildungsforschung und Bildungsplanung in München handelt es sich um eine empirische Erfassung der Determinanten der Ausbildungsplatznachfrage. Es werden vor allem die Zusammenhänge zwischen sozialer und regionaler Herkunft sowie der Ranghöhe der Schulbildung einerseits und der Wahl des Ausbildungsberufes sowie die Bereitschaft zur beruflichen und regionalen Mobilität andererseits überprüft. Trotz unterschiedlicher Ansätze und anderer Untersuchungsgebiete – die Bezugseinheiten sind in Niedersachsen die Regierungsbezirke, in Bayern ausgewählte Planungsregionen, Landkreise und kreisfreie Städte – ziehen beide Beiträge ähnliche Schlußfolgerungen: Sie plädieren für einen verbesserten Ausbau der Infrastruktur des Berufsbildungswesens (vor allem im Bereich der Vollzeitschulen) in strukturschwachen Gebieten.

Wie problematisch die Konsequenzen solcher Forderungen jedoch sein können, deutet bereits der Beitrag von R. RITTER, ebenfalls vom Staatsinstitut in München, an.

Es skizziert die schwierige Ausbildungssituation der geburtenstarken Jahrgänge in strukturschwachen Gebieten am Beispiel des nord-ostbayerischen Landkreises Cham in der Oberpfalz als Grenzkreis zur ČSSR. Der Mangel an entsprechend qualifizierten Arbeitsplätzen zwingt die Ausgebildeten zum Abwandern oder Pendeln aus dem Landkreis, so daß verbesserte Ausbildungsangebote bei der gegenwärtigen wirtschaftlichen Lage allenfalls die Chancen erhöhen würden, einen adäquaten Arbeitsplatz außerhalb der Region zu finden.

Während im 1. und 2. Kapitel *grundsätzliche* Ausführungen und im 3. Kapitel Untersuchungen mittleren Maßstabs, überwiegend auf der Ebene von *Ländern* vorgetragen wurden, wendet sich das 4. Kapitel in drei *Fallstudien wichtigen Branchen* des Wirtschaftslebens zu: der Automobilindustrie, der Elektrotechnischen Industrie und der Bauwirtschaft. Es geschieht dies einmal am Beispiel von Weltfirmen wie BMW oder Siemens, also einzelnen Großunternehmen unter einheitlicher Leitung; in der dritten Leitstudie wird im Kontrast dazu ein Wirtschaftszweig untersucht, zu dessen Charakteristika es gehört, daß er in zahllose Einzelunternehmen aufgesplittert und von dementsprechend vielen Entscheidungsträgern abhängig ist.

Die drei Fallstudien folgen einer unterschiedlichen Zielsetzung: Die BMW-Studie von KARL-HANS PAULI und ROBERT GEIPEL will einen Beitrag zur Mobilitätsforschung leisten und untersucht 4700 Gehaltsempfänger auf die Spannung von Geburts- und heutigem Arbeitsort. Daß Bildung dazu frei macht bzw. zwingt, sich aus den Herkunftsbindungen zu lösen, belegen die Korrelationen zwischen Qualifikation und Wanderungsdistanz. Das bedeutet für schlecht mit qualifizierten Arbeitsplätzen ausgestattete Räume, daß sie durch einen ständigen „brain-drain" qualifizierte Ausgebildete in einem Prozeß sozialer Erosion verlieren.

Die Siemens-Studie HANS-JÖRG HÖRGERS geht von den weltweit rund 300 000 Mitarbeitern seiner Firma aus und untersucht die Veränderung in der Belegschaftsstruktur zwischen 1962 und 1976. Bei Stabilität von Facharbeiterstamm und kaufmännisch Tätigen wächst in diesem Zeitraum der Anteil der technisch Tätigen, in der graphischen

Darstellung der Tarifgruppenstruktur wird die Pyramide von der Glockenform abgelöst. Ein forschungsintensives Weltunternehmen wie Siemens neigt eher dazu, konzernintern durch Weiterbildung Qualifikationslücken zu schließen, als „Überqualifizierte auf Vorrat" einzustellen. Eine Regionalanalyse von Bayern erweitert diese Darlegungen über die Arbeitsplatzstruktur bei Siemens.

Die Tendenzen, welche an einem elektrotechnischen Weltkonzern beobachtet wurden, bestätigen sich in der Feldstudie FRIDOLIN HALLAUERS auch bei der Vielfalt von 58000 Betrieben des Bauhauptgewerbes. Es ist im Untersuchungszeitraum 1964–1976 in seiner Entwicklung zu erhöhter Arbeitsproduktivität bei abnehmenden Beschäftigtenzahlen gekennzeichnet durch die verstärkte Vermehrung arbeitsvorbereitender Vorleistungen, verstärkter Mechanisierung, Intensivierung und Rationalisierung sowie verbesserter überbetrieblicher Zusammenarbeit. Dabei nehmen höherqualifizierte Mitarbeiter ständig zu, ungelernte Arbeiter nehmen zugunsten der Facharbeiter ab (vgl. den Beitrag von D. MERTENS in diesem Band): im Zeitraum von 15 Jahren hat sich die Quote der technischen Führungskräfte verdreifacht, jene der kaufmännischen verdoppelt. Vergleiche mit Japan erweitern die Studie sowohl räumlich als auch in die Zukunftsdimension. Markt- und Zukunftssicherung dieser Branche können nicht mehr gesehen werden – folgt man HALLAUER – ohne eine Erhöhung der Qualifikation im Personalsektor, der technischen Führungskräfte und der Facharbeiter sowie vermehrter Forschung.

Im abschließenden Beitrag von KARL GANSER über die Raumbedeutsamkeit von Maßnahmen im Bildungsbereich stellt der Direktor der Bundesforschungsanstalt für Landeskunde und Raumordnung noch einmal die Notwendigkeit heraus, bei gesamtstaatlicher Bildungsplanung die regionalen Besonderheiten zu beachten. Das ist aus zwei Gründen gerade im Augenblick besonders wichtig:

- Die gegenwärtig vorbereitete Rücknahme ursprünglich angestrebter Ausbauziele des Bildungswesens in Erwartung eines demographischen Wellentales und die Verteilung der derzeitigen „Überlast" auf den bestehenden Einrichtungen begünstigen die bereits ausgebauten Institutionen. Damit droht die Gefahr, daß ganze Regionen auf die heutigen, z. T. problematischen Ausbildungsangebote und Arbeitsmarktstrukturen festgeschrieben werden.
- Mit dem neuen Begriff der „raumfunktionalen Arbeitsteilung" wird in der raumordnungspolitischen Grundsatzdiskussion eine Legitimation für Substandards vorbereitet, die einen chancengleichen Ausbau der Bildungseinrichtungen verhindern.

Solche Zielvorstellungen sollten in ihren Konsequenzen analytisch verfolgt und politisch bewertet werden. Z. B. würde die von SPIES vorgeschlagene „Entkoppelung" von Bildungs- und Beschäftigungssystem die regionale Bildungsplanung von der Zumutung entlasten, den Abbau regionaler Unterschiede einstellen zu sollen. Auch würde der Regionalpolitik das Argument entzogen, höherwertige Arbeitsplätze könnten mangels Qualifikation der Beschäftigten nicht in die Peripherie gebracht werden.

Schon immer war die Verteilung von Zuwachsraten leichter als die Umverteilung von Beständen. Eine solche wird aber in der Zukunft unter regionalen Gesichtspunkten erfolgen müssen. Die „inneren Bewegungen" eröffnen Chancen dazu. Das Verhältnis von allgemeinbildender, beruflicher, universitärer und der Erwachsenenbildung ist innersektoral ohnedies neu zu ordnen. Richtzahlen für Lehrer-Schüler-Relationen, Klassenstärken, Standortgrößen und zumutbare Einzugsbereiche sind im Fluß. Ihre räumlichen Implikationen sind deutlich greifbar. Dabei sollte es keine „Standortgarantien" für einmal geschaffene Kapazitäten geben.

Theoretische Konzeptionen zum Verhältnis von Bildungs- und Beschäftigungssystem
– Zur Entwicklung der Diskussion in der Bundesrepublik – [1]

von
Sabine Kudera, München

Die Diskussion um das Verhältnis von Bildungs- und Beschäftigungssystem bildet einen wesentlichen Schwerpunkt in der Debatte um angemessene Konzeptionen für die staatliche Bildungsplanung in der Bundesrepublik. Es erscheint daher interessant zu verfolgen, wie sich mit der augenfälligen Veränderung der bildungs- und arbeitsmarktpolitischen Situation und der angestrebten bildungspolitischen Ziele in den letzten Jahren auch die theoretischen Konzeptionen gewandelt haben, mit denen das Verhältnis von Bildungs- und Beschäftigungssystem zu erfassen versucht wurde.

Wenn man die Akzentverschiebung in den theoretischen Konzeptionen auf einen Nenner bringen will, könnte man sagen, daß sich die anfänglich vorherrschende naiv-optimistische Auffassung, Bildungsplanung sei vor allem ein *Informationsproblem* und könne durch adäquate Prognosen des künftigen Qualifikationsbedarfs bewältigt werden, zunehmend aufgelöst hat in die meist resignative Einsicht, daß Bildungsplanung vor allem ein *politisches Problem* ist, weil seine Lösung vom finanziell und politisch deutlich begrenzten Handlungsspielraum staatlicher Instanzen abhängt.

Die folgende Darstellung von sechs in den letzten Jahren entwickelten sozialwissenschaftlichen Konzepten zum Verhältnis von Bildungs- und Beschäftigungssystemen will diese Akzentverlagerung nachzeichnen. Allerdings soll auf eine eigene Kritik und Bewertung der Ansätze weitgehend verzichtet werden. Das ist um so leichter möglich, als die einzelnen Ansätze meistens in kritischer Auseinandersetzung mit den jeweils vorgefundenen Konzepten entstanden sind und somit z. T. selbst als konstruktiv gewendete Kritik ihrer Vorläufer angesehen werden können. Beabsichtigt ist also lediglich eine Art „Theorievergleich", der wegen der Verständlichkeit für einen möglichst breiten Kreis der an Bildungsplanung Interessierten und wegen der gebotenen Kürze der Darstellung nur die wichtigsten Konturen der behandelten Ansätze umreißen soll[2]. Ein

---

[1] Vortrag, gehalten auf der 19. Arbeitstagung des Arbeitskreises Regionale Bildungsplanung im Rahmen der Entwicklungsplanung der Akademie für Raumforschung und Landesplanung am 11.3.76 in München.

[2] Für den fachwissenschaftlich Interessierten werden z. T. zusätzliche Hinweise in Fußnoten gegeben. Auf umfangreiche Literaturangaben wurde jedoch bewußt verzichtet.

solcher, zugegeben sehr bescheidener Theorievergleich darf daher auch nicht als Empfehlung für die politische Umsetzung wissenschaftlicher Erkenntnisse mißverstanden werden[3]) – so sehr diese Abstinenz den bildungspolitisch engagierten Leser vielleicht enttäuschen muß.

Einige *methodische Vorbemerkungen* seien der Darstellung noch vorangeschickt: Die Analyse wird notgedrungen *selektiv* sein, und zwar mindestens in zweifacher Weise: Zum einen wurden aus der Vielzahl der Ansätze lediglich sechs ausgewählt[4]). Trotz der homogenisierenden Wirkung dieser Auswahl bleibt der Vergleich der Ansätze aber insofern problematisch, als die Erkenntnisabsicht[5]), die gesellschaftstheoretischen Grundannahmen[6]) und die empirische Basis[7]) der Untersuchungen z. T. sehr heterogen sind. Zum anderen werden die so ausgewählten Ansätze nicht in ihrer ganzen Komplexität ausgebreitet, sondern lediglich kurz und nur in den hier interessierenden Aussagen umrissen. In diesem Sinne wichtig scheinen mir diejenigen Aussagen zu sein, die sich a) auf Art und Intensität der Abhängigkeit zwischen Bildungs- und Beschäftigungssystem beziehen und die b) die Möglichkeiten und Restriktionen der Aufnahme von *hochqualifizierten* Arbeitskräften im Beschäftigungssystem betreffen. Denn der Angelpunkt der Betrachtung sind bei allen hier darzustellenden Ansätzen bezeichnenderweise

---

[3]) In der im Anschluß an das Referat geführten Diskussion schien sich z. T. in dieser Hinsicht ein Mißverständnis anzudeuten: Der Hinweis auf die bisher mangelhafte *theoretische Erfassung* der Bedeutung des *Staates* für das Verhältnis von Bildungs- und Beschäftigungssystem wurde als *politisch-praktische Forderung* nach verstärkter Staatsintervention in dieses Verhältnis interpretiert.

[4]) Als Gesichtspunkte für diese Auswahl können die Allgemeinheit des Geltungsanspruchs der Aussagen und die Frage, inwieweit die Ansätze neue, bis dahin nicht beachtete Perspektiven repräsentieren, gelten. – In den Abschnitten I-IV dieser Darstellung deckt sich die hier getroffene Auswahl mit der von M. BAETHGE u. a.: Produktion und Qualifikation, Eine Vorstudie zur Untersuchung von Planungsprozessen im System der beruflichen Bildung, 2. Aufl. Hannover 1975.

[5]) So beabsichtigt der bildungsökonomische *Manpower-Ansatz* (vgl. Abschnitt I dieser Darstellung) eine konkrete (langfristige) Prognose des Bedarfs an hochqualifizierten Arbeitskräften (HQA); der *Absorptions-Ansatz* (Abschnitt II), der *Statusdistributions-Ansatz* (Abschnitt VI) und mit Einschränkungen auch das *Konzept des SOFI* (Abschnitt V) streben dagegen eine gesellschaftstheoretisch fundierte Einschätzung der Funktionen des Bildungssystems für die Gesellschaft und der Bedingungen der Aufnahme von HQA im Beschäftigungssystem an; dagegen will der *Substitutions- und Flexibilitäts-Ansatz* (Abschnitt III) auf praktische Möglichkeiten der kurzfristigen Abstimmung von Qualifikationsangebot und -nachfrage auf dem Arbeitsmarkt verweisen; und das *Konzept des ISF* (Abschnitt IV) zielt auf die Herausarbeitung des Handlungsspielraums von Einzelbetrieben beim Arbeitskräfteeinsatz ab.

[6]) Während der Manpower- (I) und der Substitutions- und Flexibilitäts-Ansatz (III) keine expliziten gesellschaftstheoretischen Annahmen bieten, überwiegen bei einigen der anderen Ansätze eher systemtheoretische, wenn auch gesellschaftskritische Grundannahmen (II, VI), bei anderen dagegen tendenziell politisch-ökonomische (IV, V).

[7]) Bei einem Teil der Ansätze beziehen sich die empirischen Referenzen überwiegend auf HQA bzw. Hochschulabsolventen, die außerhalb der unmittelbaren Produktion (in Management, Verwaltung und Forschung, insbesondere auch im staatlichen Bereich) tätig sind (II, VI), bei anderen auf im Produktionsbereich (insbesondere in der privaten Wirtschaft) tätige Arbeitskräfte der gehobenen (IV), mittleren und unteren Qualifikationsstufen (V).

die hochqualifizierten Arbeitskräfte[8]), womit indirekt auch eine Einschätzung der zukünftigen Entwicklung des Qualifikationsniveaus insgesamt angesprochen wird[9]). Die Antwort der darzustellenden Ansätze auf diese beiden Fragen – nämlich auf die Frage nach der *Autonomie oder Nicht-Autonomie des Bildungssystems gegenüber den* wie immer begriffenen *Anforderungen des Beschäftigungssystems* (a) und auf die Frage nach der *Absorptionskapazität des Beschäftigungssystems für hochqualifizierte Arbeitskräfte* (b) – beinhaltet zugleich eine Einschätzung des *Handlungsspielraums und der möglichen Wirkungen von Bildungsplanung und Bildungspolitik.*

I. Der Manpower-Ansatz der Bildungsökonomie – Prognosen des Bedarfs an hochqualifizierten Arbeitskräften

Den Ausgangspunkt der Diskussion um das Verhältnis von Bildungs- und Beschäftigungssystem in der Bundesrepublik bildeten die Mitte bis Ende der 60er Jahre durchgeführten bildungsökonomischen Analysen. Sie basieren auf einer von den USA ausgehenden Wiederentdeckung des Humankapitalkonzeptes durch die ökonomische Theorie, d. h. auf der Einsicht, daß die Qualifikationsstruktur menschlicher Arbeitskraft und damit auch das Bildungssystem einer Gesellschaft von Bedeutung für das wirtschaftliche Wachstum sind und daß daher Investitionen in den Produktionsfaktor Arbeit für eine Gesellschaft ähnlich wichtig sind wie Investitionen in Sachkapital. Versuche, die ökonomische Relevanz von Bildung theoretisch eindeutig zu bestimmen und zu messen[10]), konnten letztlich nicht überzeugen. Dennoch erschien die Wachstumsbedeutung von Bildung, insbesondere von *höherer* Bildung, soweit allgemein plausibel, daß in der Bundesrepublik mit ihrer im internationalen Vergleich sehr niedrigen Abiturienten- und Studentenquote das zukünftige Wirtschaftswachstum und die internationale Stellung[11]) aus diesem Grund als gefährdet angesehen wurden.

Der Beginn der Diskussion um das Verhältnis von Bildungs- und Beschäftigungssystem in der Bundesrepublik wurde also von der sich durchsetzenden Einsicht geprägt, daß eine Expansion insbesondere des weiterführenden Bildungssystems aus gesamtwirtschaftlichen Gründen erforderlich sei und daher ein politisches Ziel erster Ordnung darstelle. Die in dieser Phase dominierenden theoretischen Modelle waren *bildungsökonomischer* Art. Einfluß auf die staatliche Bildungsplanung hatte insbesondere der sog. *Manpower- oder*

---

[8]) Eine radikale Umorientierung der Betrachtungsweise nimmt – m. W. zum ersten Mal – D. MERTENS mit seinem auf dieser Tagung gehaltenen Referat: Unterqualifikation oder Überqualifikation? Anmerkungen zum Bedarf an unqualifizierten Arbeitskräften, vor, womit eine hoffentlich politisch nicht folgenlose Abkehr von einer einseitigen theoretischen Sichtweise eingeleitet wird.

[9]) Auch in diesem Punkt divergieren die dazustellenden Ansätze: Während einige (I, II, VI) von einer Tendenz zur allgemeinen Erhöhung der Qualifikationsanforderungen ausgehen, halten andere eine Polarisierung (IV, V) wenn nicht gar Dequalifizierung (teilweise V) als allgemeine Entwicklungstendenz für wahrscheinlicher.

[10]) Z. B. durch korrelationsstatistische Methoden der verschiedenen Varianten des *Ertragsratenansatzes* (vgl. die Darstellung und Kritik dieses Ansatzes bei D. EISSEL, Arbeitsmarkt und Bildungspolitik, Frankfurt/New York 1977, S. 137 ff.).

[11]) Insbesondere auch in der Systemkonkurrenz mit sozialistischen Staaten, wie z. B. der sog. Sputnik-Schock in den USA verdeutlicht.

Arbeitskräftebedarf-Ansatz[12]), der exakte Richtgrößen für den Ausbau des weiterführenden Schul- und des Hochschulwesens der Bundesrepublik zu liefern versuchte. Bei diesem Ansatz handelt es sich – grob gesprochen – um ein mehrstufiges Ableitungsverfahren, in dem von einer globalen Vorausschätzung der Entwicklung des Sozialprodukts (Bruttoinlandsprodukt) ausgegangen wird und über die Prognose branchenspezifischer Wachstumsraten, Arbeitsproduktivitäten und Anforderungen in bezug auf die Berufsstruktur auf die künftig erforderliche Ausbildungsstruktur geschlossen wird. Die verschiedenen, z. T. erheblich divergierenden Varianten dieses Ansatzes sollen hier nicht erörtert werden, ebensowenig wie dessen theoretisches und politisches Pendant, der *Nachfrage-Ansatz* (Individual- oder Social-demand-Ansatz)[13]), oder *kombinierte Planungsmodelle*, weil sie keine expliziten und differenzierten Aussagen zum Verhältnis von Bildungs- und Beschäftigungssystem bieten[14]).

Nur kurz sollen daher die wesentlichen Punkte der Kritik an diesen Ansätzen benannt werden, da sie für die Entwicklung der folgenden Theorien zum Verhältnis von Bildungs- und Beschäftigungssystem wichtig sind: Da ist zum einen die generelle Problematik von langfristigen Prognosen der Wirtschaftsentwicklung auf der Basis von Trendextrapolationen in einer Gesellschaft mit nicht-zentralisierten wirtschaftlichen Entscheidungen und starken zyklischen Schwankungen. Zu nennen ist zum anderen die unterstellte Limitationalitätsbeziehung zwischen Ausbildungsabschlüssen und Tätigkeiten und zwischen verschiedenen Tätigkeiten (bzw. Ausbildungsabschlüssen), wodurch die z. T. erheblichen Substitutionsprozesse vernachlässigt werden und zudem eine Konstanz der qualitativen Strukturen des Bildungssystems impliziert wird. Darüber hinaus erscheint aber auch und gerade die von den bildungsökonomischen Ansätzen bewußt vorgenommene Beschränkung auf den ökonomischen Aspekt von Bildung dazu angetan, ihre Eignung als *generell* verwendbares Bildungsplanungskonzept in Zweifel zu ziehen[15]).

---

[12]) Vgl. für die Bundesrepublik G. BOMBACH: Bildungsökonomie, Bildungspolitik und wirtschaftliche Entwicklung. In: Bildungswesen und wirtschaftliche Entwicklung, Heidelberg 1964; H. RIESE: Die Entwicklung des Bedarfs an Hochschulabsolventen in der BRD, Wiesbaden 1967; H. P. WIDMAIER: Bildung und Wirtschaftswachstum – Modellstudie zur Bildungsplanung, Villingen 1966.

[13]) Mit diesem Ansatz sollen die Determinanten der Bildungsnachfrage erfaßt werden. Als Richtgröße für den Ausbau des Bildungssystems wird dementsprechend die sich aus Bevölkerungsentwicklung, Schulbesuchsquoten, Lehrer-Schüler-Relationen etc. ergebende Nachfrage nach Bildung zugrunde gelegt (vgl. z. B. die Darstellung bei B. LUTZ u. a.: Überlegungen zum Problem des „Bedarfs" an hochqualifizierten Arbeitskräften und seiner Prognose, HIS-Brief 10, Hannover 1970.

[14]) Zumindest implizit enthält der Manpower-Ansatz hierzu allerdings Annahmen insofern, als er a) voraussetzen muß, daß das Bildungssystem auf den zukünftigen Bedarf des Beschäftigungssystems abgestimmt werden *kann* und b) daß es gesellschaftlich sinnvoll ist, das auch tatsächlich zu tun, womit nicht immer gemeint ist, daß der ökonomische Bedarf als *ausschließliche* Richtgröße fungieren soll.

[15]) Trotz dieser fundamentalen Kritik darf nicht das ursprünglich progressive Element der Manpower-Ansätze übersehen werden: Gegenüber der bis Ende der 50er Jahre dominierenden Auffassung der Hochschulausbildung als der ökonomisch-beruflichen Sphäre absolut konträrer Bildung im emphatischen Sinn, die einer kleinen Elite vorbehalten war, rückten sie die wirtschaftliche Bedeutung von Bildung – und zunehmend von *wissenschaftlicher* Bildung (vgl. das Schlagwort von Wissenschaft als Produktivkraft) – ins Blickfeld und trugen dadurch mit dazu bei, die tradierten elitären Strukturen des Hochschulbereichs in Frage zu stellen.

II. Der Absorptionsansatz[16])

Nicht zuletzt an diesem Punkt, nämlich an der einseitig ökonomischen Betrachtungsweise des Manpower-Ansatzes setzt die Kritik der sog. Manpower-Gruppe des Max-Planck-Instituts für Bildungsforschung (MPI), Berlin, an. Diese Gruppe legte um 1970 einen differenzierten gesellschaftstheoretischen Ansatz vor[17]), mit Hilfe dessen die Funktionen des Bildungssystems für die verschiedenen gesellschaftlichen Subsysteme[18]), d. h. nicht nur für das ökonomische Subsystem und dessen Arbeitskräftebedarf, erfaßt und zur Grundlage der Bildungsplanung gemacht werden sollen.

Die *zentrale These* dieses älteren, in jüngster Zeit revidierten (vgl. Abschnitt VI) MPI-Ansatzes steht in direktem Gegensatz zu den Manpower-Ansätzen. Sie nimmt an, daß das Bildungssystem eine *„relative Autonomie"* gegenüber dem Beschäftigungssystem erlangt habe und folglich auch nicht allein nach dessen Anforderungen geplant werden könne. Diese These der relativen Autonomie wird in dreifacher Weise begründet: Erstens durch die Annahme eines „methodischen Prognosedefizits", zweitens durch die Annahme eines „politischen Prognosedefizits" und drittens durch die Annahme einer Tendenz zur Entspezialisierung der Ausbildungen, die wiederum der langfristigen Entwicklung des Qualifikations*bedarfs* selbst entspreche. Zur ersten Begründung: Mit dem Stichwort *„methodisches Prognosedefizit"* werden die methodischen Schwächen der verschiedenen bis dahin bekannten bildungsökonomischen Prognosemodelle angesprochen, die eine direkte Abstimmung des Bildungssystems auf den Bedarf des Beschäftigungssystems unmöglich machen. Als *„politisches Prognosedefizit"* wird der Umstand angesprochen, daß das politische System, hier: der Staat, gezwungen ist, gleiche, nicht durch ökonomische Notwendigkeiten restringierte Bildungschancen bereitzustellen, um die Legitimität des bestehenden Gesellschaftssystems zu erhalten. Insbesondere mit dieser Annahme berücksichtigt der Ansatz, daß das Bildungssystem nicht nur Funktionen gegenüber dem ökonomischen System, sondern auch gegenüber dem politischen System zu erfüllen hat. Der dritte Grund dafür, daß das Bildungssystem eine relative Autonomie gegenüber dem Bedarf des Beschäftigungssystems erreicht habe, liegt nach Ansicht des älteren MPI-Ansatzes in der *langfristigen Veränderung des Qualifikationsbedarfs* selbst: Dieser tendiere nämlich – so wird angenommen – auf eine *Entspezialisierung der Ausbildungen* hin: Für den Bereich der unmittelbaren Produktion („primäre Arbeit") wird erwartet, daß hochspezialisierte Tätigkeiten entstehen, auf die die Ausbildung im Schul- und Hochschulbereich ohnehin nicht direkt zugeschnitten sein kann und die zudem raschem Wandel unterliegen. In den der Produktion vor- und nachgelagerten Bereichen („sekundäre" und „tertiäre Arbeit") werden dagegen höherqualifizierte, weniger spezialisierte Tätigkeiten und insbesondere allgemeine Sozialqualifikationen wie z. B. kommunikative Fähigkeiten an Bedeutung gewinnen. Beide Entwicklungen aber erfordern nach Meinung der Autoren des Ansatzes eine Entspezialisierung der Ausbildung und die Herstellung von sowohl quantitativ als auch qualitativ *„überschüssigen"* Qualifikationen.

---

[16]) Die Darstellung der folgenden Abschnitte II bis IV orientiert sich z. T. an M. BAETHGE u. a., a. a. O., S. 5–17.

[17]) W. ARMBRUSTER, H.-J. BODENHÖFER, D. HARTUNG, R. NUTHMANN, W. D. WINTERHAGER: Expansion und Innovation, Bedingungen und Konsequenzen der Aufnahme und Verwendung expandierender Bildungsangebote, Berlin 1971.

[18]) Neben dem ökonomischen wird vor allem das politische Subsystem in Betracht gezogen.

Die empirische Begründung dafür, daß scheinbar überschüssige Qualifikationen, für die im Beschäftigungssystem zunächst kein Bedarf artikuliert wird, tatsächlich absorbiert werden, sehen die Autoren u. a. auch durch eine Fallstudie über Berufseintritte von Politologen erbracht[19]), in der eine hohe Absorptionsfähigkeit des Beschäftigungssystems in bezug auf diese Art hochqualifizierter Arbeitskräfte nachgewiesen werden konnte, obgleich für sie zunächst kein Bedarf zu bestehen schien. Es wird zudem angenommen, daß die Absorptionskapazität des Beschäftigungssystems ohnehin weniger auf eindeutige technische und ökonomische Sachzwänge zurückzuführen ist, sondern daß sie eher von „sozialen" Faktoren bestimmt wird, wobei die Autoren in diesem Zusammenhang das Interesse an der Aufrechterhaltung von Herrschaftsverhältnissen und herkömmlichen Rekrutierungsmustern von Arbeitskräften erwähnen.

Die bildungsplanerischen Konsequenzen, die sich aus der Realisierung der ökonomischen *und* der politischen Funktionen des Bildungssystems ergeben, stehen nach Ansicht der Autoren – und das unterscheidet diesen Ansatz von den späteren – in einem *harmonischen Verhältnis:* Nach ihrer Auffassung ist die Konsequenz der *Expansion* des weiterführenden Bildungssystems und damit langfristig die Anhebung des Qualifikationsniveaus ingesamt *sowohl aus ökonomischen als auch politischen Gründen* erforderlich.

Im Unterschied zum Manpower-Ansatz zeichnet sich der Absorptionsansatz in den hier interessierenden Aspekten also durch zwei Merkmale aus: erstens durch die theoretische Erfassung der *Multifunktionalität des Bildungssystems* und zweitens dadurch, daß er auch die *ökonomische Funktion* des Bildungssystems gerade nicht durch dessen Bindung an aktuell prognostizierbare „Bedärfe" gewährleistet sieht, sondern vielmehr durch eine *„relative Autonomie"* gegenüber den Anforderungen des ökonomischen Systems.

Der Absorptionsansatz unterstellt also ein *elastisches* Verhältnis von Bildungs- und Produktionsbereich, geht aber noch darüber hinaus, indem er annimmt, daß das Bildungssystem zumindest teilweise die Entwicklung im Beschäftigungssystem beeinflussen könne: Dadurch, daß die Expansion des Bildungssystems vermehrt hochqualifizierte Arbeitskräfte produziere, die vom Beschäftigungssystem auch absorbiert würden, bewirke die Entwicklung des Bildungssystems *Innovationen in der Beschäftigungsstruktur*, die sich u. a. als Zunahme an Arbeitsautonomie und an persönlichen Entfaltungsmöglichkeiten beschreiben lassen. Die sog. aktive Bildungspolitik kann damit auch – so wird angenommen – zur *Demokratisierung gesellschaftlicher Strukturen* beitragen.

III. Der Substitutions- und Flexibilitätsansatz

Ebenso wie der Absorptionsansatz versucht auch der Anfang der 70er Jahre im Institut für Arbeitsmarkt- und Berufsforschung (IAB), Nürnberg, entwickelte Substitutions- und Flexibilitätsansatz[20]) aus der methodischen Not der bildungsökonomischen Bedarfspro-

---

[19]) D. HARTUNG, R. NUTHMANN, W. D. WINTERHAGER: Politologen im Beruf, Zur Aufnahme und Verwendung neuer Qualifikationen im Beschäftigungssystem, Stuttgart 1970.

[20]) Vgl. z. B. D. MERTENS: Der unscharfe Arbeitsmarkt. In: Mitteilungen aus der Arbeitsmarkt- und Berufsforschung (MittAB), Heft 4/1973, S. 314 ff.; ders.: Schlüsselqualifikationen. In: MittAB, Heft 4/1974, S. 36 ff.; M. KAISER, Zur Flexibilität von Hochschulausbildungen, Ein Überblick über den Stand der empirischen Substitutionsforschung. In: MittAB, Heft 3/1975, S. 203 ff. – Berufliche *Flexibilität* wird von KAISER als Oberbegriff für berufliche *Mobilität* (der Arbeitskräfte) und berufliche *Substitution* (von Arbeitskräften durch die Beschäftiger) begriffen. (KAISER, a. a. O., S. 203). Hier wird jedoch weiterhin die eingebürgerte Bezeichnung „Substitution und Flexibilität" verwendet.

gnosen eine theoretische Tugend zu machen: Auch er beurteilt die Möglichkeit, den künftigen Arbeitskräftebedarf und damit auch die zu produzierenden Bildungsabschlüsse hinreichend genau prognostizieren zu können, pessimistisch. Er stellt daher die im Manpower-Ansatz ignorierten *Substitutionsspielräume, die der Arbeitskräfteeinsatz bietet,* in den Mittelpunkt der Betrachtungen und nimmt an, daß gerade diese Elastizitäten des Arbeitsmarktes die sowohl gesamtwirtschaftlich wie auch individuell nicht wünschenswerten Ungleichgewichte zwischen Bildungs- und Beschäftigungssystem zumindest kurzfristig vermindern können. Denn einerseits sind die Tätigkeiten selbst meistens so geartet, daß Arbeitskräfte mit verschiedenen Ausbildungsabschlüssen sie ausführen, d. h. sich gegenseitig substituieren können[21]), wie z. B. aus Stellenanzeigen geschlossen werden kann; und andererseits sind auch die Qualifikationen der Arbeitskräfte in den meisten Fällen so flexibel, daß zumindest Teile davon in verschiedenartigen Tätigkeiten Verwendung finden können[22]).

Obgleich in dieser Weise den Substitutions- und Flexibilitätspotentialen eine tragende Bedeutung zumindest für die kurzfristige Koordination von Bildungs- und Beschäftigungssystem zugemessen wird[23]), impliziert das keinesfalls, daß auf langfristig ausgerichtete Bildungsplanung verzichtet werden könnte. Die systematische Erforschung von Substitutionsspielräumen müßte vielmehr die mit unangemessenen Limitationalitätsannahmen operierenden bildungsökonomischen Bedarfsprojektionen ergänzen und so deren Realitätsferne korrigieren.

Die explizite *bildungsplanerische Konsequenz* des Substitutions- und Flexibilitätsansatzes liegt in der Forderung nach verstärkter Vermittlung sog. Schlüsselqualifikationen durch das Bildungssystem. Damit sind allgemeine, tätigkeitsunspezifische Grundqualifikationen gemeint, die die schnelle Aneignung von wechselndem Spezialwissen erleichtern und den Arbeitskräften damit zu höherer Flexibilität und – wie man hofft – auch zu höherer Mobilitätsbereitschaft[24]) verhelfen. Da aber der Erwerb von Schlüsselqualifikationen Lernleistungen höherer Ordnung erfordert, impliziert auch dieser Ansatz letztlich die Forderung nach Expansion des Bildungssystems und insbesondere der Erwachsenenbildung.

---

[21]) Damit würden also *Substitutions*spielräume genutzt.

[22]) Damit würden *Flexibilitäts-* bzw. Mobilitätsspielräume genutzt.

[23]) Der Substitutions- und Flexibilitäts-Ansatz des IAB unterscheidet sich – worauf D. MERTENS in der Diskussion dieses Referats hinwies – nicht nur darin von den bisher genannten Ansätzen, daß er – bezogen auf die praktischen Aufgaben der Bundesanstalt für Arbeit – vor allem die *kurzfristigen* Anpassungsmöglichkeiten von Bildungs- und Beschäftigungssystem in den Vordergrund stellt, sondern auch darin, daß er vorrangig die *horizontale* Dimension der Anpassung beider Subsysteme (also der Anpassung bei Qualifikationen der gleichen Ebene) thematisiert, während die vorgenannten Ansätze vor allem auf die vertikale Dimension und hier wiederum vor allem (anders als das IAB) auf Ausbildungsabschlüsse (Zertifikate), weniger auf die spezifischen Qualifikationsinhalte abstellen.

[24]) Allerdings hängt die faktische Mobilitätsbereitschaft von Arbeitskräften keinesfalls allein von dem objektiv gegebenen Flexibilitätsspielraum ihrer jeweiligen Qualifikation ab. Vielmehr wirkt (neben anderen Faktoren wie z. B. der regionalen Gebundenheit) der Umstand als Mobilitätshemmnis, daß der einzelne seine sozial-personale Identität in erheblichem Umfang durch seinen jeweiligen Beruf erhält und stabilisiert (vgl. hierzu U. BECK, M. BRATER, E. TRAMSEN: Beruf, Herrschaft und Identität – Ein subjektbezogener Ansatz zum Verhältnis von Bildung und Produktion, Teil I, in: Soziale Welt, 27. Jg., Heft 1/1976, S. 8–44; vgl. auch die Thesen von der Bedeutung der „Berufsschneidungen", d. h. der nicht beliebigen Kombinierbarkeit von Qualifikationselementen in: U. BECK, K. M. BOLTE, M. BRATER: Bildungsreform und Berufsreform. In: MittAB Heft 4/1976, S. 496–508).

IV. Spezielle betriebliche Strategien als Koordinationsmechanismen von Bildungs- und Beschäftigungssystem

Ebenso wie die beiden zuletzt skizzierten Ansätze – der des MPI und der des IAB – unterstreicht auch eine Studie des Instituts für sozialwissenschaftliche Forschung (ISF), München, die sich in der Hauptsache mit den Veränderungen des betrieblichen Einsatzes von technischem Personal befaßt, die *Elastizität* der Beziehung zwischen Bildungs- und Beschäftigungssystem. Diese empirische Untersuchung über den Einsatz von Ingenieuren und Technikern, also hochqualifizierten Arbeitskräften, im deutschen Maschinenbau[25] ergab, daß der Bestand an Ingenieuren in dem betrachteten Zeitraum[26] erheblich zugenommen hatte, ohne daß die wirtschaftliche Entwicklung der Branche eine Parallele dazu aufgewiesen hätte. Andererseits hatte sich aber das Angebot an Ingenieuren in dieser Zeit bedeutend vermehrt. Die Studie kommt daher in dieser Beziehung zu der allgemeineren Schlußfolgerung, daß der Einsatz von Arbeitskräften nicht nur vom Bedarf, sondern auch vom Angebot an Arbeitskräften der jeweiligen Qualifikation bestimmt wird, da die Betriebe sich durch Substitutionsprozesse dem jeweils am Arbeitsmarkt vorhandenen Angebot anpassen („Angebots-Axiom"). Auch regionale Unterschiede des Angebots an hochqualifizierten Arbeitskräften spielten bei diesen Substitutionsprozessen eine Rolle und führten zu regional unterschiedlichen Absorptionsquoten bei Arbeitskräften verschiedener Qualifikation[27].

Allerdings müssen nach Ansicht der Autoren auch die möglicherweise problematischen Konsequenzen beachtet werden, die sich für die Bildungsplanung aus der nachgewiesenen großen Absorptionsmarge der Betriebe für hochqualifizierte Arbeitskräfte ergeben: Je mehr Hochqualifizierte absorbiert und damit gegen Arbeitskräfte niedrigerer Qualifikationsstufen substituiert werden, desto schmaler werden die Berufsmöglichkeiten und Karrierechancen für die Arbeitskräfte der unteren Qualifikationsbereiche. Offensichtlich erscheint den Autoren eine derartige „Verdrängung", hier insbesondere von Facharbeitern, nicht in jedem Fall arbeitsmarktpolitisch und damit auch (!) bildungspolitisch erstrebenswert. Denn nur wenn man die grundsätzliche Überlegenheit einer formaltheoretischen Ausbildung, wie sie hochqualifizierte Arbeitskräfte, in diesem Fall die Ingenieure, erhalten, gegenüber den praktisch-technischen Qualifikationen der Facharbeiter unterstelle, erscheine eine „Aushöhlung" der Facharbeiterberufe – aus der Perspektive der Betriebe – unproblematisch.

Im Rückblick auf die bisher diskutierten Konzepte ist zu sagen, daß die Studien des MPI, des IAB und des ISF trotz der Unterschiedlichkeit ihrer theoretischen Ansätze, ihrer Erkenntnisabsichten und ihrer empirischen Basis in zwei Annahmen übereinstimmen: einmal darin, daß sie von einer erheblichen, in den Manpower-Ansätzen nicht berücksichtigten Elastizität im Verhältnis von Bildungs- und Beschäftigungssystem ausgehen, und zum anderen darin, daß sie die Absorptionskapazität des Beschäftigungssystems für Hochqualifizierte als sehr flexibel einschätzen.

---

[25] G. Kammerer, B. Lutz, C. Nuber: Ingenieure und technisches Personal im deutschen Maschinenbau, München 1970.

[26] 1961–1968.

[27] Insbesondere zu einem größeren Anteil von HQA in Betrieben, die sich in Städten mit guter Versorgung in bezug auf Bildungseinrichtungen befinden.

Angesichts der Veränderungen des allgemeinen politischen Klimas, des bildungspolitischen Klimas und der Arbeitsmarktlage, die sich in den letzten Jahren in der Bundesrepublik vollzogen haben, erscheint es als nicht zufällig, daß die in jüngster Zeit entstandenen beiden Ansätze, die abschließend referiert werden sollen, eher die *Restriktionen* akzentuieren, die einer expansiven Bildungspolitik und -planung gesetzt sind.

V. Allgemeine betriebliche Strategien als Determinante der Nachfrage nach Arbeitskräften verschiedener Qualifikationsstufen

Auch die Mitarbeiter des soziologischen Forschungsinstituts der Universität Göttingen (SOFI) haben in verschiedenen Studien[28]) den Substitutionsspielraum hervorgehoben, über den die betriebliche Gestaltung des Arbeitskräfteeinsatzes verfügt und aufgrund dessen sich keine direkte Beziehung zwischen der Entwicklung des Bildungs- und der des Beschäftigungssystems herstellen läßt. Allerdings leiten sie daraus eher bildungspolitisch pessimistische Annahmen ab; denn sie vertreten die auch durch eigene empirische Untersuchungen untermauerte These, daß die *betrieblichen Strategien des Arbeitskräfteeinsatzes* eine *Sperre gegen die weitergehende Aufnahme hochqualifizierter Arbeitskräfte* bilden. Diese These wird dadurch begründet, daß in einem auf privater Kapitalverwertung basierenden Wirtschaftssystem die Hauptnachfrager nach Arbeitskraft, nämlich die privatwirtschaftlichen Betriebe, ihr Handeln nach Kostenminimierungsprinzipien richten müssen. Darin ist insofern eine Restriktion gegen die Aufnahme hochqualifizierter, d. h. teurer Arbeitskräfte zu sehen, als die Betriebe in gewissem Rahmen die Möglichkeit haben, sowohl ihre *technische Planung* als auch ihre *arbeitsorganisatorischen Maßnahmen* auf das *Ziel der* (längerfristigen) *Kostenminimierung* auszurichten. So werden schon in der Phase der Planung von technischen Veränderungen die daraus resultierenden Änderungen im Qualifikationsbedarf unter dem Aspekt ihrer Auswirkungen auf die Kostensituation des Betriebes einbezogen. Falls geplante technische Umstellungen dennoch Qualifikationserhöhungen unumgänglich machen, können diese dann noch durch „nachgeschobene" arbeitsorganisatorische Maßnahmen[29]) aufgefangen werden.

Durch einen Vergleich mit den bisher dargestellten Ansätzen lassen sich weitere Merkmale des SOFI-Ansatzes herausarbeiten: Im Unterschied zum ISF (vgl. Abschnitt IV), das *spezifische* Betriebsstrategien des Arbeitskräfteeinsatzes behandelt hatte[30]), stellt das SOFI *allgemeine* betriebliche Strategien des Arbeitskräfteeinsatzes heraus, nämlich die unter dem Ziel der Reduktion des Kostendrucks verfolgten Strategien der technischen Planung und der arbeitsorganisatorischen Maßnahmen. – Zur Einschätzung der gegenseitigen Beeinflussung von Bildungs- und Beschäftigungssystem kann gesagt werden, daß das MPI (vgl. Abschnitt II) eher einen „Vorlauf" des Bildungssystems angenommen und diese Beeinflussung so gesehen hatte, daß die Entwicklung des Bildungssystems

---

[28]) Vgl. insbesondere M. BAETHGE u.a.: Produktion und Qualifikation. a.a.O.; H. KERN, M. SCHUMANN: Der soziale Prozeß bei technischen Umstellungen, Frankfurt/M. 1972; O. MICKLER: Technik, Arbeitsorganisation und Arbeit, Göttingen 1975.

[29]) Z. B. durch Spaltung komplexer Tätigkeiten in mehrere weniger komplexe, d. h. auch weniger qualifizierte und damit geringer zu entlohnende Tätigkeiten.

[30]) Es wurden je nach regionaler Lage, Art des Produktionsprozesses etc. unterschiedliche Betriebstypen und deren spezifische Art des Arbeitskräfteeinsatzes hervorgehoben.

Innovationswirkungen auf das Beschäftigungssystem hat. Dagegen läuft die Beeinflussung nach Ansicht des SOFI in umgekehrter Richtung und zeitigt auch ein gegenteiliges Resultat: Die *Entwicklung des Bildungssystems* – so meint man – wird *durch die Strukturen des Beschäftigungssystems restringiert*; denn eine fortlaufende Produktion „überschüssiger" Qualifikationen wäre unter den gegebenen gesellschaftlich-ökonomischen Bedingungen einzelwirtschaftlich unrentabel und könnte zudem politisches Konfliktpotential aufgrund der Unzufriedenheit der nicht ausbildungsadäquat Beschäftigten in sich bergen. Eine *auf Expansion zielende Bildungspolitik* müßte, um die ausbildungsadäquate Absorption von Hochqualifizierten zu sichern, demnach eigentlich *am Beschäftigungssystem ansetzen*, nämlich als „bewußt auf Höherqualifizierung ausgerichtete... Gestaltung von Produktionstechnik und Arbeitsorganisation"[31]).

Der Ansatz des SOFI führt damit in die Diskussion um das Verhältnis von Bildungs- und Beschäftigungssystem eine bisher weitgehend unbeachtete oder unterbewertete Dimension ein: Waren die Probleme der Abstimmung beider Subsysteme zuvor im wesentlichen in der Dimension der *Qualifikationen* von Arbeitskräften diskutiert worden, so tritt in den theoretischen Konzeptionen jetzt der *Preis* der Arbeitskräfte verschiedener Qualifikationsstufen (und die darauf sich beziehenden betrieblichen Interessen) als zusätzliche, die Absorption von Qualifikationen auf dem Arbeitsmarkt beeinflussende Dimension hinzu.

VI. Statusdistributive Funktionen des Bildungssystems und ihre Bedeutung für den „Bedarf" des Beschäftigungssystems

Auch der jüngste und letzte hier darzustellende Ansatz, der revidierte Ansatz des Max-Planck-Instituts für Bildungsforschung (MPI), Berlin[32]), betont die Restriktionen, die die Absorption von hochqualifizierten Arbeitskräften im Beschäftigungssystem und damit auch eine expansive Bildungspolitik bestimmen. In diesem Ansatz wird das Verhältnis von Bildungs- und Beschäftigungssystem nicht allein unter der Perspektive privatbetrieblicher Strategien des Arbeitskräfteeinsatzes (wie in den Konzeptionen des ISF und des SOFI) und der daraus resultierenden Sperren gegen einen vermehrten Einsatz Hochqualifizierter behandelt, sondern unter der allgemeineren Perspektive *gesellschaftlicher Ungleichheit*: Die Autoren gehen davon aus, daß das Bildungssystem nicht nur die Funktion hat, Qualifikationen herzustellen, sondern auch soziale Ungleichheit zu erhalten und zu legitimieren, indem der Zugang zu den hierarchisch gestuften Berufspositionen und der daran geknüpfte ungleiche soziale Status der Gesellschaftsmitglieder zum großen Teil durch Bildungsabschlüsse geregelt und auch gerechtfertigt wird.

In der gegenwärtigen politischen Situation erscheint nun diese „*statusdistributive Funktion*" *des Bildungssystems durch die Expansion weiterführender Bildung lahmgelegt;* denn die Anzahl der Absolventen höherer Bildungsgänge überschreitet die Zahl der herkömmlicherweise (!) für diese Gruppe zur Verfügung stehenden Berufspositionen –

---

[31]) M. Baethge u. a., a.a.O., S. 80.

[32]) D. Hartung, R. Nuthmann: Status- und Rekrutierungsprobleme als Folgen der Expansion des Bildungssystems, Berlin 1975; U. Teichler: Struktur des Hochschulwesens und „Bedarf" an sozialer Ungleichheit. In: Mitteilungen aus der Arbeitsmarkt- und Berufsforschung, Heft 3/1974, S. 197 ff.; U. Teichler, D. Hartung, R. Nuthmann: Hochschulexpansion und Bedarf der Gesellschaft, Stuttgart 1976.

oder es wird zumindest allgemein befürchtet, daß das in naher Zukunft der Fall sein könnte. Damit kann aber der Ausbildungsabschluß immer weniger die Verteilung von Berufschancen regeln und rechtfertigen. Die Autoren des Ansatzes sind daher der Meinung, daß in der gegenwärtigen bildungspolitischen Diskussion um die Abstimmung von Bildungs- und Beschäftigungssystem das Problem des (ohnehin nicht präzis bestimmbaren) *Qualifikationsbedarfs* nur vorgeschoben werde, um die Bildungsexpansion mit dem Hinweis auf einen angeblich drohenden Qualifikationsüberschuß zurückzudämmen. Dagegen sei das eigentliche, weitgehend unausgesprochene Problem aber der *„Bedarf" an sozialer Ungleichheit*, der durch eine expansive Bildungspolitik tangiert werde.

Weitere Charakteristika dieses komplexen Ansatzes können hier nur in wenigen Grundzügen wiedergegeben werden: Wie schon der ältere MPI-Ansatz (vgl. Abschnitt II) so hält auch der revidierte Ansatz an der These der *relativen Autonomie* des Bildungssystems gegenüber dem Beschäftigungssystem und an der Annahme einer flexiblen Absorptionsfähigkeit des Arbeitsmarktes für höhere Qualifikationen fest. *Revidiert* wird dagegen die Annahme, daß eine auf Expansion des weiterführenden Bildungssystems zielende Politik die Strukturen des Beschäftigungssystems und der Gesellschaft insgesamt verändern könne. Das ist nach der neueren Ansicht des MPI deshalb nicht der Fall, weil die bestehenden Produktions- und Herrschaftsverhältnisse die Aufrechterhaltung der hierarchischen Statusstrukturen im Berufsbereich begünstigen und der Bedarf an Arbeitskräften eben nicht nur als Bedarf an qualifikatorischer, sondern auch an sozialer Ungleichheit aufzufassen ist.

Daraus ergeben sich bestimmte *bildungspolitische Konsequenzen:* Während bis vor kurzem im wesentlichen der Bildungsabschluß als hinreichendes Selektionskriterium für die Aufnahme von Arbeitskräften in die verschiedenen Berufspositionen gelten konnte, muß das Beschäftigungssystem nun angesichts der Disproportion zwischen strukturell knapp gehaltenen hohen Positionen und einer Überzahl von Bewerbern *zusätzliche Selektionsbarrieren* errichten, d. h. seine Selektivität erhöhen: Zwar werden – so nehmen die Autoren an – die höher qualifizierten Arbeitskräfte im Prinzip vom Beschäftigungssystem absorbiert werden[33]), dieses aber um den Preis einer verstärkten Differenzierung, d. h. Ungleichheit, zwischen den verschiedenen Tätigkeiten und Karrierechancen der Hochqualifizierten. Eine erhöhte Selektivität des Beschäftigungssystems setzt allerdings die Ausdehnung der betrieblichen Leistungskontrollen voraus und schafft damit zusätzliche betriebliche Konflikte, zumal die objektive Bewertung von verschiedenartigen Arbeitsleistungen ohnehin höchst problematisch ist. Diese Probleme schlagen als Druck auf das Bildungssystem zurück, das Beschäftigungssystem von diesen Statusdistributions- und -legitimationsprozessen zu entlasten, indem es seine Selektivität auf neuer Stufe wieder erhöht. Verschiedene Bildungsreformen der letzten Jahre (wie z. B. die Differenzierung der Bildungsabschlüsse zwischen Fachhochschulen und Hochschulen und zwischen Kurz- und Langstudiengängen) sind nach Meinung der Autoren so zu deuten. Dadurch würde die Last der Legitimation ungleicher beruflicher Chancen wenigstens teilweise wieder ins Bildungssystem zurückverlagert, dieses aber um den Preis einer erneut verstärkten Bildungsbenachteiligung der unteren Sozialschichten.

---

[33]) Wie ohnehin kein Kenner der bildungs- und arbeitsmarktpolitischen Vorgänge eine über die Quote bei anderen Beschäftigtengruppen hinausgehende Arbeitslosigkeit von Akademikern erwartet. (Vgl. auch das auf dieser Tagung gehaltene Referat von D. MERTENS: Unterqualifikation oder Überqualifikation?)

VII. Schlußbemerkung: Bildungssystem, Beschäftigungssystem und staatliche Politik

Eine differenzierte und kritische Würdigung der dargestellten Konzeptionen zum Verhältnis von Bildungs- und Beschäftigungssystem kann und soll – wie bereits eingangs erwähnt – im Rahmen dieser Ausführungen nicht vorgenommen werden. Resümiert man jedoch kurz den dargestellten Diskussionsverlauf, so wird deutlich, daß man kaum einen der Ansätze als den einzig richtigen bezeichnen kann. Das ist allein wegen der z. T. sehr unterschiedlichen Erkenntnisabsichten der Ansätze[34]) nicht möglich. Man kann aber – ohne übertriebenes Harmonisierungsstreben – sagen, daß die verschiedenen Konzeptionen zumindest in einigen Aspekten weniger in einem Konkurrenz- als vielmehr in einem Ergänzungsverhältnis zueinander stehen und erst zusammengenommen ein adäquates Bild der Beziehung von Bildungs- und Beschäftigungssystem ergeben.

Der Diskussionsverlauf kann allerdings nicht allein als eine Addition von immer neuen Aspekten zum Verhältnis von Bildungs- und Beschäftigungssystem gekennzeichnet werden (wobei eine solche reibungslose Wissenskumulation angesichts der z. T. konkurrierenden und kaum vereinbaren gesellschaftstheoretischen Grundkonzeptionen[35]) der Ansätze ohnehin schwer möglich wäre); es hat auch eine erhebliche Akzentverschiebung bei den inhaltlichen Aussagen stattgefunden: Die politische Entwicklung der Bundesrepublik in den letzten Jahren nötigte dazu, von der selbstverständlichen Unterstellung eines breiten Spielraums für Reformen abzurücken und auch in der Theoriebildung diejenigen *Restriktionen* stärker zu berücksichtigen, die einer expansiven Bildungspolitik im besonderen und staatlicher Planung im allgemeinen gesetzt sind. Das hat dazu geführt, daß das Problem der Abstimmung von Bildungs- und Beschäftigungssystem[36]) zunehmend weniger als eine allein *sachrational* zu lösende Frage der *direkten* Beziehung beider „Subsysteme"[37]) zueinander begriffen wird, sondern vielmehr als eine *politische* Frage, die insbesondere auch vom Handlungsspielraum eines dritten Subsystems, nämlich des politischen, abhängt, das in die Beziehung der beiden anderen Systeme regelnd interveniert[38]). Abgesehen von einigen Veröffentlichungen der jüngsten Zeit[39]) ist dieser Aspekt in den theoretischen Arbeiten zur Bildungsplanung – auch in den hier vorgestellten – noch nicht hinreichend ausgearbeitet: Der Staat und seine Handlungsmöglichkeiten

---

[34]) Vgl. Fußnote 5.

[35]) Vgl. Fußnote 6.

[36]) Dieses Problem bedeutet wegen der institutionalisierten Autonomie der wirtschaftlichen Entscheidungsträger in unserer Gesellschaft – wie dargestellt – immer: Abstimmung der Strukturen und Prozesse des Bildungssystems auf die wie immer begriffenen Erfordernisse des Beschäftigungssystems, nie umgekehrt.

[37]) Die Übernahme dieses Terminus' hat lediglich pragmatische Gründe. Es soll damit nicht gemeint sein – wie das bei den meisten systemtheoretischen Konzeptionen der Fall ist –, daß die Ökonomie in bezug auf unsere Gesellschaftsordnung adäquat als ein gesellschaftliches Subsystem unter gleichrangigen anderen Subsystemen begriffen werden kann.

[38]) Der Handlungsspielraum des politischen Systems wird sowohl in dem neueren MPI-Ansatz (Abschnitt VI) als auch im SOFI-Ansatz (Abschnitt V) berücksichtigt, aber pessimistisch beurteilt.

[39]) So bei C. Offe: Berufsbildungsreform, Eine Fallstudie über Reformpolitik, Frankfurt a. M. 1975; ders.: Bildungssystem, Beschäftigungssystem und Bildungspolitik. In: H. Roth, D. Friedrich (Hg.): Bildungsforschung, Probleme – Perspektiven – Prioritäten, Teil 1, Stuttgart 1975, S. 217–252; U. K. Preuss: Bildung und Herrschaft, Frankfurt a. M. 1975.

bleiben weitgehend⁴⁰) eine theoretische Leerstelle. Daher wäre es m. E. nötig, diejenigen Theorien stärker für die Bildungsplanung fruchtbar zu machen, die die *spezifischen Restriktionen staatlichen Handelns*, die in der Struktur unserer industriell-kapitalistischen Gesellschaft und ihrer politischen Institutionen angelegt sind, zu erfassen und erklären versuchen⁴¹). Denn auch die eher systemtheoretisch orientierten Autoren, die zunächst das politische System als oberstes Steuerungssystem der Gesellschaft konzipiert und ihm nahezu unbegrenzte, lediglich durch behebbare Mängel seiner *internen* Struktur⁴²) beeinträchtigte Handlungs- und Steuerungskapazität unterstellt haben⁴³), sind dazu übergegangen, die erheblichen *externen* Restriktionen des politischen Systems, insbesondere die Begrenztheit seiner fiskalischen⁴⁴) und legitimatorischen⁴⁵) Ressourcen, zu berücksichtigen. Diese von politisch-ökonomisch orientierten Ansätzen seit jeher hervorgehobenen *systemisch bedingten* Grenzen staatlicher Planung und staatlicher Reformpolitik waren – das lehrt die Erfahrung der letzten Jahre – größer als in der sozusagen ohne den „staatlichen Wirt" aufgemachten Rechnung der Bildungsreformpolitik zunächst angenommen wurde. Ob sie wirklich so gering sind, wie es nach den beiden zuletzt dargestellten Theoriekonzeptionen zum Verhältnis von Bildungs- und Beschäftigungssystem (vgl. Abschnitt V und VI) scheinen muß, kann vielleicht mit Hilfe von Theorien zu Möglichkeiten und Grenzen staatlicher Planung besser eingeschätzt, wenn auch keinesfalls exakt prognostiziert werden.

---

⁴⁰) Mit Ausnahme der in Abschnitt V und VI dargestellten Ansätze.

⁴¹) Vgl. dazu so heterogene Theorien wie z. B. die von J. HABERMAS: Legitimationsprobleme des kapitalistischen Staates, Frankfurt a. M. 1973; R. MAYNTZ, F. W. SCHARPF: Kriterien, Voraussetzungen und Einschränkungen aktiver Politik. In: Dies (Hg.), Planungsorganisation, München 1973, S. 115–145; F. NASCHOLD: Gesellschaftsreform und politische Planung. In: Ders./W. VÄTH (Hg.), Politische Planungssysteme, Opladen 1973; C. OFFE: Strukturprobleme des kapitalistischen Staates, Frankfurt a. M. 1972; F. W. SCHARPF: Planung als politischer Prozeß, Aufsätze zur Theorie der planenden Demokratie, Frankfurt a. M. 1973.

⁴²) Wie z. B. durch die begrenzte Informationsverarbeitungskapazität und mangelhafte Kommunikations- und Kooperationsstrukturen (vgl. z. B. MAYNTZ/SCHARPF, a.a.O.; SCHARPF: Komplexität als Schranke der politischen Planung. In: Ders., a.a.O.).

⁴³) Insbesondere LUHMANN (vgl. die verschiedenen Aufsätze in N. LUHMANN: Politische Planung, Aufsätze zur Soziologie von Politik und Verwaltung, Opladen 1971).

⁴⁴) Bindung der staatlichen Finanzmasse an die privat verfaßte Ökonomie und deren zyklische Entwicklung.

⁴⁵) Beeinträchtigung langfristiger Planung aufgrund der auf Legislaturperioden abgestellten Partei- und Regierungspolitik, aufgrund zunehmender politischer Polarisierung und wachsenden Konsensschwierigkeiten etc.

Unterqualifikation oder Überqualifikation?
– Anmerkungen zum Bedarf an unqualifizierten Arbeitskräften –

von
Dieter Mertens, Nürnberg

1. In den letzten Jahren nimmt der Appell wirtschaftspolitisch interessierter Instanzen an die Bildungsplanung immer dringlichere Formen an, das Bildungssystem mit dem Beschäftigungssystem besser zu verzahnen, die Ermittlung von Qualifikationsbedarfen in der Wirtschaft den Bildungsinvestitionen und der Bildungsberatung zugrunde zu legen, die Beschäftigungswirkungen bildungspolitischer Entscheidungen besser zu berücksichtigen usw.

2. Diese Forderung hat durchaus Berechtigung, auch wenn sie häufig in einer so naiven und vorwissenschaftlichen Form auftritt, daß sie nicht in der Art zu befriedigen ist, wie dies häufig erwartet wird: durch die vollständige und fehlerfreie (und übrigens auch auf Flexibilitätsphänomene verzichtende) Planungs- und Lenkungsverkoppelung der verschiedenen gesellschaftlichen Subsysteme. Es ist zu bekannt, daß aus verfassungsmäßigen und methodischen Gründen eine solche Vorstellung Utopie bleiben muß. Garantierte Beschäftigungsadäquanz kann der Output des Bildungssystems nie leisten, ebenso wie das Beschäftigungssystem nie friktionsfrei auf die Absolventenstruktur des Bildungssystems eingestellt werden kann.

3. An die Stelle der Vorstellung eines planerischen Verzahnungsmechanismus können aber Tendenz- und Risiko-Überlegungen treten, um rationale Lenkungsentscheidungen bei weitgehender prognostischer Unsicherheit zu ermöglichen. Die nützlichen Risiko-Überlegungen sind von zweierlei Art: Sie beziehen sich einmal auf die *Risiko-Wahrscheinlichkeit* und zum anderen auf die *Risiko-Qualität*, oder mit anderen Worten: Zum einen ist zu prüfen, in welcher Richtung die Bedarfswirklichkeit *wahrscheinlicher* von der gegenwärtigen Planungstendenz abweicht und zum zweiten, welche Abweichungsrichtung *unerwünschter* wäre (und welche erträglicher). Angewandt auf den künftigen Qualifikationsbedarf stellen sich die Risiko-Fragen so:

a) *Ist es bei den gegenwärtigen Planungstendenzen wahrscheinlicher, daß in kommenden Jahrzehnten „Unterqualifikation" der Bevölkerung in bezug auf das Beschäftigungssystem auftritt oder ist es wahrscheinlicher, daß „Überqualifikation" auftritt?*

b) *Ist es unerwünschter bzw. problematischer, wenn „Unterqualifikation" oder wenn „Überqualifikation" auftritt?*

4. Je nach der Beantwortung dieser beiden Fragen muß bei der Aufstellung von Qualifikationsbedarfskalkülen und sodann auch bei der Bildungsplanung selbst vorgegangen werden: Entweder geht man davon aus, daß „Überqualifikation" wahrscheinlicher

und unerwünschter ist; dann bezweckt man durch Bildungsplanung, höchstens so viel hochqualifizierte Absolventen zu schaffen, wie mindestens bzw. garantiert mit herkömmlich adäquaten Arbeitsplätzen versorgt werden *(Spitzenverknappung)* und qualifiziert den Rest so gering wie möglich; für die Bedarfsberechnung bedeutet dies, daß zunächst und vor allem der garantierte Bedarf an Hochqualifizierten kalkuliert wird. Oder man geht von der Überlegung aus, daß „Unterqualifikation" der wahrscheinlichere und unerwünschtere Fall ist; dann würde man für die niedrigste Qualifikationsgruppe höchstens nur einen solchen Anteil an Erwerbspersonen einplanen, wie er mindestens garantiert mit menschenwürdigen und existenzsichernden Arbeitsplätzen rechnen kann, alle übrigen aber würde man sicherheitshalber auch ohne vorhersehbare Bedarfsgarantien so hoch wie möglich qualifizieren *(Basisverknappung);* im Falle einer solchen gesellschaftspolitischen Linie hätte sich die Bedarfsberechnung vor allem mit dem Bedarf an Unqualifizierten zu befassen, als Ausgangspunkt für alle weiteren bildungspolitischen Überlegungen. (In den auch denkbaren Fällen, daß Risiko-Wahrscheinlichkeit und Risiko-Qualität sich nicht decken, sind Gewichtungssysteme hinzuzufügen).

5. Merkwürdigerweise wird in aller Regel die erste Vorgehensweise gewählt, so als ob die beiden Risikofragen längst entschieden seien und zwar in der Weise, daß es sowohl wahrscheinlicher wie auch unerwünschter wäre, daß qualifizierte Arbeitskräfte mit nicht adäquaten Arbeitsplätzen versorgt werden müßten, als daß Arbeitskräfte wegen mangelnder Qualifikation überhaupt nicht mit Arbeitsplätzen rechnen könnten. Diese Unterstellung ist deswegen merkwürdig, weil alle bisherigen Erfahrungen mit Verwerfungen zwischen Bildungs- und Beschäftigungssystem in die entgegengesetzte Richtung deuten. Dazu hier nur einige Hinweise (die aber erweitert werden können):

Alle bekannten Arbeitslosenstrukturen im In- und Ausland zeigen eine starke Überrepräsentation der unqualifizierten Kräfte und in aller Regel sogar eine direkte Korrelation mit fallender Qualifikationsebene. Diese Besonderheit hat sich in jüngerer Zeit sogar – trotz allgemein steigenden Qualifikationsniveaus der Erwerbsbevölkerung – noch verstärkt. So betrug der Anteil der Unqualifizierten an der deutschen Arbeitslosigkeit im Rezessionsjahr 1967 knapp 50 %, im Rezessionsjahr 1975 dagegen schon knapp 60 % (1978 immer noch über 55 %). Die Arbeitslosenquote betrug im Mai 1978 (bei durchschnittlich 4,2 % für alle Erwerbspersonen) für Personen ohne abgeschlossene Berufsausbildung 7,1 %, für Personen mit einem betrieblichen Ausbildungsabschluß etwas unter 3 %, für Personen mit Berufsfach-, Fach- und Technikerschulabschluß 1,7 %, für Fachhochschul- sowie Hochschulabsolventen (= Akademiker) 2,2 %[1]). Im gesamten Verlauf der Rezession 1974–1978 lag die durchschnittliche Arbeitslosenquote für alle Erwerbspersonen mit irgendeiner beruflichen Qualifikation zusammen nie über 2,8 %, die Arbeitslosenquote für alle Unqualifizierten nie unter 6 %. Die Krise ist im wesentlichen also eine Krise für Menschen ohne formale berufliche Qualifikation. Für die frischen Absolventen des Schul- bzw. Berufsbildungssystems gilt ähnliches: In der Rezession war die Eingliederung auf dem Arbeitsmarkt besonders schwierig für Jugendliche mit niedrigem Qualifikationsniveau. In der Jugendarbeitslosigkeit sind die Gruppen ohne oder mit sehr geringer beruflicher Qualifikation mit rd. 70 % noch stärker überrepräsentiert als in der Gesamtarbeitslosigkeit. Bei den Berufsanfängern ist zu schätzen, daß in Rezessionszeiten weniger als die Hälfte der Unqualifizierten überhaupt eine Chance auf einen Arbeitsplatz hat, während die Berufseinmündung bei Hochqualifizierten trotz aller Befürchtungen und

---

[1]) Die Prozentsätze beziehen sich auf den Anteil der Arbeitslosen an den abhängig Beschäftigten. Bezieht man die Selbständigen in die Berechnungen ein, so liegt insbesondere die Arbeitslosenquote für Akademiker günstiger.

trotz manchmal längerer Sucharbeitslosigkeit in der Masse doch relativ reibungslos vonstatten ging (die bestehenden Probleme sollen damit nicht verniedlicht werden; hier geht es um die vergleichende Bewertung der großen Qualifikationsgruppen).

Die Entwicklungstendenzen bei den Arbeitsplätzen für Unqualifizierte bestätigen den Eindruck stark abnehmender Beschäftigungschancen für Hilfsarbeiter und Hilfsangestellte. Zwar sind diese Gruppen beschäftigungsstatistisch und klassifikatorisch leider außerordentlich schlecht belegt, aber Teilgrößen, wie z. B. der Anteil der Hilfsarbeiter an der Industriebeschäftigung, weisen für die letzten Jahrzehnte eine deutliche Abnahme dieses Arbeitsplatzstyps aus. Das gleiche gilt für vorliegende Projektionen. Battelle prognostiziert für 1990 ca. 1 Mio. Hilfsarbeiterplätze, das sind etwa 5 % der Beschäftigten. Diese Größenordnung findet sich in den USA heute schon (wo die Arbeitslosigkeit zum größten Teil ebenfalls aus Unqualifizierten besteht). (Die Abwärtsentwicklung wird vermutlich abgeschwächt, wenn man Ungelernte und Angelernte zusammenfaßt, denn die Zahl der Angelernten scheint eher zu stagnieren. Allerdings sind die statistischen Definitionen unsicher).

Der Anteil der Personen ohne jegliche Ausbildung an den Erwerbstätigen betrug noch Anfang der 60er Jahre etwa ein Drittel; inzwischen dürfte er zwischen einem Viertel und einem Fünftel liegen. Der Verzicht auf eine Ausbildung ist bei den Jugendlichen in den vergangenen Jahrzehnten kontinuierlich zurückgegangen. Vor dem 1. Weltkrieg dürfte etwa die Hälfte der Jugendlichen ohne eine Ausbildung in die Arbeitswelt eingetreten sein. Zwischen den beiden Kriegen war es etwa ein Drittel, in den 50er Jahren rund ein Viertel und für Anfang der 70er Jahre darf man diese Quote auf rund 15 % schätzen, zuletzt sogar bei nahe 10 %. Die Ausbildungsneigung war immer bei Jungen erheblich höher als bei Mädchen, aber in den letzten Jahrzehnten hat sich im Prinzip auch für Mädchen die Einstellung durchgesetzt, daß der Erwerb einer ordentlichen beruflichen Qualifikation der Normalfall sein sollte.

Diese Entwicklung galt immer auch als bildungspolitisch erwünscht; diskutiert wird sogar in vielen Ländern eine Berufsausbildungspflicht für alle. Der Bildungsgesamtplan sieht für 1985 das Erreichen einer Quote von 2 bis 3 % Ausbildungsverzichtern unter den Schulabgängern vor.

6. Bei dieser Entwicklung ist es um so bemerkenswerter, daß die strukturell abnehmende Zahl der Unqualifizierten dennoch, wie oben gezeigt wurde, immer stärker von Beschäftigungsrisiken betroffen ist. Mit anderen Worten: sowohl die Zahl der Unqualifizierten wie die Zahl der Arbeitsplätze für Unqualifizierte gehen säkular zurück, aber die Zahl der Arbeitsplätze noch rascher als die Zahl der Bewerber um diese Arbeitsplätze.

7. Entgegen fast landläufiger Vorstellung besteht also die gegenwärtige und absehbare Hauptverzerrung zwischen Bildung und Arbeitsmarkt nicht in der Produktion von zu vielen Qualifikationen, sondern in der Produktion von zuviel Unqualifizierten. Auch die für arbeitsmarktpolitische Maßnahmen eingesetzten Mittel konzentrieren sich in Krisenlagen zu Recht stets auf die Höherqualifizierung der Erwerbslosen (und nicht etwa auf Umschulung, womöglich gar in niedrigere Qualifikationen). Zur Bewältigung der aktuellen, in der Praxis brennenden Probleme wird also durchaus sachgerecht verfahren, während für die bildungspolitische Diskussion oft ganz entgegengesetzte, realitätsferne Vorstellungen zugrunde gelegt werden. So kann man durchaus beobachten, daß es als gewichtiges „strukturelles Arbeitsmarktproblem" bezeichnet wird, daß zuviel Qualifikationen produziert würden und daraus Schlußfolgerungen für die Bildungspolitik bezogen

werden, während gleichzeitig fiskalische „Strukturverbesserungsprogramme" ausgelöst werden, die zum Zwecke haben, den unqualifizierten Arbeitslosen Qualifikationen zu verschaffen, damit sie jetzt vermittelbar und in Zukunft von Rezessionen weniger bedroht werden. Diese Maßnahmen folgen auch konsequent aus der Beobachtung der Entwicklung bei den Arbeitslosen einerseits und den offenen Stellen andererseits: Während die meisten Arbeitslosen unqualifiziert sind, werden die meisten (ohnehin konjunkturell zu wenigen) offenen Stellen für qualifizierte Kräfte ausgewiesen.

Auch eine andere landläufige Vorstellung ist unrichtig: nämlich die, daß das Verhältnis zwischen Bewerbern und offenen Stellen bei den hohen Qualifikationen besonders ungünstig sei oder sich in den letzten Jahren besonders ungünstig entwickelt habe. Dieses Verhältnis (Bewerber : Stellenangebote) betrug für akademische Berufe im Jahresdurchschnitt 1967 ebenso wie 1975 rund 1,5 : 1 (1976 rund 2,2 : 1). Es hat sich insgesamt von Rezession zu Rezession also nicht dramatisiert. Dies gilt auch durchweg für die einzelnen Fachrichtungen. Demgegenüber hat es sich, um nur einige Beispiele der anderen Qualifikationen anzuführen, von Rezession zu Rezession bei den Chemiearbeitern von 2 auf 11 (1977: 7), bei den Elektrikern von 1 auf 6 (1977: 4), bei den Montierern von 2 auf 14 (1977: 9), bei den Textilarbeitern von 1 auf 5 (1977: 5), bei den Technischen Zeichnern von 1 auf 7 (1977: 6), bei den Verkäufern von 1 auf 4 (1977: 5) und auch bei fast allen anderen Qualifikationen dieser Ebene verschlechtert. Für unspezifizierte Hilfsarbeiter aber betrug die Relation im Dezember 1967 22:1 und im Dezember 1974 56:1 (Mai 1978 23:1).

8. Alle diese Tendenzinformationen zeigen, daß die vielbesprochene Sorge vor einem künftigen „strukturbedingten Sockel von Arbeitslosigkeit", der auch bei ausreichender konjunktureller Nachfrageentwicklung bestehen bleiben würde, also am ehesten in die Gefahr übersetzt werden kann, daß unqualifizierte Arbeitskräfte in Zukunft immer weniger auf zumutbare Arbeitsplätze treffen werden. Die umgekehrte Befürchtung, die am anderen Ende der Qualifikationspyramide ansetzt, hat einen sehr viel geringeren Wahrscheinlichkeitsgrad für sich.

Damit ist zunächst einmal hinreichend angedeutet, wie die anfangs gestellte erste Frage nach der Risikowahrscheinlichkeit angegangen werden könnte.

9. Der zweite Risikoaspekt betraf die Frage nach der Risiko-Erträglichkeit. Dabei ist zu erörtern, ob unter gesamtwirtschaftlichen und gesellschaftlichen Gesichtspunkten ein Planungsfehler, der zu viele und/oder zu hoch Qualifizierte im Verhältnis zur Arbeitsplatzentwicklung („Überqualifikation") produziert, schwerer oder leichter wöge als ein Planungsfehler, der zu viele gar nicht oder gering Qualifizierte produziert („Unterqualifikation").

Dazu ist zunächst die Korrekturfrage zu stellen: Welcher Fehler wäre eher zu korrigieren?

Die Korrektur im Falle der „Überqualifikation" könnte schmerzlich sein: Die Anpassung würde vielleicht durch die Besetzung von Arbeitsplätzen mit höheren als den mindestens erforderlichen Qualifikationen oder durch ein Umschulungssystem für Qualifizierte erfolgen. Die Wirkung der „Überqualifikation" könnte aber auch eine raschere technologische, wirtschaftliche und soziale Entwicklung und überhaupt die Eröffnung von Entwicklungschancen sein, die sich ohne ein reichliches Angebot an Qualifikationen gar nicht böten. Weder für den weltwirtschaftlichen Konkurrenzkampf noch für die binnenländische Entwicklung der Lebensverhältnisse könnte dies als Nachteil angesehen werden.

Auf der anderen Seite könnte die Anpassung wohl nur in geringem Umfang durch die Höherqualifizierung von unqualifizierten oder gering qualifizierten Erwachsenen erfolgen. Als Regelfall gilt nach gesicherten Forschungsergebnissen, daß das Weiterbildungspotential um so geringer ist, je niedriger die Erstqualifikation angesetzt war. Mangelnde Erstqualifikation gilt als ausgesprochenes Weiterbildungshemmnis; Spätkorrekturen auch in horizontaler Richtung, erst recht aber in vertikaler Richtung sind in der Regel nur innerhalb der mittleren und oberen Qualifikationen möglich.

10. Auch der Ausgleich durch Wanderungsbeziehungen zum Ausland ist wohl viel eher dann möglich, wenn es vor allem an unteren Qualifikationen mangelt, als wenn die Versorgung mit hohen Qualifikationen den Anforderungen des Gesellschaftssystems nicht gerecht wird. Dies erklärt übrigens wohl auch zum Teil, daß die Bildungsexpansion der deutschen Bevölkerung von allen gesellschaftlichen Kräften befürwortet oder zumindest gelassen hingenommen wurde, solange ein ungehinderter Zugriff zu den ausländischen Arbeitsmärkten bestand. Erst seit dem Anwerbestop haben die Sorgen vor einer zu geringen Nachwuchsproduktion an Unqualifizierten in der Bundesrepublik stark zugenommen. Dabei bestätigt sogar die Entwicklung der Ausländerbeschäftigung den oben aufgezeigten generellen Qualifizierungstrend. Das Qualifikationsniveau der in der Bundesrepublik beschäftigten Ausländer kann nämlich weder im Hinblick auf die in der Heimat erworbene Ausgangsqualifikation noch im Hinblick auf die Qualifikationsgrade der Tätigkeit in der Bundesrepublik als niedrig angesehen werden. Auch unter ihnen geht der Anteil der ungelernten Arbeitskräfte ständig zurück (1977 betrug er 23%). Berücksichtigt man, daß selbst unter den Ärzten (mit 7% Ausländeranteil an den Ärzten in der Bundesrepublik) und anderen qualifizierten Berufen eine beachtliche Ergänzung des deutschen Arbeitskräftepotentials durch Ausländer stattgefunden hat, so sieht man, daß auch der Ausländeraspekt keine bedeutsame Änderung unserer Betrachtungen erbringt.

11. Auch eine Differenzierung zwischen den verschiedenen Stufen des mittleren und höheren Qualifikationsbereichs (etwa in dem Sinne, daß die Überproduktion von mittleren Qualifikationen weniger riskant und erträglich sei als diejenige von hohen Qualifikationen) bringt nicht viel ein. Man müßte dann bei den aufgezeigten Tendenzen übersehen, daß für die Beschäftigungslage durchgängige Korrelationen bestehen (nicht nur alle Qualifizierten sind in einer besseren Position als alle Unqualifizierten, sondern auch innerhalb der Gruppe der Qualifizierten sind die höher Qualifizierten besser positioniert als die weniger hoch Qualifizierten), müßte ferner übersehen, daß die bisherige Entwicklung der Bildungsexpansion ebenso wie die seinerzeit geplante eine parallele Ausdehnung beider Qualifikationsebenen zu ausschließlichen Lasten der Gruppe der Unqualifizierten aufweist, und zusätzlich Gründe dafür finden, warum die wirtschaftspolitische und soziale Erträglichkeit arbeitsloser oder inadäquat beschäftigter Facharbeiter eher gegeben wäre, als entsprechende Verhältnisse bei Akademikern.

12. Die Frage nach der Erträglichkeit der verschiedenen Risiken sollte aber auch auf eine Reihe von Gegenfragen stoßen, die sich – in ganz ungeordneter Reihenfolge – etwa so formulieren lassen:

- Wessen Knappheit ist der Bevölkerung unbequemer: die der Lehrer und Ärzte oder die der Hilfsarbeiter und Putzfrauen?
- Was soll der künftige Produktionsschwerpunkt der deutschen Wirtschaft sein: Geräte, Maschinen, Anlagen oder Systeme zur Herstellung von Anlagen?
- Mit wem soll die Bundesrepublik im Jahr 2000 auf dem Weltmarkt konkurrieren: mit Entwicklungsräumen oder mit hochindustrialisierten Ländern wie den USA?

- Auf welchem Gebiet glauben wir, in eine Lohnkonkurrenz mit der übrigen Welt eintreten zu können: bei Hilfskräften oder bei hochqualifizierten Kräften?
- Welche Rolle denken wir uns für die Bundesrepublik innerhalb des europäischen Integrationsraumes: die der Werkbank oder die des Konstruktionsbüros?
- Wo sehen wir unsere komperativen Vorteile: in unseren Rohstoffen oder in unserem Know-how?
- Welche Beschäftigungssicherheit wollen wir denen geben, die wir geplant nicht qualifizieren wollen?
- Auf welche Tätigkeitsgebiete des Menschen wollen wir die weitere Rationalisierung konzentrieren: auf körperliche, repetitive oder auf intellektuelle Arbeit?
- Wie steht es mit der Humanisierung der Arbeitsplätze: wie viele Arbeitsplätze sollen Selbstverwirklichung ermöglichen und für wie viele (und welche) wollen wir darauf verzichten?
- Was kann und soll durch überlegene Techniken ersetzt werden: Schmutz, Kraft, Routine oder Denkleistung?
- Wie wollen wir die weitere Verwissenschaftlichung der Arbeitsprozesse und die Produktivitätssteigerung (durch Wegrationalisierung von einfachen Funktionen) aufhalten?
- Wen bestimmen wir für die unqualifizierte Arbeit, nach welchen Kriterien gehen wir dabei vor und mit welcher Legitimation?
- Welche Mittel setzen wir ein, um die weltweite säkulare technische und soziale Entwicklung umzukehren (die bisher von niedrig qualifizierter Arbeit wegführt), um wieder mehr Arbeit für Ungelernte zu schaffen?
- Wie wollen wir das Recht auf Qualifizierung, das Grundlage, Ausprägung und Merkmal des grundgesetzlichen Entfaltungsrechts ist, aus unserer Verfassung, unseren fundamentalen Idealen und unserem Denken beseitigen? Wer nimmt das in Angriff?
- Wie wollen wir soziale Integration für alle Gruppen und alle Individuen ohne berufliche Qualifikation sichern?
- Oder: Wie viele sozial unterprivilegierte bzw. nicht integrierte Personen brauchen wir?
- Wozu?
- Wie werden wir die Zahl überzähliger Unqualifizierter im Jahr 2000 verringern können: Durch Rücknahme des Rechts auf berufliche Integration für Frauen? Durch Auswanderung? Wohin?
- Wer und mit welcher Leistung trägt dann die Soziallast?

In diesen Fragenzusammenhang seien einige Bemerkungen des gegenwärtigen Bundeskanzlers gestellt: „Wir wollen nicht noch mehr ausländische Arbeitskräfte heranziehen. Deshalb werden die gesamten ökonomischen Daten die exportierenden Unternehmen und darüber hinaus auch solche, die bisher nur für die Binnenmärkte produzierten, dazu zwingen, sich auf höher entwickelte Verfahren und Produkte zu orientieren. Ganz weit in die Zukunft gegriffen, stark vereinfachend und typisierend könnte man sagen: Am Horizont des Jahres 2000 sieht man ein Zeitalter heraufziehen, in dem Volkswirtschaften wie die deutsche im wesentlichen Patente, Verfahrenstechniken und Blaupausen exportieren. Davon kann eine Volkswirtschaft leben. Wenn dafür draußen genug Bedarf vorhanden ist und wir ihn besser oder schneller als andere befriedigen können, könnte man davon sogar gut leben²).''

Nicht verträglich mit diesen Visionen wäre eine Entwicklung, die die deutsche Lizenzbilanz weiter passiviert. Klingt es nicht wie Hohn, daß zu Beginn der Bildungsexpansion eines ihrer wesentlich fördernden Motive die Beobachtung der um 500 Mio. DM passiven Lizenzbilanz der 60er Jahre war, während heute, wo dieses Defizit sich verdoppelt hat, zum Abgesang auf die Bildungsexpansion gerufen wird?

13. Es läßt sich also durchaus die Auffassung vertreten, daß nicht nur das Risiko, sondern auch die Problematik der „Unterqualifikation" der deutschen Bevölkerung weit höher einzuschätzen ist als Risiko und Problematik der „Überqualifikation". Wie sehen aber gegenwärtig die Tendenzen aus?

Es wurde oben bemerkt, daß der Anteil der Bildungsverzichter unter den Schulabgängern jüngst bis auf nahe 10 % gesunken ist und nach dem Bildungsgesamtplan weiter sinken soll, nach der Entwicklung der Arbeitsplätze auch weiter sinken müßte. Demgegenüber ist für die nächsten 10 Jahre damit zu rechnen, daß für die wachsende Zahl der jährlichen Schulabgänger (von 755 000 im Jahre 1976 auf 960 000 im Jahre 1982) kaum ein berufliches Bildungsangebot zur Verfügung stehen wird, das es erlauben würde, auch nur die jüngste Quote von 10 bis 15 % Bildungsverzichtern zu halten. Vielmehr würde es, wenn die bildungspolitischen Tendenzen der Drosselung sämtlicher beruflicher Bildungskapazitäten von den Hochschulen bis zum betrieblichen und Fachschulbereich bestimmend wären, zu einer Situation kommen, in der rund 25 % der Schulabgänger des Jahres 1982 keinen regulären beruflichen Bildungsplatz erhielten. Eine solche Zurückschraubung der Entwicklung der letzten Jahrzehnte kann schon alleine deswegen nicht erwünscht sein, weil in den späteren 80er und dann erst recht in den 90er Jahren ein starker Rückgang der Nachwuchsversorgung und der gesamten Erwerbsbevölkerung bevorsteht, so daß versäumte Qualifikationschancen dann, wenn sie vielleicht für die Existenzsicherung der deutschen Gesellschaft für notwendig gehalten werden, aus dem Nachwuchs nicht mehr aufgeholt werden können. Die „Unterqualifikation" der kommenden 10 starken Jahrgänge, die bei zu schwachen Bildungsanstrengungen droht, wäre nie mehr gutzumachen. Dabei ist auch an die einzelnen Schicksale der von „Unterqualifikation" Betroffenen zu denken: Den größeren Teil ihres aktiven Lebens werden sie in einer Volkswirtschaft verbringen müssen, die große Knappheit an hohen Qualifikationen bei hohen Soziallastquoten erfährt, aber kaum mehr Verwendung für Hilfskraftreserven hat. Es ist deswegen richtig und erfreulich, wenn auch noch nicht ausreichend, daß in der allerjüngsten Zeit die Aufnahmekapazitäten der Ausbildungsbereiche wieder angehoben wurden.

14. *Die Schlußfolgerung kann nur sein, daß es keine Antinomie zwischen Bildungs- und Beschäftigungserfordernissen in der gegenwärtigen Situation gibt. Gerade wenn man die Forderung nach einer exakteren Berücksichtigung der wirtschaftlichen und arbeitsmarktpolitischen Erfordernisse auf lange Sicht in der Bildungspolitik ernst nimmt (und nicht nur als Argument einbringt) und auf alle ihre Konsequenzen durchspielt, muß es – beschäftigungspolitisch – als eher verwegen angesehen werden, den Qualifizierungstrend der deutschen Gesellschaft zu stoppen, statt ihn mit allen Kräften fortzusetzen.*

Dies bedeutet auch, daß die in allen beruflichen Bildungsbereichen herrschende faktische Numerus-clausus-Situation aufgebrochen werden muß. Jeder in einem Bereich (auch in den Hochschulen) abgewiesene qualifizierte Bewerber schafft im Saldo einen

---

²) Interview in der Süddeutschen Zeitung vom 24.6.1975.

zusätzlichen Bildungsverzichter. Hinter diesem Problem verblassen detailliertere Strukturfragen nach der nützlichsten Zusammensetzung des gesellschaftlichen Qualifikationsrasters. *Die Forderung muß vielmehr heißen, daß alle zur Verfügung stehenden oder durch bessere Kapazitätsnutzung erzielbaren Ausbildungsplätze ausgenutzt werden müssen.* Die Qualifikationsbedarfsforschung und die Bildungsplanung aber sollten genauere Berechnungen des Hilfsarbeiterbedarfs (wie sie in Ansätzen hier nur skizziert werden konnten) zur besseren Fundierung von bildungsplanerischen Überlegungen veranlassen. Dabei ist wieder an die oben genannte Alternative bildungsplanerischen Verhaltens zu erinnern: *Ist es wesentlicher, die Zahl der Bewerber für Spitzenpositionen so knapp zu halten, daß jeder von ihnen garantiert mit einem hochqualifizierten Arbeitsplatz (und dem entsprechenden Einkommensvorsprung) rechnen kann, ohne Rücksicht auf die Beschäftigungschancen und -bedingungen der weniger Qualifizierten? Oder ist es nicht gerechtfertigter, diejenigen, welche sich für unqualifizierte Arbeiten bereithalten, wenigstens vor allzu großer Bewerberkonkurrenz um die geringer werdende Zahl von Arbeitsplätzen zu schützen und ihnen durch diese „Verknappung" Einkommen zu sichern, welche eine gewisse Entschädigung für den Qualifikationsverzicht darstellen – zumal, wenn auf diese Weise gleichzeitig die im nächsten Jahrhundert notwendige technologische und soziale Vorwärtsentwicklung gefördert wird –?* HELMUT SCHMIDT dazu: „In sehr vielen Berufen wird dann wahrscheinlich sehr viel besser bezahlt werden müssen, damit sich Menschen für diese Berufe finden)". Dies ist natürlich eine andere Strategie als diejenige, vor deren Hintergrund auch bei anders lautenden Beschäftigungsdaten immer wieder die Klage über zuviel Qualifikation vorgebracht wird. *Mut zur „Überqualifikation" oder Mut zur „Unterqualifikation" – das ist offenbar die Frage!*

15. Selbstverständlich können bei all diesen Erwägungen finanzielle Momente nicht völlig außer Acht gelassen werden. Obwohl auf den ersten Anschein überzeugend, ist es generell wohl durchaus nicht richtig, daß es billiger wäre, Hilfsarbeiter oder Quasi-Qualifikationen zu vermitteln, als eine qualifizierte Ausbildung. Die kurz- und langfristigen – auch rein fiskalischen – Cost-benefit-Rechnungen sind komplex, sie dürfen sich nicht nur auf die aktuelle Be- oder Entlastung eines bestimmten öffentlichen Haushaltstitels beziehen, sondern müssen kurz- und langfristige Steuer-, Beitrags-, Arbeitslosengelder und daneben auch multiplikative und andere sekundäre Fiskaleffekte einschließen. Wahrscheinlich ist die Drosselung der Ausbildungsansprüche der Gesellschaft weder kurz- noch langfristig billig. Im übrigen dürfen fiskalische Momente weder die langfristigen Hauptströmungen gesellschafts-, wirtschafts- und arbeitsmarktpolitischen Wollens vollends dominieren, noch dürfen fiskalische Engpässe dazu führen, daß – um die Allokationskonflikte zu entlasten – als arbeitsmarktpolitisch sinnvoll ausgegeben wird, was bei näherer Betrachtung arbeitsmarktpolitisch absolut nicht sinnvoll ist, noch sollten umgekehrt fiskalische Momente ins Feld geführt werden, wo ausbildungs- und arbeitsmarktpolitisch sinnvoller verfahren werden könnte (z. B. durch bessere Kapazitätsausnutzung).

Da ich mich mit Bedarfsfragen beschäftigte, will ich diesen Aspekt hier nicht vertiefen. Möglicherweise gibt es Gründe für eine größere Produktion von Gering- und Unqualifizierten: Fiskalische, auch vielleicht gesellschaftspolitische, vielleicht sogar sozial- und bildungspolitische – nur „bedarfsorientierte" –, also eigentlich wirtschafts- und arbeitsmarktpolitische Erwägungen geben, wie wohl gezeigt werden konnte, vermutlich keine tragfähigen Argumente für eine solche Politik her. Und doch wird gerade dies ständig

---

[3]) Interview in der Süddeutschen Zeitung vom 24.6.1975.

behauptet. Deswegen ist es nötig, eine rationale Bedarfsdiskussion zum Bereich der niedrigsten Qualifikationsgruppen zu entwickeln.

16. Mögliche Vorstellungen über die (prognostische oder normative) Entwicklung der Qualifikationspyramide lassen sich gut optisch verdeutlichen, wenn man die „Kneschaurekschen Diagramme" zu Hilfe nimmt. Kneschaurek stellt sich die Wandlung in der Struktur der Wissens- oder Fähigkeitspyramide als Vorbedingung wirtschaftlichen, sozialen und kulturellen Fortschritts wie folgt vor:

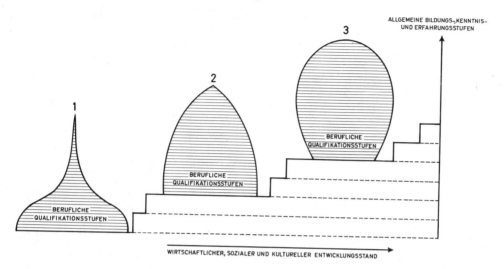

Die Bundesrepublik Deutschland ist durch die Bildungsentwicklung der letzten Jahrzehnte auf dem besten Wege, in der Qualifikationsstruktur der Bevölkerung Stufe 2 zu erreichen, während sich die Arbeitsplätze, wie gezeigt wurde, schon nach Stufe 3 hin weiterentwickelt haben. Eine konsequente Weiterführung der Bildungspolitik im Sinne des Bildungsgesamtplans würde auch die Erwerbsbevölkerung nach Stufe 3 führen (womit sich der Bildungsgesamtplan als gerade arbeitsmarktpolitisch hochvernünftig zeigt); eine Rückwendung nach Stufe 1 ist zu befürchten, wenn gewichtige gegenwärtige Tendenzen weiter Platz greifen (Kapazitätsvernichtung „oben", zunehmende Ausbildungsverweigerung oder Ausbau von Niedrigstqualifikationen – „Quasi-Ausbildung" – „unten").

Zur Anreicherung der Diskussion sei darauf hingewiesen, daß die Kneschaurekschen Diagramme nicht die einzig vorstellbaren Verteilungsfiguren sind. Weitere Alternativen:

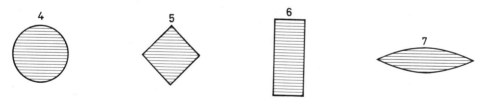

... und so weiter.

Bisher ist von denen, die die Ziele des Bildungsgesamtplans mit Bedarfsargumenten in Frage stellen, nicht dargestellt worden, welche Figur sie für bedarfsgerechter halten. An einer offenen Diskussion darüber würde man sich von seiten der Arbeitsmarktforschung gern beteiligen.

Nachbemerkungen

Zwischen dem Ersten Vortrag dieser Überlegungen und ihrer Drucklegung haben über die von mir aufgeworfene Frage „Unterqualifikation oder Überqualifikation?" viele Diskussionen stattgefunden. Dabei sind Mißverständnisse und Fragen zutage getreten, die mich veranlassen, der Druckfassung einige erläuternde Nachbemerkungen anzufügen.

1. Mein Thema ist die alternative künftige *Makrostruktur* des Bildungswesens. Es geht also nicht um alternative Erwägungen zur Bildungsdauer für Individuen. Makrostrukturelle Unterqualifikation läge beispielsweise dann vor, wenn die Zahl der Ungelernten künftig höher bleibt, als das Angebot an Arbeitsplätzen für Ungelernte.

2. Heutige Entscheidungen sind bei der *gegebenen* Realität des deutschen Bildungswesens zu fällen, sie können also nicht von zwar wünschbaren, möglicherweise optimalen, aber realiter nicht angebotenen Strukturen des Ausbildungssektors ausgehen. Es gibt z. B. so gut wie keine „gleichwertigen" Bildungsgänge außerhalb der Hochschulen, es gibt praktisch keine doppelt profilierenden Bildungsgänge der Sekundarstufe II, wie einst geplant und allseits gewünscht. Es gibt keine Kurzstudiengänge mit vollwertigem Abschluß. Es mag nützlich sein, das Fehlen dieser Strukturelemente zu beklagen und ihren künftigen Aufbau zu fordern; für derzeitige Einmündungs- und Steuerungsentscheidungen spielt das keine Rolle.

3. Es geht um eine *relative*, nicht um eine *absolute* Würdigung. Es ist also hier nicht das Anliegen, festzustellen, daß diese oder jene Begleiterscheinung bestimmter Qualifikationen unerwünscht oder bedenklich ist. Es kommt vielmehr darauf an, zu prüfen, wo die Chancen, unerwünschten Bedingungen zu entgehen, noch relativ am besten sind. Nicht ausbildungsadäquate Beschäftigungsverhältnisse gibt es in allen Qualifikationsbereichen bisher schon, und es wird sie auch in Zukunft geben. Ihre Größenordnung liegt für Akademiker bisher bei 5 % und künftig möglicherweise wesentlich höher; auf der Facharbeiterebene ist die Quote der nichtausbildungsadäquaten Beschäftigungsverhältnisse aber bisher schon rund 50 %.

4. Wir müssen stets die *Gesamtbilanz* zwischen Nachfrage nach und Angebot an Ausbildungsmöglichkeiten betrachten und bei jeder vorgeschlagenen Lösung der Bildungsaufgabe für die kommende Generation die Auswirkung auf diese Gesamtbilanz berücksichtigen. Tun wir das, so stellen wir fest: Drosselung bei der Hochschulausbildung schafft derzeit im Saldo mehr Ungelernte.

5. Die Alternative ist *nicht „Falsch- oder Richtigqualifizierung"*. Wäre die „Richtigqualifizierung" eindeutig erkennbar und im gegebenen Ausbildungsangebot realisierbar, so träten unsere Entscheidungsprobleme selbstverständlich nicht auf. Es geht also auch nicht darum, ob zu hoch oder „passend" qualifiziert wird, sondern angesichts des gegebenen Angebots eben nur um „Über- oder Unterqualifizierung".

6. Es *gibt keine genauen Bedarfsprognosen* in einer freien Gesellschaft mit einem Mindestmaß von wirtschaftlicher und gesellschaftlicher Dynamik, und es kann keine bedarfsorientierte Bildungslenkung für den einzelnen geben. Also muß man über *Wahrscheinlichkeit* und *Erträglichkeit des Risikos*, das Falsche zu tun, für die Fälle Unter-

und Überqualifikation nachdenken. Beides hängt ab von der Entwicklung der weltwirtschaftlichen Arbeitsteilung und von den gesellschaftlichen Zielen, die man sich auf Dauer setzen wird.

Das Entscheidungsproblem ähnelt der Abwägung, die ein Gericht bei einstweiligen Verfügungen zu treffen hat. Das Gericht hat zu prüfen, wann der Schaden größer ist: wenn die einstweilige Verfügung ergeht und später die Prüfung der Hauptsache ergibt, daß sie falsch war oder, wenn die einstweilige Verfügung nicht ergeht und sich später herausstellt, daß sie hätte ergehen sollen. Planungsentscheidungen bei prognostischer Unsicherheit der Arbeitsmarktentwicklung haben in ähnlicher Weise zu fragen, ob der Schaden größer sein wird, wenn Bildungsexpansion betrieben wird, aber sich später herausstellt, daß die Expansion zu groß war, oder wenn Bildungsexpansion unterlassen wird und sich später herausstellt, daß sie hätte betrieben werden sollen.

7. Bei diesen Abwägungen hat man *nicht kurzfristigen Eingliederungsüberlegungen* zu folgen, sondern man hat diese auch vor dem Hintergrund mittel- und langfristiger Qualifikationsbedürfnisse zu beurteilen. Bildungssysteme und Bildungsabläufe sind träger als konjunkturell geschüttelte wirtschaftliche Situationswechsel, und die Tragweite von gesellschaftlichen und individuellen Bildungsentscheidungen reicht weit über die aktuelle Marktlage hinaus.

8. In Qualifikationsfragen darf nicht örtlich, sondern muß überörtlich, *großräumig* gedacht werden. Wieweit der Raum gezogen werden muß, hängt von unseren Vorstellungen über künftige soziale Integrationsräume, etwa im Rahmen der EG, ab.

9. Für alle Überlegungen gelten *zwei Axiome:* einmal das Axiom, daß die Herstellung und Aufrechterhaltung von *Vollbeschäftigung* oberes gesellschaftliches Ziel ist. Extrapolationen von Krisensituationen, sei es für die Gesamtverhältnisse oder für Teilbereiche, geben keine Basis für rationale Planungen ab, weder im Bildungswesen noch sonstwo. Wenn z. B. auf Befragungsergebnisse verwiesen wird, welche keinen zusätzlichen Rekrutierungsbedarf für bestimmte Qualifikationsgruppen in der Wirtschaft oder beim Staat oder bei beiden erbringen, so ist dies nur vorstellbar im Zusammenhang mit einer langfristigen Unterbeschäftigungsprognose, bei der auch für alle anderen Qualifikationsgruppen kein Bedarf besteht. Dies aber wäre eine unbrauchbare Rahmenspekulation für jeden Planer.

Das zweite Axiom betrifft die *Aufrechterhaltung der weltwirtschaftlichen Einbindung der Bundesrepublik Deutschland.* Diese bedeutet eine Verstärkung der internationalen Konkurrenz durch Weiterentwicklung des marktwirtschaftlichen Austauschs und damit die Vertiefung internationaler Arbeitsteilung. (In geschlossenen Volkswirtschaften lassen sich auch Modellvorstellungen entwickeln, die bewußt von produktionstechnischem Rückschritt ausgehen, so daß der Bedarf an ungelernter oder niedrig qualifizierter Arbeit in diesem Land entgegen dem allgemeinen säkularen Trend wieder anstiege. Nicht aber für ein Land, das in die weltwirtschaftliche Verflechtung einbezogen ist.)

10. Wichtig sind *nicht isolierte Berufsprojektionen* für einzelne Fachrichtungen, sondern wichtig ist der Übergang zu polivalenteren, mehr Allgemeinqualifikationen vermittelnden Bildungsgängen auf allen Ebenen.

11. Es geht *nicht um eine Konkurrenz der Ebenen* innerhalb der Gruppe der Qualifizierten vom Facharbeiter bis zum Akademiker. Der größte Graben, was die Arbeitsmarktrisiken betrifft, liegt zwischen Qualifizierten und Nichtqualifizierten. Bei der gegenwärtigen Angebotssituation hat es deswegen auch nicht viel Sinn, in Strukturbetrachtungen etwa Facharbeiter gegen Studenten auszuspielen. Vor allem der Anteil derjenigen, die gar keine Qualifikation bekommen, ist so gering wie möglich zu halten. Aus

seiner Verringerung kann leicht die simultane Expansion aller Qualifikationsebenen bestritten werden.

12. Man muß sich in derartigen Diskussionen stets fragen, von welcher Entwicklung des *Laufbahnwesens* ausgegangen wird. Optimal wäre es nämlich, wenn der Erwerb von Qualifikationen im Vordergrund des Bildungsinteresses stünde und nicht daneben auch der Erwerb von Berechtigungen und Zertifikaten. Dies ließe sich auf zweierlei Weise erreichen: entweder durch die *Entkoppelung von Berechtigung und Beschäftigung* oder durch die *Entkoppelung von Bildung und Berechtigung*. Das heißt: entweder würde die Einmündung in eine bestimmte Beschäftigungsposition nicht mehr abhängig von der Vorlage bestimmter Bildungszertifikate gemacht, oder das Bildungswesen würde diese Zugangszertifikate nicht mehr ausstellen. Der Andrang zu den Hochschulen ließe in beiden Fällen von selbst nach; denn auf diese Weise wäre das geläufige Postulat der „Gleichwertigkeit der Bildungsgänge" realisiert; privilegierte Positionen im Beschäftigungssystem wären nicht mehr nur durch einen bestimmten (z. B. akademischen) Bildungsabschluß erreichbar.

13. Niemals geht es darum, Jugendliche aufzufordern, höhere Qualifikationen anzustreben, als es ihnen *eignungs- und neigungsmäßig* adäquat ist. Aber sie sollten nicht davon abgehalten werden, sich im Rahmen ihrer Eignung und Neigung zu qualifizieren, wenn Wahrscheinlichkeits- und Risikoüberlegungen dies nicht verbieten.

14. Da das Beschäftigungssystem angesichts der Bildungswelle *keinerlei Beschäftigungsgarantien* für Inhaber bestimmter Zertifikate mehr hergeben kann, dürfen auch keine Ab- und Hinlenkungseingriffe von Staats wegen unternommen werden. Hier entstünde sonst ein *Haftungsproblem:* wie soll gerechtfertigt werden, daß Gruppen von einer höheren Qualifizierung abgelenkt werden, die sie durchaus erreichen könnten, wenn auch für den alternativen Bildungsweg (ebensowenig wie für den „höheren", wenn nicht noch weniger), in den man sie lenkt, keine Beschäftigungsgarantie gegeben werden kann?

Perspektivenwandel bei Zielsetzung und Systemabstimmung in regionaler Bildungsplanung

von
Werner E. Spies, Dortmund

I. Die Fragestellung des Beitrages

Seitdem GEIPEL die Aufmerksamkeit auf die „sozial-räumlichen Strukturen des Bildungswesens" richtete, hat sich regionale Bildungsplanung zügig und optimistisch entwickelt. Sie schien das Instrument zu sein, mit dem „mittel- und langfristige Bedarfsfeststellung und Erarbeitung von Bedarfsdeckungsvorschlägen" (HANSEN 75)[*]) mit abgesicherter Methodik möglich wurde. Ihre Schulentwicklungspläne sollten gewährleisten, „für die Bürger in allen Landesteilen ein umfassendes, gleichmäßiges und differenziertes Bildungsangebot bereitzustellen" (GIRGENSOHN 73). Sie sollte regionale und damit zugleich soziale Benachteiligungen im Zugang zu Bildungseinrichtungen abbauen (PEISERT 67). Sie sollte erwerbsstrukturelle Nachteile ausgleichen (GANSER 77), den Kulturstand von Regionen heben (SCHORB 76). Sie wurde vorgestellt als integriertes und integrierendes Planungsgeschehen (Städtetag 74), wurde mit Raumordnung zusammengedacht (z. B. GEISSLER 65, GEIPEL 68, Akademie 70, SCHULTZE 75 etc.). Der Begriff der regionalen Bildungsplanung hat sich in diesem Vorgang der Ausbreitung und der Verflechtung mit anderen Planungsvorgängen ausgeweitet. Es erwies sich, daß sich alle Züge von Bildungsplanung „regionalisieren" lassen. Von RBP[1]) läßt sich reden, wenn Strukturmaßnahmen zur beruflichen Fortbildung oder Umschulung in einem Land vorbereitet werden, wenn ein Schulentwicklungsplan für eine Stadt oder wenn eine lokale Besonderheiten berücksichtigendes Curriculum für Lehrgänge einer Heimvolkshochschule geplant werden, um beliebige Beispiele zu nennen. Planung betrifft dabei so unterschiedliche Gegenstände, der Begriff der „Region" wird so different angewandt, daß nur in sehr allgemeiner Weise von *der* RBP geredet werden kann: Planungsvorgänge, die sich in irgendeiner Form mit Geschehnissen befassen, die Erziehungs- und Ausbildungsvorgänge in einem begrenzten Raum betreffen, können so zusammengreifend genannt werden. Darunter fallen dann so differente Dinge wie Schülertransportplanung und Erstellung von Lehrplänen für Sprachunterricht in grenznahen Gebieten.

In diesem Ausbreitungsvorgang wurden unterschiedlichste wissenschaftliche Methoden benutzt. Dies bedeutet eine weitere Problematik, wenn man von *der* RBP reden will. Da auch der „Regions"-begriff alles andere als eindeutig ist (denn es kann sinnvoll sein,

---

[*]) Siehe Literatur am Schluß dieses Beitrages.

[1]) Im Text verwandte Abkürzungen: RBP = Regionale Bildungsplanung, SEP = Schulentwicklungsplanung, BGP = Bildungsgesamtplan, HQP = Highly Qualified Personnel.

z. B. bei Arbeitsmarktfragen die Industrieländer, die 3. Welt, sogar die Erde als „Region" zu fassen), läßt sich RBP weder in bezug auf ihre Themen noch auf ihre Methoden einheitlich beschreiben. Es kann auch keine einheitliche *Wertung* ihrer Ergebnisse geben – offensichtlich ist, daß manche Formen der RBP außerordentlich nützlich waren –, es wäre sonst der angedeutete Ausbreitungsprozeß gar nicht denkbar. Ebenso offensichtlich ist, daß viele Pläne inzwischen Makulatur wurden. Die folgenden Überlegungen verstehen sich daher als ganz fragmentarische Hinweise, die nicht den Anspruch erheben, *die* Themen und Methoden *der* regionalen Bildungsplanung zu problematisieren. Wahrscheinlich ist dies mit einem Ansatz schon deshalb unmöglich, weil sie als einheitlicher wissenschaftlicher Gegenstand nicht faßbar ist. Was ich problematisieren möchte, ist etwas an und in unterschiedlichen Vorgängen, die in den Rahmenbegriff RBP eingeordnet werden. Es sind Denkvoraussetzungen, Denkvereinfachungen, die ich in verschiedenen Formen von RBP zu sehen glaube. Da wirken gleichsam Axiome, die in unterschiedliche Forschungen und Planungen eingehen, wirken in ihnen als eine die differenten Planungen begleitende Qualität. Eine Sichtweise, Perspektive scheint mir beobachtbar, die sich mit Realitätsverkürzungen absichert. Angedacht werden in meinem Versuch begleitende Konstanten, die übrigens nicht nur in Tätigkeiten von RBP, vielmehr noch in diversen anderen planerischen, politischen, administrativen Vorgängen der Gegenwart zu finden sind; RBP bietet insofern nur Beispiele, an denen sich eine Einstellung, Haltung problematisieren läßt.

Hinterfragen möchte ich Reduktionismen, Verkürzungen realer Komplexität, die sich verbinden mit einem großen Glauben an planbares Machen, mit der Überzeugung, daß man das Rechte wisse und es hineinplanen könne in Realität. Historische Kontingenz und Varianz der Verhältnisse scheint Planern schwer erträglich – sie möchten sie wegplanen. Sie reduzieren lieber Wirklichkeit, als daß sie deren nur sehr partielle Planbarkeit einräumen. Das führt bei den unterschiedlichen Themen und Methoden von RBP zu verschiedenen Konsequenzen. Ich möchte das Gemeinte an zwei Auswirkungen in zwei Tätigkeiten von RBP zu verdeutlichen suchen. Am Beispiel der SEP möchte ich hinweisen auf die Neigung zu naiver Zielüberzeugtheit, die sich stabilisiert mit der Reduktion unvorhersehbarer Geschichte auf eine geplante Strecke. Am Beispiel der versuchten Abstimmung zwischen Bildungs- und Beschäftigungssystem möchte ich aufmerksam machen auf die Problematik einer Sicht, die diese „Abstimmung" gleichsam sieht wie Verkoppelung von Schläuchen, eine Sicht, die sich stabilisiert durch Verkürzung von Sinnstrukturen des Bildungssystems, durch Ökonomismen. Es soll aufmerksam gemacht werden auf Probleme, Unlösbarkeiten, die sich aus solchen verengenden Blickweisen ergeben. An diesen Beispielen soll die Erwägung versucht werden, wie geänderte Perspektiven sehen würden, welche Planungskonsequenzen sie hätten.

Daß solche Überlegungen nicht etwa die Absicht haben, mit RBP sozusagen global „Schlitten zu fahren", sondern lediglich hingewiesen werden soll auf etwas an ihr, das fragwürdig, einer Nachfrage wert und bedürftig ist, möge dabei im Gedächtnis bleiben.

II. Zielnaive-technokratische Modelle in der RBP

Ein bedeutender Teil der RBP bezieht sich auf „äußere Schulangelegenheiten". Äußere Schulangelegenheiten werden reguliert gemäß der Vorstellung davon, wie „innere Schulangelegenheiten" beschaffen sein sollen: Man baut ein Haus gemäß der Vorstellung, wie man darin leben will, nähert es soweit den leitenden Bildern an, wie es die Ressourcen erlauben. Die Lehrbücher und Planwerke des RBP verfahren, als ob die Zielvorstellungen bereits konsentiert seien.

Im wesentlich für die Planungsämter der Gebietskörperschaften erstellten „Leitfaden zur kommunalen Schulentwicklungsplanung" (SEP) von ROLFF/KLEMM/HANSEN heißt es z. B.:

„*9.2 Zielplanung*
Die Zielplanung des BGP sieht die Stufenschule vor. SEP, die sich am BGP ausrichtet, muß demnach den Nachweis erbringen, wie durch geeignete Umnutzung vorhandener Gebäude, Erweiterungsbauten und Neubauten die Stufenschule im Gebiet des Planungsträgers eingeführt werden kann. Hierbei ist es unerläßlich, daß dieser Nachweis unter Beachtung der Zielvorgaben... erfolgt. Der Nachweis, wie und mit welchem Aufwand die Stufenschule eingeführt werden kann, führt dann auch zu einer präzisen Bestimmung des Zeitpunkts, zu dem die Umstufung möglich sein wird. Dieser Zeitpunkt muß nicht zwangsläufig auch der Zeitpunkt sein, zu dem sie durchgeführt wird, denn dafür müssen zunächst die schulrechtlichen Voraussetzungen erfüllt sein. Je nach der Ausgangslage und der Schulbaupolitik der vergangenen Jahre im Bereich des Schulträgers kann der Zeitpunkt am Ende der siebziger oder zu Beginn der achtziger Jahre liegen" (1974, S. 197).

Nur der Umstufungszeitpunkt erscheint als offen, jedoch lediglich als Problem eng begrenzter Zeitunsicherheit. Für die SE-Pläne wird geraten, daß sie sich auf einen anderen Plan, den BGP, so stützen, als sei dieser nicht nur durchaus konsentiert (schon davon kann angesichts der Minoritätsvoten keine Rede sein), sondern Geschehensbeschreibung. Das von Administrationen (in einer bestimmten historisch-politischen Situation) Vorgesehene wird wie historische Realität aufgefaßt.

Die SEPe der Gebietskörperschaften folgen dieser naiven Zielverdinglichung, die sich in Nordrhein-Westfalen auch in den „Richtlinien zur SEP" dokumentiert: „Zielsetzung und Begründung für die SEP in NW sind bestimmt durch die im NW-Programm 1975 vorgegebenen Leitlinien der Landesbildungsplanung und die sich daraus ergebenden Folgerungen für eine räumliche Zuordnung der bestehenden Schulen nach Schulstufen", heißt es in der Richtlinienpräambel (Kultusminister NW 1973, S. 9): Planung wird so gedacht, als sei die durch temporäre Zustimmung des Wahlvolkes gebilligte Perspektive ein Entwicklungsgesetz, als sei Legitimation und damit gewonnene Verwirklichungsmöglichkeit ein unerschöpflich zur Verfügung stehendes Medium.

Dies ist eine Plananlage, die wir in allen Bundesländern bei differenten Zielvorstellungen finden. In NW (aus diesem Land nehme ich die Beispiele) folgen alle frühen SEPe dieser Grundlinie: sie setzen Konsertiertes instrumentell-technokratisch um (vgl. z. B. Essen 1972, Lüdenscheid 1972). Es gibt offensichtlich keinerlei Bewußtsein der Labilität historischer Konstellation, der Veränderlichkeit, Flüssigkeit von Zielvorstellungen. Daß die Gestaltfolge historischer Lagen keineswegs linear verläuft, daß es ein Umkippen von Erwartungen und Zielsystemen gibt, daß jede Konstruktions-, Produktionsintention mit Gegenläufigem, mit Gegenschöpfung zu rechnen hat, daß sich alle Neuerungsabsicht mit Bewahrungsverlangen abmühen muß, das wurde offensichtlich nicht erfaßt. Oder genauer gesagt: es ging nicht in die Pläne ein, wurde in ihnen nicht berücksichtigt, obwohl es zweifellos vielen einzelnen Planern bewußt war.

In Plänen, die etwas später entstehen (als Ernüchterung die Reformeuphorie kühlt), sucht man die sich aufdrängende Illusionistik solcher Haltung abzuwehren durch Betonung angeblicher „Offenheit". Dabei findet man drollige Beispiele politischer Zielvernebelung, z. B. Mülheim 1974:

„Gegenstand dieses Planes sind dagegen nicht Aussagen über die pädagogische Ausformung innerhalb der einzelnen Schulstufen bzw. Maßnahmen der inneren Schulorganisation – somit auch keine Entscheidung darüber, ob künftig integrierte Gesamtschulen für die Sekundarstufe I die Regel werden oder ob es zu einem kooperativen System aus Hauptschule, Realschule und Gymnasium mit vorgeschalteter Orientierungsstufe kommt. Die Maßnahmeplanung ist so offen angelegt, daß alle diese (Sic! Sp.) Organisationsformen möglich sind" (S. 14 f.).

Es ist offenkundig, daß Offenheit hier eher behauptet als eingeplant ist – der planungserschwerende Faktor von Entwicklungsunsicherheit der inneren Schulangelegenheiten wird so weit wie möglich eliminiert.

Es wirkt sich eine in allen Planungsvorgängen immanente Versuchung aus. Bei sicher prognostizierbarer Entwicklung wäre RBP wie eine Rechenaufgabe zu lösen: Axiome entscheiden über richtige und falsche Wege, der kürzeste Weg zum Ziel ist optimal, die Lösungsvorschläge werden beweisbar. Dies aber ist unhistorisch gedacht: die Entscheidungen der Bürger, ihre Leitbilder und Wünsche sind nicht einmal mittelfristig prognostizierbar. Es scheint mir, daß sich die Konsequenz geradezu als Funktion aussprechen läßt: Um so bestimmter RBP von Gestaltentwicklungs-Prognosen ausgeht, um so wahrscheinlicher sind später nicht nutzbare Fehlplanungen. Um so offener sie die Möglichkeiten der Gestaltentwicklung sieht, um so mehr Aussicht gewinnt sie, daß ihre Planwerke und die aus ihnen folgenden Gebäude etc. langfristig befriedigen. In den Beispielen wird das deutlich: Werden z. B. Schulzentren mit der Erwartung gebaut, daß integrierte oder kooperative Stufenschulen mit Sicherheit entstehen, wird die Möglichkeit getrennter Lehrerzimmer und gesonderter Schulzüge weggeplant. Dies bringt Funktionsstörungen, wenn sich andere als die erwarteten Gestaltfolgen einstellen. Dies gilt auch mutatis mutandis: wird die Entwicklung zur Gesamtschule für unmöglich gehalten, können die Pläne ihre Entstehung (z. B. durch Lokalisierung neuer Gebäude) erheblich behindern etc.

Lange Zeit hindurch und in im einzelnen eher banalen Störungen, die sich aber zu politischem Mißmut summieren, wirkt sich ein „Denkfehler" der Planung aus. Es ist jedoch ein Fehler ungleich dem, der uns bei falscher Lösung einer Rechenaufgabe unterläuft. Dieser Fehler erwächst aus einer Grundgegebenheit des Planens. Planen kann überhaupt nur stattfinden, sofern eine Perspektive vorhanden ist. Perspektive ist Durchblick durch jetzt Gegebenes in Möglichkeit. Die Möglichkeit jedoch ist *historische* Möglichkeit. Sie entwickelt sich nicht kausalgesetzlich, sondern entsteht im kontingenten Gedränge und Geschiebe geschichtlicher Entwicklung. Sie ist daher nicht sicher prognostizierbar. Der Planungsdenkfehler liegt darin, ein bestimmtes Entwicklungsziel als *einzige* Möglichkeit zu setzen, ohne Variationen, Sproßformen, partielle Rückbildung etc. mitzudenken. Vielleicht läßt sich dies für die SEP auf eine Formel bringen: SEP hat bisher ihre Perspektive als *Strahl*, nicht als *Fächer* gedacht. Sie tat dies aus dem verständlichen Verlangen des Planers nach Eindeutigkeit, aber auch deshalb, weil sie sich als Geburtshelfer einer bestimmten Entwicklung sah, die sie politisch wünschte. Die später gegenüber der Planung historisch erzwungenen Korrekturen diskreditieren dann Planung selbst und ihr Instrumentarium. Die Funktionsstörungen, von denen Änderung erzwungen wird, entspringen aber nicht dem Instrumentarium, den Rechnungen etc., sondern entstehen einerseits aus politisch-ideologischer Vereinseitigung (dies hat etwas zu tun mit der hier problematisierten Konstante in Planung, ist aber nicht das gleiche), andererseits eben diesem Glauben an planbares Machen, der Wirklichkeit vereinfachen muß, um sich lebendig zu halten.

Die Instrumente z. B. der SEP, so scheint mir, wären auch mit andersartigen Voraussetzungen einsetzbar. Es ist z. B. keineswegs zwingend, daß SEP über eine Rahmenplanung von 10 oder 15 Jahren entscheidet, die man „in überschaubare fünfjährige Schulentwicklungsprogramme mit klar definierten Teilzielen für die Objektplanung aufgliedert", wie die SEP-Richtlinien NW dies verlangen (KultusministerNW 1973, S. 11). Es könnte sinnvoller sein, wenn der Rahmenplan einen Fächer von Möglichkeiten, Alternativen der Entwicklung aufzeigte, über die dann Jahr für Jahr entschieden wird. Es wäre denkbar, daß man dann das Bildungswesen so planen könnte, daß möglichst viele Überraschungen verarbeitet werden können.

Das erste Beispiel, welches eine Qualität, eine Perspektive in RBP aufweisen soll, ist relativ harmlos. Die Konsequenzen solcher Planung sind schlimmstenfalls ungeeignete oder leerstehende Gebäude etc. Die Folgen einer Perspektive, die zum Zweck der Eindeutigkeit, Berechenbarkeit von Zukunft Kontingenz durch Linearisierung, Vereinfachung planerisch wegschaffen will, sind um so gravierender, je stärker man in der Bildungsplanung zugleich in Sinnbestände eingreift, die in möglichst mannigfachen Formen zu übermitteln (bzw. ihre individuelle Produktion anzuregen, zu erleichtern) das Bildungssystem da ist.

Die Versuchung zu solchem Eingriff scheint mir besonders dann gegeben, wenn Systemabstimmungen zu planen sind. Dies erscheint schon in banalen Beispielen, z. B. bei der Abstimmung von Schulferien mit Tourismus-Industrie, von Schulanfang mit Transport – da stehen Zwecke, Sinnhorizonte gegeneinander. Die Abstimmung wird erleichtert, wenn man *einen* Zweck als dominant setzt und andere eliminiert, wenn man komplexe Sinnfiguren vereinfacht, indem man Unterordnungen schafft.

Eine verengte Sinnansprache für das Bildungssystem hat in den vergangenen Jahren die Bildungsplanung beherrscht. Das Bildungssystem wurde vor allem als Subsystem, Zulieferbetrieb für das Beschäftigungssystem verstanden, als im wesentlichen dienstleistend für das System, in das der Schüler zeitlich nachfolgend eintritt. Bei dieser Sinnbestimmung wird der Erfolg von Maßnahmen im Bildungssystem völlig abhängig vom Eintreten von Folgen im Beschäftigungssystem. Die politischen Konsequenzen der damit aufgerufenen Enttäuschungen werden zur Zeit spürbar. Wenn ein Bildungsgang Zweck und Sinn vor allem oder gar lediglich in der Berufsausübung sieht, diese aber mangels Bedarf unmöglich wird, so muß herbe Enttäuschung folgen. Bei der Entstehung, man darf fast sagen bei der planerischen Vorbereitung der heutigen Problemlage, haben sich verbunden
- eine verengte Sinnsetzung für Erziehungsprozesse, die aus bestimmten historischen Entwicklungen folgte,
- Naivität in der Prognose von Entwicklungszielen.

Die möglicherweise politisch gravierendste Naivität der Bildungsplanung bestand in der Annahme, daß wachsender Ausstoß des Bildungssystems vom Beschäftigungssystem ohne größere Problematik aufgenommen wird und diesem voranhilft. Diese problemreduzierende Entwicklungsannahme und die Schmälerung des Sinnfächers unseres Erziehungssystems stützen sich gegenseitig: Berufsvorbereitung erschien als dominanter Zweck. Dies ist zwar nicht alleinige Ursache für die gegenwärtige „Abstimmungs"-Problematik (natürlich sind wirtschaftliche Faktoren sowie die Geburtenzahlen mit zu sehen), ist jedoch zweifellos ein mitentscheidender Faktor.

III. Die Abstimmungsproblematik in bisheriger RBP

In ihren unterschiedlichen Formen haben sich die im Begriff RBP umfaßten Tätigkeiten während ihrer ganzen Geschichte um Systemabstimmung bemüht – z. B. um Zusammenarbeit mit Raumordnung, Stadtentwicklungsplanung, Verkehrsplanung etc. (vgl. z. B. Akademie 70, 71, 74, 76). In solcher integrierenden Tätigkeit schien tendenziell zweckrationale gesellschaftliche Planung ihrer wichtigste Aufgabe zu finden.

Die Probleme der Abstimmung zwischen Bildungs- und Beschäftigungssystem traten erst in den letzten Jahren in den Vordergrund. In der Zeit der Personalknappheit erschien diese Abstimmung nicht als vordringliche Schwierigkeit: für jeden überhaupt Ausgebildeten schien Abnahmemöglichkeit gesichert.

Die Untersuchungen wendeten sich vor allem „strukturschwachen" Räumen zu, deren Lage durch Infrastrukturverbesserung gehoben werden sollte, befaßte sich also vorwiegend mit der geplanten Beseitigung von Reststörungen. Selbst krisenhafter Strukturwandel (z. B. die sog. Kohlenkrise im Ruhrgebiet 66/67) erschien als Abstimmungsproblem vorwiegend zwischen der RBP für Erstausbildung und der für Umschulungsmaßnahmen, außerdem mit der Sozialplanung. Die das gesellschaftliche Gefüge insgesamt in Frage stellende, mit dem „Ölschock" sichtbar werdende und trotz permanenter „Aufschwung"-Verkündigung nicht zu beseitigende Krise läßt diese Abstimmungsproblematik schärfer hervortreten.

Ihrem traditionellen Instrumentarium gemäß geht RBP dieses Problem zunächst analytisch-quantifizierend an. Die notwendigen und nützlichen Erhebungen (z. B. Bauer et al. 77 etc.) geraten jedoch beim Therapievorschlag in Bedrängnis, da dieser Rat aus den Erhebungen nicht deduzierbar ist. Die RBP kommt daher zu konträren Vorschlägen, die subjektive Einschätzungen der Verfasser spiegeln.

So meint RITTER 1977 (eine Fortführung seiner Cham-Studien 1973, die von der Intention der Beseitigung von Reststörungen in strukturschwachen Gebieten bestimmt waren, ein Gedankengang, der 77 mit mittelfristigen Ratschlägen, auf die ich nicht eingehe, weitergeführt wird):

„Keine Strukturmaßnahme kann die Situation der Schulabgänger dieses und der allernächsten Jahre entscheidend verbessern. Ihnen ist nur zu helfen, wenn die Ausbildungskapazitäten voll ausgeschöpft und durch staatliche Förderung über den unmittelbaren Bedarf hinaus vermehrt werden. Das wäre wahrscheinlich mit verhältnismäßig geringen Mitteln zu bewerkstelligen, wenn den Ausbildungsbetrieben nur die echten Belastungen ersetzt werden" (S. 9).

POHL (1977) schließt dagegen in seiner Niedersachsen-Studie:

„Es wäre weder bei einer Erweiterung der betrieblichen noch der schulischen Ausbildungsplätze damit getan, vorhandene Angebote prozentual zu erhöhen . . . Das Arbeitsplatzförderungsgesetz kann dann zu Fehlentwicklungen führen, wenn . . . die Nachfrage zu einer Finanzierung von Ausbildungsberufen führt, die von der Struktur und vom Niveau (Ausbildungsrichtung und -abschluß) her über den aktuellen regionalen Bedarf hinausgehen" (POHL, 1977, S. 39).

Die beiden Beispiele zeigen, innerhalb welcher Konzeptrahmen sich die Lösungsvorschläge der RBP z. Z. vorwiegend bewegen. Da sind einerseits Vorstellungen, die volle Ausnützung, Überbelastungen vorhandener Ausbildungskapazität verlangen (was im Hochschulbereich z. Z. akzeptierte Politik aller Bundesländer ist: „Untertunnelung", „Überlastquote" etc). Dies führt im Resultat zu „Lagerbildung" – dies soll annehmbar werden durch Hinweis auf das Absinken der demographischen Kurve der betroffenen Jahrgänge nach einigen Jahren und weiter plausibel gemacht werden durch das Absorptionstheorem (kritisch dazu schon RIESE 73; KUDERA 76, RECUM 77). Autoren, die an Absorption nicht glauben und Ausbildungen, die im Arbeitsmarkt später nicht materialisierbar sind, als Gefahr anzusehen neigen, bieten dagegen erneut Strukturförderungsvorschläge (Wirtschaftsförderung durch Industrieansiedlung, Ausbau schulischer Kapazität, Verkehrserschließung etc.) kombiniert mit Substituierbarkeits- und Flexibilitätsformeln (STRAUMANN 74). Beide Konzepte werden in der RBP auf die analysierten Gegebenheiten des betreffenden Raums bezogen, und zwar in einem Denken, das Entsprechungen sucht und verlangt zwischen regionalem Arbeitsmarkt und regionalem Bildungsangebot. Erkenntnisse über „Bildungsseßhaftigkeit" (z. B. GEIPEL 75) mögen hier nachwirken. Die Prinzipien der integrierten Planung dürften dazu führen, daß Überlegungen zu einem „regionalem Gegencurriculum" (GEIPEL 75) in der beruflichen Bildung kaum auftauchen.

Unfreundlich zusammengefaßt finden wir also entweder die Reduktion der Vorschläge auf die Bitte an die Unternehmer, doch mehr zu nehmen als sie brauchen, oder die Wiederholung alter Vorschläge, die lediglich in einer Zeit prinzipiell unbegrenzt erwarteter Expansion voll realisierbar schienen. Beide Konzepte scheinen mir deshalb hilflos, weil sie alte Vorstellungen nicht intensiv hinterfragen. Denn hinter beiden Konzepten steht weiterhin ökonomisch ausgerichtete Planung: der Wirtschaftsfortschritt wird in der ersten Gedankenkette als temporär gestört angesehen, in der zweiten als durch Planmaßnahmen belebbar. Es sind dies die beiden Konzepte, die zur Zeit weit über RBP hinaus die offizielle Politik der BRD, der Bundes- und Länderregierungen und aller sie tragenden Parteien bestimmen. Wirtschaftlich wird der Störung gegenüber dann entweder „Vorwärtsstrategie" (also Schaffung neuer, vom Strukturwandel begünstigter Arbeitsplätze) oder „Verzögerungsstrategie" (Erhaltung von Arbeitsplätzen trotz Strukturwandel) oder beides in Kombination vorgeschlagen (Prognos 76, Materialien 77).

IV. Problematik bisheriger Prinzipien der Abstimmung

Inzwischen scheint nicht nur denkmöglich, sondern angesichts vieler Indikatoren wahrscheinlich, daß Wirtschaftsprogression nicht temporär gestört, sondern nur noch in engen Grenzen zu erwarten ist, daß auch intensive Strukturmaßnahmen den Arbeitsmarkt nicht befriedigend erweitern. Wenn dies der Fall ist, stellt sich die Abstimmungsproblematik zwischen Bildungs- und Beschäftigungssystem anders dar, als sie bisher gedacht wurde.

Bildungsplanung nach 65 in der Bundesrepublik ist stark bestimmt von ökonomischem Denken (CURLE 70, BLAUG 73, WINDHAM 76, KAISER 75 und 77, SPIES 76). Ökonomie sucht Rendite. Gelerntes soll im Arbeitsmarkt realisiert werden können. Das Gesamtsystem wird in ständigem Prozeß der Niveauerhöhung gedacht („Fortschritt"); Wirtschaftswachstum als prinzipiell unbegrenzt. Mangelnde Genauigkeit von Man-power-Prognostizierbarkeit wird durch Substituierbarkeits- und Flexibilitätsbemühung ausgeglichen, die sich schulisch als Postulat an die Curriculumplanung stellt. Innerhalb dieses Denkrahmens ergab sich bisher für die RBP das Abstimmungsproblem in vier Sphären und zwei Schwellen, um es in der von MERTENS (76) vorgeschlagenen Terminologie zu sagen: Schwelle 1 ist der Übergang von der Schule in die Berufsausbildung, Schwelle 2 der Übergang in die Berufsarbeit.

Als Abstimmungssphäre erscheinen
- die globale: die Gesamtzahl der Abgänger ist mit einem ausreichenden Angebot beruflicher Ausbildung zu versorgen, die Ausgebildeten mit Arbeit,
- die vertikale: das Niveau der jeweiligen Ausgänge ist mit dem Niveau der Eingänge im jeweils anschließenden System zu verknüpfen,
- die horizontale: im jeweiligen Ausbildungsniveau finden sich differente Fachrichtungen mit bei beiden Schwellen begrenzter Aufnahmefähigkeit – dies ist mit Berufswünschen abzustimmen,
- die qualitative: Bildungsinhalte und Arbeitsmarktforderungen müssen zusammenstimmen.

Innerhalb ihres Denkrahmens hielt Bildungsplanung die Probleme beider Schwellen und aller Sphären für prinzipiell lösbar durch Eingriffe entweder in das Ausbildungsangebot (global: Universitätsbau, Schulerrichtung; vertikal: Gesamtschulkonzept, Kooperation; horizontal: Bildungsberatung, Flexibilität durch Grundbildungsvorstellungen; qualitativ: Curriculumplanung) oder in das Beschäftigungsangebot (Wirtschaftsstrukturplanung, Infrastrukturverbesserung; Verlagerung von Menschen oder Arbeitsstätten; neuere Vorschläge: Arbeitszeiteinschränkung durch Senkung Altersgrenze, Überstundenverbot, Bildungsurlaub, Produktionsumleitung in Dienstleistung).

Wie aber nun, wenn gerade diese Annahme prinzipieller Lösbarkeit falsch wäre? Die „globale" Abstimmung wird bei Festhalten an freier Wirtschaft durch die Auf- und Abschwünge der demographischen Kurve unmöglich: der Rhythmus sich abwechselnder Personen- und Stellenknappheit ist in den nächsten beiden Jahrzehnten nicht auszuschalten. Das Problem verschärft sich durch Anspruchskumulation auf den hohen Ebenen: „niedere" Tätigkeiten sind diskreditiert, werden den Gastarbeitern überlassen, die „oberen" Ränge sind übersetzt und mit noch so intensiver Protestarbeit nicht beliebig erweiterbar. Die „horizontale" Abstimmung bleibt, solange Freiheit der Berufswahl gewährleistet ist, durch Modetrends illusorisch: niemand kann die vielen Politologen, Soziologen, Psychologen des vergehenden Trends ausbildungsadaequat beschäftigen; keiner schafft heute Ausbildungsplätze für alle, die Medizin studieren wollen; man braucht nicht so viele Kfz-Mechaniker, als sich Hauptschüler dazu drängen. Die „vertikale" Abstimmung war stets mehr Postulat als Realität, wie wir nach durchgeführter gymnasialer Oberstufenreform und Reaktion der Rektorenkonferenz auf ihre Resultate (1977) genauer wissen. Die „qualitative" Abstimmung liefert die Schule an schnell wechselnde Forderungen aus, die diese langsamen Systeme nicht erfüllen können.

Die These dieses Beitrags ist: Die Abstimmungsforderungen sind prinzipiell nur eingeschränkt erfüllbar, sofern sich ein Staatsgebilde so verfaßt wie die BRD. Denn man kann in bezug auf beide Schwellen optimal abstimmen nur
- wenn in bezug auf die „globale" Sphäre Beschäftigungs- und Ausbildungssystem quantitativ kommandierbar sind (staatlicher Arbeitseinsatz, Verordnung von Arbeitsperioden in Ausbildungsgängen zwecks Entzerrung etc.): das geht in China, nicht in der BRD,
- wenn man „vertikal" zu einem vereinheitlichten Ausbildungssystem kommt: Totalumstellung auf „Gesamt" hat sich mittelfristig als undurchführbar erwiesen,
- wenn man „horizontal" nicht ein weitgehend ineffektives Berufsberatungssystem hat, sondern durch Weisungen quotiert,
- wenn man „qualitativ" Bildung und Arbeitsmarktforderung voll aufeinander abstimmen könnte und wollte.

Der Mangel der Bildungsplanung liegt nicht darin, daß ihre Pläne und Maßnahmen bisher das Abstimmungsproblem nicht lösen konnten. Der Mangel ist darin zu suchen, daß sie ohne prinzipielle Überlegung das Abstimmungspostulat voll übernahm. Dieses Abstimmungspostulat ist einerseits Ergebnis einer historischen Entwicklung. Seine politische Wirkung heute hängt zusammen mit der Illusion des planbaren Machens.

V. Entkoppelung und Umakzentuierung

Die historische Entwicklung, welche zur „Abstimmungs"-Vorstellung in ihrer heutigen politischen Dringlichkeit führt, ist begründet durch die Ablösung eines Staatssystems, das Stellen aufgrund eines durch Geburt und Reichtum gesetzten Anspruchs besetzt durch ein System, das sie aufgrund von Ausbildung und Prüfungen vergibt. 1788, die Einführung des ersten preußischen Abiturreglements (JEISMANN 74) ist ein greifbares Datum für einen Verknüpfungsprozeß, der dann die Abstimmungsproblematik hervortreibt: es verbindet sich der „Bildungs"- mit dem „Qualifikations"-Begriff: nur der „Gebildete" soll Staatsstellen erhalten, nur er ist „berechtigt". Dieser meritokratische Systemzug verbindet sich mit sozialem Denken: Wer berechtigt ist, hat Anspruch. Sobald diese Verbindung einrastet, wird die Abstimmungsproblematik unlösbar (Ausführung in SPIES 1978).

Sie kann nur dann gelöst werden, wenn entweder das Beschäftigungs- oder das Bildungssystem oder beide effektivem staatlichem Zugriff unterliegen. Die Rede des Kaisers Wilhelm II. zur Einleitung der preußischen Schulkonferenz 1891 ist Beispiel, die Abstimmungsproblematik durch Verknappung schulischen Angebots zu erleichtern (Verbot der Einrichtung weiterer Gymnasien) – der Zulassungsmechanismus bei der gegenwärtigen Mängelverwaltung von Hochschulplätzen hat vergleichbare, wenn auch weniger deutlich artikulierte Züge. Gerade das aber, was unser Staatswesen seit 1891 hinzugewann, nämlich seine freiheitliche Verfaßtheit, behindert die Effektivität des Eingriffs.

Nun könnte dies wiederum als bloße Störung der Planungs- und Realisierungsprozesse betrachtet werden, gegen die Maßnahmen verbesserter Konsensfindung einzusetzen sind. In der RBP sind Versuche dazu literarisch (z. B. VILMAR 73, DIENEL 74, aber auch Städtetag 74) und praktisch (vgl. z. B. die öffentlichen Diskussionen um den Düsseldorfer Schulentwicklungsplan 1974–1976) zu beobachten. Dabei wird aber die prinzipielle Lösbarkeit weiter vorausgesetzt.

Der Zusammenhang zwischen Bildungs- und Beschäftigungssystem wird in der RBP üblicherweise gemäß der „Intensivierungsthese" (Prognos 76) gedacht: „daß eine steigende Arbeitsproduktivität im Beschäftigungssystem mit einer steigenden Bildungsintensität verbunden sei" (Materialien 77 S. 3). Dies entspricht der grundsätzlichen Fundierung ökonomistischer Bildungsplanung im Humankapital-Konzept. Ohne Rücksicht darauf, ob das Intensivierungstheorem zutrifft oder andere Hypothesen treffender sind (insbesondere die Dequalifizierungsthese: daß Anforderungen an berufliche Qualifikation mit wachsender Kapitalintensität abnehmen; Zusammenfassung der übrigen Theoreme in Materialien 77), ist der Eifer der Abstimmungsbemühung in der BRD nur historisch verständlich. Die oben erwähnte Verknüpfung Bildung-Qualifikation-Berechtigung-Anspruch hat sich in Deutschland juristisch fixiert (Laufbahnrecht!) und erscheint dem Bundesbürger als „natürlich", kaum anders denkbar. Es ist hier kaum bekannt, daß in den USA ein derartiger Abstimmungseifer ganz undenkbar wäre, da es durch Gesetz *verboten* ist, für eine Funktion oder eine bestimmte Tätigkeit den Nachweis höherer Bildung vorauszusetzen (Civil Rights Act 1964, §§ 701, 703. Vgl. ALEX 77), daß dies dort auch für den höheren Dienst gilt (Ausnahmen: Ärzte, Apotheker, Richter, Theologen). Dies ist Indikator dafür, daß selbst im Bereich eines Denkens, das vom Humankapital-Konzept beeinflußt ist und das Intensivierungstheorem nicht ablehnt (SCHULTZ 63, DENISON 62 etc.), die Abstimmungsproblematik keineswegs so erscheinen muß, wie man sie in Deutschland zu sehen pflegt.

Die Glieder der deutschen Begriffskette Bildung–Qualifikation–Berechtigung–Anspruch können voneinander gelöst werden. Daß Berechtigung keinen Anspruch bedeutet, wird vielen Jungakademikern heute bereits regierungsamtlich verdeutlicht und von ihnen schmerzlich erlebt. Es wird zur Gewinnung veränderter Perspektiven der Bildungsplanung gehören, daß man auch die übrigen Verknüpfungen auflöst. In diesem Sinn meint *Entkoppelung* dreierlei:

Es bedeutet 1., daß mit einem bestimmten schulischen Weg keineswegs eine bestimmte berufliche Qualifikation (im Sinn von fähig und bereit sein, eine berufliche Arbeit durchzuführen) verbunden ist. Es meint damit zugleich, daß es unnötig, unfruchtbar, ja gefährlich ist, durch schulische Bildungsgänge auf konkrete Berufserfordernisse eng abzielen zu wollen. Der Entkoppelungsbegriff bedeutet 2., daß wegen der nicht gegebenen Gleichung Bildungsgang-Qualifikation ein Schulabschluß nicht sinnvoll eine Berechtigung verleihen kann. Und schließlich meint er 3., daß von einem Anspruch auf bestimmte Berufsarbeiten nach einer Schul- und Hochschulprüfung keine Rede sein kann.

Entkoppelung führt zur Auslagerung des Konkurrenzdenkens aus dem Bildungssystem. „Die Verlagerung des Positionswettbewerbs vom Bildungssystem in die Arbeitswelt liegt in der Natur der Idee von der Anhebung der Chancengleichheit im Bildungssystem" (ALEX 77 S. VII) und ist daher konsistent mit den in der Bundesrepublik Deutschland konsentierten gesellschaftspolitischen Zielen.

Aber man kann nicht nur feststellen, daß in solcher Entkoppelung eine Fortsetzung der Bildungsreformpolitik gesehen werden kann: es läßt sich sogar sagen, daß Möglichkeit und Notwendigkeit dieser Entkoppelung durch die Reformen im Bildungssystem mit herbeigeführt werden. Es ist dies allerdings eine weitgehend unvorhergesehene und lange unbedachte Folge des Reformhandelns. Durch die Expansion der weiterführenden Bildungsgänge bei Knapp-Bleiben von beruflichen Oberschicht-Funktionen hat es die statusdistributive Funktion des Bildungswesens weitgehend aufgehoben (HARTUNG u. a. 75, KUDERA 76). Das war allerdings keineswegs gewollt und zwang sich deshalb der Überlegung nicht auf, weil die Illusion prinzipiell unbegrenzter Hebbarkeit des Lebensstandards diese Folge verdeckte. In dem Augenblick, in dem diese Konsequenz sichtbar wird, stellt sich die Frage nach Weiterführungsmöglichkeit und Sinn der Bildungsreform. In diesem Zeitpunkt bilden sich verschiedene Antworten. Sie sind vor allem

- das Rücknahmetheorem: man besteht weiter darauf, daß der gesamte „output" des Bildungssystems ausbildungsadaequat beschäftigt werden soll. Dann aber erscheint dieser output als zu groß, politische Maßnahmen zielen auf Verringerung. Die Folgen solcher Maßnahmen (Numerus clausus, Normenbücher, Tests etc.) brauchen hier nicht erneut aufgezeigt zu werden – sie gefährden die Arbeit im gesamten Bildungssystem und erreichen dennoch nicht die gewünschte Abstimmung;
- das Weiterführungstheorem: man weist auf den sozialen Sinn bisheriger Maßnahmen, betrachtet die quantitativen Disfunktionalitäten als temporäre Störung (geburtenstarke Jahrgänge) und verlangt weiteren Ausbau des Systems ohne prinzipielle Neubesinnung.

Dies bringt politische Maßnahmen (Überlastquote im Hochschulbereich, Ausbildungsplatzförderungsgesetz), die aber wenig wirksam werden und eher politischen Alibicharakter haben. Das politische System stößt dabei auf die Grenzen seines Einflusses auf das Wirtschaftssystem (BAETHGE 75, OFFE 75, KUDERA 76);
- das Theorem des veränderten Ansatzpunktes: vor Verwandlung des Bildungssystems sei das Beschäftigungssystem zu verändern im Sinn der quantitativ erweiterten Verwendungsmöglichkeit für Höherqualifizierte. Aber da Bildungspolitik dazu keine praktische Möglichkeit findet, bleibt dieses Theorem literarisch (BAETHGE 75).

Mir scheint, daß diese Antworten die Problematik nicht lösen, sondern nur neue Nebeneffekte der Therapie bringen, die genau so gefährlich sind wie die beklagten Disfunktionalitäten. Lediglich die vierte Denkrichtung scheint mir Aussicht zu bieten, die Lage zu ändern. In ihr werden die Zusammenhänge zwischen der Erkenntnis, „daß Wachstum nicht grenzenlos ist, und einer deutlichen Verschiebung von Planung beeinflussenden Wertmaßstäben in bezug auf unser Verhältnis zu Geschichte und Umwelt" (RIEMANN 75 S. 4), zu uns selbst, zu unserer Lebensführung, bewußt. Dies treibt Fragen hervor.

Es muß gefragt werden, ob Sinn und Zweck einer Erweiterung und Hebung des Bildungssystems im Beschäftigungssystem und in wirtschaftlicher Rendite liegen. Ist nicht der primäre Sinn eines Bildungswesens ganz anders? Kann man in einem Ausbildungsweg etwas erarbeiten und gewinnen, was ein Leben auch dann akzeptierbar und befriedigend macht, wenn die wirtschaftliche Rendite hinter den Erwartungen zurückbleibt? Ist der Chancenreichtum eines Lebens nur durch die Zahl im Gehaltsstreifen bestimmt? Und: Ist es wirklich Aufgabe von Politik und Regierung, Lebensgänge durch enge Abstimmung von Bildungs- und Beschäftigungssystem ineinander einzupassen? Wirkt da nicht auch die Illusion totaler Planbarkeit?

Expansive Bildungspolitik läßt sich nur fortführen, wenn sich das Bildungssystem nicht länger als bloßes Sub- und Zulieferungssystem zum Arbeitsmarkt versteht. Erst dies gibt auch RBP die Möglichkeit, weiterhin auf Herbeiführen von „Chancengleichheit" für bisher unterversorgte Räume zu drängen. Wenn man die Abstimmungsforderungen regional übersetzt, findet man sich sonst sehr häufig, außerdem zunehmend im Rücknahmetheorem. Denkt man z. B. den Satz der Landesregierung Baden-Württemberg, es sei „wichtige Aufgabe der Bildungspolitik . . ., bei den beruflichen Bildungsgängen in Schule und Hochschule eine möglichst enge Abstimmung in struktureller Hinsicht, also in bezug auf die Qualifikations-, Fachrichtungs- und Berufsstruktur, herbeizuführen" (Kult.-Min. Bad.-Württ. 76 S. 3) als Maxime regionaler Bildungsplanung für die Universitäten im Rhein-Ruhr-Industriegebiet, für die berufsbildenden Schulen im Münsterland und der Eifel, für die Gymnasien in NW, so wäre die regionale Konsequenz in allen Fällen Reduktion. Die Regionalplaner würden bei der gleichen Antwort landen, die Kaiser Wilhelm II. 1891 zu geben suchte. Sie müßten Abbau-Planer werden. Nur wenn sie erfassen, daß ein Bildungssystem andere Primäraufgaben hat: dem einzelnen bei seiner Suche nach Lebensform und Lebenssinn zu helfen, der politischen Gemeinschaft „Bürgerbildung" (SPIES 75) zu ermöglichen, können sie ihr bisheriges Tun zur Ausgestaltung und Verbesserung des Bildungssystems fortsetzen. Erst diese Umdeutung der Bildungsreform, eine erweiterte Sinnbestimmung für das Bildungssystem, erlaubt die Fortsetzung der Bemühungen trotz Unsicherheit über die Folge historischer Gestalten.

Nur die Fortsetzung einer expansiven Bildungspolitik aber wird ermöglichen, zunächst den Schulabgängern der nächsten Jahre überhaupt eine Ausbildung zu sichern (bei gleichbleibendem Angebot bleiben im Jahr des höchsten Ausbildungsplatzbedarfs 1982 sonst ca. 20% des Jahrgangs = 170 000 Jugendliche ohne Ausbildung, DERENBACH 77). Vermindert man (gemäß Rücknahmetheorem) aus „Abstimmungs"-Gründen die Aufnahmekapazität der Hochschulen, erhöht sich diese Quote. Wenn man aber sich staatlich bemüht, dies aufzufangen (Überlastquote der Hochschulen, Berufsgrundschuljahr, Berufsvorbereitungsjahr), so drängt sich offensichtlich die Frage auf, *was* die Jugendlichen lernen sollen. Ein direktes Abzielen auf sofort nachfolgende Verwendbarkeit ist gerade in strukturschwachen Räumen illusorisch. Wahrscheinlich wird sich die Aufgabe, die Jugendlichen für unter Umständen mehrjährige Arbeitslosigkeit zu stabilisieren, als dringlicher erweisen – dies deutet auf die ungeheuren Schwierigkeiten, die zu bewältigen sind.

Man wird zu prüfen haben, welche Angebote und Hilfen ein regionales Bildungssystem für erfüllte Freizeit geben kann. Auch hier wird man an einem möglichst reichen Fächer von Möglichkeiten denken, nicht an Schläuche, die man miteinander verbindet.

Eine besondere Aufgabe der *regionalen* Bildungsplanung wird in diesem Zusammenhang das Nachdenken darüber sein, ob ihr bisheriger Regionsbegriff stimmt. In bezug auf HQP wird die Abstimmung zwischen Bildungs- und Beschäftigungssystem als Thema der RBP dann entfallen, wenn mit „Region" eine Einheit unterhalb der Landesebene und in vielen Berufen unterhalb der Bundesebene angesprochen wird. Unterhalb der Landesebene: das gilt z. B. für die Lehrerausbildung. Daß in NW Münster, Köln, Düsseldorf, Bonn noch stärker mit Lehrern vollgepfropft sind, die man nicht beschäftigen kann, als die Emscherzone und der linke Niederrhein ist zwar richtig, aber für die Frage ziemlich unerheblich. Ortswahl scheint nur in Situationen von Bewerberknappheit eine wichtige Rolle zu spielen – bei Stellenknappheit dominiert der Wunsch, überhaupt in den Beruf zu können, und dann rückt die Frage allein in die Landesebene. Bei Juristen und Chemikern z. B. spielt selbst die Landesebene keine erhebliche Rolle mehr. Für bestimmte Berufe gilt bereits heute ein globaler Arbeitsmarkt. Die Absolventen deutscher Hotelfachschulen z. B. bleiben nur zum Teil in der BRD; viele Multis sind längst gewöhnt, ihr Nachwuchspotential übernational zu suchen. „Je ranghöher die schulische Ausbildung ist, desto unabhängiger ist ihre Schülerschaft vom Raum" (SCHORB 77 S. 3).

Junges HQP in der BRD wird sich viel stärker als in der Zeit seit dem 2. Weltkrieg bis heute mit dem Gedanken befassen müssen, Berufschancen in anderen Ländern, besonders in Entwicklungsstaaten, zu suchen. Es ist offensichtlich, daß daraus auch Konsequenzen für RBP entstehen – das Angebot an fremdsprachlicher Ausbildung z. B. erhält neue Relevanz. Von ganz unterschiedlichen Aspekten her begegnen wir immer wieder der Forderung, Angebote zu bereichern, nicht Schlauchverbindungen zu reparieren. Das möchte ich auch beziehen auf die mir zentral scheinende Notwendigkeit: die Umdeutung, Umwertung des Bildungsgeschehens. Aus ihr erwachsen neue Perspektiven der Bildungsplanung. Sie werden erwachsen in einem historischen Prozeß, der längere Zeit benötigt, und der „neue Voraussetzungen für die Planung in einer Veränderung der Wertmaßstäbe" gibt (Akademie f. Städtebau u. Landesplanung 1975).

„Werte" sind etwas in, an den Vorgängen. Das Wort von der „Veränderung der Wertmaßstäbe" dürfte auf ähnliches deuten, was ich vorn mit Begriffen wie Qualität, Denkvoraussetzung, Perspektive andeutete. Bei der Gewinnung neuer „Wertmaßstäbe" in den mannigfaltigen Formen der RBP wird die Neubesinnung eine Rolle spielen, was von Bildungsplanung überhaupt zu erwarten ist. In den Reduktionen unvorhersehbarer Geschichte auf durchgeplante Strecken, der Zielnaivität und dem verkürzenden Erfassen von Sinnstrukturen spielte die Hoffnung eine Rolle, man könne mit Planung heile Welt herbeiführen. Planung dagegen, die mit den angedeuteten Prinzipien arbeitet (Einrechnung historischer Variation, Alternative Szenarien, Rückbildungsmöglichkeit einrechnen, Zielfächer für Entwicklungsangaben; Sinnspektrum statt Zweckvereinseitung) kann heile Welt nicht herbeiführen. Sie will dies nicht einmal. Sie sieht ihre Aufgabe vielmehr in *Dissonanzreduktion*. Zustände erträglich halten erscheint ihr als allein erreichbarer Zweck des Tuns.

Literaturverzeichnis

(aufgenommen sind lediglich unmittelbar benutzte Beiträge)

Akademie für Raumforschung und Landesplanung (Hrsg.): Beiträge zur regionalen Bildungsplanung, Forschungs- u. Sitzungsberichte, Bd. 60, Hannover 1970.
Akademie für Raumforschung und Landesplanung (Hrsg.): Bildungsplanung und Raumordnung, Forschungs- u. Sitzungsberichte, Bd. 61, Hannover 1971.
Akademie für Raumforschung und Landesplanung (Hrsg.): Integrierte Verfahren regionaler Bildungs- und Entwicklungsplanung, Forschungs- u. Sitzungsberichte, Bd. 93, Hannover 1974.
Akademie für Raumforschung und Landesplanung (Hrsg.): Infrastruktur im Bildungswesen, Forschungs- u. Sitzungsberichte, Bd. 107, Hannover 1976.
Akademie für Städtebau und Landesplanung: Planung unter veränderten Verhältnissen. Vorbericht zur Jahrestagung Duisburg. Mitteilungen 19. Jg. August 1975, Hannover.
ALEX, L.: Bildungs- und Beschäftigungssysteme müssen flexibler werden. In: Informationen Bildung Wissenschaft, hrsg. v. BMBW, Bonn, 21.4.1977, S. VI–VIII.
BAETHGE, M. et al.: Produktion und Qualifikation. Hannover^2 1975.
BAUER, K. O., HANSEN, G., RÜTZEL, J., SCHMIDT, B.: Ausbildungschancen in der beruflichen Bildung. Daten und Analysen zur Situation von Schülern berufsbildender Schulen im regionalen Vergleich. Weinheim 1977. Kurzfassung in betrifft: Erziehung, 10. Jg., 7. Juli 77, S. 34–39.
BLAUG, M.: Education and the Employment Problem in Developing Countries. Genf 1973.
Bundesanstalt für Arbeit (Hrsg.): Materialien aus der Arbeitsmarkt- und Berufsforschung. Mat AB 7/1977: Kurzdarstellung des Prognos-Gutachtens (quot. Materialien).
CURLE, A.: Educational Strategy for Developing Societies. London (Tavistock) 1970.
DENISON, E. F.: The Sources of Economic Growth in the United States and the Alternatives Before Us. Committee for Economic Development. Supplementary Paper Nr. 13, New York 1962.
DERENBACH: Beiträge der regionalen Bildungsplanung und der Raumordnung zur Berufsbildungspolitik. (Positionspapier zu einer Sitzung des Arbeitskreises „Regionale Bildungsplanung" 10.3.77). Typoskript Bundesforschungsanstalt für Landeskunde und Raumordnung 1977.
Deutscher Städtetag: Die Städte in der Schulpolitik. Köln, 20.5.1974.
DIENEL, P. L.: Beteiligung an der regionalen Bildungsplanung. In: Integrierte Verfahren regionaler Bildungs- und Entwicklungplanung, Forschungs- und Sitzungsberichte der Akademie für Raumforschung und Landesplanung, Bd. 93, Hannover 1974.
GANSER, K.: Briefvorlage für die Arbeitsgruppe „Regionale Bildungsplanung" der Akademie v. 24.1.1977.
GEIPEL, R.: Bildungsplanung und Raumordnung, Ff./M. 1968.
GEIPEL, R.: Hochschulgründungen und Regionalpolitik. In: LOHMAR, U., ORTNER, G.: Der doppelte Flaschenhals. Hannover 1975, S. 185–200.
GEISSLER, C.: Hochschulstandorte – Hochschulbesuch. Schriftenreihe Arbeitsgruppe Standortforschung, Bd. 1, Hannover 1965.
GIRGENSOHN, J.: Vorwort zu Kultusminister NW 1973.
HANSEN, G.: Keine isolierte Schulentwicklungsplanung. In: Schulmanagement 3/1972.
HANSEN, G.: Schulentwicklungsplanung als offene Planung. In: Kommunalwirtschaft, März 1975.
HARTUNG, D., Nuthmann, R.: Status- und Rekrutierungprobleme als Folgen der Expansion des Bildungsystems. Berlin 1975.
JEISMANN, K. E.: Das preußische Gymnasium in Staat und Gesellschaft. Stuttgart 1974.
KAISER, A.: Reduktionistische Tendenzen der Bundesdeutschen Bildungsplanung. In: Die deutsche Schule, Juni 1975, S. 298–305.

KAISER, A.: Reduktionistische Tendenzen und Theoreme bei bildungsplanerischen Ansätzen. In: DERBOLAV, J. (Hrsg.): Grundlagen und Probleme der Bildungspolitik. München/Zürich 1977.
Kreis Lüdenscheid (Hrsg.): Schulentwicklungsplan. Altena 1972.
Kreisverwaltung Meschede: Schulentwicklungsplan des Kreises Meschede für die Jahre 1975–85. Meschede 1973.
KUDERA, S.: Theoretische Konzeption von Bildungs- und Beschäftigungssystem. Typoskript München 1976.
Kultusminister NW (Hrsg.): Schulentwicklungsplanung. (Strukturförderung im Bildungswesen 21), Ratingen 1973.
Kultusminister Baden-Württemberg: Antwort auf die Große Anfrage der SPD betr.: Entwicklung der Bildungsbereiche und des Arbeitsmarktes und die Chancen der starken Geburtenjahrgänge der 60er Jahre. 11.5.1976.
MERTENS, D.: Beziehung zwischen Qualifikation und Arbeitsmarkt. In: SCHLAFFKE, W. (Hrsg.): Jugendarbeitslosigkeit, Köln, 1976, S. 68–118.
Mülheim/R. Stadt, (Hrsg.): Bildungsentwicklungsplan der Stadt Mülheim/Ruhr, Mülheim 1974.
OFFE, C.: Berufsbildungsreform. Frankfurt/M. 1975.
PEISERT, H.: Soziale Lage und Bildungschancen in Deutschland. München 1957.
POHL, H.: Schulische und betriebliche Qualifikationen in Niedersachsen – empirische Grundlagen zur Beurteilung und Steuerung regionaler Qualifikationsstrukturen. Typoskript 1977.
Prognos-Gutachten: Potentielle strukturelle Ungleichgewichte zwischen Bildungs- und Beschäftigungssystem in der BRD bis zum Jahre 1990. Untersuchung im Auftrag des BMBW 1976 (unveröffentl.)
v. RECUM, R.: Struktur und Reichweite bildungsökonomischer Ansätze im bildungspolitischen Feld. In: DERBOLAV, J. (Hrsg.): Grundlagen und Probleme der Bildungspolitik. München/Zürich 1977.
RIEMANN, W.: Planung unter veränderten Verhältnissen. Typoskript Duisburg 1975 (Tagung der Akademie für Raumforschung und Landesplanung und für Städtebau und Landesplanung).
RIESE, H.: Bedarfstheorie und Expansion des Hochschulbereichs. In: HEINDLMEYER et al.: Berufsausbildung und Hochschulbereich, Pullach 1973.
RIESE, H.: Theorie der Bildungsplanung und Struktur des Hochschulwesens. 1968. Neudruck in Straumann 1974.
RITTER, R.: Das Verhältnis von Schulsystem und Beschäftigungssystem im Landkreis Cham. Typoskript 1977.
ROLFF, H. G., KLEMM, K., HANSEN, G.: Die Stufenschule. Ein Leitfaden zur kommunalen Schulentwicklungsplanung. Stuttgart 1974.
SCHULTZ, Th. W.: The Economic Value of Education. Columbia 1963.
SCHULTZE, H. D.: Die Einordnung der RBP in die Ziele der Raumordnung und Landesplanung. Arbeitsmaterial 1 der Akademie f. Raumforschung und Landesplanung, Hannover 1975.
SCHORB, A. O.: Aufriß einer Infrastruktur des Schulwesens. In: Infrastruktur im Bildungswesen, Forschungs- und Sitzungsbericht der Akademie für Raumforschung und Landesplanung, Bd. 107, Hannover 1976.
SCHORB, A. O.: Problemaufriß für die Untersuchung des Zusammenhangs zwischen Schulstruktur und Beschäftigungsstruktur in regionaler Hinsicht (Vorlage f. AK Regionale Bildungsplanung) Typoskript 1977.
SPIES, W. E.: Eliteerziehung oder Bürgerbildung. In: Die deutsche Schule 1974, H. 2, S. 76–82.
SPIES, W. E.: Bildungsplanung in der Bundesrepublik Deutschland, Kastellaun 1976.
SPIES, W. E.: Bildungs-Qualifikation-Berechtigung-Anspruch. Identität und Differenz. In: Die Deutsche Schule 1978, H. 1, S. 18–25.
Stadt Essen (Hrsg.): Struktur- und Entwicklungsplan für das Essener Schulwesen für die Jahre 1972–1985. Essen 1972.
Stadtverwaltung Recklinghausen: Schulentwicklungsplan der Stadt Recklinghausen 1971–1980. Recklinghausen 1972.
STRAUMANN, P. R.: Neue Konzepte der Bildungsplanung. Hamburg 1974.
VILMAR, F.: Strategien der Demokratisierung. Neuwied 1973.
WINDHAM, D. M.: The Macro-Planning of Education: why it fails, why it survives, and the alternatives. In: Comparative Education Review, Los Angeles, Juni 1975, p. 187–201.

Revision regionaler Bildungsplanung?

von
Alfons Otto Schorb, München

WERNER E. SPIES hat im vorstehenden Beitrag die „regionale Bildungsplanung" zu einem „Perspektivenwandel bei Zielsetzung und Systemabstimmung" aufgefordert. Diese Arbeit fordert zu einer kritischen Auseinandersetzung mit den darin angestellten Überlegungen heraus. Der Wert der Analysen, die SPIES anstellt, liegt vor allem darin, daß er bildungspolitische Mißerfolge und Fehlentwicklungen mit Denkfehlern und nicht haltbaren Ansätzen in Verbindung zu bringen sucht. Wenn er dabei auch das Mißverständis riskiert, mit den Wölfen zu heulen, d. h. in das modische Moralisieren gegen Verplanung, Fetischismus des Quantitativen, Illusion totaler Machbarkeit usw. einzustimmen, so laufen seine Empfehlungen nicht auf eine Abschaffung der regionalen Bildungsplanung hinaus; er möchte sie vielmehr fördern, indem er sie in ein kritisches Verhältnis zu sich selber zu bringen versucht.

Dieser Absicht scheinen aber einige seiner Denkschritte selbst im Wege zu stehen, so daß die von ihm anvisierte Positionsberechtigung und Ergebnisverbesserung der regionalen Bildungsplanung erst durch eine Kritik seiner eigenen Kritik erreicht werden kann.

I. Der Gegenstand der Kritik keine faßbare Wirklichkeit

Der von SPIES analysierten „regionalen Bildungsplanung" entspricht keine eindeutig bestimmte Wirklichkeit. SPIES subsumiert unter der Vokabel „regionale Bildungsplanung" so Vielartiges, daß der Begriff die Menge der Sachverhalte nicht tragen kann. Nimmt man die Aussagen zusammen, die er dem Objekt seiner Kritik zukommen läßt, so hebt sich ein unscharfes Allgemeines heraus, in dem sich Sachverhalte zusammenfinden, die von praktischer Planungstätigkeit der Schulverwaltung über bildungspolitische Entscheidungen, pädagogische Reformtheorie zu allgemeinem Innovationsstreben reichen, demnach nicht auf einer Ebene liegen. Zwar sieht SPIES selbst, daß „nur in sehr allgemeiner Weise von *der* RBP geredet werden kann", er hält aber seine eigene Einschränkung nicht durch, mit der er regionale Bildungsplanung bezogen sehen möchte auf „Planungsvorgänge, die sich in irgendeiner Form mit Geschehnissen befassen, die Erziehungs- und Ausbildungsvorgänge in einem begrenzten Raum betreffen". Die konkreten Beispiele, die er anführt, sind jedoch keineswegs aus allen Bereichen genommen, die nach seinem Verständnis in dem Sammelbegriff „regionale Bildungsplanung" zusammentreffen. Die eindrücklichsten Beispiele entnimmt er der Schulentwicklungsplanung, also einer zulänglich umgrenzten Verwaltungstätigkeit, in die gewisse Begriffe und Analyseergebnisse der Wissenschaft einbezogen sind, deren Funktion und Umfang aber von der Verwaltung bzw. der sie beauftragenden Politik verantwortet werden müssen. Die zu wenig differenzierte Kritik, die sich mit dem Nachweis getätigter Fehlentscheidungen, veröffentlichter Fehlansichten, vollzogener falscher Zuordnungen usw. begnügt und ihnen nicht zu ihren unterschiedlichen Ursprüngen nachgeht, leistet zwar ein erstes Aufmerksammachen auf Zonen fragwürdiger Entwicklungen, deren direkte Beseitigung jedoch nicht.

II. Die Planer als Objekte der Kritik

Im Zentrum des Gemenges von Phänomenen, Tendenzen und Instanzen scheint es für SPIES aber ein sehr konkretes Objekt zu geben: die Planer. Ihnen wird handfestes Fehlverhalten vorgeworfen: „Es scheint ihnen historische Kontingenz und Varianz der Verhältnisse ... schwer erträglich – sie möchten sie wegplanen"; „sie reduzieren lieber Wirklichkeit, als daß sie deren nur sehr partielle Planbarkeit einräumen". Dieses unmittelbare Identifizieren des eigentlichen Objekts der Kritik, nämlich der Hinweis auf Personen, die falsch denken und handeln, macht verständlich, wohin der moralische Appell, von einer Grundhaltung totaler Planbarkeit abzurücken, zielt. Es erfolgt aber gleichsam nur nebenher, wird unverzüglich wieder aufgegeben zu Gunsten einer distanzierten Rede von der regionalen Bildungsplanung, in der die Subjekte verschwinden, und die nach SPIES eigentlich ein Bündel „Planungsvorgänge" ist. Mit der regionalen Bildungsplanung als einer irgendwie gearteten Instanz oder Disziplin kann man zwar auch rechten, aber nur so, daß man ihr unzweckmäßige und unhaltbare Verfahren nachweist. Mit Personen muß die Auseinandersetzung anders geführt werden als mit Disziplinen. Ihnen können Gesinnungsmängel und Wertdefizite vorgehalten werden. Diese aber der Disziplin zum Vorwurf machen, muß ins Leere gehen; niemand fühlt sich angesprochen. Geht es um Gesinnungen, so sind deren persönliche Träger anzusprechen. Die Auseinandersetzung über eine in der Tätigkeit einer Disziplin sichtbar werdende falsche Anthropologie muß jedoch über die Kritik ihrer theoretischen Grundlagen und ihrer Verfahren geführt werden. Indem sich SPIES immer wieder mit der Schulentwicklungsplanung beschäftigt, also einer zulänglich umgrenzten Verwaltungstätigkeit, geht seine Kritik gar nicht in die Richtung der regionalen Bildungsplanung selbst als einer wissenschaftlichen Disziplin und Tätigkeit, sondern auf ihre Anwendung im Verwaltungsbereich.

III. Was ist „regionale Bildungsplanung"?

Um die zahlreichen von SPIES genannten Zusammenhänge aufhellen und die vielschichtigen Probleme aufarbeiten zu können, erscheint es wichtig, zu entbündeln, was in dem Sammelbegriff „regionale Bildungsplanung" von ihm zusammengefaßt wurde. Da sind zunächst Aktivitäten einzelner wissenschaftlicher Disziplinen. Aus ihrem Umkreis stammen die meisten der von SPIES mit Recht zitierten fragwürdigen Beispiele. Unter den beteiligten Wissenschaften findet sich aber keine selbständige „Wissenschaft der regionalen Bildungsplanung" bzw. „regional orientierte Bildungsplanungswissenschaft". Was in der Vergangenheit der von der Verfassung nahegelegten Beseitigung regionaler Angebotsdefizite – und um sie geht es wohl vor allem in dem, was regionale Bildungsplanung heißen kann – an Einsichten bereit gestellt wurde, stammt aus der Sozialgeographie (vor allem von GEIPEL), aus einer regional differenzierenden Soziologie (z. B. PEISERT), aus der Bildungsökonomie (EDDING u. a.), der regional orientierten Volkswirtschaft (z. B. WIDMAIER), der Arbeitsmarkt- und Berufsforschung (MERTENS) und aus der allgemeinen Raumforschung. Arbeitsergebnisse dieser Disziplinen sind in irgendeiner Weise für die

Vorgänge im Bildungswesen relevant, bleiben aber den Hauptzielen der jeweiligen Ursprungswissenschaft eingeordnet, d. h. sie können nicht mit dem Anspruch auftreten, schon umsetzbare pädagogische oder bildungspolitische Zielkonzepte zu sein. Daß einzelne Vertreter dieser Disziplinen so auftreten, als seien diese Spezialaspekte schon Gesamtnormen, ist ein gelegentlich registrierbarer Sachverhalt. Sie sind aber, wenn sie sich dilettantisch als Verkünder pädagogischer Normen ausgeben, nicht mehr legitimierte Sprecher ihrer Disziplinen. Wenn der Arbeitsmarktforscher im Bildungssystem das Vorfeld seines Objektbereiches erkennt, so muß es ihm unbenommen sein, das Bildungssystem als Zuliefersystem des Arbeitsmarkts zu analysieren und gewisse Erwartungen an diesen Bereich zu formulieren. Nur kann er nicht für sich beanspruchen, daß er allein für das Bildungssystem die Normen setzt. Seine Ansprüche treffen sich mit denen anderer Disziplinen und vor allem mit Forderungen, die sich aus der Zielbestimmung des Bildungssystems an sich ergeben. Ähnliches gilt von der wirtschaftswissenschaftlichen Betrachtungsweise des Schulsystems, von der raumwissenschaftlichen Perspektive, nach der eine gute Bestückung einer Region mit Bildungseinrichtungen die Regionalqualität erhöht usw. Der zu kritisierende Mangel liegt nicht darin, daß die Spezialwissenschaftler denken, wie es in der Gewohnheit ihrer Disziplin liegt, sondern, wie auch SPIES andeutet, in einer unkontrollierten Verallgemeinerung und Dominanz für sich legitimer partieller Standpunkte.

IV. Entstehungsbedingungen der „regionalen Bildungsplanung"

Will man abschätzen, ob das unter der Bezeichnung regionale Bildungsplanung gefaßte Zusammenwirken von Verwaltungstätigkeit, wissenschaftlicher Analyse und politischer Entscheidung, das sich in sehr unterschiedlichen Konstellationen und vielfältigen Formen vollzieht, überhaupt die Möglichkeit in sich trägt, von Vereinseitigungen, Primitivismen und falscher Orientierung loszukommen, so muß man seine ungewöhnlichen Ursprungsumstände berücksichtigen. In den 60er Jahren, der Entstehungszeit des Konglomerats regionale Bildungsplanung, stand sowohl die bildungspolitische Entscheidung als auch die Bildungstheorie unter einem extrem starken Handlungsdruck. Er ergab sich aus der Moral jener Jahre, in denen Neuerung und Veränderung hohe Werte waren. Die zur Bildungsreform aufeinander verwiesenen Bereiche waren durch eine innovationshungrige Öffentlichkeit provoziert. Konvergente Entwicklungen deuteten sich in unterschiedlichen Wissenschaftsbereichen an. Es blieb keine Zeit, den Prozeß, der sich parallel in mehreren Wissenschaften vollzog, zu einem inneren Ausgleich zu bringen. Eine distanziert prüfende Bildungswissenschaft hätte die sich aus unterschiedlichen Bereichen ergebenden Ansprüche aufnehmen, sich mit ihnen auseinandersetzen und sie in ein plausibles Verhältnis zueinander bringen müssen. In der Hektik der 60er und frühen 70er Jahre konnte sich jedoch offenbar niemand die Zeit zu einer kritischen Prüfung der Vorgänge nehmen. Wissenschaftler, von der Politik hofiert, lieferten unbefangen Globalkonzepte, die keineswegs die zu einem funktionierenden Wissenschaftsbetrieb gehörende wissenschaftsinterne Kontrolle im Prozeß von Veröffentlichung und Fachkritik erfahren hatten. Schon mit der Erstveröffentlichung gingen solche Konzepte in den Prozeß politischer Umsetzung ein.

Spezialistisch zu denken, darf keinem Wissenschaftler zum Vorwurf gemacht werden, im Gegenteil, seine Fähigkeit, zur Lösung komplexer Probleme etwas beizutragen, leitet sich von der Strenge ab, mit der er die Arbeitsregeln seiner besonderen Wissenschaft beachtet und ungeprüfte Mischverfahren ablehnt.

Die von SPIES beobachteten Reduktionismen sind auf der Ebene ihrer Entstehung, nämlich der wissenschaftlichen Problemanalyse noch keine Sonderbarkeiten und Abwegigkeiten; sie werden erst fragwürdig, wo sie den Raum der Wissenschaft verlassen, in den Bereich der Politik hineingeholt werden und wo die Exekutive und Publizistik mit ihnen unkritisch hantiert.

V. Fehlende Theorie einer regionalen Bildungsplanung

Eine Theorie der regionalen Bildungsplanung ist nicht entstanden, es gibt allenfalls Ansätze hierzu[1]). Dementsprechend gibt es in der Politik und der Verwaltung das diskutierte Phänomen, nämlich eine alles bestimmende „RBP" noch gar nicht. Es existiert vielmehr nur die traditionelle Schulversorgungsplanung mit einigen modernistischen Versatzstücken. Im Vorgang der Polarisierung der Bildungspolitik der letzten Jahre, in dem sich die Vielfalt möglicher bildungspolitischer Zielsetzungen auf die primitive Alternative Gesamtschule oder gegliedertes Schulwesen reduzierte, blieb kein Raum mehr für die Klärung der subtilen Frage, wie das gleiche Bildungsangebot, das sowohl modern als auch ohne Behinderung für alle Bevölkerungskreise zugänglich sein sollte, gerecht, d. h. vor allem unter regional unterschiedlichen Bedingungen bereitgehalten werden sollte. Man muß sehen, daß die Fehlentwicklungen nicht primär aus der Wissenschaft stammen, die sehr wohl noch alle Voraussetzungen besitzt, künftig eine Bildungspolitik angemessen zu inspirieren, wenn sie nur den erst im Anfangsstadium befindlichen Prozeß der Selbstklärung erfolgreich hinter sich bringt. Sie war noch nicht über das allerste Anfangsstadium hinausgekommen, als ihr schon ein in der Sozialgeschichte einmalig großer Einfluß auf Politik und Verwaltung eingeräumt wurde, was prompt dazu führte, daß der normale wissenschaftsimmanente Mechanismus der internen Abklärung nicht mehr funktionierte.

Es kann sich daher bei dem notwendigen Korrekturvorgang nicht um einen Perspektiven*wandel* handeln, sondern nur um den Durchbruch zur eigentlichen angemessenen, nämlich auf die Komplexität des Gegenstandes eingerichteten Perspektive. SPIES hat zwar gerade dies gefordert, aber dabei unterstellt, die bisher zutage getretene einseitige Perspektive sei schon, wenn keine Korrektur von außen erfolge, die endgültige Perspektive.

VI. Der unzulängliche Regionsbegriff

Daß der Weg für die wissenschaftlich begründete Bildungsplanung nicht im Wechsel der Richtung, sondern im Finden des eigenen Ansatzes liegt, läßt sich am Beispiel des von SPIES mehrfach angeführten unzulänglichen Regionsbegriffs der „RBP" darlegen. Die Frage ist auch hier, ob man sich damit begnügen kann, auf eine Unbestimmtheit und variable Weite des Regionsbegriffs aufmerksam zu machen, oder ob man nicht zu einer genaueren Angabe dessen vordringen kann, was die Verwaltung in ihre regional orientierte Bildungsplanung und die Bildungspolitik in ihre Entscheidungen hineinzunehmen hätte angesichts der Einsichten, die aus den beteiligten Wissenschaften heute zur Verfügung stehen. Sicher kann man der Gebrauchssprache und der politischen Kommunikation keine

---

[1]) z. B. A. O. SCHORB: Aufriß einer Theorie der Infrastruktur des Schulwesens. In: Infrastruktur im Bildungswesen, Forschungs- und Sitzungsberichte der Akademie für Raumforschung und Landesplanung, Bd. 107, Hannover 1976, S. 7–21.

Reglementierung aufzwingen. Man braucht sich aber auch nicht allzu lange bei einer unscharfen und mit wechselnden Bedeutungen gefüllten Verwendung des Begriffes Region aufzuhalten. Wenn z. B. im Sprachgebrauch von Bundesdienststellen „regionalisieren" bedeutet, Daten der Bundesstatistik auf die Ebene der Bundesländer herunterzurechnen, andererseits in den Bundesländern das Regionalisieren eines Problems meint, eine Maßnahme auf nachgeordnete Verwaltungseinheiten abzustimmen, so können die dabei auftauchenden Phänomene nicht unter regional orientierte Bildungsplanung subsumiert werden. Nach allem, was die Bildungsgeographie und eine regional ausgerichtete empirische Bildungsforschung an Einsichten gesammelt haben, kann Region nur ein funktionaler Begriff sein. Es sind darunter durch das Zusammenwirken unterschiedlicher Faktoren bestimmbare Raumgrößen zu verstehen, deren Grenzen nicht mit den Verwaltungsgrenzen zusammenfallen. Die Regionen gleichen Typs sind vordergründig durch ein historisch gewachsenes Bildungsangebot, durch eine aus der Zusammensetzung der Bevölkerung und ihre Berufsverhältnisse verständliche Ähnlichkeit des Bildungsverhaltens und durch Annäherung der Durchschnittswerte in der Bildungsbeteiligung beschreibbar. Das Faktoren- und Phänomenbündel, durch das die Regionen dann näher beschrieben werden, Sozialstruktur der Bevölkerung, Beschäftigungsstruktur, ethnische Besonderheiten u. ä. ist dafür verantwortlich, daß die gleichen Maßnahmen, z. B. das gleiche Netz von Schulen, dieselbe Schüler-/Lehrerrelation in der einen Region nicht das gleiche faktische Angebot bedeutet wie in der anderen. Seit Phänomene wie die „Transportschwelle", die schichtabhängige psychologische Distanz zu einzelnen Schularten u. ä. aufgehellt wurden, weiß man genauer anzugeben, wie bildungspolitische Maßnahmen differenziert angesetzt werden müssen, wenn sie dem von der Verfassung vorgeschriebenen Abbau regionaler Benachteiligungen entgegenwirken sollen. Weil die Verwaltungseinheiten meist mosaikartig aus Teilen unterschiedlicher echter Regionen zusammengesetzt sind, hat die regionsbezogene Bildungsplanung genügend Anhalte, um sachgerecht vorgehen zu können. Das unsichere Pendeln zwischen dem Versuch totaler Planung und dem zerknirschten Abrücken von jeder Planung braucht nicht einzutreten. Die bisherige Unentschlossenheit der Regionalforschung, klar und mit finanziellen und personellen Konsequenzen anzugeben, was regional gleichmäßige Versorgung heißt (nicht das Gesamtbudget schematisch nach Flächenanteilen aufgeteilt, sondern nach einer qualitativen Analyse so verteilt, daß unter unterschiedlichen Bedingungen ein gegenüber dem sozialen Laissez-faire gerechteres Angebot herauskommt) hat bewirkt, daß die Verwaltung noch nicht voll abgegangen ist von einer linearen Verteilung ihrer Mittel und Möglichkeiten, was oft regionale Unterschiede verstärken, nicht sie beseitigen heißt. Stellt man nur das Vorhandensein unzulänglicher Regionsbegriffe fest, wo doch die Voraussetzungen gegeben sind, einen praktikablen funktionalen Regionsbegriff zu bieten, liefert man nur einer zögernden Verwaltung das Argument, die differenziertere Auslegung des Verfassungsauftrages gerechter Chancenverteilung noch aufzuschieben, was dazu führt, daß die heute zur Verfügung stehenden wissenschaftlichen Einsichten in einem zentralen gesellschaftspolitischen Feld ungenutzt bleiben.

VII. Dynamische Gegensteuerung statt totaler Planung

Der Hinweis auf eine unzulängliche Ausnutzung der schon zur Verfügung stehenden wissenschaftlichen Einsichten in den konkreten Planungsprozessen könnte das Mißverständnis auslösen, es werde doch wieder versucht, die Fiktion totaler Planbarkeit (konkret: der Herstellung völlig gleicher Beteiligungsquoten an weiterführender Bildung in allen

Regionen) wieder einzuführen. Die Spanne, in der das Bildungswesen rational gestaltet werden kann, ist nicht beliebig breit. Möglich sind nur größere oder kleinere Korrekturen der sich spontan vollziehenden gesellschaftlichen Formierungsprozesse, jedoch nicht ihre totale Steuerung nach vorgegebenen Zielquoten. Zuzustimmen ist SPIES in der zentralen These seines Beitrags, daß die „Abstimmungsforderungen prinzipiell nur eingeschränkt erfüllbar" sind, und zwar deshalb, weil die politische Verfassung einer freiheitlichen Demokratie diese Einschränkung bewirkt. SPIES geht zwar ausführlich auf die in seinen Augen allesamt untauglichen Lösungsformen des Abstimmungsproblems ein, unterläßt es aber, konkret auszufalten, was in der Abhängigkeit der Bildungsplanung von der freiheitlichen demokratischen Verfassung steckt. Es bedeutet konkret ein Ja zu der Mitwirkung der Eltern an den Entscheidungen, die zu bestimmten Verteilungen im Bildungssystem führen und auch zu der unmittelbaren Mitwirkung der Betroffenen, nämlich der jungen Menschen selber, und auch, daß es zum Erziehungsziel der Demokratie gehört, soziale Verantwortung für das Ganze auf sich zu nehmen, was z. B. eine angemessene wechselseitige Rücksichtnahme von Bildungs- und Beschäftigungssystem mit sich bringt. Die Bildungsforschung weiß, daß die informationsabhängige und durch Aufstiegsstreben bestimmte Mitwirkung sozialer Gruppen mächtiger ist als die Instrumente, die staatlicher Intervention zur Verfügung stehen. Da der Umstand fehlender Gesamtdetermination durch Planung mit dem für die Demokratie wichtigen Grundwert der Freiheit zusammenhängt, darf er nicht von vornherein negativ bewertet werden. Die Möglichkeit der Vergewisserung, ob noch freiheitliche Verhältnisse im Bildungswesen bestehen, hängt ein gutes Stück an der Fähigkeit, mit dem hartnäckigen Weiterbestehen von Unterschieden leben zu können, deren Beseitigung, zumindest Reduktion nach den Weisungen der Verfassung dennoch immerfort angestrebt werden muß. Es wäre der denkbar unsachlichste Entschluß, wollte man überhaupt auf Planung, d. h. auf möglichst rationale Behandlung der inneren und äußeren Schuldinge verzichten, nur weil die Übertragung der Konzepte auf das „Produkt" nicht in gleich bündiger Weise gelingt, wie das beim technischen Herstellen materieller Güter der Fall ist. Wer die Analogie mit der technischen Güterproduktion (die durchaus manche hilfreichen Konzepte für einzelne Sozialbereiche liefern kann) soweit treibt, daß er beim Nichtgelingen der Gleichschaltung in Resignation verfällt, darf nicht mit *der* Bildungsplanung bzw. *der* regionalen Bildungsplanung gleichgesetzt werden. Er ist ein Dilettant, der noch nicht in die Kernzone der Problematik eingedrungen ist. Eine Theorie der Bildungsplanung hat sich ihrem Gegenstand erst genähert, wenn sie die beiden großen, auch von SPIES genannten Einschränkungen realisiert, nämlich die sich aus den geschichtlichen Abläufen ergebenden Überraschungen und die von der Unberechenbarkeit der beteiligten Individuen her.

SPIES nennt unter den von ihm kritisierten Fehlhaltungen das Ignorieren schwer beeinflußbarer Großverläufe zugunsten einer technokratischen Steuerung überschaubarer Teilprozesse, d. h. „die Reduktion unvorhersehbarer Geschichte auf eine geplante Strecke". Auch diese abstrakte Feststellung muß in konkrete Sachverhalte übersetzt werden. Dabei zeigt sich, daß sich „regionale Bildungsplanung" als der Versuch, in der politischen und administrativen Betreuung des Bildungssystems rational zu handeln, nur in dem Mittelfeld bewegen kann, das sich zwischen zwei Zonen von Unvorhersehbarkeit und damit Unplanbarkeit befindet, nämlich zwischen den Großverläufen und der spontanen allenfalls statistisch beschreibbaren, aber im Einzelfalle nicht vorherzusehenden Spontaneität der beteiligten Individuen. Im Bereich der Großverläufe hat die Entwicklung übrigens das bisher eindeutigste Beispiel für Unvorhersehbarkeit geliefert, nämlich den „Pillenknick" und die damit gegenüber den 60er Jahren eingetretene Halbierung der Jahrgangsstärken, ein Phänomen, das extrem den aus der langfristigen Beobachtung der

Geburtenentwicklung zu erwartenden Rückgang der Kinderzahlen durchbricht. Bisher waren Kriege und Wirtschaftskrisen Musterbeispiele für unvorhergesehene Entwicklungen der Großverläufe, während viele andere langrhythmige Sachverhalte wie soziale Umschichtungen, technische Entwicklungen und ihre Auswirkung, Schwerpunktverlagerungen in Denken und Moral, die Entwicklung der öffentlichen Haushalte, die technologischen Entwicklungen, die z. B. neue Kommunikationsinstrumente für den Bildungsvollzug zur Verfügung stellen, keinen echten Überraschungscharakter haben; ihr Verlauf ist in Grenzen vorhersehbar. Für die zwischen mit Imponderabilien durchsetzten Großverläufe und überraschungshafter Spontaneität der beteiligten Individuen eingelagerte Zone möglicher gesteigerter Rationalität und Zielorientiertheit der Bildungsverwaltung und Bildungspolitik besteht der volle Anspruch methodischer Strenge und sachnotwendiger Differenziertheit. Dieser darf nicht durch den undifferenzierten Vorwurf falscher Gesinnung und fragwürdiger Wertorientierung abgeschwächt werden, genauer: beteiligten Personen sollen Korrekturen der handlungsleitenden Gesinnung zugemutet werden, die Disziplin „regionale Bildungsforschung" soll aber unentwegt ermuntert werden, ihr forschungs- und denktechnisches Instrumentarium zu verfeinern und zu verbessern. Es trifft daher die Sache nicht, wenn SPIES gewissermaßen als Fazit seiner kritischen Analyse von „Umdeutung, Umwertung des Bildungsgeschehens" und von „neuen Perspektiven der Bildungsplanung" spricht. Einsichten in Sinn und Wert der Struktur des Bildungsvorgangs sind ausreichend vorhanden, sie sind nur noch nicht mit den neuentdeckten Zusammenhängen des Bildungswesens mit anderen gesellschaftlichen Bereichen verbunden. Nicht neue Perspektiven gilt es zu entdecken, sondern die eigentlichen erst einzubringen. Deshalb ist die bisherige Entwicklung nicht als ein eigenständiger Abschnitt zu werten, von dem nach sichtbarem Mißerfolg Abschied zu nehmen ist, vielmehr ist für regional orientierte Bildungsplanung diese Entwicklung nur die notwendige allererste Phase, aus der sich jetzt der Umriß ihrer vielschichtigen Aufgabe erst erkennen läßt.

VIII. Aufriß zukünftiger regional orientierter Bildungsplanung

Dieser Umriß der Aufgaben und Grundlagen einer regional orientierten Bildungsplanung, die die Erfahrungen ihrer ersten Phase kritisch aufgearbeitet hat, läßt sich in folgenden Aussagen darstellen:

1. Regionale Bildungsplanung ist jener Arbeitsgang innerhalb der allgemeinen Bildungsplanung, der den allgemeinen Entwicklungszielen die regionale Bezogenheit geben möchte.
2. Regionale Bildungsplanung ist auf eine regional orientierte Forschung angewiesen. Diese Forschung ist zunächst von der Berücksichtigung ihrer Ergebnisse innerhalb der allgemeinen Bildungsplanung unabhängig. Alle bildungsrelevanten Sachverhalte müssen systematisch freigelegt werden, ohne Rücksicht darauf, ob die konkreten gesellschafts- und bildungspolitischen Verhältnisse eine Berücksichtigung erwarten lassen oder nicht. Ziel ist eine systematische Aufarbeitung der Probleme so, daß eine zuverlässige Theorie der Bildungsplanung entsteht, die dann pragmatisch umgesetzt werden kann.
3. Die regional orientierte Bildungsplanung und die ihr zugehörende Forschung müssen sich davor hüten, als Attribute expansiver Verhältnisse in der Gesellschaft angesehen zu werden. Ihre Leistungsfähigkeit können und müssen sie ebenso in Phasen wirtschaft-

licher Rezession, reformfeindlicher Zeitstimmungen und zurückgehender Schülerzahlen beweisen. Gerade für die veränderten Verhältnisse gilt der Anspruch doppelt, daß die Verfassungsziele Gleichheit der Lebens- und Berufschancen mit Hilfe wissenschaftlicher und planerischer Vorarbeit gefördert werden.

4. Regional orientierte Bildungsplanung und Forschung ist nicht aus eigener Legitimation schon Bildungspolitik. Für den Übergang der Forschung in die Planung ist ein eigener Auftrag erforderlich. Während regionale Bildungsforschung aus dem autonomen Auftrag der Wissenschaft arbeitet, kann sie Planungsaufgaben nur im Auftrag von Verwaltung und Politik, d. h. unter deren Verantwortung vornehmen.

5. Die regionale Bildungsforschung und die daran angeschlossene regional orientierte Bildungsplanung legitimiert sich durch einen eigenen Regionsbegriff. Ihre Regionen sind funktionale Einheiten, aber nicht Verwaltungseinheiten. Sie muß vermeiden, sich Sachverhalte anrechnen zu lassen, die zu ihrer Aufgabe keinen Bezug haben. Regional orientierte Bildungsplanung liegt nur dort vor, wo die Charakteristika von Regionen wirtschaftlicher, soziologischer, ethnischer und geographischer Art durch die Forschung ausreichend geklärt wurden.

6. Die regional orientierte Bildungsplanung darf nicht aus der pädagogischen Zielsetzung der Bildungsplaner herausgleiten. Dies hat sie besonders bei dem Austausch mit den angrenzenden gesellschaftlichen Bereichen, vor allem dem Arbeitsmarkt, zu beachten. Einerseits nimmt sie den indirekten Einfluß von Schulbildung, Abschlüssen u. ä. ernst, andererseits muß sie der verantwortlichen Fachpolitik die Gefahrenzone nennen können, an der das Schulsystem sich in ein Subsystem der Wirtschaft transformiert.

7. Regional orientierte Bildungsplanung bleibt in enger Bezogenheit zur bildungsrelevanten Sozialforschung. Dies ist um so mehr erforderlich, als regionale Disparitäten weithin mit den sozialen Disparitäten zusammenfallen, gleichwohl aber von ihnen unterschieden werden müssen, wenn eine verfassungsgerechte Bildungspolitik sowohl an der Freiheit der Bürger orientiert bleiben als auch dem Verfassungsauftrag nach Abbau naturgegebener regionaler Disparitäten entsprechen möchte.

Regionale Unterschiede des Ausbildungsniveaus der Arbeitsbevölkerung[*]
– Zur regionalen Konzentration der Arbeitsplätze für Höherqualifizierte –

von
Peter Meusburger, Innsbruck[**]

INHALT

I. Zum Mißbrauch des Begriffes „Regionales Bildungsgefälle"

II. Die regionale Konzentration der Arbeitsplätze für Höherqualifizierte in Österreich

III. Theoretische Erklärungsversuche der regionalen Disparitäten im Arbeitsplatzangebot für Höherqualifizierte
    1. Traditionelle ökonomische und soziologische Theorien
    2. Organisations-, Informations- und Kommunikationstheorie, soziale Kybernetik
       a) Direkte und indirekte Übertragung von Informationen in Abhängigkeit vom beruflichen Status
       b) Der hierarchische Aufbau von Kontaktmustern
       c) Konzentration der Planungs-, Koordinations- und Leitungsfunktionen in den Städten

IV. Die Kommunikation und die Informationsverarbeitung als wichtige neue städtische Funktion

V. Auswirkungen von neuen Erfindungen auf dem Gebiet der Telekommunikation auf die regionale Konzentration von Büroaktivitäten

VI. Schluß

---

[*] Unter der (auf den Arbeitsort bezogenen) Arbeitsbevölkerung versteht man die am Arbeitsort wohnhaften Beschäftigten minus Auspendler plus Einpendler.
[**] Siehe auch Karte am Schluß des Bandes.

I. Zum Mißbrauch des Begriffes „Regionales Bildungsgefälle"

Regionale Unterschiede des Ausbildungsniveaus der erwachsenen Wohnbevölkerung sowie regionale Disparitäten des Bildungsverhaltens (Übertrittsraten) der Schüler stehen seit über 25 Jahren im Mittelpunkt der bildungspolitischen Diskussion und sind seither in mehreren sozial- und regionalwissenschaftlichen Disziplinen zu einem neuen thematischen Schwerpunkt der wissenschaftlichen Forschung geworden. Die aktuelle politische Bedeutung dieser Frage und die breite Publizität, die dieses Problem in den vergangenen zwei Jahrzehnten in der Öffentlichkeit erhalten hat, haben zwar einerseits die wissenschaftliche Erforschung dieses Themenkreises vor allem in finanzieller Hinsicht gefördert, aber andererseits hat die Politisierung und Ideologisierung vieler bildungswissenschaftlicher Probleme den wissenschaftlichen Fortschritt in einigen Bereichen eher gehemmt, da fixierte ideologische Wunschvorstellungen zu wenig Raum für eine sachliche Analyse freiließen.

Publikumswirksame Schlagworte wie „Bildung ist Bürgerrecht" oder „Abbau des regionalen Bildungsgefälles" haben vor allem deshalb zu Mißverständnissen und unerfüllbaren Erwartungen geführt, weil sich unter dem Begriff Bildung zumindest drei völlig verschiedene Inhalte verbergen, nämlich Erziehung, Ausbildung und kulturelle Bildung, und deshalb etwa der Begriff „Gleichheit der Bildungschancen" außerordentlich verschwommen und dehnbar ist. Auch die Mehrfachfunktion der Schule, von der man sowohl eine Ausbildung für einen Beruf als auch eine individuelle kulturelle Bildung erwartet, hat zu einer weiteren Erschwerung der wissenschaftlichen Diskussion geführt. Außerdem wurde bei der bildungspolitischen und bildungswissenschaftlichen Diskussion um die „Gleichheit der Bildungschancen" jahrelang die räumliche Dimension außer acht gelassen oder als eine nur nebensächliche Einflußgröße angesehen. Dieser Denkfehler, wichtige Einflußgrößen als zu vernachlässigende „Störfaktoren" anzusehen, findet sich auch in mehreren anderen sozial- und wirtschaftswissenschaftlichen Theorien und Modellen.

Meistens stellte es sich erst bei den Versuchen zur Operationalisierung der theoretischen Modelle bzw. bei praxisbezogenen Planungsmaßnahmen heraus, daß die in den Modellen als nur nebensächliche Störfaktoren bewerteten räumlichen Faktoren zu den entscheidenden Kriterien gehörten.

Vor diesem Hintergrund ist dann auch die Illusion entstanden, daß das „regionale Bildungsgefälle" durch schulorganisatorische und bildungsplanerische Maßnahmen bzw. durch eine „fortschrittliche Bildungspolitik" zu beseitigen sei. Nun ist es zwar in den meisten Ländern theoretisch möglich, die schulische Infrastruktur (Schulstandorte, Schülertransporte usw.) so zu gestalten, daß beispielsweise jedes Kind die Chance hat, eine höhere Schule zu besuchen, aber durch die Schaffung einer Chancengleichheit auf dem Bereich der schulischen Infrastruktur wird noch keineswegs das „regionale Bildungsgefälle" beseitigt. Denn die regionale Differenzierung des Ausbildungsniveaus der erwachsenen Wohn- und Arbeitsbevölkerung wird in so starkem Maße durch „außerschulische" Faktoren bewirkt, daß derartige bildungspolitische Maßnahmen auf die regionalen Unterschiede des Qualifikationsniveaus der Bevölkerung nur einen relativ bescheidenen Einfluß haben.

Die entscheidende Rolle für das „regionale Bildungsgefälle" spielen die regionalen sozio-ökonomischen Innovations-, Konzentrations- und Segregationsprozesse sowie die Fragen der sozialen und räumlichen Distanz usw., also gerade jene Bereiche, die am Höhepunkt der bildungspolitischen Euphorie in den 1960er Jahren so sehr vernachlässigt wurden.

In diesem Beitrag wird davon ausgegangen, daß eine zentrale Ursache für die regionalen Unterschiede des Ausbildungsniveaus der Wohnbevölkerung bzw. für die regionalen Disparitäten der Bildungsbeteiligung im regionalen Verteilungsmuster der Arbeitsplätze mit unterschiedlichen beruflichen Qualifikationsanforderungen liegt, das seinerseits wiederum von vielen Faktoren, wie zum Beispiel dem wirtschaftlichen und technischen Entwicklungsstand, dem Grad der Arbeitsteilung und Spezialisierung, der Organisationsstruktur der zentralörtlichen Hierarchie sowie anderen historischen, politischen, sozialen, wirtschaftlichen und technischen Faktoren beeinflußt wird.

II. Die regionale Konzentration der Arbeitsplätze für Höherqualifizierte

Es läßt sich sowohl theoretisch begründen als auch empirisch beweisen, daß die regionale Konzentration von Arbeitsplätzen auf einige wenige Zentren um so größer ist, je höher das für den Arbeitsplatz erforderliche Ausbildungsniveau ist. Je höher die für einen Arbeitsplatz benötigte Qualifikation ist, um so größer ist die Wahrscheinlichkeit, daß ein solcher Arbeitsplatz nur in den zentralen Orten der höchsten Rangstufen bzw. erst ab einer gewissen Größe des Arbeitsortes vorhanden ist. Die größte regionale Gleichverteilung ist bei Arbeitsplätzen mit dem niedrigsten Ausbildungsniveau festzustellen.

Obwohl viele Bereiche der modernen Wirtschaft durch Dezentralisierungstendenzen gekennzeichnet sind und in einigen hochentwickelten Industrieländern der Auszug der Wohnbevölkerung aus den Kernstädten der großen Agglomerationen seit den 1960er Jahren ein so großes Ausmaß erreicht hat, daß namhafte Stadtgeographen schon von einer derzeit stattfindenden „counter-urbanization" sprechen (vgl. B. J. L. BERRY 1976)*), nimmt die räumliche Konzentration der Arbeitsplätze für Höchstqualifizierte, für Entscheidungsträger und für alle anderen Berufe mit hohen Anforderungen an das Informations- und Kommunikationspotential des Standortes in den meisten hochentwickelten Staaten noch zu.

Bevor die Ursachen für diese räumlichen Konzentrationsprozesse der Arbeitsplätze für Höchstqualifizierte theoretisch begründet werden, sei das Ausmaß dieser räumlichen Konzentration anhand einiger Daten aus Österreich empirisch belegt, wobei freilich zu berücksichtigen ist, daß in diesem Staat die Bundeshauptstadt Wien aus historischen Gründen eine besonders dominierende Rolle einnimmt. Wien verzeichnete bei der Volkszählung 1971 zwar „nur" 25,9 % aller österreichischen Arbeitsplätze, auf diese Stadt konzentrierten sich aber 43,6 % aller Arbeitsplätze für männliche und 55,2 % aller Arbeitsplätze für weibliche Universitätsabsolventen. Auf die sechs größten österreichischen Städte Wien, Graz, Linz, Salzburg, Innsbruck und Klagenfurt entfielen zwar nur 27,8 % der österreichischen Arbeitsplätze für männliche bzw. 33,3 % der Arbeitsplätze für weibliche Pflichtschulabsolventen, auf diese sechs Städte konzentrierten sich jedoch 1971 67,7 % aller österreichischen Arbeitsplätze für männliche Universitätsabsolventen und 77,2 % aller österreichischen Arbeitsplätze für weibliche Universitätsabsolventen. Andererseits gab es in rund einem Fünftel aller österreichischen Gemeinden überhaupt keinen Arbeitsplatz für Universitätsabsolventen und in weiteren 50,2 % der Gemeinden nur 1–4 Arbeitsplätze (siehe Tabelle 1).

---

*) Siehe Literatur am Schluß dieses Beitrages.

Tabelle 1:
Die Häufigkeitsverteilung der Arbeitsplätze für Universitätsabsolventen in Österreich

Zahl der Arbeitsplätze für Universitätsabsolventen	Zahl der Gemeinden absolut	in %
0	520	19,6 %
1–4	1334	50,2 %
5–9	368	13,8 %
10–19	212	8,0 %
20–49	113	4,3 %
50–99	53	2,0 %
über 100	58	2,2 %

Quelle: Sonderauswertung der Österr. Volkszählung 1971

In der Steiermark hatten sogar fast ein Drittel aller Gemeinden (31,8 %) keinen einzigen Arbeitsplatz für einen Universitätsabsolventen aufzuweisen.

Die Karte am Schluß dieses Beitrages zeigt deutlich, wie sehr weite Gebiete von Österreich von Arbeitsplätzen für Universitätsabsolventen praktisch völlig entleert sind und wie stark sich die Arbeitsplätze für Höchstqualifizierte auf Wien und einige andere Landeshauptstädte konzentrieren.

In Wien sind die Arbeitsplätze für die Höchstqualifizierten vor allem auf den ersten Bezirk (City) konzentriert. In dem nur 2,9 km² großen ersten Bezirk von Wien gab es 1971 fast gleich viele Arbeitsplätze für Universitäts- bzw. Hochschulabsolventen (12 867) wie in den drei Bundesländern Vorarlberg, Tirol und Kärnten zusammen (12 951), obwohl diese drei Bundesländer das 53fache der Bevölkerungsanzahl des ersten Wiener Gemeindebezirkes aufwiesen.

Tabelle 2 zeigt, daß die räumliche Konzentration der Arbeitsplätze für Höchstqualifizierte auf Wien bzw. die sechs größten Städte besonders in jenen Wirtschaftsklassen sehr hoch ist, bei welchen die Information und Kommunikation eine große Rolle spielten. An der Spitze stehen dabei das Geld- und Kreditwesen sowie die Privatversicherungen, vor dem Druck- und Verlagswesen, der Wirtschaftsklasse Verkehr- und Nachrichtenübermittlung sowie dem Bereich „Realitäten, Rechts- und Wirtschaftsdienste". Darüber hinaus belegen diese Daten, daß auch im sekundären Sektor trotz der bekannten Dezentralisierungstendenzen der industriellen Produktion eine überraschend große regionale Konzentration der Arbeitsplätze für Höchstqualifizierte festzustellen ist. Weiter unterstreicht diese Tabelle auch das schon bekannte Ergebnis, daß für weibliche Höchstqualifizierte die Arbeitsplätze noch stärker auf einige wenige Zentren konzentriert sind, bzw. die regionale Chancengleichheit, einen entsprechenden Arbeitsplatz zu finden, noch geringer ist als bei den Männern. In elf der 16 angeführten Wirtschaftsklassen waren mehr als 80 % aller Arbeitsplätze für weibliche Universitätsabsolventen auf die sechs erwähnten Städte konzentriert, wobei in zehn von 16 Wirtschaftsklassen allein Wien jeweils mehr als 60 % aller österreichischen Arbeitsplätze aufwies. In keiner einzigen Wirtschaftsabteilung fiel der Anteil der sechs erwähnten Städte unter 60 % ab.

Tabelle 2:

Die regionale Konzentration der Arbeitsplätze für Universitätsabsolventen und Abiturienten in diversen Wirtschaftsklassen

Wirtschaftsklassen		Von allen österreichischen Arbeitsplätzen entfallen ... %			
		auf Wien		auf die 6 größten österreich. Städte	
		Univ.-Abs.	Abit.	Univ.-Abs.	Abit.
Energie-,	m	27,6	25,6	71,6	60,8
Wasserversorgung	w	52,4	25,0	83,4	73,6
Nahrungsmittel,	m	43,5	40,4	61,7	59,5
Getränke, Tabak	w	62,4	43,8	80,8	63,1
Textilindustrie	m	31,7	28,5	38,6	35,2
	w	57,7	43,1	63,4	51,2
Bekleidung,	m	47,2	47,7	69,5	63,4
Bettwaren, Schuhe	w	72,5	58,4	88,2	76,7
Holz, Instrumente,	m	30,5	27,1	41,4	36,3
Spielwaren	w	58,1	36,7	67,7	47,9
Papier, Pappe	m	38,4	38,1	42,8	43,6
	w	70,0	54,5	86,6	61,9
Druckereien,	m	66,0	65,6	91,2	75,9
Vervielfältigung	w	76,7	67,6	94,7	88,1
Chemie, Gummi,	m	46,2	46,8	68,4	65,0
Erdöl	w	61,2	60,5	86,2	76,7
Metallerzeugung	m	48,5	50,5	71,3	70,6
und Verarbeitung	w	65,9	58,5	83,2	76,1
Handel, Lagerung	m	60,7	57,2	79,3	78,2
	w	52,5	55,2	72,9	76,9
Verkehr, Nachrichten-	m	61,5	48,0	88,0	73,1
übermittlung	w	81,0	58,5	90,2	82,5
Geld-, Kreditwesen,	m	68,0	55,5	91,8	74,9
Privatversicherung	w	78,5	58,5	97,6	86,6
Realitäten, Rechts-	m	51,5	57,6	74,9	81,0
u. Wirtschaftsdienste	w	71,4	60,8	88,4	83,6
Gesundheitswesen,	m	32,3	43,9	54,3	64,7
Fürsorge	w	50,3	44,7	73,3	72,6
Unterricht,	m	38,0	15,2	68,2	27,4
Forschung	w	47,1	20,9	72,0	35,7
Ges. Körperschaften, Sozialversicherung,	m	39,8	40,9	65,2	67,6
Interessenvertr.	w	65,0	54,7	88,3	81,9

Als wichtigste Bestimmungsgrößen für die Qualifikationsstruktur der Arbeitsbevölkerung erweisen sich die Größe und der zentralörtliche Rang des Arbeitsortes. Je höher der zentralörtliche Rang eines Arbeitsortes und je größer der Arbeitsort ist, desto größer ist der relative Anteil der Universitätsabsolventen und der Abiturienten an der Arbeitsbevölkerung und desto niedriger ist der Anteil der Pflichtschulabsolventen.

In Österreich wurde 1973 von H. BOBEK und M. FESL eine Neueinteilung der zentralen Orte durchgeführt, wobei die Rangstufe 10 nur von der Bundeshauptstadt Wien eingenommen wird. Eine Aggregierung der Ausbildungsdaten der Arbeitsbevölkerung nach diesen zehn Rangstufen belegt sehr deutlich die oben aufgezeigte Tendenz.

Tabelle 3:

Das Ausbildungsniveau der Arbeitsbevölkerung in den einzelnen zentralörtlichen Rangstufen

	durchschn. Anzahl pro Rang		relativer Anteil an der Arbeitsbevölkerung in %				
	Akademiker	Abiturient	Akadem.	Abitur.	mittl.Sch. Fachschulen	Lehrausbild.	Pflichtschulen
Rangstufe 10	43 531	80 245	5,5	10,1	10,6	38,2	35,6
Rangstufe 9	4 491	7 861	4,8	8,4	9,4	34,5	42,9
Rangstufe 8	603	1 254	3,2	6,7	11,3	24,0	54,8
Rangstufe 7	496	979	2,6	5,2	9,0	34,9	48,3
Rangstufe 6	196	352	3,0	5,5	8,8	33,7	49,0
Rangstufe 5	111	229	2,5	5,1	7,8	33,6	51,4
Rangstufe 4	61	138	2,0	4,5	7,9	30,8	54,9
Rangstufe 3	28	87	1,4	4,2	6,7	31,1	56,7
Rangstufe 2	16	50	1,4	4,4	6,3	28,7	59,3
Rangstufe 1	9	32	1,1	4,0	5,8	27,1	62,1

Quelle: Sonderauswertung der Volkszählung 1971.

In der Rangstufe zehn ist der Anteil der Akademiker (= Universitätsabsolventen) genau fünfmal so groß und der Anteil der Abiturienten zweieinhalbmal so groß wie in der Rangstufe eins, in der die „schwach ausgestatteten zentralen Orte der unteren Stufe" zusammengefaßt sind.

Die in vielen „Rank-Size"-Studien aufgezeigte Beziehung zwischen dem zentralörtlichen Rang und der Einwohnerzahl einer Gemeinde läßt auch bei einer Aufgliederung des Ausbildungsniveaus der Arbeitsbevölkerung nach der Gemeindegröße des Arbeitsortes ähnliche Ergebnisse erwarten. Tabelle 4 zeigt, daß mit zunehmender Gemeindegröße des Arbeitsortes der Anteil der Akademiker, der Abiturienten und der Absolventen einer Lehrausbildung stark ansteigt und der Anteil der Pflichtschulabsolventen laufend abnimmt. Lediglich der Anteil der Absolventen einer mittleren Schule oder Fachschule zeigt eine geringere Abhängigkeit von der Größe des Arbeitsortes.

Tabelle 4:

Das Ausbildungsniveau der Arbeitsbevölkerung nach der Gemeindegröße des Arbeitsortes

Gemeindegröße des Arbeitsortes	Ausbildungsniveau der Arbeitsbevölkerung				
	Universität	höhere Schulen	mittlere Schulen	Lehrausbildung	Pflichtschulen
bis 500 Ew	0,8%	2,2%	5,2%	13,8%	78,0%
501– 1 000 Ew	0,7%	2,4%	5,0%	16,5%	75,4%
1 001– 2 000 Ew	0,9%	2,9%	4,9%	19,2%	72,1%
2 001– 5 000 Ew	1,2%	3,9%	5,9%	26,0%	63,0%
5 001– 10 000 Ew	2,0%	4,7%	7,2%	32,2%	53,9%
10 001– 20 000 Ew	2,6%	5,4%	8,5%	34,1%	49,3%
20 001–100 000 Ew	3,2%	6,2%	9,6%	34,9%	46,0%
100 001– 1 Mio. Ew	4,9%	8,4%	9,2%	34,6%	42,9%
über 1 Mio. Ew (Wien)	5,5%	10,1%	10,6%	38,2%	35,6%

Quelle: Sonderauswertung Volkszählung 1971.

Auch andere qualitative berufliche Gliederungen der Arbeitsbevölkerung, wie z. B. das Merkmal „Stellung im Beruf", zeigen einen starken Zusammenhang mit der Größe des Arbeitsortes.

Tabelle 5:

Die Arbeitsbevölkerung nach der Stellung im Beruf und der Gemeindegröße des Arbeitsortes

Gemeindegröße des Arbeitsortes	Stellung im Beruf			Unselbständige		
	Selbständige	mithelf. Familienangehör.	Unselbständige zusammen	Angest. Beamte	Facharbeiter	sonstige Arbeiter
bis 500 Ew	37,0%	27,8%	35,2%	9,5%	6,3%	19,4%
501– 1 000 Ew	34,3%	23,9%	41,9%	11,8%	7,5%	22,5%
1 001– 2 000 Ew	30,6%	20,6%	48,7%	14,1%	8,9%	25,7%
2 001– 5 000 Ew	19,8%	11,6%	68,6%	21,3%	12,4%	34,9%
5 001– 10 000 Ew	9,8%	4,3%	85,9%	30,8%	15,3%	39,8%
10 001– 20 000 Ew	7,7%	3,1%	89,3%	36,6%	15,1%	37,5%
20 001–100 000 Ew	6,0%	1,9%	92,1%	42,6%	14,5%	34,9%
100 001–1 Mio. Ew	5,9%	1,6%	92,5%	51,0%	13,4%	28,1%
über 1 Mio. Ew	8,2%	2,2%	89,7%	50,5%	14,0%	25,2%

Quelle: Sonderauswertung Volkszählung 1971.

Der Anteil der Selbständigen und der mithelfenden Familienangehörigen an der Arbeitsbevölkerung wird mit zunehmender Größe des Arbeitsortes immer kleiner. Spiegelbildlich dazu wächst der Anteil der Unselbständigen mit zunehmender Gemeindegröße sehr stark an, wobei sich allerdings zwischen den einzelnen Qualifikationsstufen der Unselbständigen ziemliche Unterschiede ergeben. Während sich der Anteil der Angestellten und Beamten zwischen der kleinsten und größten Gemeindegrößenklasse mehr als verfünffacht und sich der Anteil der Facharbeiter mehr als verdoppelt, verdoppelt sich der Anteil der Hilfsarbeiter und sonstigen Arbeiter nur bis zur Gemeindegrößenklasse „5001 bis 10 000 Einwohner" und nimmt dann wieder stark ab. In Wien ist der Anteil der Hilfsarbeiter und sonstigen Arbeiter kleiner als in Gemeinden zwischen 1000 bis 2000 Einwohner.

Die aufgezeigten Gesetzmäßigkeiten bzw. Veränderungen mit zunehmender Gemeindegröße gelten für die weibliche Arbeitsbevölkerung in jeweils noch stärkerem Ausmaß als für die männliche. Mit zunehmender Gemeindegröße nimmt der Frauenanteil an der Arbeitsbevölkerung bei fast allen Ausbildungsebenen zu.

Tabelle 6:

Der Frauenanteil an der Arbeitsbevölkerung nach Ausbildungsniveau und Gemeindegröße

Gemeindegröße	abgeschlossene höchste Ausbildungsebene				
	Universität	höhere Schule	mittl. Schule Fachschule	Lehrausbildung	Pflichtschule
bis 500 Ew	7,7 %	30,4 %	38,3 %	15,4 %	47,0 %
501– 1 000 Ew	9,0 %	41,2 %	43,7 %	16,1 %	47,7 %
1 001– 2 000 Ew	9,9 %	39,7 %	46,4 %	15,4 %	47,1 %
2 001– 5 000 Ew	12,6 %	39,5 %	52,1 %	16,0 %	45,0 %
5 001– 10 000 Ew	16,3 %	33,8 %	55,0 %	16,8 %	42,5 %
10 001– 20 000 Ew	18,0 %	33,3 %	57,4 %	17,9 %	41,3 %
20 001–100 000 Ew	18,4 %	32,7 %	60,2 %	18,2 %	43,4 %
100 001–1 Mio.	19,0 %	34,6 %	64,9 %	22,2 %	43,8 %
über 1 Mio. (Wien)	24,4 %	35,7 %	68,5 %	26,5 %	56,6 %

Quelle: Sonderauswertung VZ 1971.

Am stärksten ist die Zunahme des Frauenanteils bei der Arbeitsbevölkerung mit Hochschul- bzw. Universitätsabschluß, wo es in der größten Gemeindegrößenklasse (Wien) prozentuell mehr als dreimal so viele weibliche Akademiker gibt als in der Größenklasse bis 500 Einwohner. Während 1971 in den Arbeitsorten der Größenklasse bis 500 Einwohner von 13 Akademiker-Arbeitsplätzen nur einer von einer Frau besetzt war und bei Gemeinden von 500 bis 2000 Einwohnern nur rund jeder zehnte Akademiker-Arbeitsplatz von einer Frau eingenommen wurde, war in Wien schon jeder vierte Akademiker-Arbeitsplatz von einer Frau besetzt. Auch bei den Absolventen von mittleren Schulen und Fachschulen sowie den Absolventen einer Lehrausbildung steigt der Frauenanteil mit zunehmender Größe des Arbeitsortes deutlich an, während bei den Abiturienten und Pflichtschulabsolventen dieser Trend nicht festzustellen war. Bei den weiblichen Absolventen einer höheren Schule (= Abiturientinnen) würde die Abhängigkeit von der Gemeindegröße allerdings größer sein, wenn man das Unterrichtswesen ausklammern würde. In den übrigen Bereichen des tertiären Sektors sowie im sekundären Sektor ist bei den Höherqualifizierten die Zunahme des Frauenanteils mit zunehmender Gemeindegröße des Arbeitsortes viel stärker ausgeprägt als im Unterrichtswesen, wo der Anteil der Frauen auch in ländlichen Gebieten immer stärker zunimmt.

Die hier vorgenommene Einteilung in fünf Qualifikationsebenen ist zweifellos sehr grob und nicht ausreichend, um alle Aspekte der räumlichen Konzentrationstendenzen der verschiedensten Qualifikationsebenen aufzuzeigen. Es wurde ja auch schon durch die Tabelle 2 angedeutet, daß die räumlichen Konzentrationstendenzen der Arbeitsplätze für Höchstqualifizierte nicht in allen Wirtschaftsklassen gleich groß sind, und zweifellos üben auch historische und kulturelle Aspekte auf das Ausmaß der Konzentration einen Einfluß aus. Die hier vorgestellten stark aggregierten empirischen Daten sollen nur die angesprochene Problematik aufzeigen bzw. als Einführung in die folgenden theoretischen Überlegungen dienen. Eine detaillierte Analyse der räumlichen Konzentration der Arbeitsplätze für Höchstqualifizierte wird einer Arbeit vorbehalten bleiben, die voraussichtlich 1979 als Band 7 der „Innsbrucker Geographischen Studien" erscheinen wird.

III. Theoretische Erklärungsversuche der regionalen Disparitäten im Arbeitsplatzangebot für Höherqualifizierte

1. Traditionelle ökonomische und soziologische Theorien

Für die theoretische Begründung der regionalen Disparitäten im Arbeitsplatzangebot für die verschiedenen Qualifikationsebenen bieten sich einerseits mehrere traditionelle ökonomische und soziologische Theorien an, bei denen jeweils der Prozeß der fortschreitenden Arbeitsteilung und der beruflichen Spezialisierung eine zentrale Rolle einnimmt, andererseits vermögen Analogiemodelle aus dem Bereich der Organisations-, Informations- und Kommunikationstheorie sowie der Kybernetik und Systemanalyse viel zum Verständnis dieser räumlichen Disparitäten der Qualifikationsstruktur beizutragen. Die fortschreitende Arbeitsteilung und berufliche Spezialisierung, deren Bedeutung schon von ADAM SMITH (1776) erkannt wurde, nimmt inzwischen in vielen ökonomischen und sozialen Theorien, angefangen von KARL MARX über die ersten Organisationstheoretiker F. W. TAYLOR (1922), H. FAYOL (1929) und M. WEBER, über die Theorie der sozialen Schichtung von DAVIS und MOORE (1945) bis zu den Konzepten der Wachstumspole (PERROUX, MYRDAL usw.), eine zentrale Schlüsselposition ein. Dabei wird darauf hingewiesen, daß die Arbeitsteilung bzw. die Spezialisierung und Diversifikation der beruflichen Tätigkeitsfelder mit zunehmender Stadtgröße immer vielfältiger wird. Auch diese ökonomische Gesetzmäßigkeit, daß der Prozeß der Arbeitsteilung mit der Größe des Arbeitsmarktes ansteigt, ist in ihren Grundzügen schon seit ADAM SMITH (1776) eine allgemein akzeptierte Erkenntnis. Auch KARL MARX wies darauf hin, daß eine gewisse Bevölkerungsdichte bzw. eine gewisse Agglomerationsgröße eine notwendige Voraussetzung für die Arbeitsteilung sei (vgl. HOLLAND, ST., 1976, S. 39). Die Stadtgröße wird also besonders von den Wirtschaftswissenschaftlern als eine wichtige ökonomische Einflußgröße angesehen. Zu den Vorteilen der „External-Economies", die größeren Agglomerationen zugeschrieben werden, gehören unter anderem auch das größere Angebot an hochqualifizierten Fachkräften und Spezialisten jeder Art, das bessere Angebot an Informations-, Kommunikations- und Transportmöglichkeiten, der leichtere Zugang zu Kapitalquellen usw.

Die Siedlungsgröße hat sich besonders seit E. DURKHEIM (1933) auch in soziologischen Untersuchungen als eine wichtige Bestimmungsgröße erwiesen (vgl. W. F. OGBURN and O.D.DUNCAN 1964), da mit zunehmender Größe die interne Differenzierung der Gesellschaft immer größer wird. In verschiedensten soziologischen Studien wurden unter anderem Zusammenhänge zwischen der Stadtgröße und der Kriminalität, zwischen der Stadtgröße und dem Alkoholismus, zwischen der Stadtgröße und dem religiösen Sektierertum sowie zwischen der Stadtgröße und der Statusdistribution und der Stadtgröße und der Einkommensverteilung nachgewiesen, und wie vorher gezeigt werden konnte, besteht auch zwischen dem Ausbildungsniveau der Wohn- und Arbeitsbevölkerung sowie der Agglomerationsgröße eine enge Relation. Ganz allgemein gilt die Erfahrung, daß die Extreme bzw. die Abweichungen vom „durchschnittlichen" oder „normalen" Sozial- oder Wirtschaftsverhalten um so größer sind, je größer eine Siedlungsagglomeration ist (W. F. OGBURN and O. D. DUNCAN 1964, S. 141). Der Vorsprung der größeren Städte in der technischen, ökonomischen und kulturellen Entwicklung wird noch dadurch verstärkt, daß auch die Innovationsbereitschaft bzw. die Kapazität, technische oder unternehmerische Innovationen anzunehmen, mit zunehmender Stadtgröße ansteigt. Viele Innovationen können erst ab einer gewissen Agglomerationsgröße angenommen werden, weil sie entweder auf gewisse technische, wirtschaftliche oder organisatorische Voraussetzungen angewiesen sind (z. B. Bibliotheken, EDV-Zentren, Laboratorien usw.) oder nur für bestimmte spezialisierte Berufsgruppen vorgesehen sind. Sowohl die Wahrscheinlichkeit, daß eine entsprechende „unternehmerische" Persönlichkeit vorhanden ist, welche die Information der Innovation von außen aufgreift, als auch die Wahrscheinlichkeit, daß sie mit dieser Innovation Erfolg haben wird, ist eine Funktion der Stadtgröße. Besonders technische oder „unternehmerische" Innovationen (vgl. P. O. PEDERSEN 1971, S. 138) weisen ein hierarchisches Ausbreitungsmuster auf, indem sie zuerst in der Metropole und den höherrangigen zentralen Orten auftreten und sich dann dem hierarchischen Aufbau der Kommunikations- und Kontaktfelder entsprechend durch das Städtesystem von oben nach unten ausbreiten. Auch wenn große Metropolen heute teilweise nicht mehr in der Lage sind, ihre eigenen Probleme (Verkehrs- und Umweltbelastung) zu lösen, so sind sie doch nach wie vor die Träger des Fortschrittes. W. F. OGBURN and O. D. DUNCAN (1964, S. 143) konnten für die USA den Beweis erbringen, daß die Zahl der Erfindungen pro Kopf der Bevölkerung mit zunehmender Stadtgröße ansteigt. So nahm z. B. im Jahre 1940 die Zahl der Erfindungen pro Kopf der Bevölkerung von der Größenklasse 2500 bis 5000 Einwohner bis zur Größenklasse über zwei Millionen um fast das Vierfache zu.

Größere Städte haben also komplexere wirtschaftliche und gesellschaftliche Organisationsstrukturen als kleine. All dies führt nicht nur zu einer größeren sozialen und beruflichen Differenzierung, sondern wirkt sich auch auf die Qualifikationsstruktur der Arbeitsbevölkerung aus, indem der Anteil der Höherqualifizierten größer bzw. die Spitze der Qualifikationspyramide breiter wird als in kleineren Städten.

Obwohl die wirtschaftliche Bedeutung und die Standortvorteile des Agglomerationseffektes in den meisten ökonomischen Standorttheorien und auch in den „Growth-pole-Theorien" anerkannt sind bzw. ihren festen Platz haben und durch aggregierte Daten auch immer wieder empirisch bewiesen werden können, seien hier aus geographischer Sicht doch einige Vorbehalte angemeldet und sei vor einer unkritischen Übernahme dieser ökonomischen Theorien auf kleinräumige regionale Fragestellungen gewarnt. Zum ersten muß berücksichtigt werden, daß es sich um eine allgemeine Theorie handelt, die im konkreten Einzelfall oft nur eine bedingte Gültigkeit hat. Die wirtschaftliche Bedeutung der Stadtgröße ist nämlich auch kulturgebunden und hängt vom Entwicklungsstand der Wirtschaft und Gesellschaft ab. So hat z. B. W. ALONSO (1971, S. 67) berechnet, daß eine asiatische Metropole von rund fünf Millionen Einwohnern in ihrer wirtschaftlichen Bedeutung bzw. ihrem Brutto-Regional-Produkt pro Kopf der Bevölkerung etwa einer amerikanischen Stadt mit 100 000 Einwohnern entspricht.

Zweitens muß berücksichtigt werden, daß sich bei der Verwendung des vorhandenen statistischen Materials Schwierigkeiten ergeben können. Verwaltungsgrenzen sind oft sehr willkürlich gezogen und decken sich nicht mit dem funktionalen oder physiognomischen Stadtbegriff. Auch durch die politische Vereinigung mehrerer agrarischer Zwerggemeinden ändert sich noch nicht die sozio-ökonomische Struktur der nun größeren politischen Einheit. Außerdem ist nicht allein die Größe einer Stadt für die Berufs- und Qualifikationsstruktur ihrer Arbeitsbevölkerung entscheidend, sondern, wie unter anderem E. V. BÖVENTER (1971, S. 336) betont hat, auch die geographische Lage im Städtesystem und die Distanzen zu anderen Städten. Ein Ort mit 20 000 Einwohnern wird eine andere Beschäftigten- und Qualifikationsstruktur aufweisen, wenn er an eine Millionenstadt angrenzt und von dieser mit zentralen Diensten versorgt wird, als wenn er in einem verkehrsmäßig isolierten wirtschaftlichen Passivraum situiert ist und dort einen wichtigen zentralörtlichen Rang bekleidet.

Es zeigt sich also, daß die Stadtgröße bzw. die reinen Einwohnerzahlen als sozioökonomische Variable für kleinräumige Untersuchungen nur einen beschränkten Wert haben und die von Ökonomen und Soziologen aufgezeigten Gesetzmäßigkeiten wohl erst ab einer gewissen Generalisierungsstufe ihre Gültigkeit haben. Vor allem bei den kleinen Gemeindegrößen ist die Variabilität der sozio-ökonomischen Indikatoren sehr groß. Auch bei stärkerer regionaler Differenzierung wird die Gültigkeit der aufgezeigten sozio-ökonomischen Gesetzmäßigkeit geringer, weil dann die individuellen regionalen Situationen und Sonderfälle stärker ins Gewicht fallen.

2. Organisations-, Informations- und Kommunikationstheorie, soziale Kybernetik

Eine zweite theoretische Begründung für die regionalen Qualifikationsunterschiede der Arbeitsbevölkerung bzw. die räumliche Konzentration der Arbeitsplätze für Höchstqualifizierte bieten die auf der Organisations- und Kommunikationstheorie aufbauende Systemanalyse und die Kybernetik, wobei der hierarchische Aufbau einer Organisation oder eines komplexen dynamischen Systems als Analogiemodell verwendet bzw. in die räumliche Dimension übertragen werden kann. Die verschiedensten Organisationen oder komplexen sozialen Systeme, seien es Industrieunternehmen, Krankenhäuser, politische Parteien, Kirchen, Universitäten, Gewerkschaften oder die Polizei, werden von der Systemtheorie unter einem einheitlichen theoretischen Rahmen betrachtet (vgl. R. MAYNTZ 1969, S. 1221–1233). Diese verschiedenen Organisationen kann man z. B. alle als auf ein bestimmtes Ziel ausgerichtete sozio-technische Systeme definieren, die in der Regel hierarchisch strukturiert sind und die sich über Informations- und Kommunikationsprozesse koordinativ auf die Zielsetzungen hin selbsttätig regeln (J. WILD 1970, S. 530). Eine zielorientierte Koordination wird teilweise institutionell durch die Organisationsstrukturen und gewisse Normen, teilweise prozessual über Informations- und Kommunikationsprozesse herbeigeführt (J. WILD 1970, S. 530).

Die Ursprünge der allgemeinen Systemanalyse und der Kybernetik basieren in der Informationstheorie und der Regelungstechnik. Die von N. WIENER (1948) nach dem Zweiten Weltkrieg begründete Kybernetik, die ganz allgemein als Wissenschaft von der

Struktur, der Steuerung und Regelung von dynamischen Systemen oder auch als Wissenschaft von der optimalen Kontrolle komplexer dynamischer Systeme definiert werden kann und die in den letzten zwei Jahrzehnten in fast allen Wissenschaftsbereichen als neuer Denkansatz große Bedeutung erlangt hat, vermag auch bei der Erforschung der regionalen Verteilungsmuster der Arbeitsplätze für Höherqualifizierte neue Einsichten zu vermitteln. Eine Schlüsselstellung nehmen dabei die Steuerungselemente ein. So wie es in allen technischen oder biologischen Systemen hierarchisch aufgebaute Schaltstrukturen und Regelungselemente gibt, kann man auch in allen größeren menschlichen oder soziotechnischen Organisationen hierarchisch aufgebaute Subsysteme feststellen, die zur Koordination, Planung und Kontrolle komplexer Systeme bzw. zur Informationsverarbeitung notwendig sind. Ein hierarchischer Aufbau der Entscheidungsstrukturen (in menschlichen Organisationen) oder der Regelkreissysteme (in technischen Systemen) ist bei größeren komplexen Systemen bzw. bei zielgerichteten Organisationen deshalb unvermeidbar, weil einzelne Entscheidungsträger oder Leitungsorgane zu wenig informationsverarbeitende Kapazitäten haben, um alle Informationen aufnehmen und verarbeiten zu können, die notwendig sind, um die entsprechende Organisation zu lenken, und weil es durch ein hierarchisch abgestuftes Entscheidungs- und Kontrollsystem möglich ist, einzelne Aufgaben dezentral zu delegieren bzw. gleichzeitig ausführen zu lassen. Die weiteren Vorteile eines hierarchisch aufgebauten Informationssystems und die Gründe, warum zielorientierte Systeme in fast allen Bereichen, angefangen von biologischen Organismen, über technische Steuerungssysteme bis zu sozialen Organisationen, im Sinne einer größeren Effizienz fast zwangsläufig hierarchische Strukturen aufweisen müssen, wurden unter anderem von H. SIMON (1965), D. WILSON (1969), M. D. MESAROVIC, D. MACKO and J. TAKAHARA (1970), H. H. PATTEE (1973), R. C. CONANT (1974), M. G. SINGH (1977) usw. ausführlich behandelt, so daß an dieser Stelle nicht näher darauf eingegangen zu werden braucht. Die hierarchische Anordnung von Entscheidungsstrukturen gilt ganz allgemein „als eine notwendige Voraussetzung für das zeitliche Überdauern sozialer Systeme" (O. GRÜN 1969, S. 677). Sie ist aber nicht nur für zielgerichtete menschliche Organisationen die optimalste Form der Steuerung und Koordinierung, sondern praktisch in allen komplexen biologischen und technischen Systemen vorhanden. Selbst bei der Informationsverarbeitung durch mehrere Computer ist im Sinne einer größeren Effizienz eine hierarchische Anordnung der Computer notwendig, weil auch Computer so wie der Mensch nur eine beschränkte informationsverarbeitende Kapazität haben, und wenn sich mehrere Computer jeweils nur mit einem Teilproblem befassen, muß mindestens ein Computer eine spezielle koordinierende Funktion übernehmen (vgl. M. G. SINGH 1977, S. 7).

Die Schwierigkeiten und Mißerfolge von politischen Gruppierungen, die aus ideologischen Gründen versuchen, ohne hierarchische Strukturen zu bestehen (vgl. R. C. CONANT 1974, S. 15), sowie die Tatsache, daß die Kybernetik in der UdSSR nach anfänglicher Ablehnung in den frühen 1950er Jahren heute eine sehr wichtige und stark geförderte wissenschaftliche Disziplin darstellt (vgl. D. HOLLOWAY 1976), mögen als Hinweis dafür dienen, daß eine Optimierung von Entscheidungs- und Kontrollfunktionen unabhängig davon, ob es sich um ein kapitalistisches oder kommunistisches Gesellschaftssystem handelt, notwendigerweise zu hierarchischen Strukturen führt.

Hierarchische Organisationsstrukturen manifestieren sich neben äußeren Merkmalen der Rangabstufung sowie unterschiedlichen Kompetenzen und Entscheidungsbefugnissen vor allem durch qualitativ und quantitativ unterschiedliche Kontakt- und Kommunikationsmuster.

a) Direkte und indirekte Übertragung von Informationen in Abhängigkeit vom beruflichen Status

Bei Untersuchungen über die Kommunikationsfelder sowie die Kontakthäufigkeit von Personen auf verschiedenen hierarchischen Ebenen einer Organisation hat es sich als zweckmäßig erwiesen, zwischen der direkten und indirekten Übertragung von Informationen sowie zwischen internen (innerhalb derselben Organisation oder Firma) und externen Kontakten (Kommunikation mit anderen Organisationen) zu unterscheiden. Die direkte Übertragung von Informationen erfolgt durch ein persönliches Zusammentreffen von Personen (face-to-face-contact), die indirekte Übertragung von Informationen kann durch Briefe, Telefon, Fernschreiber und andere technische Kommunikationssysteme erfolgen. Hinsichtlich des quantitativen Umfanges überwiegen die indirekten Kontakte. Besonders bei Kontakten zwischen Teilen derselben Organisation und bei sogenannten Routinekommunikationen wird häufiger ein Brief, das Telefon oder der Fernschreiber verwendet. Nur wenn es sich um eine qualitativ sehr hochwertige Übertragung von Informationen handelt oder wenn neue Kontakte erst aufgebaut werden sollen, überwiegt die persönliche Übertragung von Informationen (vgl. G. TÖRNQVIST 1970, S. 27). Das Verhältnis zwischen internen Kontakten und externen Kontakten verschiebt sich mit zunehmendem beruflichem Status der betreffenden Person. J. B. GODDARD (1973, S. 160–162) konnte anhand seiner Untersuchungen in der Region von London nachweisen, daß sowohl die Zahl der externen Telefonate als auch die Zahl der persönlichen Kontakte während eines bestimmten Zeitraumes um so größer war, je höher der berufliche Status des Betreffenden in dem Unternehmen oder der Organisation war. Nach dem übereinstimmenden Ergebnis all dieser Studien sind die Berufe mit der höchsten Häufigkeit an persönlichen Kontakten gleichzeitig jene Berufe mit der höchsten beruflichen Qualifikation (in der Regel Universitätsabschluß), mit der höchsten Verantwortung und der höchsten Entscheidungsbefugnis. Die Berufe mit den intensivsten persönlichen Kontakten dienen nach G. TÖRNQVIST (1970, S. 85) der Entscheidungsfindung, der Planung und Forschung. G. TÖRNQVIST konnte dementsprechend auch eine starke Korrelation zwischen der Einkommenshöhe und der Häufigkeit sowie der regionalen Reichweite der persönlichen Kontakte nachweisen (G. TÖRNQVIST 1970, S. 69). Es sind also sowohl in der Privatwirtschaft als auch in der öffentlichen Verwaltung für die externen Kontakte vorwiegend die oberen Statuspositionen bzw. die Höchstqualifizierten verantwortlich.

b) Der hierarchische Aufbau von Kontaktmustern

Entsprechend der unterschiedlichen Bedeutung der Kontakte lassen sich verschiedene Arten von Hierarchien aufstellen, von denen im folgenden zwei Beispiele erwähnt seien.

B. THORNGREN (1970, S. 415–419) verwendet drei verschiedene Ebenen von Kontakt- und Kommunikationssystemen.

1. Kontaktsysteme, die Routineabläufe zwischen vorher bekannten und genau definierten Segmenten von Organisationen verbinden. Diese Kontakte werden kurzfristig vorbereitet, dauern relativ kurz (meist weniger als 15 Minuten), dienen der täglichen Koordination von Routineaktivitäten, werden meist durch Telefon, Fernschreiber usw. abgewickelt und beinhalten einen großen Anteil von Einwegnachrichten. Diese Informationsströme stimmen in einem relativ geschlossenen Kreis mit den Geld- und Warenströmen überein.

2. Kontakte für Planungsprozesse. Die hier ausgetauschten Informationen sind wichtiger und die Kontakte werden deshalb von höherrangigeren Mitgliedern der Organisation durchgeführt als bei den Routinekontakten. Die Kontakte dauern länger (bis 30 Minuten), außer Telefon und Fernschreiber werden auch schon häufig persönliche Besprechungen durchgeführt. Die Übereinstimmung mit den Geld- und Warenströmen ist geringer als bei den Routinekontakten.
3. Kontakte für Orientierungsprozesse. Diese werden fast ausschließlich in Form von persönlichen Gesprächen von Managern an der Spitze der Hierarchie durchgeführt. Diese Gespräche werden oft schon lange Zeit vorher vorbereitet, können mehrere Stunden dauern und haben meist eine Teilnehmerzahl von mehr als drei Personen. Diese Kontakte dienen zur Lösung schwieriger Probleme oder der Suche nach neuen Ideen, Techniken und Märkten. Diese Informationsströme sind unabhängig von den Geld- und Warenströmen des Unternehmens.

T. HERMANSEN (1972, S. 190) verwendet den von T. HÄGERSTRAND (1966) geprägten Begriff der durchschnittlichen Kommunikationsfelder und unterscheidet eine lokale, regionale, nationale und internationale Ebene der durchschnittlichen Kommunikationsfelder.

c) Konzentration der Planungs-, Koordinations- und Leitungsfunktionen in den Städten

Der hierarchische Aufbau der Kommunikations- bzw. der Leitungs-, Kontroll- und Koordinationsstruktur von Organisationen äußert sich in der räumlichen Dimension in einer Hierarchie der Standorte. Kontroll-, Steuerungs- und Leitungsfunktionen der verschiedensten Hierarchieebenen können nicht überall gleich effizient ausgeübt werden, sondern sind an gewisse Standorte mit einem entsprechend großen Kommunikationspotential gebunden und tendieren zu einer räumlichen Konzentration, die um so größer ist, je höher die Position der entsprechenden Steuerungsfunktion in der Hierarchie ist.

G. TÖRNQVIST (1970, S. 91), J. B. GODDARD (1971), G. MANNERS (1974), J. GOTTMANN (1970) u. a. konnten es sowohl theoretisch als auch empirisch belegen, daß die Notwendigkeit des persönlichen Informationsaustausches (face-to-face-contact) die wichtigste Ursache für die derzeitigen regionalen Konzentrationstendenzen der Standorte von informationsverarbeitenden Aktivitäten sind. Jene beruflichen Tätigkeiten mit den häufigsten direkten Kontakten und hohen Anforderungen an das Informationspotential eines Arbeitsortes tendieren zu zentralen Standorten, wo ein quantitativ und qualitativ besserer Informationsaustausch möglich ist, jene Berufe oder Firmen, die weniger stark auf diesen persönlichen Informationsaustausch angewiesen sind, nehmen die Vorteile der Dezentralisation wahr (vgl. J. FRIEDMANN 1968, S. 236).

J. B. GODDARD (1973, S. 165) konnte aufzeigen, daß in „Central-London" 78% aller Geschäftskontakte höherer Manager in einem Gebiet stattfanden, das in weniger als 30 Minuten erreichbar war, und daß in der City von London drei Viertel der Wege zu persönlichen Besprechungen zu Fuß unternommen wurden. Dies ist wohl auch die Hauptursache dafür, daß die meisten Versuche der Planungsbehörde von Groß-London, auch die „office-industry" bzw. die Büros von Geschäftsleitungen aus London hinauszubringen, nur bescheidene Erfolge verbuchen konnten. J. B. GODDARD (1975a, S. 153) fand heraus, daß jene Londoner Firmen, die sich weigerten, ihre Büros aus London hinauszuverlegen, signifikant mehr Kontakte zu anderen Büros in Central-London hatten (24,1%) und auch mehr interne Planungskontakte (32,2%) als jene Firmen, die einer

Dezentralisierung zugestimmt haben (14,8 % externe Kontakte, 17,7 % interne Planungskontakte). Die Struktur der Kontaktsysteme hat also einen wichtigen Einfluß auf Standortentscheidungen von quartären Aktivitäten[1]). Eine räumliche Dezentralisierung von hochqualifizierten Spezialisten auf verschiedene Standorte würde beträchtliche Kommunikationsprobleme verursachen und die Effizienz der einzelnen Einrichtung stark herabsetzen.

Schon aus rein praktischen Gründen können diese spezialisierten quartären Aktivitäten nicht weit auseinander zerstreut werden, weil sie sich nicht nur gegenseitig ergänzen und aufeinander angewiesen sind, sondern weil sie alle auch den leichten Zugang zu den wichtigsten öffentlichen und privaten Entscheidungsträgern und hochqualifizierten Informationsströmen brauchen (vgl. J. GOTTMANN 1971, S. 8). Das hochqualifizierte Personal des quartären Sektors benötigt Arbeitsbedingungen und Informationsmöglichkeiten sowie Spezialisten und Entscheidungsträger, die nicht überall angeboten werden können. Nur in den größeren Städten bestehen die Voraussetzungen, daß auf kleinem Raum persönliche Interaktionen zwischen den Entscheidungsträgern der Regierung, großer Industriekonzerne, der Forschung, des Finanz- und Versicherungswesens, der internationalen Nachrichtenagenturen usw. möglich sind. Eine räumliche Nachbarschaft zwischen diesen Institutionen mag zwar nicht immer unbedingt notwendig sein, aber sie erleichtert die Kommunikation zwischen den betroffenen Personen erheblich und trägt wesentlich zu den Standortvorteilen der größeren Städte bei. Die räumliche Nähe zu diesen Institutionen bringt für Entscheidungsträger einen Informationsvorsprung sowie die Möglichkeit der Flexibilität und raschen Anpassung an neue Situationen und Entwicklungen. Wenn einmal eine solche Anhäufung von Banken, Versicherungen, Konzernleitungen usw. entstanden ist, dann tritt ein gewisser kumulierender Selbstverstärkungseffekt ein, indem immer mehr spezialisierte quartäre Aktivitäten diese Standortvorteile nützen wollen und die Attraktivität immer noch größer wird, bis ein gewisses Maß erreicht ist, wo Verkehrschaos, Miet- und Bodenpreise usw. für einen Teil der Unternehmen wieder abschreckend wirken und diese zum Wegzug aus den Kernstädten veranlassen. Diese Selektion wird besonders jene Unternehmen zum Wegzug verleiten, deren Ansprüche an das Kommunikations- und Informationspotential auch in kleineren Agglomerationen befriedigt werden kann.

Mit dem Wachstum einer Organisation, das meist zu einer weiteren inneren Differenzierung führt, nehmen nicht nur die internen Koordinationsaufgaben zu, sondern auch die externen Kommunikationen werden immer bedeutender, was ganz allgemein dazu führt, daß die Leitungsfunktionen überproportional zunehmen und an das Kommunikationspotential eines Standortes von Leitungs- und Führungsabteilungen immer größere Anforderungen gestellt werden. Die Entstehung von nationalen und internationalen Konzernen bzw. der Trend zu immer größeren Organisationsformen hatte die Konsequenz, daß das Management einerseits horizontal in immer mehr spezialisierte Abteilungen untergliedert wird (z. B. für Finanzwesen, Personalwesen, Ein- und Verkauf, Werbung usw.), andererseits ist dadurch auch ein immer stärker ausgeprägtes vertikales System der Entscheidungsbefugnis und Kontrolle geschaffen worden, das die einzelnen Teile der Organisation verbinden und koordinieren soll (vgl. J. B. GODDARD 1975a, S. 133).

---

[1]) Der quartäre Sektor umfaßt Berufsgruppen, die vorwiegend der Beschaffung, Verarbeitung und Verbreitung von Informationen dienen.

Die Planungs-, Verwaltungs-, Entscheidungs-, Finanzierungs-, Kontakt- und Koordinationsaktivitäten sind heute weitgehend an die Konzernleitung abgegeben. Da diese Konzern- oder Hauptgeschäftsleitungen wegen der viel höheren qualitativen und quantitativen Anforderungen an die Entscheidungsvorbereitungen aber auf sehr viele spezialisierte, quartäre Dienstleistungen des Bank- und Versicherungswesens, von öffentlichen und privaten Forschungsstellen, Marktforschungsinstitutionen, Werbebüros usw. sowie den Kontakt mit politischen Entscheidungsträgern und Informationsquellen jeder Art angewiesen sind, tendieren sie zwangsläufig zu einer stärkeren räumlichen Konzentration in den oberen Hierarchiestufen des Zentrale-Orte-Systems bzw. der Städtehierarchie, weil sie nur dort die notwendigen externen Voraussetzungen vorfinden. Je größer ein Industriekonzern ist, je breiter seine Palette der auf den Markt gebrachten Güter ist und je weltweiter seine Handelsbeziehungen sind, um so umfangreicher ist die Zahl von Informationen und Daten, welche die Konzernleitung für ihren eigenen Bedarf benötigt und andererseits auch nach außen an ihre regionalen Geschäftsleitungen weitergibt (vgl. J. GOTTMANN 1961, S. 77).

Die moderne Großstadt beherbergt also nicht nur die bedeutendsten administrativen und politischen Schaltstrukturen, sie ist nicht nur ein Zentrum der Banken, Versicherungen, Werbe- und Nachrichtenagenturen usw., sondern sie wird immer stärker auch Standort der Geschäftsleitungen von großen Industriekonzernen. Dabei spielt jedoch sicherlich nicht nur der Informations- und Kommunikationsbedarf eine Rolle, sondern auch das mit dem Standort verbundene Prestige. Diese international zu beobachtende Erscheinung sei für Österreich, Großbritannien und die USA kurz empirisch belegt. Obwohl Wien in seiner wirtschaftlichen Bedeutung sowie in seinem Informationspotential an die großen europäischen Metropolen bei weitem nicht heranreicht, ist die erwähnte Gesetzmäßigkeit auch hier deutlich ausgeprägt. Je größer die Beschäftigtenzahl und je größer der Umsatz der österreichischen Industrieunternehmen ist, um so höher ist die Wahrscheinlichkeit, daß sich die Hauptgeschäftsleitung des Unternehmens in Wien bzw. im 1. Wiener Gemeindebezirk befindet.

Tabelle 7:

Die Standorte der Generaldirektionen der größten österreichischen Unternehmen

Umsatz der Unternehmen in öS	absolute Zahl der Unternehmen	Prozentanteil der Unternehmen, deren Geschäftsleitung sich in Wien	im 1. Wiener Bez. befindet
über 1 Milliarde	61	68,9 %	36,1 %
500– 999 Mio.	70	62,9 %	17,1 %
300– 499 Mio.	76	53,9 %	15,8 %
200– 299 Mio.	90	37,8 %	10,0 %
100– 199 Mio.	201	45,8 %	12,9 %
Beschäftigtenzahl der Firmen			
über 5000 Beschäft.	16	75,0 %	43,8 %
2000–4999 Beschäft.	41	61,0 %	24,4 %
1000–1999 Beschäft.	76	48,7 %	15,8 %
500– 999 Beschäft.	160	50,6 %	15,0 %

Quelle: „Austria Directory 1971" – Industriehandbuch. Wien 1971.

Nach J. WESTAWAY (1974) hatten 86 der 100 größten britischen Industrieunternehmen ihre Hauptgeschäftsleitung in London. Eine Aufgliederung nach dem Umsatz der 1000 größten britischen Unternehmen zeigt nach A. W. EVANS (1973, S. 387), daß die Konzentration der Unternehmensleitungen auf Central-London um so größer ist, je höher der Umsatz des Unternehmens ist.

Tabelle 8:

Die räumliche Konzentration der Leitungen großer Industrieunternehmen in Großbritannien 1971

Rang der Unternehmen hinsichtlich des Umsatzes	Anteil der Unternehmensleitungen in „Central-London"	
	abs.	in %
1– 25	22	88
26– 50	17	68
51– 100	31	62
101– 200	60	60
201– 300	49	49
301– 400	34	34
401– 500	29	29
501– 600	30	30
601– 800	44	22
801–1000	44	22

In den USA sind zwar die zentripetalen Tendenzen der „office industry" nicht so sehr auf ein einziges Zentrum ausgerichtet wie etwa in Großbritannien oder Österreich, aber die räumliche Anbindung an die sogenannten „Central Cities" (Kernstädte) bzw. die „Standard Metropolitan Statistical Areas" (Stadtregionen) ist, wie aus Tabelle 9 von L. S. BURNS (1977, S. 211) ersichtlich ist, doch bemerkenswert.

Tabelle 9:

Die räumliche Konzentration der Leitungen großer Unternehmen in den USA 1970

	Anteil der Unternehmen, deren Hauptgeschäftsleitungen in „Central Cities" situiert sind	
	abs.	in %
500 größte Industrieunternehmen	391	78,2 %
50 größte kommerzielle Banken	49	98,0
50 größte Lebensversicherungsanstalten	46	92,0
50 größte Detail-Handelsketten	38	76,0

Die amerikanischen „Central Cities" haben zwar zwischen 1960 und 1970 die Hauptgeschäftsleitungen einiger großer Industriekonzerne vor allem aus Gründen der fehlenden Expansionsmöglichkeiten verloren, aber die wegziehenden Firmen blieben durchwegs innerhalb der „Standard Metropolitan Statistical Areas", also innerhalb einer

Distanz, in der das Kommunikationspotential der großen Städte im allgemeinen noch ohne große Einschränkungen genutzt werden konnte. 1970 hatten von den 500 größten US-amerikanischen Industrieunternehmen noch 94,6% ihre Hauptgeschäftsleitung innerhalb einer „Standard Metropolitan Statistical Area". Auch die Arbeit von J. B. GODDARD and D. MORRIS (1976, S. 75) bestätigt dieses Ergebnis. Die „Central-London" verlassenden Unternehmen weigerten sich größtenteils aus Gründen der Kommunikationsmöglichkeiten, mehr als 60 Meilen von London wegzuziehen.

Der Exodus einiger großer Unternehmen aus Manhattan, der von „General Foods" 1954 eingeleitet wurde, ist in der Literatur vielfach überbewertet worden. Zum ersten zogen die meisten dieser großen Firmen in einen Bereich, der weniger als eine Fahrstunde vom Zentrum New Yorks entfernt ist und blieben also der Agglomeration erhalten, zweitens wurde der Wegzug dieser Firmen durch neu nach Manhattan zuziehende Unternehmen noch um ein mehrfaches übertroffen, so daß während des sogenannten „Manhattan-Exodus" mehr neue Büroflächen errichtet werden mußten, als je zuvor (vgl. W. D. SHEPARD, 1972, 2.10., 2.8.). Nicht zuletzt gab es auch Firmen, wie z. B. „Royal McBee", die einige Jahre nach dem Wegzug aus Manhattan wieder dorthin zurückkehrten. „Royal McBee" war zwar nur 30 Meilen von Manhattan weggezogen (Ray Westchester County), aber diese Distanz genügte offensichtlich schon, daß wichtige Kontakte und vor allem die Möglichkeit der spontanen Interaktion mit führenden Rechtsanwälten, Börsenmaklern, ausländischen Geschäftsleuten etc. verlorengingen und sich die Firma zur Rückkehr nach Manhattan entschloß W. D. SHEPARD (1972, 2.11).

Im Rahmen der derzeit feststellbaren räumlichen Segregationsprozesse stehen zentrifugalen Tendenzen von Routine-Büroaktivitäten zentripetale Tendenzen von „Elite-Funktionen" gegenüber. Die regionalen Konzentrationsprozesse der Arbeitsplätze für Höchstqualifizierte werden in absehbarer Zukunft sicher nicht abnehmen, sondern eher noch zunehmen. Dies bedeutet allerdings nicht, daß sich die räumliche Konzentration nur auf ein einziges Zentrum beschränkt, sondern sie kann sich durchaus auf mehrere zentrale Orte der oberen Rangstufen ausrichten, sofern diese groß genug sind und das entsprechende Informations- und Kommunikationspotential aufweisen. Die Städte ab einer gewissen zentralörtlichen Rangstufe werden durch diese Konzentrationstendenz zweifellos neue Impulse erhalten.

IV. Die Kommunikation und Informationsverarbeitung als wichtige neue städtische Funktionen

Während zwischen 1750 und 1950 das Wachstum der Industrieproduktion die wichtigste Ursache für das Wachstum der Städte war, haben sich seither in den hochentwickelten Ländern die Kräfte, welche das städtische Wachstum und teilweise auch die städtische Zentralität bestimmen, erneut verändert. Seit der Mitte des 20. Jh. begann nach J. GOTTMANN eine dritte Phase der Urbanisierung, die durch das Wachstum der quartären Aktivitäten bestimmt ist. Diese quartären Aktivitäten (Informationsbeschaffung, Informationsverarbeitung und Informationsweitergabe) zeigen heute in allen hochentwickelten Wirtschaftssystemen nicht nur das größte Wachstum von allen wirtschaftlichen Aktivitäten, sondern auch die stärkste Anbindung an zentrale Orte bzw. die höchsten räumlichen Konzentrationstendenzen. In den USA war die Expansion der sogenannten „office-industry" nach 1950 so stark, daß beispielsweise im Jahre 1970 schon mehr Personen im Finanzwesen beschäftigt waren als in der Landwirtschaft und mehr

Personen in Institutionen der höheren Bildung als im Bergbau, obwohl die USA sowohl in der landwirtschaftlichen Produktion als auch im Bergbau eine internationale Spitzenposition einnehmen (vgl. J. GOTTMANN 1974, S. 18). Diese Funktion der Städte als Kommunikationszentren ist eigentlich nichts Neues. G. SJOBERG (1960) ist der Ansicht, daß Städte erst ab jenem Zeitpunkt entstanden sind, als es möglich war, Informationen zu kodieren bzw. in schriftlicher oder bildhafter Form aufzubewahren (zitiert bei R. L. MEIER 1962, S. 30). Geschriebene Symbole, das neue Medium der menschlichen Kommunikation, haben schon in der Frühzeit der menschlichen Geschichte ein ungeahntes Potential für Arbeitsteilung, Organisation, Koordination, Kontrolle und für die Akkumulierung von Erfahrungen und Wissen freigesetzt (vgl. R. L. MEIER 1962, S. 32). Nach R. L. MEIER (1962, S. 13) entstanden Städte schon in der Frühzeit des Menschen vor allem zur Erleichterung der menschlichen Kommunikation. J. FRIEDMANN (1968, S. 236) vertritt die These, daß das Wachstum der Städte im Laufe der Geschichte stets eine Funktion ihres Potentials für einen Informationsaustausch war. Auch R. L. MEIER (1962, S. 64) und G. TÖRNQVIST (1970, S. 26) sehen die stärkste Triebkraft für die moderne Urbanisierung und die räumliche Konzentration der quartären Aktivitäten in den großen Stadtregionen in der Notwendigkeit des persönlichen Kontakts von Spezialisten beim Austausch von Informationen. Die Dimension und die relative Bedeutung der Kommunikation hat allerdings in jüngster Zeit ein noch nie dagewesenes Ausmaß erreicht. Die oft zitierte „white-collar-revolution" hat in den letzten zwei Jahrzehnten eine weltweite Expansion erfahren und ein riesiges Ansteigen von Büroflächen ausgelöst. Von 1957 bis 1970 wurden beispielsweise in den USA die Büroflächen um mehr als die Hälfte erweitert, dies entsprach einer jährlichen Steigerungsrate von 4–5 % (R. B. ARMSTRONG and B. PUSHKAREV 1972, S. 120). Interessanterweise war der Zuwachs an Büroflächen in jenen Zentren am höchsten, wo es schon vorher das größte Angebot an Büroflächen gegeben hat. Zwischen 1960 und 1972 nahm die Brutto-Bürofläche in Manhattan um 74 % zu, in Chicago betrug die Zunahme der Netto-Bürofläche 50 %, in den CBD's von Cleveland, Atlanta, Boston und Dallas zwischen 60 und 90 %, in Houston und San Francisco sogar über 100 % (G. MANNERS 1974, S. 93).

Der betriebliche Produktionsfaktor „Information" hat heute bereits eine enorme ökonomische Bedeutung erlangt. In der US-amerikanischen Industrie wurde der Anteil der Informationskosten an den Gesamtkosten schon in den 1960er Jahren auf über 50 % geschätzt. In manchen Branchen, wie z. B. dem Bank- und Versicherungswesen sowie der staatlichen Verwaltung dürften diese Anteile sogar bis zu 100 % betragen (J. WILD 1970, S. 539).

„Viele Wissenschaftler halten die Information für so bedeutsam, daß sie in ihr eine dritte Kategorie neben der Materie und Energie sehen. Unbestritten ist jedenfalls ihre außerordentlich wichtige Funktion ... bei der Steuerung oder Regelung komplexer Systeme. Jede zielorientierte Steuerung von Prozessen und Systemen beruht auf und vollzieht sich durch Informationsprozesse, in denen Informationen gewonnen, gespeichert, verarbeitet und abgegeben oder übertragen werden" (J. WILD 1970, S. 530).

V. Auswirkungen von neuen Erfindungen auf dem Gebiet der Telekommunikation auf die regionale Konzentration von Büroaktivitäten

Es erhebt sich in diesem Zusammenhang die Frage, ob und inwieweit sich Häufigkeit und Struktur der Kontakte durch zukünftige Erfindungen auf dem Gebiet der Telekommunikation oder der Datenfernverarbeitung ändern werden und ob dann eventuell das wichtigste Motiv zur räumlichen Konzentration der Arbeitsplätze für Höchstqualifizierte schwächer werden oder wegfallen wird.

Die bisherigen Forschungsarbeiten, die sich mit dieser Frage befaßt haben, sind zu sehr unterschiedlichen Ergebnissen und Prognosen gekommen. Während z. B. P. C. GOLDMARK (1972) es für durchaus möglich hält, daß in Zukunft mit Hilfe von modernen Telekommunikationsgeräten die Büroarbeit zu Hause gemacht werden kann und kleine Städte dasselbe Kommunikationspotential haben werden wie große Metropolen (zitiert bei J. SHORT, E. WILLIAMS und B. CHRISTIE, 1976, S. 13), betonen andere, daß die Standortvorteile der großen Metropolen für Bürobauten bzw. für kommunikationsintensive Tätigkeiten trotz der zu erwartenden Erfindungen auf dem Gebiet des Telekommunikationswesens nicht abnehmen werden. Dies wird erstens damit begründet, daß diese modernen Telekommunikationsgeräte zwar ohne Zweifel einen gewissen Substitutionseffekt haben und gewisse Konferenzen, Besprechungen, Geschäftsreisen etc. erübrigen werden, aber dieselben technischen Erfindungen der Informationsübertragung auch in der Lage seien, einen noch nicht absehbaren Bedarf an neuen Geschäftskontakten zu wecken. Die Erfindung des Telephons und des Fernschreibers haben zwar ebenfalls gewisse persönliche Geschäftskontakte erübrigt, aber sie haben andererseits eine Flut von neuen Geschäftskontakten, Konferenzen, persönlichen Besprechungen etc. ausgelöst, und die Reise- und Konferenztätigkeit von Geschäftsleuten bzw. die Notwendigkeit des persönlichen Kontaktes haben nach der Erfindung des Telephons keineswegs abgenommen, sondern noch um ein Vielfaches zugenommen (vgl. J. SHORT, E. WILLIAMS und B. CHRISTIE 1976, S. 11). Außerdem werden die großen Kosten, die Video-Telekommunikationssysteme schon wegen der benötigten großen Bandbreite verursachen werden, sicherlich dazu führen, daß diese Systeme wiederum zuerst in den großen Städten eingeführt werden, so daß die Attraktivität dieser Städte bzw. ihr Informationspotential weiterhin erhöht wird. Gewisse Besprechungen und Verhandlungen, die für das Unternehmen wichtige Konsequenzen haben und bei denen Vertrauen, Überzeugen, Koalitionsbildung, Kennenlernen eines Fremden etc. eine große Rolle spielen, werden bei persönlichen Gesprächen immer erfolgreicher sein (vgl. J. SHORT, E. WILLIAMS und B. CHRISTIE 1976, S. 158). Nach den Erfahrungen der Innovationsforschung ist auch bei der Übertragung von Innovationen die persönliche Information immer viel wichtiger als eine Information durch andere Medien (E. M. ROGERS 1962).

Die modernen elektronischen Telekommunikationsgeräte werden vor allem Routinekontakte zwischen Personen und Institutionen, die sich schon gut kennen, ersetzen, aber nicht solche persönliche Kontakte und Konferenzen, die schwierigen Verhandlungen und der Entscheidungsfindung dienen. J. GOTTMANN ist der Ansicht, daß diese zukünftigen Telekommunikationssysteme sogar Anlaß für noch mehr Sitzungen, Beratungen, Geschäftsreisen und Informationsaustausch sein werden (J. GOTTMANN 1971, S. 27). R. WESTRUM (1972) vertritt die Meinung, daß jene Tätigkeiten, die der Kontrolle und Machtausübung zuzuordnen sind, durch neue technische Erfindungen auf dem Gebiet des Telekommunikationswesens eine noch stärkere Tendenz zur räumlichen Konzentration auf die oberen zentralörtlichen Rangstufen annehmen werden (zitiert bei J. SHORT, E. WILLIAMS und B. CHRISTIE 1976, S. 14). Und um die Zentren der Macht und Kontrolle werden sich immer wieder auch andere Entscheidungsträger und informationsintensive, hochqualifizierte berufliche Tätigkeiten gruppieren.

Die Arbeitsplätze für Höchstqualifizierte werden sich also auch in Zukunft eng an den hierarchischen Aufbau des Städtesystems anlehnen, wobei es allerdings in gewissen Bereichen wie z. B. Unterricht und Forschung, Gesundheitswesen etc. durchaus gewisse Ausnahmen geben wird.

So können z. B. Forschungs- und Lehrinstitutionen mit hochqualifizierten Wissenschaftlern, deren Kontaktmuster nur einen relativ geringen Anteil an direkten, externen Kontakten aufweist, durchaus abseits der großen Städte situiert sein, sofern ihnen dort die benötigten Bibliotheken, Laboratorien, EDV-Anlagen etc. zur Verfügung stehen. Dies wird sowohl durch die europäischen Kleinstadt-Universitäten als auch die amerikanischen Campus-Universitäten bewiesen. Die überwiegende Mehrzahl solcher Campus-Universitäten liegt jedoch nur hinsichtlich ihres Mikrostandortes „im Grünen" und kann in der Regel durchaus am Kommunikationspotential großer Agglomerationen partizipieren, von denen sie meist nicht mehr als 1–2 Autostunden entfernt sind.

Solche Forschungs- und Lehrinstitutionen oder Einrichtungen des Gesundheitswesens können zwar wegen ihres relativ geringen Anteils an direkten, externen Kontakten zu anderen Organisationen abseits der großen Städte liegen, aber sie verursachen an jedem ihrer möglichen Standorte wiederum eine räumliche Konzentration von Höchstqualifizierten, da beispielsweise eine Universität oder ein Krankenhaus erheblich an Effizienz verlieren würde, wenn die einzelnen Institute oder Abteilungen räumlich weit voneinander entfernt auf viele Gemeinden aufgeteilt würden.

VI. Schlußbetrachtungen

In diesem Beitrag wurde versucht, die Ursachen für die räumlichen Konzentrationstendenzen bzw. die regionalen Disparitäten hinsichtlich der Verteilung der Arbeitsplätze für Höchstqualifizierte unter Verwendung eines kommunikations- und organisationstheoretischen Ansatzes zu erklären. Auch wenn die Informationstheorie und die soziale Kybernetik aus verschiedenen Gründen noch nicht einen Erkenntnisstand erreicht haben, der es ermöglichen würde, präzise anwendbare mathematische Modelle zu konstruieren – was bekanntlich bei den meisten sozialwissenschaftlichen Modellen nicht möglich ist –, können Steuerungs-, Kontroll- und Kommunikationstheorien der Kybernetik zumindest in Form von Analogie-Modellen doch auch auf soziale oder politische Systeme übertragen werden, wie dies u. a. K. W. DEUTSCH (1969), D. EASTON (1964), D. SENGHAAS (1966) u. a. versucht haben. So sieht z. B. K. W. DEUTSCH (1969, S. 31) den Regierungsprozeß weniger als ein Problem der Macht, sondern eher als ein Problem der Steuerung und versucht nachzuweisen, daß die Steuerung im wesentlichen ein Problem der Kommunikation ist. Solche Analogie-Modelle können einen beträchtlichen heuristischen Erkenntniswert besitzen, sofern man sie nicht überstrapaziert und sich nicht in die Gefahr begibt, aus oberflächlichen Ähnlichkeiten weitgehende verallgemeinernde Schlüsse zu ziehen. Die Kritik der logischen Positivisten (vgl. z. B. R. C. BUCK 1956) an den Analogie-Modellen der allgemeinen Systemtheorie geht weitgehend am Kernproblem der Systemtheorie vorbei und wurde u. a. besonders von L. v. BERTALANFFY (1976, S. 38) überzeugend zurückgewiesen.

Dieser Beitrag erhebt nicht den Anspruch, ein abgeschlossenes Konzept anzubieten. Um das hier vorgestellte Gedankengebäude abzusichern und weiter zu verfeinern, sind noch mehrere empirische Studien in Ländern mit unterschiedlichem wirtschaftlichem Entwicklungsstand, unterschiedlichen politischen und sozialen Strukturen und unterschiedlichen städtischen Kulturen erforderlich. Ein besonderes Problem wird stets auch die Bestimmung und die internationale sowie die interkulturelle Vergleichbarkeit des

Qualifikationsniveaus sein. Es ist durchaus denkbar, daß in Ländern, in denen die universitäre Ausbildung schon ein inflationäres Ausmaß erreicht hat, beispielsweise der Anteil von Universitätsabsolventen kein geeigneter Indikator für den beruflichen Status mehr ist und andere Qualifikationsmerkmale verwendet werden müssen.

Literaturverzeichnis

W. ALONSO (1971): The economics of urban size. In: Papers and Proceed. of the Regional Science Association 26, S. 67–83.

R. B. ARMSTRONG and B. PUSHKAREV (1972): The Office Industry: Patterns of Growth and Location. Cambridge, Mass.

Austria Directory 1971. Industriehandbuch. Hrsg. vom Sparkassenverlag, Wien.

M. BECKMANN (1958): City Hierarchies and the Distribution of City Size. In: Economic Development and Cultural Change 6, S. 243–248.

B. J. L. BERRY (1961): City Size Distribution and Economic Development. In: Economic Development and Cultural Change 9, S. 573–587.

B. J. L. BERRY (1964): Cities as Systems within Systems of Cities. In: Papers of the Regional Science Assoc. 13, S. 147–163.

B. J. L. BERRY (1970): Geographic Perspectives on Urban Systems. Englewood Cliffs.

B. J. L. BERRY and W. L. GARRISON (1958): Alternate Explanations of Urban Rank-Size Relationships. In: Annals of the Ass. of Amer. Geogr. 48, S. 83–91.

B. J. L. BERRY and A. PRED (1965): Central Place Studies. A Bibliography of Theory and Applications. Philadelphia.

B. J. L. BERRY (1976): The Counterurbanization Process: Urban America since 1970. In: B. J. L. BERRY (ed.): Urbanization and Counterurbanization. Urban Affairs Annual Review, vol. 11, Beverly Hills, London, p. 17–30.

L. von BERTALANFFY (1976): General System Theory – a critical Review. In: J. BEISHON and G. PETERS (ed.): Systems Behaviour. London, New York, 2nd ed., Open University Set Book, p. 30–50.

H. BOBEK und M. FESL (1975): Die zentralen Orte Österreichs 1973. Komm. f. Raumforschung d. österr. Akad. d. Wiss., hektographiert, Wien.

K. E. BOULDING (1956): General Systems Theory – the Skeleton of Science. In: Management Science, vol. 2, p. 197–208.

E. v. BÖVENTER (1962): Toward a unified theory of spatial economic structure. In: Regional Science Association Papers 10, S. 163–188.

E. v. BÖVENTER (1971): Urban hierarchies and spatial organizations. In: Ekistics 32, S. 329–336.

R. C. BUCK (1956): On the logic of general behavior systems theory. In: H. FEIGEL and M. SCRIVEN (eds.): Minnesota Studies in the Philosophy of Science, vol. 1 Minneapolis, p. 223–238.

L. S. BURNS (1977): The location of headquarters of industrial companies: a comment. In: Urban Studies, vol. 14, p. 211–214.

R. CAMERON (1975): The Diffusion of Technology as a Problem in Economic History. In: Economic Geography 51, S. 217–230.

V. G. CHILDE (1950): The urban revolution. In: Town Planning Review 21, S. 3–17.

C. CLARK (1945): The Economic Functions of a City in Relation to its Size. In: Econometrica 13, S. 97–113.

C. C. Colby (1933): Centrifugal and centripetal forces in urban geography. In: Annals of the Assoc. of Amer. Geogr. 23, S. 1–20.

R. C. Conant (1974): Information flows in hierarchical systems. In: Int. Journal of General Systems, vol. 1, p. 9–18.

P. Cowan et al. (1969): The Office: a facet of urban growth. London.

P. W. Daniels (1975): Office location. An urban and regional study. London.

K. Davis and W. E. Moore (1945): Some principles of stratification. In: American Sociological Review, vol. 10, p. 242–249.

K. W. Deutsch (1952): On Communication Models in the Social Sciences. In: Public Opinion Quarterly, vol. 16, p. 356–380.

K. W. Deutsch (1969): Politische Kybernetik. Modelle und Perspektiven. Übersetzung der Ausgabe von 1966: The Nerves of Government: Models of Political Communication and Control. New York. Freiburg.

O. D. Duncan (1959): Service industries and the urban hierarchy. In: Papers and Proceed. of the Regional Science Association 5, S. 105–120.

E. Durkheim (1933): The Division of Labor in Society. Glencoe III.

D. Easton (1964): A Systems Analysis of Political Life. New York.

A. W. Evans (1973): The location of the headquarters of industrial companies. In: Urban Studies, vol. 10, p. 387–395.

H. Fayol (1929): Allgemeine und industrielle Verwaltung. München, Berlin.

J. Friedmann (1968): An Information Model of Urbanization. In: Urban Affairs Quarterly 1968, S. 235–244.

J. Friedmann (1972): A General Theory of Polarized Development. In: Hansen, N. M. (ed.): Growth Centers in Regional Economic Development. New York – London, p. 82–107.

J. B. Goddard (1971): Office communications and office location: a review of current research. In: Regional Studies 5, 263–280.

J. B. Goddard (1973): Office linkages and location. A study of communications and spatial patterns in Central London. Progress in Planning vol. 1, Part 2. London.

J. B. Goddard (1975a): Organizational Information Flows and the Urban System. In: Economie applique, archives de L'I.S.E.A. tome 28, No. 1, S. 125–164.

J. B. Goddard (1975b): Office Location in Urban and Regional Development. Theory and Practice in Geography. Oxford.

J. B. Goddard and D. Morris (1976): The Communications Factor in Office Decentralization. Progress in Planning, vol. 6, part 1, Oxford.

P. C. Goldmark (1972): Communication and Community. In: Scientific American, vol. 227, p. 142–150.

W. Goodwin (1965): The Management Center in the United States. In: Geographical Review 55, S. 1–16.

J. Gottmann (1961): Megalopolis. The Urbanized Northeastern Seabord of the United States. New York.

J. Gottmann (1970): Urban Centrality and the interweaving of Quaternary Activities. In: Ekistics 29, S. 322–331.

J. Gottmann (1971): The New Geography of Transactions and its Consequences for Planning. In: The application of geographical techniques to physical planning. Proceedings of a seminar and lecture organised by An Foras Forbartha in association with the Geogr. Society of Ireland, Dublin, S. 3–20.

J. GOTTMANN (1974): The Evolution of Urban Centrality: orientations for research. School of Geography, Univ. of Oxford, Research Papers No. 8.

O. GRÜN (1969): Hierarchie. In: Handwörterbuch der Organisation. Hrsg. v. E. Grochla, Stuttgart, S. 677–683.

T. HÄGERSTRAND (1966): Aspects of the Spatial Structure of Social Communication and the Diffusion of Information. In: Papers and Proceedings of the Regional Science Association 16, S. 27–42.

N. M. HANSEN ed. (1972): Growth Centres in Regional Economic Development. New York.

N. M. HANSEN (1975): The Challenge of Urban Growth. The Basic Economics of City Size and Structure. Lexington, Toronto, London.

T. HERMANSEN (1972): Development Poles and Related Theories: a synoptic review. In: Hansen, N. M. (ed.): Growth centers in Regional Economic Development. New York, London 1972, S. 160–203.

St. HOLLAND (1976): Capital versus the Regions. London 1976.

D. HOLLOWAY (1976): The political uses of scientific models: the cybernetic model of government in Soviet social science. In: Collins, L. (ed.): The Use of Models in the Social Sciences. London, p. 110–129.

J. H. JOHNSON (1956): The geography of the scyscraper. In: Journal of Geography 55, S. 349–363.

S. KUZNETS (1966): Modern Economic Growth. Rate, Structure and Spread. New Haven, London.

G. MANNERS (1974): The Office in Metropolis: An Opportunity for Shaping Metropolitan America. In: Economic Geography 50, S. 93–110.

J. U. MARSHALL (1975): City Size, Economic Diversity and Functional Type: The Canadian Case. In Economic Geography 51, S. 37–49.

R. MAYNTZ (1969): Organisationssoziologie. In: Handwörterbuch der Organisation. Hrsg. v. E. Grochla, Stuttgart, S. 1221–1229.

A. MEIER (1969): Koordination. In: Handwörterbuch der Organisation. Hrsg. v. E. Grochla, Stuttgart, S. 893–899.

R. L. MEIER (1962): A Communications Theory of Urban Growth. Cambridge Mass.

M. D. MESAROVIC, D. MACKO and Y. TAKAHARA (1970): Theory of Hierarchical Multilevel Systems. New York, London.

C. W. MILLS (1951): White Collar. The American Middle Classes. New York.

H. M. MIROW (1969): Die Kybernetik als Grundlage einer allgemeinen Theorie der Organisation. Wiesbaden.

G. MYRDAL (1957): Economic Theory and Underdeveloped Regions. London.

W. F. OGBURN and O. D. DUNCAN (1964): City Size as a Sociological Variable. In: E. W. BURGESS and D. J. BOGUE (ed.): Contributions to Urban Sociology. Chicago 1964, S. 129–147.

H. H. PATTEE (1973): The Physical Basis and Origin of Hierarchical Control. In: Pattee, H. H. (ed.): Hierarchy Theory. The Challenge of Complex Systems. New York, p. 71–108.

P. O. PEDERSEN (1970): Innovation Diffusion within and between National Urban Systems. In: Geographical Analysis 2, S. 203–254.

P. O. PEDERSEN (1971): Innovation Diffusion in Urban Systems. In: T. Hägerstrand and A. R. Kuklinsky (ed.): Information System for Regional Development – A Seminar. Lund Studies in Geography, Ser. B., No. 37, p. 137–147.

F. PERROUX (1950): The Domination Effects and Modern Economic Theory. In: Social Research 1950, 188–206.

F. PERROUX (1964): L'économie du XXième Siècle. Paris.

A. PRED (1973): The Growth and Development of Systems of Cities in Advanced Economies. Lund Studies in Geography, Ser. B., No. 38.

A. PRED (1975): Diffusion, Organizational Spatial Structure and City-System Development. In: Economic Geography 51, S. 252–268.

A. PRED and G. TÖRNQVIST (1973): Systems of Cities and Information Flows. Lund Studies in Geography, Ser. B., No. 38.

E. M. ROGERS (1962): Diffusion of Innovations. New York.

D. SENGHAAS (1966): Kybernetik und Politikwissenschaft. In: Politische Vierteljahresschrift, 7. Jg., S. 252–276.

W. D. SHEPARD (1972): Office Location: Urban, Suburban, Exurban. In: C. Heyel (ed.): Handbook of Modern Office Management and Administrative Services. New York, p. 2.3–2.16.

E. SHILS (1972): The Intellectuals and the powers and other essays. Chicago, London.

SHORT, E. WILLIAMS and B. CRISTIE (1976): The Social Psychology of Telecommunication. London, New York.

H. SIMON (1965): The architecture of complexity. In: General Systems, vol. 10, p. 63–76.

M. G. SINGH (1977): Dynamical Hierarchical Control. Amsterdam, New York, Oxford.

G. SJOBERG (1960): The Pre-Industrial City. Glencoe. III.

A. SMITH (1776): An inquiry into the nature and causes of the wealth of nations. Nachdruck Chicago 1952.

F. W. TAYLOR (1922): Die Grundsätze wissenschaftlicher Betriebsführung. München, Berlin.

B. THORNGREN (1970): How do Contact Systems affect Regional Development? In: Environment and Planning vol 2, S. 409–427.

G. TÖRNQVIST (1970): Contact Systems and Regional Development. Lund Studies in Geogr. Ser. B., No 35.

E. J. WESTAWAY (1974): The spatial hierarchy of business organizations and its implications for the British Urban System. In: Regional Studies 8, S. 145–155.

R. WESTRUM (1972): Communications Systems and Social Change. Unpubl. Ph. D. THESIS, University of Chicago.

N. WIENER (1948): Cybernetics. New York.

A. WILD (1970): Informationstheorie. In: Management Enzyklopädie, Bd. 3, München, S. 530–546.

D. WILSON (1969): Forms of Hierarchie: a selected bibliography. In: General Systems, vol. 14, p. 3–15.

Schulische und betriebliche Qualifikationschancen in Niedersachsen – empirische Grundlagen zur Beurteilung und Steuerung regionaler Qualifikationsstrukturen

von
Heinrich Pohl, Hannover

INHALT

Einleitung
  I. Auswahl und Anwendungsgebiete der empirischen Daten
 II. Bedingungsgefüge der Determinanten einer regionalen Berufsstruktur
III. Ausgewählte Beiträge der Berufsmobilitätsforschung als Grundlage zur Beurteilung regionaler Mobilitätspotentiale
 IV. Schulische und betriebliche Ausbildungsverhältnisse als Ausdruck regionaler Qualifikationschancen
     1. Die betrieblichen Ausbildungsverhältnisse nach ihrem Maß für aktives Substitutionspotential in den Bezirken Niedersachsens
     2. Ausbildungsquoten auf der Ebene von Berufsgruppen zur Bewertung von regionalen Abweichungen
     3. Ausbildungsquoten auf der Ebene von Wirtschaftsabteilungen zur Bewertung von regionalen Abweichungen
     4. Qualifikationschancen im berufsbildenden Schulsystem
  V. Zusammenfassung und Ausblick

Einleitung

Nachdem Wissenschaft und Politik in den zurückliegenden Jahren ihr Augenmerk im Bildungsbereich vornehmlich auf Probleme des allgemeinbildenden Schulwesens und der Hochschulen gerichtet hatten, wurde in jüngster Zeit eine Umorientierung wegen der im Arbeitsmarkt und Ausbildungsplatzangebot sichtbaren Friktionen erforderlich. Diese Umorientierung wird allerdings erschwert durch das weitgehende Fehlen analytisch und prognostisch hinreichender Instrumente der wissenschaftlich fundierten Politikberatung: so ist der Zusammenhang zwischen Arbeitsmarktentwicklung und Entwicklung der Berufsstrukturen nur undeutlich beschreibbar, so ist daneben die Verkoppelung von Berufs- und Ausbildungsstrukturen in den Regionen erst wenig analysiert, so ist schließlich offen, welcher Art die am günstigsten auf spätere Berufstätigkeit zielende Berufsorientierung und -ausbildung sein sollte.

Schwierigkeiten der richtigen politischen Strategien und ihrer Fundierung durch wissenschaftliche Beratung sind – schon vor der Möglichkeit, Instrumente zu erarbeiten – in der mangelhaften Systematik, zeitlichen Konsistenz und Öffentlichkeit von Grunddaten über Arbeitsmarkt, Berufsstrukturen, Ausbildungsplatzangebot und -nachfrage sowie das berufliche Schulwesen zu finden. Bei einer regionalen Problembetrachtung kumulieren diese Mängel häufig.

Unbeschadet dieser oft beklagten und sicherlich auch veränderungsbedürftigen Situation ist allerdings zu fragen, ob und inwieweit vorliegende Methoden, Daten und Handlungsinstrumente durch Kombination und sinnvolle Abrundung nicht geeignet sind, bestimmte Hinweise für die Steuerung regionaler Qualifikationsprozesse zu geben.

Mit dieser Frage ist das methodische Ziel der Studie beschrieben: vorhandene empirische Regionaldaten mittels vorhandener und weiterentwickelter Erkenntnisinstrumente so zu analysieren und zu interpretieren, daß entscheidungsrelevante Ergebnisse erreicht werden.

Inhaltliches Ziel ist, globale Aussagen auf der Regionalebene (Region ist aus Gründen der verfügbaren Statistiken hier als Regierungsbezirk in Niedersachsen definiert) zu überprüfen und gegebenenfalls zu modifizieren.

Datenbasis und verfügbares Instrumentarium begrenzen somit die Aussagemöglichkeiten der Studie. Individualdaten, wie sie z. B. für Bayern ausgewertet werden konnten[1], werden wegen ihrer Merkmalsstrukturen und regionalen Feingliederung zu erheblich detaillierteren und partiell abweichenden Erkenntnissen gelangen (müssen).

Die Studie gliedert sich in fünf Hauptblöcke. Dem empirischen Teil, der mit dem zweiten Abschnitt beginnt, ist ein erster Abschnitt vorangestellt, in dem gezeigt werden soll, welche Möglichkeiten der Analyse, aber nicht der Planung und Steuerung, bei Verwendung der hier benutzten Daten gegeben sind. Im zweiten Abschnitt wird der Versuch unternommen, die zentralen Determinanten einer regionalen Berufsstruktur empirisch zu bestimmen. Zur Beurteilung regionaler Mobilitätspotentiale werden im dritten Abschnitt einige Beiträge der Mobilitätsforschung aufgearbeitet und in eine Berufsmobilitätsskala umgesetzt.

Im vierten Abschnitt wird die Entwicklung der schulischen und betrieblichen Ausbildungsverhältnisse über die Zeit und in regionaler Verteilung dargestellt, und zwar,

---

[1] Vgl. Beitrag von SCHORB / MEISTER in diesem Band.

soweit möglich, auf der Ebene von Berufsgruppen. Der Abschnitt soll eine Einschätzung der regionalen Qualifikationschancen erlauben und damit die Möglichkeit einer Steuerung der entsprechenden Strukturen zulassen.

Im fünften Abschnitt wird eine Zusammenfassung der Befunde versucht.

I. Auswahl und Anwendungsgebiete der empirischen Daten

Ein wesentliches methodisches Ziel der Studie besteht darin, anhand von sekundärstatistischen, allgemein zugänglichen und übertragbaren sowie ohne größeren Aufwand jederzeit fortschreibbaren Daten eine analytische und planerische Basis für Maßnahmen der Berufsbildungspolitik zu schaffen. Es wurde deshalb bewußt auf die Einbeziehung von Monographien und Fallstudien verzichtet.

Als Datenquellen, die diesen Anforderungen genügen, kommen prinzipiell Daten der amtlichen Statistik und der Kammerstatistik in Frage. Darüber hinaus werden solche Daten berücksichtigt, die repräsentative Aussagen für Berufe in der Bundesrepublik zulassen (z. B. Ergänzungsbefragungen zum Mikrozensus oder Analysen von bundesweit gültigen Ausbildungsordnungen usw.). Absicht dieses Vorgehens ist es, den für die Berufsbildungspolitik zuständigen Stellen einen Datenkranz zur Verfügung zu stellen, der jederzeit auf gesicherter Grundlage eine Fortschreibung für planerisch-politische Zwecke zuläßt. Damit sind notwendigerweise einzelne Vergröberungen verbunden, die mit zunehmender zeitlicher Entfernung vom Zeitpunkt der Bezugserhebung (z. B. Substitutionsanalysen) den Sicherheitsgrad von Einschätzungen einschränken (z. B. das Substitutionspotential einzelner Berufe).

Ein weiteres methodisches Ziel liegt in dem Versuch, mit Hilfe von bundes- und regionalstatistischen Daten regionale Abweichungen des Mobilitätspotentials der Auszubildenden und der Erwerbstätigen in einzelnen Berufen sowie der schulischen und betrieblichen Qualifikationschancen nachzuweisen. Es soll überprüft werden, ob für das Bundesgebiet gewonnene Erkenntnisse etwa über den Nachwuchsbedarf in einzelnen Berufen auf jede Region prinzipiell gleich zutreffen oder ob Maßnahmen zur Förderung oder Drosselung einzelner Ausbildungsplätze differenziert anzusetzen haben. In Ermangelung entsprechender Daten konnte nicht untersucht werden, inwieweit die qualitative Bewertung des Mobilitätspotentials, etwa durch die Vorgesetzten, regional signifikanten Abweichungen unterliegt.

Es wird eine Bilanzierung der gesamten schulischen und betrieblichen Ausbildungsplatznachfrage vorgenommen, die eine Einschätzung der Qualifikationschancen in den 8 Bezirken Niedersachsens erlaubt.

Mit der Verwendung sekundärstatistischer Daten, insbesondere der amtlichen Statistik, ist der hinlänglich bekannte Nachteil verbunden, bei der Abgrenzung von Regionen auf administrative Vorgaben Rücksicht nehmen zu müssen. Mit der Absicht, unterschiedliche Datenquellen für die gleiche räumliche Bezugseinheit zu verwenden, ist daher auch immer der Zwang verbunden, das räumliche Aggregat auszuwählen, für das vergleichbare Daten vorliegen. Daraus ergab sich in diesem Falle, den Regierungs-/Verwaltungsbezirk als „kleinste gemeinsame Einheit" zu wählen, obwohl auch Daten (Kammerstatistik) auf Kreisebene vorlagen. Ohne Zweifel können dadurch z. B. Defizite und Überschüsse innerhalb eines Bezirkes verdeckt werden. Im Vergleich zu bisherigen Untersuchungsansätzen kann dies allerdings nicht als Nachteil gelten, da bei bundesweiten Analysen bzw.

Ländervergleichen diese „black-box-Effekte" ungleich viel höher liegen. Sollen in Zukunft kleinräumige Analysen auf Gemeinde- und Kreisebene durchgeführt werden können, so setzt dies eine Vollerhebung der Berufszählung voraus, statt der bisherigen 10% Repräsentativstichprobe.

II. Bedingungsgefüge der Determinanten einer regionalen Berufsstruktur

In Abbildung 1 ist der Versuch unternommen, die aus der amtlichen Statistik überprüfbaren Determinanten einer regionalen Berufsstruktur in ihrem Bedingungsgefüge aufzuzeigen. Um es gleich vorwegzunehmen: der obere Teil der Abbildung, der sich mit der Veränderung zwischen der „regionalen Struktur erlernter Berufe" zur „regionalen Struktur ausgeübter Berufe" beschäftigt, ist nur zu einem Teil aus der amtlichen Statistik überprüfbar. Die Darstellung der Determinanten und ihrer Zusammenhänge in der Abbildung ist als analytisch-hypothetisches Gerüst zu verstehen, das im Verfolg durch empirische Daten überprüft werden soll. Auf die Verwendung von Ergebnissen aus Fallstudien über andere Einflüsse auf die Wahl von Berufen und damit die regionale Struktur erlernter Berufe, aber auch auf die regionale Struktur ausgeübter Berufe, wurde, wie gesagt, verzichtet. Es soll gezeigt werden, welche Indikatoren aufgrund periodischer Statistiken entwickelt werden können und wie auf dieser Grundlage das Berufsbildungssystem zielgerichtet beeinflußt werden kann.

1. Ein regionaler Bevölkerungsjahrgang findet eine bestimmte Struktur eines allgemeinbildenden Schulangebots in der Region vor.

2. Die Nachfrage verteilt sich weitgehend proportional zur Struktur des Angebots. Diese Situation läßt sich mit Bildungsbeteiligungswerten beschreiben.

3. Je größer das Angebot an weiterführenden Schulen, desto größer die Nachfrage bzw. die Bildungsbeteiligung in diesem Bereich und desto kleiner die Nachfrage nach Ausbildungsplätzen. Diese Abhängigkeiten sind auch in ihrer Umkehrung gültig.

Mit zunehmender Knappheit an Studienplätzen für Absolventen der weiterführenden Schulen, Realschule und Gymnasium und insbesondere der Sekundarstufe II und/oder Knappheit an Arbeitsplätzen für hochqualifizierte Kräfte scheint Satz 3 nicht mehr uneingeschränkt haltbar. Vielmehr deuten Daten aus der jüngsten Vergangenheit darauf hin, daß der Nachfragedruck auf die vorhandenen Ausbildungsplätze auch oder gerade in Situationen wie in 3 beschrieben, gegeben ist bzw. sogar zunimmt.

4. Von den Abgängern (ohne Abschluß) bzw. den Absolventen der Haupt- und Sonderschulen geht ein Teil unmittelbar ins Erwerbsleben ohne Berufsausbildung oder 4a) erhält keine Beschäftigung.

5. Die überwiegende Zahl der Absolventen von Haupt- und Sonderschulen und ein Teil von Abbrechern und Absolventen der anderen weiterführenden Schulen wählt einen Ausbildungsberuf. Diese Wahl wird von individuellen Faktoren (wie Eignung u. ä.), sozialen Faktoren (wie Beruf des Vaters usw.) und vom regionalen bzw. in der Regel lokalen Angebot an Ausbildungsplätzen beeinflußt. Ein kleinerer Teil absolviert ein Berufsgrundbildungsjahr oder Vorbereitungslehrgänge.

6. Ein Teil der Absolventen von Haupt- und Sonderschulen und ein Teil von Abbrechern und Absolventen der anderen weiterführenden Schulen geht in eine 1- oder 2jährige Berufsfachschule und wählt zum Teil noch eine berufliche Ausbildung. 6a) Läßt man die im folgenden beschriebenen Einflußgrößen außer Betracht, so wird die regionale Struktur „erlernter Berufe" von den unter 1 bis 6 beschriebenen Größen bestimmt.

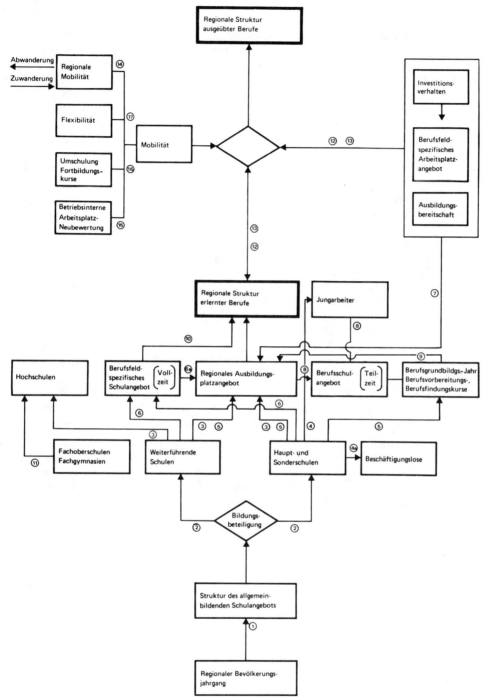

Abb. 1: Schematische Darstellung der Determinanten einer regionalen Struktur erlernter Berufe und ausgeübter Berufe

Würde es keine weiteren Einflüsse geben, könnte die Struktur „erlernter Berufe" mit der Struktur „ausgeübter Berufe" übereinstimmen. Dies ist aber ganz und gar nicht der Fall, wie wir noch zeigen werden. Eine Analyse der regionalen Berufsstruktur kann durch die bisher beschriebenen Variablen nicht hinreichend vorgenommen werden.

7. Die erste bedeutende Veränderungsgröße ist das regionale Ausbildungsplatzangebot selbst. Es wird im wesentlichen vom Investitionsverhalten der Anbieter und von deren Arbeitskräfte- und Ausbildungs- bzw. Nachwuchskräftebedarf bestimmt. Weitere Faktoren der Bereitstellung von Ausbildungsplätzen sind die Kosten der Bereitstellung und der technische Fortschritt, die zu einer Verringerung des Angebots führen können und der technologische Wandel, der zu veränderten Anforderungen an das Berufsspektrum führen kann.

8. Das berufsfeldspezifische Angebot der Berufsschulen korrespondiert – mit Ausnahme überregionaler Fachklassen – mit der Struktur der in der Region bestehenden Ausbildungsverhältnisse einschließlich der Arbeitsverhältnisse für Jungarbeiter. Im dualen System hat es bezüglich der Berufsstruktur rein reaktive Bedeutung.

9. Berufsgrundbildungsjahr, Berufsfindungs- und Berufsvorbereitungskurse üben in eingeschränktem Maße Einfluß auf die Berufswahl aus. Aber auch die über diese Bildungsgänge angestrebte Berufswahl kann sich im wesentlichen nur innerhalb des regionalen Ausbildungsplatzspektrums bewegen.

10. Berufsfachschulen und Fachschulen vermitteln zum Teil berufliche Qualifikationen, die unmittelbar zur Kategorie „erlernter Beruf" überleiten.

11. Bildungsgänge zwischen dem allgemein- und dem berufsbildenden Bereich (wie Fachoberschulen und Fachgymnasien) vermitteln bisher ausschließlich Berechtigungen zu weiterführenden Studien, aber keinen berufsqualifizierenden Abschluß.

Demnach geht der wesentliche Einfluß auf die regionale Struktur „erlernter Berufe" vom regionalen Ausbildungsplatzangebot aus; der einzige davon unabhängige Weg führt über die Berufsfachschulen und Fachschulen, soweit sie lehrersetzenden Charakter haben.

12. Veränderungen der Struktur erlernter Berufe sind auch über eine Änderung des berufsspezifischen Arbeitsplatzangebotes zu erzielen. Dieses wird seinerseits stark von Änderungen der innerbetrieblichen Produktionsmethoden, der Wirtschaftsstruktur (Ausscheiden von Betrieben oder Betriebszweigen, Neuansiedlung von Betrieben) oder der Bewertung des Arbeitsplatzes bestimmt.

13. Allerdings läßt sich feststellen, daß keine Proportionalität zwischen berufsspezifischem Ausbildungs- und Arbeitsplatzangebot besteht. Dafür gibt es mehrere Gründe: 13a) das berufsspezifische Arbeitsplatzangebot ist ein Aggregat, das unterschiedliche Berufsstrukturen aus einer längeren Periode (Berufstätige zwischen 15 und 65 Jahren) zu einem Beobachtungszeitpunkt mittelt; 13b) es umfaßt wesentlich mehr ausgeübte Berufe als es erlernbare gibt (etwa 3000 = 500). 13c) schließlich wird das Ausbildungsplatzangebot von der Ausbildungsbereitschaft der Betriebe und 13d) von der Zahl und 13e) der Ausbildungsrichtung der Ausbilder bestimmt.

14. Regionale Mobilität bezeichnet den Umstand von Zu- und Abwanderung von Erwerbstätigen und bewirkt, da sie nicht proportional zur regionalen Berufsstruktur verläuft, Verschiebungen innerhalb der regionalen Berufsstruktur. Sie kann mit anderen Mobilitätsarten (s. u.) gekoppelt sein.

15. Technischer Fortschritt bewirkt häufig veränderte Anforderungen an die Berufstätigkeit und führt meistens zu einer Neubewertung von Arbeitsplätzen und damit zu veränderten Berufsbezeichnungen.

16. Die Teilnahme an Maßnahmen der Umschulung, Anpassung oder Fortbildung kann, 16a) vertikale, 16b) soziale (Statusmobilität), 16c) horizontale (Berufswechsel auf gleichem Niveau) oder 16d) sektorale Mobilität von Berufstätigen bewirken.

17. Je nach Beruf lassen sich unterschiedliche Maße der Einsetzbarkeit der Kenntnisse und Fertigkeiten aus dem erlernten Beruf in einem anderen Beruf (Polyvalenzen, Flexibilität oder aktives Substitutionspotential) feststellen. Der jeweilige Grad des aktiven Substitutionspotentials kann einen unterschiedlich hohen Einfluß auf die oben genannten Mobilitätsarten ausüben, und zwar insoweit, wie latente Mobilität (in Anlehnung an Mertens: Bereitschaft zum Wechsel) oder potentielle Mobilität (unter bestimmten herstellbaren Bedingungen erreichbare Bereitschaft und Realisierung) in realisierte Mobilität umgesetzt wird[2]). Wir gehen davon aus, daß die berufliche Flexibilität von der Seite der Erwerbstätigkeit her gesehen, den größten Einfluß auf die Verschiebungen von der regionalen Struktur erlernter Berufe zur Struktur ausgeübter Berufe ausübt. Die Realisierung von Berufswechseln setzt nicht notwendigerweise eine Veränderung des berufsspezifischen Arbeitsplatzangebotes voraus, da es sich auch um reine Austauschbeziehungen handeln könnte.

Wir wollen an dieser Stelle auszugsweise einige Daten zur Entwicklung der schulischen Ausbildungsverhältnisse kennzeichnen, auf die wir im vierten Abschnitt weiter eingehen wollen.

Betrachtet man die Entwicklung der Zahl der Ausbildungsverhältnisse von Berufsschülern von 1960 bis 1974 in Niedersachsen, so hat sich die Situation in den letzten Jahren immer mehr verbessert. Von 1000 Schülern hatten 1960 bereits 830 einen Ausbildungsvertrag, 1970 schon 867 und 1974 sogar 882. Berücksichtigt man den hohen Ausgangsbestand in 1960 gegenüber dem niedrigeren Bestand in 1974, so läßt sich daraus folgern, daß die abnehmende Schülerzahl insgesamt eine relative Verbesserung der Chancen auf einen Ausbildungsplatz bewirkt hat. (Für 1975 liegen keine entsprechenden veröffentlichten Daten vor.) Unberücksichtigt bleiben müssen allerdings die Schüler, die der Berufsschulpflicht nicht nachkommen. Bis heute gibt es über deren Zahl nur Vermutungen.

Die Entwicklung der Schülerzahlen an berufsbildenden Schulen in den Jahren 1970 bis 1975 zeigt eine insgesamt steigende Bedeutung bei den Berufsfachschulen (+71,7%), in den Schulen des Gesundheitswesens (+48,3%) und weniger in den Fachschulen (+4,4%). Demgegenüber nahm die Bedeutung der Berufsaufbauschulen (−35,6%) erheblich ab.

Bei den Berufsfachschülern ist der zunächst steigende und dann wieder fallende Anteil der Schüler ohne Hauptschulabschluß und der ständig steigende Anteil der Sonderschüler mehr und mehr durch Einführung von Lehrgängen zur Förderung der Berufsreife und von land- und hauswirtschaftlichen Bildungsangeboten zu erklären.

Die Berufsaufbauschulen haben in den letzten Jahren einen starken Bedeutungsverlust erlitten. In den ersten drei Jahren der Beobachtungszeit ist dieser wesentlich auf den rapiden Nachfragerückgang von Realschülern und Gymnasiasten, seit 1974 auch von Hauptschülern mit Abschluß zurückzuführen.

Der Nachfrageverlauf in den Fachschulen (bis 1973 steigend, seitdem fallend) deutet auf einen Nachholbedarf hin, der durch die Förderung nach dem AFG gestillt werden konnte. Durch die Verringerung der Förderungssätze für Fortbildungsmaßnahmen kann die Gesamtnachfrage bald unter das Niveau von 1971 fallen. Was die Struktur der Vorbildung

---

[2]) D. Mertens: Der unscharfe Arbeitsmarkt, Mitt. AB 4/73.

anbelangt, so zeigt sich hier eine ständig steigende Nachfrage von seiten der Realschulabsolventen bei gleichzeitigem Rückgang des Anteils der Hauptschulabsolventen. In den Schulen des Gesundheitswesens tritt die erste wesentliche Beteiligung von Schülern mit Hochschulreife auf. Sie verläuft stärker steigend als die der Realschulabsolventen. Dem Trend nach ist mehr und mehr nicht nur mit einem relativen, sondern auch mit einem absoluten Rückgang der Hauptschülerzahlen in diesem Schulbereich zu rechnen.

Alle drei Schülergattungen weisen absolut eine steigende Nachfrage nach Angeboten im berufsbildenden Bereich auf. Unterproportional entwickelt sich die Nachfrage von Schülern mit Hauptschulabschluß. Die Schüler mit höheren Schulabschlüssen drängen verstärkt in diesen Bereich, wobei allerdings nur die Schüler mit Realschulabschluß eine nennenswerte Nachfragegröße darstellen. Auf die in diesem Zusammenhang zu stellende Frage nach dem Verdrängungswettbewerb werden wir im IV. Abschnitt nochmals zurückkommen. Es bleibt festzuhalten, daß die Drosselung der Förderung durch das AFG genau in dem Zeitpunkt vorgenommen wurde, wo ein Entlastungseffekt auf die Nachfrage nach Ausbildungsplätzen im dualen System besonders dringend geworden ist.

III. Ausgewählte Beiträge der Berufsmobilitätsforschung als Grundlage zur Beurteilung regionaler Mobilitätspotentiale

Berufsmobilität wird angesichts der ständigen Verkürzung der sogenannten Halbwertzeit, das heißt der Zeit, in der ein bestimmtes Wissen, bestimmte Verfahren, Methoden usw. durch Neueres abgelöst werden, zu einer wesentlichen Voraussetzung für individuelle und kollektive Anpassung. Der technische Fortschritt, die internationale Arbeitsteilung und anderes führen zu einem Wettbewerb, auf den Betriebe, Branchen und einzelne Berufstätige nur durch mobile Anpassung reagieren können.

Wenn es zu den Zielen der Regionalentwicklung gehört, die Mobilität der in der Region tätigen Personen möglichst positiv zu gestalten, bedarf es eines empirischen Maßstabes, an dem die Mobilität gemessen werden kann. Wir haben zu diesem Zweck drei Untersuchungen des IAB und eine Studie des Instituts für Regionale Bildungsplanung ausgewählt, die relativ jungen Datums sind und diesen Zwecken genügen: Die Vorgesetztenstudie[3]), die Berufswechsleranalyse[4]), die Deckungsanalyse[5]) und die Studie zur Teilnahme an Maßnahmen nach dem Arbeitsförderungsgesetz in 6 Arbeitsamtbezirken in Niedersachsen[6]). Da apriori keine der genannten Studien für sich in Anspruch nehmen konnte, den angemessenen Maßstab für die Bestimmung von Mobilitätspotentialen zu

---

[3]) H. HOFBAUER; P. KÖNIG: Substitutionspotential bei Ausbildungsberufen (Lehrberufen) nach dem Urteil der Vorgesetzten. In: Mitt. AB 2/72, Seite 77 ff.

[4]) H. HOFBAUER; P. KÖNIG: Berufswechsel bei männlichen Erwerbspersonen in der Bundesrepublik Deutschland. In: Mitt. AB, 1/73, Seite 37 ff.

[5]) M. SCHMIEL: Deckungsanalysen der Ausbildungsordnungen von Ausbildungsberufen. In: Mitt. AB 3/71, S. 253 ff.

[6]) D. GNAHS; H. POHL: Die Teilnahme an Maßnahmen nach dem Arbeitsförderungsgesetz (AFG) – Empirische Analyse auf der Grundlage einer Erhebung in 6 niedersächsischen Arbeitsamtbezirken, Institut für Regionale Bildungsplanung (Hrsg.), Manuskriptdruck, Hannover 1976.

liefern, haben wir uns darum bemüht, die Studien in einer Skala zu verdichten. Wir wollen hier darauf verzichten, auf Verfahren und Schwierigkeiten dieser Verdichtung im einzelnen einzugehen[7]).

Eine Grundvoraussetzung für den Vergleich der drei IAB-Analysen war, daß die untersuchten Berufe bzw. die verwendeten Berufsschlüssel identisch oder vergleichbar waren. Nur diese Berufe bzw. Berufsgruppen wurden in die verdichtete Skala übernommen. Ziel der Untersuchung über Substitutionspotentiale nach dem Urteil der Vorgesetzten war es, die Anforderungen der Arbeitswelt als gesondertes Kriterium für die Berufsfeldforschung und darauf abgestellte Planungsansätze heranzuziehen. In dieser Studie sollten einerseits Aussagen über die Polyvalenz von Arbeitsplätzen in der Besetzung mit Absolventen verschiedener Ausbildungsberufe und andererseits über die Substitutionsmöglichkeiten zwischen Ausbildungsberufen gebildet werden. Polyvalenz meint in diesem Zusammenhang das Vermögen eines Berufes bzw. eines Ausbildungsberufes aufgrund der in ihm enthaltenen Ausbildungselemente andere Arbeitsplätze bzw. Berufe nach Ansicht der Vorgesetzten besetzen zu können, abgesehen von dem eigentlich entsprechenden Beruf. Wir werden im folgenden lediglich vom aktiven Substitutionspotential sprechen.

Die zweite Studie, die Anhaltspunkte über das aktive Substitutionspotential von Berufen liefert, ist die Berufswechsleranalyse. Sie gibt Auskunft über die tatsächlich erfolgten Berufswechsel, und zwar auf der Basis einer Befragung von Erwerbstätigen.

Zum Vergleich zu den anderen Studien haben wir aus der Berufswechsleranalyse den Wert als Maßstab für aktives Substitutionspotential gewählt, der pro Ausbildungsberuf angibt, wieviel (sehr viel, ziemlich viel, doch einiges verwertbar in %) von den Kenntnissen und Fertigkeiten aus dem alten Beruf beim Wechsel in den neuen Beruf verwertbar war.

Die AFG-Studie des IRB führte zu Berufswechselergebnissen, die in weiten Teilen mit der Berufswechsleranalyse zur Deckung kommen.

Die vierte Studie schließlich, die Deckungsanalyse von Ausbildungsordnungen beruht auf einer mengentheoretischen Bestimmung von Ausbildungseinheiten in Ausbildungsordnungen, wobei die jeweiligen Schnittmengen einer Ausbildungsordnung mit anderen ermittelt wurde. Zur Bestimmung des aktiven Substitutionspotentials haben wir diejenigen Ausbildungselemente jeder Ausbildungsordnung herangezogen, die Ausbildungselemente anderer Ordnungen abdecken.

Um die verschiedenen Angaben aller Studien hinsichtlich des aktiven Substitutionspotentials vergleichbar zu machen, haben wir die entsprechenden Werte summiert und anschließend in Prozent der jeweiligen Gesamtsumme ausgedrückt. Zur Beurteilung der Homogenität der statistischen Masse wurde dann die Standardabweichung ermittelt und der Variationskoeffizient errechnet.

Für die Berufsgruppen, die einen Variationskoeffizienten von unter 50% aufwiesen, wurde schließlich der Mittelwert des aktiven Substitutionspotentials auf Prozentbasis gebildet und als Klassifikationsmaßstab für das aktive Substitutionspotential von Berufen ausgewiesen. Der so gewonnene Wert pro Berufsgruppe wurde zur Beurteilungsgrundlage in der Regionalanalyse bestimmt.

---

[7]) H. POHL: Regionale Qualifikationschancen und berufliche Mobilität – Empirische Problemstudie zum Bildungs- und Beschäftigungssystem in Niedersachsen, Band 103 der Materialien zur Regionalen Bildungs- und Entwicklungsplanung, hrsg. vom Institut für Regionale Bildungsplanung, Braunschweig 1977.

Tabelle 1: *Aktives Substitutionspotential von Berufen im Vergleich der Studien*

Berufsbezeichnung	aktives Substitutionspotential in % insgesamt			Mittelwert Sp. a bis c	Standardabweichung	Anzahl der Fälle (Sp.a,b,c) zwischen Mittelw. +−Standardabweichung
	Berufswechsleranalyse	Vorgesetztenstudie	Deckungsanalyse			
	a	b	c	d	e	f
Maurer	1,8	1,0	2,1	1,6	0,46	2
Zimmerer	2,2	5,5	2,9	5,5	1,42	2
Dachdecker	1,4	0	1,7	1,0	0,74	2
Stukkateur	1,6	1,8	2,6	2,0	0,67	3
Fliesenleger	1,6	1,6	2,6	1,9	0,47	2
Maler und Lackierer	1,7	0,7	0,8	1,1	0,45	2
Dreher	3,0	3,9	2,8	3,2	0,48	2
Schmied	3,1	15,2	2,7	7,0	5,8	2
Werkzeugmacher	3,6	5,7	4,1	4,5	0,9	2
Schlosser	3,4	3,4	3,4	3,4	0	3
Stahlbauschlosser	3,6	2,8	2,0	2,8	0,65	1
Klempner	2,8	5,4	2,6	3,6	1,2	2
Klempner und Installateur	3,0	3,0	3,0	3,0	0	3
Gas- und Wasserinstallateur	3,6	2,1	3,7	2,9	0,66	1
Mechaniker	3,4	6,4	3,9	4,6	1,3	2
Kfz-Mechaniker, -schlosser	3,6	1,5	4,9	3,3	1,4	1
Elektroinstallateur	3,1	3,3	2,4	2,9	0,3	1
Fernmeldehandwerker	2,0	1,0	5,3	3,1	1,8	1
Elektromechaniker	3,3	3,4	3,5	3,4	0,1	3
Radio- und Fernsehtechniker	3,3	4,3	2,8	3,5	0,6	1
Tischler	2,3	2,4	3,0	2,6	0,7	3
Schriftsetzer	3,6	0,6	1,7	2,0	1,2	1
Buchdrucker	3,3	1,6	2,3	2,4	0,7	1
Schneider	1,5	1,6	1,5	1,3	0,2	2
Raumausstatter	1,6	1,5	3,5	2,2	0,9	2
Bäcker	1,3	1,6	1,5	1,5	0,1	2
Fleischer	1,5	0,5	1,8	1,3	0,5	2
Koch	1,9	1,2	1,9	1,7	0,3	2
Technischer Zeichner	3,7	1,7	1,5	2,3	1,0	2
Verkäufer	3,1	2,7	3,9	3,2	0,5	2

noch Tabelle 1:

Berufsbezeichnung	aktives Substitutionspotential in % insgesamt			Mittelwert Sp. a bis c	Standardabweichung	Anzahl der Fälle (Sp.a,b,c) zwischen Mittelw. +−Standardabweichung
	Berufswechsleranalyse	Vorgesetztenstudie	Deckungsanalyse			
	a	b	c	d	e	f
Bankkaufmann	3,8	1,9	1,8	2,5	0,9	2
Versicherungskaufmann	3,2	1,2	2,5	2,3	0,8	2
Speditionskaufmann	3,3	1,9	3,0	2,7	0,6	2
Postjungbote	1,8	0	1,8	1,2	0,5	2
Industriekaufmann	3,4	1,6	6,2	3,1	1,1	2
Feinmechaniker	3,1	5,3	3,0	3,8	1,1	2
Landwirt	2,0	1,2	1,4	1,5	0,34	2

Quelle: eigene Berechnungen nach: Deckungsanalyse, a. a. O.
Berufswechsleranalyse, a. a. O.
Vorgesetztenstudie, a. a. O.

IV. Schulische und betriebliche Ausbildungsverhältnisse als Ausdruck regionaler Qualifikationschancen

Gegenstand dieses Abschnittes soll eine Beschreibung der schulischen und betrieblichen Ausbildungsverhältnisse und damit der Qualifikationschancen in regionaler Differenzierung (8 Bezirke in Niedersachsen) über einen Zeitraum von 10 Jahren sein.

Zur Klärung ist zunächst festzustellen, daß wir hier bei dem Begriff des Ausbildungsverhältnisses von Mengen an Ausbildungsverträgen und nicht von Ausbildungsplätzen ausgehen, weil für letztere noch keine operationale Definition mit entsprechenden empirischen Daten vorliegen. In vier Unterabschnitten wollen wir versuchen, die regionalen Qualifikationschancen darzustellen und gegebenenfalls Hinweise zur Steuerung daraus abzuleiten. In einem ersten Abschnitt wollen wir die betrieblichen Ausbildungsverhältnisse nach ihrem Maß für aktives Substitutionspotential gewichten und dabei die Hypothese überprüfen, ob in den weniger entwickelten Räumen die betrieblichen Qualifikationschancen hinsichtlich ihrer Verwertbarkeit für berufliche Mobilität niedriger liegen als in den höher entwickelten Räumen. Im zweiten und dritten Unterabschnitt wollen wir untersuchen, inwieweit die Ausbildungsquoten auf der Ebene von Berufsgruppen und auf der Ebene von Wirtschaftsabteilungen regional voneinander abweichen.

Schließlich wollen wir die schulischen Chancen, eine Qualifikation außerbetrieblich zu erwerben, ebenfalls in regionaler Differenzierung untersuchen und feststellen, ob die Qualifikationschancen im berufsbildenden Schulsystem in den Räumen besser liegen, die im Bereich der allgemeinbildenden Schulen weniger gut versorgt sind.

1. Die betrieblichen Ausbildungsverhältnisse nach ihrem Maß für aktives Substitutionspotential in den Bezirken Niedersachsens

Zur Darstellung der Entwicklung der betrieblichen Ausbildungsverhältnisse haben wir Übersichten erstellt, die für jede der ausgewählten Berufsgruppen für die Jahre 1964, 1969 und 1974 nach dem gleichen Schema angeben:

- %-Maß für aktives Substitutionspotential (basierend auf den Berechnungen, wie sie im voraufgegangenen Abschnitt skizziert wurden);
- den Rang innerhalb der ausgewählten Berufsgruppen (basierend auf dem %-Maß für aktives Substitutionspotential);
- die Steigerungsrate je Bezirk und für das Land von 1964 zu 1969 und von 1964 zu 1974;
- die Ausgangsbasis von 1964 als Anteilswert der Berufsgruppe an den ausgewählten Berufsgruppen insgesamt im gleichen Jahr;
- eine Gesamtwürdigung der Entwicklung der Berufsgruppe in den einzelnen Bezirken.

In der Gesamtwürdigung sind wir von folgenden Konventionen ausgegangen:

liegt die Ausgangsbasis:	und die Endquote:	sprechen wir von:
über dem Mittel	über dem Mittel	überproportionaler Entwicklung
über dem Mittel	beim Mittel	Ausgleich
über dem Mittel	unter dem Mittel	Ausgleich
beim Mittel	über dem Mittel	überproportionaler Entwicklung
beim Mittel	beim Mittel	Ausgleich
beim Mittel	unter dem Mittel	unterproportionaler Entwicklung
unter dem Mittel	über dem Mittel	Ausgleich
unter dem Mittel	beim Mittel	Ausgleich
unter dem Mittel	unter dem Mittel	unterproportionaler Entwicklung

Dies wurde für 22 ausgewählte Berufsgruppen untersucht. Hier wollen wir die Übersicht für die Berufsgruppen Dreher, Bäcker und Bürofachkräfte darstellen (siehe Abbildungen 2 bis 4).

Für alle Berufsgruppen läßt sich für alle Bezirke summarisch ermitteln, daß in 54 Fällen ein Ausgleich, in 57 Fällen eine über- und in 65 Fällen eine unterproportionale Entwicklung vorliegt. Zu den Berufsgruppen, die den größten Ausgleich aufweisen, (drei und mehr Fälle je Berufsgruppe) gehören: Dreher, Schlosser, Elektriker, Textilverarbeiter, Speisebereiter, Maurer, Zimmerer, Bauausstatter, Raumausstatter, Maler und Bürofachkräfte. Daraus könnte man nun schließen, daß gerade bei Berufen, die insbesondere dem verarbeitenden Gewerbe einschließlich dem Baugewerbe angehören, und anderen Berufen in Betrieben mit kleiner Betriebsgröße die Anpassungsfähigkeit an sich verändernde

Ausbildungsverhältnisse in den Jahren 1964, 1969, 1974
Berufsgruppe 22, __Dreher_____, v.H. für aktives Substitutionspotential: **3,2** Rang: **7**

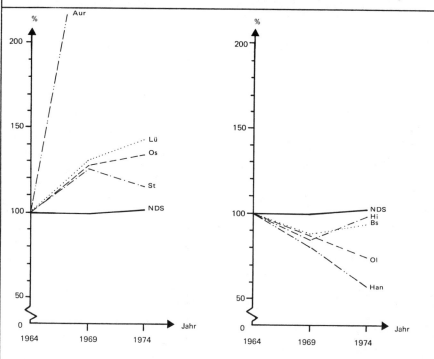

1. Steigerungsraten in den Bezirken:

Die Steigerungsraten für die Berufsgruppe der Dreher verlaufen in den einzelnen Regierungsbezirken sehr uneinheitlich. Während für die erste Periode in den Bezirken der linken Abbildung eine überproportionale Steigerung festzustellen ist, gilt für die übrigen Bezirke eine überproportionale Abnahme. In der zweiten Periode gleichen sich die Wachstumsraten näher dem Landeswert an.

2. Ausgangsbasis in den Bezirken (v. H. der Berufsgruppe vom Insgesamt)

NDS	Han	Hi	Lü	St	Os	Bs	Aur	Ol
1,1	1,2	1,1	1,2	0,5	1,2	1,8	0,3	1,0

3. Gesamtwürdigung der Entwicklung der Berufsgruppe:

Der Gesamtanteil bleibt über die Beobachtungszeit quasi konstant. Der überproportional geringe Ausgangsanteil in den Bezirken Stade und Aurich wird lediglich in Aurich erheblich verbessert. In fünf Bezirken ist ein Ausgleich zu beobachten; in Hannover und Lüneburg liegt der Ausgangswert über, der Endwert unter dem Mittel, in Hildesheim und Osnabrück ist eine proportionale und in Aurich eine zu den beiden erstgenannten Bezirken entgegengerichtete Entwicklung zu beobachten. Die Bezirke Stade und Oldenburg entwickeln sich unterproportional, während Braunschweig ständig über dem Mittelwert bleibt.

Abbildung 2

Ausbildungsverhältnisse in den Jahren 1964, 1969, 1974

Berufsgruppe 39 , Bäcker , v.H. für aktives Substitutionspotential: 1,5 Rang: 19

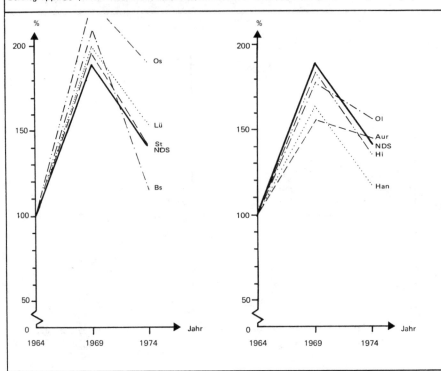

1. Steigerungsraten in den Bezirken:

Die Berufsgruppe der Bäcker verzeichnet in der ersten Periode einen starken Anstieg und in der zweiten eine beinahe ebenso starke Abnahme. Die Bezirke in dem linken Teil der Abbildung bleiben mit einer Ausnahme während der gesamten Beobachtungsdauer oberhalb des Durchschnittes, die Bezirke in der rechten Hälfte verhalten sich entsprechend unterhalb des Durchschnittswertes.

2. Ausgangsbasis in den Bezirken (v. H. der Berufsgruppe vom Insgesamt)

NDS	Han	Hi	Lü	St	Os	Bs	Aur	Ol
1,4	1,4	1,2	1,8	1,9	1,4	1,2	1,3	1,4

3. Gesamtwürdigung der Entwicklung der Berufsgruppe:

Die Berufsgruppe der Bäcker steigert ihren Anteil bis 1969 um ein Drittel und sinkt dann von ursprünglich 1,4 auf schließlich 1,7% ab. In zwei Fällen läßt sich ein Ausgleich beobachten (Hannover und Osnabrück). Für die Bezirke Hildesheim, Braunschweig und Aurich kann eine unterproportionale, für die Bezirke Lüneburg und Stade eine überproportionale Entwicklung beobachtet werden, während Oldenburg vom Mittel über den neuen Mittelwert ansteigt.

Abbildung 3

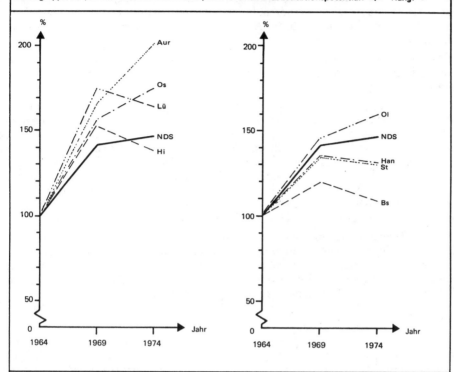

Ausbildungsverhältnisse in den Jahren 1964, 1969, 1974

Berufsgruppe 78, Bürofachkräfte, v.H. für aktives Substitutionspotential: 3,1 Rang: 9

1. Steigerungsraten in den Bezirken:

Die Berufsgruppe zeigt in der ersten Periode eine starke und in der zweiten Periode eine etwas weniger starke Zunahme. Die Entwicklung in den einzelnen Bezirken verläuft in der ersten Periode gleichgerichtet und weicht in der zweiten Periode stark voneinander ab. Die Bezirke Aurich, Osnabrück und Oldenburg verlaufen in der zweiten Periode noch zunehmend, während alle anderen Bezirke eine Abnahme aufweisen.

2. Ausgangsbasis in den Bezirken (v. H. der Berufsgruppe vom Insgesamt)

NDS	Han	Hi	Lü	St	Os	Bs	Aur	Ol
10,1	10,8	10,8	8,3	7,3	11,2	12,1	8,2	9,2

3. Gesamtwürdigung der Entwicklung der Berufsgruppe:

Die Berufsgruppe kann ihren Anteil von 10,1% auf 12,5% ausweiten. Die Werte in den einzelnen Bezirken gehorchen lediglich in den Bezirken Aurich und Oldenburg der Ausgleichshypothese, weil dort der stark unter dem Ausgangsmittelwert liegende Regionalwert an den neuen Mittelwert herankommen kann. In den Bezirken Hannover, Hildesheim, Osnabrück und Braunschweig, die zu Beginn des Beobachtungszeitraums über dem Mittelwert lagen, kommt es zu einer erneuten Zunahme. Die Bezirke Lüneburg und Stade können ihren niedrigen Ausgangsstand nicht ausreichend verbessern.

Abbildung 4

Bedürfnisse (zum Beispiel Nachfrage oder Nachwuchsbedarf) besonders hoch sei. Diese Annahme kann aber nicht durch die beiden anderen Gruppen (über- und unterproportionale Entwicklung) deutlich bestätigt werden. Denn sowohl in der Gruppe der überproportionalen Entwicklung wie auch in der dritten Gruppe tauchen Berufe auf, die zur Kategorie des Ausgleichs gehören. Immerhin beweisen diese Daten eine Elastizität auf seiten der Nachfrage oder auch des Angebots an Ausbildungsplätzen, wie sie aus dem öffentlichen Schulsystem nicht bekannt sind.

Das macht – neben anderen Gründen – deutlich, warum in diesem Bereich Prognosen mit erheblich höheren Schwierigkeiten behaftet sind als im allgemeinbildenden Bildungsbereich.

Wir wollen nun die regionale Anteilsverteilung der Berufsgruppen insgesamt betrachten (siehe Tabelle 2). Dabei wird deutlich, daß die Berufsgruppen mit hohem aktiven Substitutionspotential (Rang 1 bis 5) regional sehr unterschiedlich mit Werten über dem jeweiligen Landesmittel verteilt sind. An der Spitze steht der Bezirk Lüneburg, der in allen 5 Berufsgruppen über dem Landeswert liegt. Es folgt der Bezirk Stade mit 4 Gruppen. Am unteren Ende stehen die Bezirke Aurich, Hannover und Osnabrück mit 0 bzw. 1. Bei Erweiterung der Berufsgruppenzahl mit hohem aktiven Substitutionspotential auf 10 kommt Braunschweig auf den ersten Platz (6), gefolgt von Lüneburg (5). Das untere Ende der räumlichen Skala wird von Hannover angeführt (3).

Die 5 Berufsgruppen mit besonders geringem aktiven Substitutionspotential sind in Stade am häufigsten (4) und in Braunschweig (einmal Durchschnitt) und in Hannover (1) am seltensten vertreten (siehe Tabelle 2). Um diese Rangverteilung in einen Zusammenhang mit dem regionalen Entwicklungsniveau zu bringen, haben wir die Lohn- und Gehaltssumme der Arbeitnehmer herangezogen (siehe Tabelle 3).

Tabelle 2:

Überdurchschnittlicher (+), unterdurchschnittlicher (−) und durchschnittlicher (0) Anteil der Ausbildungsverhältnisse in ausgewählten Berufsgruppen nach ihrem %-Maß für aktives Substitutionspotential, mit ihrem Rang in den Bezirken Niedersachsens im Jahre 1974

Ber. Gr.	Subst. Pot.	Rang	Regierungs- und Verwaltungsbezirke							
			Han.	Hi	Lü	St	Os	Bs	Aur	Ol
17	2,4	13	+	+	−	0	−	+	−	−
22	3,2	7	−	+	−	−	0	+	0	−
26	3,2	5	−	−	+	+	−	−	−	+
27	3,1	8	−	−	−	−	−	+	+	+
28	3,9	2	−	+	+	+	+	−	−	−
29	4,5	1	−	+	+	−	−	+	−	−
31	3,3	4	+	−	+	+	−	+	−	−
35	1,3	22	+	−	−	−	+	−	−	0
39	1,5	19	−	−	+	+	0	−	−	+
40	1,3	21	−	+	−	+	−	−	+	+
41	1,7	17	0	+	+	+	−	+	−	−
44	1,6	18	−	−	+	+	+	−	+	+
45	3,5	3	−	0	+	+	−	−	−	+
48	2,0	16	+	0	+	0	0	0	+	−

noch Tabelle 2:

Ber. Gr.	Subst. Pot.	Rang	Regierungs- und Verwaltungsbezirke							
			Han.	Hi	Lü	St	Os	Bs	Aur	Ol
49	2,2	15	+	0	0	−	−	−	+	+
50	2,6	11	−	−	0	+	+	−	+	+
51	1,1	24	−	+	+	+	−	0	−	−
63	2,3	14	+	+	−	−	0	+	−	−
68	3,2	6	−	−	−	−	+	−	+	+
69	2,4	12	+	−	−	−	−	+	−	−
70	2,7	10	+	−	−	−	+	+	+	−
78	3,1	9	+	+	−	−	+	+	0	−
Insgesamt (überdurchschnittlich)		1–5	1	2,5	5	4	1	2	0	2
		1–10	3	4,5	5	4	4,5	6	4	4
		24–18	1	2	3	4	2,5	0,5	2	3,5

Quelle: eigene Berechnung.

Tabelle 3:

Regionaler Rangfolgenvergleich zwischen Lohn- und Gehaltssumme je Arbeitnehmer sowie überdurchschnittlichem Anteil der Ausbildungsverhältnisse in Berufsgruppen mit hohem und niedrigem Substitutionspotential

Bezirk	Lohn- und Gehaltssumme je Arbeitnehmer im Jahre 1969	Rangfolge	Zahl der Fälle mit überdurchschnittlichem Anteil des Bezirkes				Diff. v. Sp. 4 u. 6	Rangfolge n. Sp. 6
			Fälle	Rang 1–5	Fälle	Rang 24–18		
1	2	3	4	5	6	7	8	9
Hannover	11 137	1	1	(7)	1	(2)	0	5
Braunschweig	10 903	2	2	(5)	0,5	(1)	1,5	2
Lüneburg	10 417	3	5	(1)	3	(6)	2	1
Osnabrück	10 312	4	1	(6)	2,5	(5)	−1,5	7
Hildesheim	10 300	5	2,5	(3)	2	(4)	0,5	3
Oldenburg	10 011	6	2	(4)	3,5	(7)	−1,5	6
Stade	9 832	7	4	(2)	4	(8)	0	4
Aurich	9 555	8	0	(8)	2	(3)	−2	8

Quelle für die Lohn- und Gehaltssumme: Der Niedersächsische Minister für Wirtschaft und öffentliche Arbeiten (Hrsg.), Jahreswirtschaftsbericht Niedersachsen 1974, Hannover 1974; eigene Berechnungen.

Berücksichtigt man lediglich die Berufsgruppen mit hohem aktiven Substitutionspotential (Rang 1 bis 5), so stände Lüneburg an erster Stelle gegenüber seinem dritten Rang im Entwicklungsniveau und Hannover an siebter Stelle gegenüber seinem ersten Rang im Entwicklungsstand. Bei den Berufsgruppen mit relativ niedrigem aktiven Substitutionspotential läge Braunschweig sehr günstig, Hannover an zweiter und Aurich bereits an dritter Stelle. Bilanziert man die beiden Extremgruppen, so steht Lüneburg am günstigsten, Braunschweig an zweiter und Hildesheim an dritter Stelle. Hannover kommt danach erst auf den fünften Platz, während Aurich an letzter Stelle steht.

Demnach läßt sich keineswegs die Hypothese halten, nach der die in benachteiligten Regionen Lebenden das geringste Mobilitätspotential aufweisen und in Ballungsgebieten eine große Zahl auch der höher qualifizierenden Ausbildungsplätze unbesetzt bleibt. Vielmehr liegen die beiden Räume mit dem größten Unterschied im Entwicklungsniveau in der Skala des aktiven Substitutionspotentials dicht beisammen.

Aus diesem Ergebnis kann allerdings nicht der Schluß gezogen werden, die Berufsstruktur sei zum Beispiel in den Bezirken Hannover und Aurich gleich „schlecht". Vielmehr gilt es zu fragen, ob bei gegebener Wirtschaftsstruktur die jeweilige Berufsstruktur als entwicklungsadäquat anzusehen ist. Wir wollen uns mit dieser Frage im Ausblick (siehe V.) befassen.

2. Ausbildungsquoten auf der Ebene von Berufsgruppen zur Bewertung von regionalen Abweichungen

Eine Korrelationsrechnung über den Zusammenhang zwischen der Zahl der Ausbildungsverhältnisse und der Zahl der Erwerbstätigen in einer Berufsgruppe ergibt für die 8 Bezirke die folgenden Korrelationskoeffizienten:

Hannover	rho = 0,7437
Hildesheim	rho = 0,8358
Lüneburg	rho = 0,7998
Stade	rho = 0,6996
Osnabrück	rho = 0,8090
Braunschweig	rho = 0,8753
Aurich	rho = 0,8315
Oldenburg	rho = 0,8023

Durchschnittlich liegt der Korrelationskoeffizient also über 0,8.

Um die Zahl der Ausbildungsverhältnisse pro Beruf und Bezirk hinsichtlich ihres Stellenwertes für die zukünftige Berufsstruktur in den einzelnen Bezirken bewerten zu können, wird eine Relation zwischen den Auszubildenden im Beruf$_i$ und in der Region$_j$ (A_{ij}) und den Erwerbstätigen (E_{ij}) gebildet. Die Relation wird am Landeswert (L) gemessen:

$$\frac{\frac{A_{ij}}{E_{ij}}}{\frac{A_{iL}}{E_{iL}}} = \frac{A_{ij}}{E_{ij}} \times \frac{E_{iL}}{A_{iL}}$$

Dabei wird unterstellt, daß die Auszubildenden-Erwerbstätigen-Relation in der Region der Landesrelation entsprechen sollte. Ziel ist also, einen berufsspezifisch ausgeglichenen Nachwuchsindikator bei gegebener Beschäftigtenzahl in einem Beruf bzw. einer Berufsgruppe zu ermitteln.

Wenn der Regionalwert vom Landeswert abweicht, soll die Zahl der Auszubildenden bestimmt werden, die mehr oder weniger nötig ist, um der Landesrelation zu entsprechen.

$$A_{ij} - x = \frac{A_{ij} \times E_{ij}}{E_{iL}} \qquad x = A_{ij} - \frac{A_{iL} \times E_{ij}}{E_{iL}}$$

Wenn das Ergebnis für die Korrekturgröße x positiv ist, liegt ein Auszubildendenüberschuß vor, im umgekehrten Falle ein Auszubildendennachwuchsbedarf.

$$\frac{A_{ij} \times E_{ij}}{E_{iL}}$$

stellt das eigentliche Auszubildendensoll (A_{ij} Soll) dar. Als Nachwuchsindikator läßt sich nun das Verhältnis

$$\frac{A_{ij} \text{ Soll}}{A_{ij} \text{ Ist}} \text{ ausdrücken.}$$

Für die Berufsgruppe der Buchdrucker ergibt dieses Bewertungsverfahren ein Auszubildendensoll von

$$\frac{1057 \times 350}{16470} = 22$$

für den Bezirk Aurich, d. h., bei einer tatsächlichen Auszubildendenzahl von 57 einen Überschuß von 35. Der Nachwuchsindikator beläuft sich auf 0,39 (s. Tabelle 4).

Unter Berücksichtigung aller Berufe ergibt sich unter der genannten Bedingung (Orientierung an der Landesrelation) für die Bezirke Hannover (3756), Lüneburg (1688), Braunschweig (1638) und Stade (570) bei den ausgewählten Berufsgruppen (z. B. ohne Landwirte!) ein zum Teil erheblicher Nachholbedarf. Der Bezirk Osnabrück (5023) führt die drei Bezirke mit einem Ausbildungsüberschuß (Aurich 1607 und Oldenburg 1491) an. Per Definitionem gleichen sich Nachholbedarfe und Überschüsse aus.

Das Bewertungsverfahren macht deutlich, daß der Vergleich des regionalen Auszubildendenanteils in einer Berufsgruppe mit dem entsprechenden Landesdurchschnitt auf keinen Fall für eine Entwicklungsempfehlung zu den Ausbildungsverhältnissen in einem Beruf ausreichen kann (siehe die entsprechende Hypothese im vorangegangenen Abschnitt). Denn während beispielsweise der Auszubildendenanteil der Dreher in Aurich scheinbar defizitär ist, deutet der Nachwuchsindikator auf einen im Vergleich zum Landeswert deutlichen Überschuß hin (s. Tabelle 4: absoluter Überschuß 47 bzw. Nachwuchsindikator 0,39).

Die Überschüsse sind in der Weise interpretierbar, daß zur Erzielung einer bedarfsgerechten Nachwuchszahl in einigen Berufen und Regionen über das regionale Soll hinaus Ausbildungsplätze zur Verfügung gestellt werden. Dies mag im einzelnen auf Kenntnisse der Betriebe über die durchschnittliche räumliche Mobilität (Abwanderung in eine andere Region) und Berufsmobilität (Wechsel in einen anderen Beruf) zurückzuführen sein und/oder auf die besondere Betriebsstruktur, die auf eine höhere Zahl von Auszubildenden angewiesen ist.

Tabelle 4: *Auszubildendensoll; -überschuß; -nachholbedarf und -indikator bei Gleichversorgung in ausgewählten Berufsgruppen für die Bezirke Niedersachsens*

Berufsgruppe	Hannover			Hildesheim			Lüneburg			Stade		
	1	2	3	1	2	3	1	2	3	1	2	3
17 Buchdrucker	286	+ 5	0,98	177	− 5	1,03	126	− 15	1,13	98	− 24	1,32
22 Dreher	252	− 113	1,81	179	− 19	1,12	194	+ 39	0,83	51	− 13	1,34
26 Installateur	1148	− 215	1,23	660	+ 50	0,93	926	+ 31	0,97	573	− 36	1,07
27 Schlosser	1816	− 226	1,17	910	+120	0,88	1397	− 493	1,55	573	− 15	1,03
28 Mechaniker	3056	− 300	1,11	1958	+214	0,90	2972	− 468	1,19	1092	+391	0,74
29 Werkzeugmacher	481	− 105	1,28	406	+ 40	0,91	403	+ 51	0,89	42	− 13	1,45
31 Elektriker	3230	+ 96	0,97	2556	−696	1,37	2182	− 41	1,02	1080	+115	0,90
35 Textilverarbeiter	302	+ 32	0,90	155	− 2	1,01	196	+ 25	1,89	106	+ 16	0,87
39 Bäcker	511	− 180	1,54	265	33	1,14	266	+ 91	0,75	206	− 6	1,03
40 Fleischer	215	− 26	1,14	144	+ 63	0,69	161	+ 3	0,98	220	− 85	1,63
41 Speisenbereiter	388	− 32	1,09	236	+ 43	0,85	352	− 23	1,07	161	− 23	1,17
44 Maurer	677	− 191	1,39	609	−125	1,26	585	+ 1	1,00	395	+ 13	0,97
45 Zimmerer	254	− 38	1,18	216	− 13	1,06	295	+ 49	0,86	197	+ 74	0,73
48 Bauausstatter	123	+ 1	0,99	72	− 6	1,09	90	+ 26	0,78	42	− 6	1,17
49 Raumausstatter	137	− 2	1,01	62	− 2	103	77	− 3	1,04	39	− 14	1,56
50 Tischler	670	− 75	1,13	572	−146	1,34	470	+ 27	0,95	331	− 38	1,13

noch Tabelle 4:

Berufsgruppe	Hannover			Hildesheim			Lüneburg			Stade		
	1	2	3	1	2	3	1	2	3	1	2	3
51 Maler	679	− 77	1,13	485	+ 25	0,95	506	+ 8	0,98	297	− 12	1,04
63 Techn. Sonderfachkräfte	1026	+ 27	0,97	610	+ 76	0,89	669	− 259	1,63	292	− 39	1,15
68 Warenkaufleute	5544	−1318	1,31	3118	−127	1,04	3578	− 170	1,05	2034	−367	1,22
69 Bank- und Versicherungskaufleute	1180	+ 214	0,85	524	− 71	1,16	550	− 174	1,46	304	− 96	1,46
70 Dienstleistungskaufleute	313	+ 38	0,89	123	− 23	1,23	164	− 123	4,00	91	− 65	3,50
78 Bürofachkräfte	4106	−1231	1,43	1852	+280	0,87	2051	− 270	1,15	1016	−327	1,47
Summe		−3756			−357			−1688			−570	

Legende: 1. Soll der Auszubildenden   2. Überschuß (+), Nachholbedarf (−)   3. Nachwuchsindikator

noch Tabelle 4:

Auszubildendensoll; -überschuß; -nachholbedarf und -indikator bei Gleichversorgung in ausgewählten Berufsgruppen für die Bezirke Niedersachsens

Berufsgruppe	Osnabrück			Braunschweig			Aurich			Oldenburg		
	1	2	3	1	2	3	1	2	3	1	2	3
17 Buchdrucker	105	+ 15	0,87	134	− 3	1,02	22	+ 35	0,39	106	− 5	1,05
22 Dreher	105	+ 63	0,62	221	+ 17	0,93	30	+ 47	0,39	111	− 17	1,18
26 Installateur	508	+ 247	0,67	705	− 92	1,15	401	− 16	1,04	797	+ 35	0,96
27 Schlosser	736	+ 384	0,66	1375	− 271	1,24	504	+ 287	0,64	863	+ 260	0,77
28 Mechaniker	1330	+ 918	0,59	2145	− 521	1,32	1108	− 280	1,34	1962	+ 49	0,97
29 Werkzeugmacher	160	+ 79	0,67	385	− 84	1,28	38	+ 6	0,86	151	+ 58	0,72
31 Elektriker	1324	+ 531	0,71	1980	− 168	1,09	748	− 44	1,06	1682	+ 211	0,89
35 Textilverarbeiter	343	− 2	1,00	166	− 67	1,68	50	+ 13	0,79	223	− 12	1,06
39 Bäcker	215	+ 63	0,77	205	− 16	1,08	108	+ 2	0,98	193	+ 82	0,70
40 Fleischer	177	− 25	1,16	117	+ 25	0,82	53	+ 50	0,51	197	− 1	1,00
41 Speisenbereiter	140	+ 44	0,76	250	+ 2	0,99	108	+ 1	0,99	188	− 8	1,04
44 Maurer	447	+ 257	0,63	380	− 110	1,41	299	+ 84	0,78	457	+ 74	0,86
45 Zimmerer	99	− 14	1,16	169	− 3	1,02	63	− 36	2,33	219	− 15	1,07
48 Bauausstatter	60	+ 10	0,86	61	− 8	1,15	13	− 8	2,60	45	− 4	1,10
49 Raumausstatter	48	+ 7	0,87	50	− 29	2,38	22	+ 14	0,61	38	+ 33	0,53
50 Tischler	448	+ 158	0,74	378	− 74	1,24	193	+ 76	0,72	395	+ 76	0,84
51 Maler	323	+ 74	0,81	422	− 27	1,07	212	− 23	1,12	361	+ 36	0,91

noch Tabelle 4:

Berufsgruppe	Osnabrück			Braunschweig			Aurich			Oldenburg		
	1	2	3	1	2	3	1	2	3	1	2	3
63 Techn. Sonderfachkräfte	462	+ 129	0,78	669	+ 33	0,95	213	− 44	1,26	403	+ 81	0,83
68 Warenkaufleute	2333	+ 1157	0,67	3200	− 548	1,21	1209	+ 996	0,55	2728	+ 379	0,88
69 Bank- und Versicherungskaufleute	326	− 10	1,06	436	+ 169	0,72	172	− 18	1,12	468	− 2	1,00
70 Dienstleistungskaufleute	97	+ 110	0,47	126	+ 38	0,77	41	+ 56	0,43	139	− 25	1,22
78 Bürofachkräfte	1315	+ 836	0,61	1733	+ 99	0,95	565	+ 409	0,58	1608	+ 206	0,89
Summe		+ 5023			− 1638			+ 1807			+ 1491	

Legende: 1. Soll der Auszubildenden 2. Überschuß (+), Nachholbedarf (−) 3. Nachwuchsindikator

Das oben beschriebene Verfahren zur Beurteilung der Ausbildungsplatzsituation könnte für Planungszwecke in folgender Weise ergänzt werden:

- Überschüsse bzw. Nachholbedarfe sollten für die einzelnen Regionen insgesamt daraufhin überprüft werden, ob sie unter dem Gesichtspunkt der Versorgung der Region mit Nachwuchskräften zu vertreten sind. Dabei wären traditionelle Zu- und Abwanderungen zu berücksichtigen.
- Insbesondere die Überschüsse sollten daraufhin überprüft werden, ob sie unter Flexibilitätsgesichtspunkten vertretbar sind, d. h., ob den Auszubildenden in diesen Berufen ausreichende Chancen offenstehen, einen anderen als den erlernten Beruf ohne großen Anpassungsaufwand zu lernen bzw. einen entsprechenden Arbeitsplatz auszufüllen. In den Fällen, wo das nicht gewährleistet ist, sollte auf eine Umschichtung des Ausbildungsplatzangebotes hingearbeitet werden.

Zusammenfassend können wir feststellen: die „erforderliche" Reproduktionsquote (die Auszubildenden-Erwerbstätigen-Relation gemessen am Landeswert) kann regional und berufsspezifisch sehr unterschiedlich sein. Die Unterschiede werden dabei im wesentlichen von unterschiedlichen Flexibilitätsspielräumen und räumlichen Mobilitäten bestimmt.

Das Berechnungsverfahren von HOFBAUER und STOOSS[8]) zur Ermittlung einer Nachwuchsquote

$$\frac{(\text{Bestand an Fachkräften} = 100\,\%) \times \text{üblicher Ausbildungszeit}}{\text{durchschnittliche Aktivitätsdauer}}$$

$$= \frac{100}{35} \times 3 \text{ Jahre} = 8{,}571\,\% \text{ (Nachwuchsquote)}$$

als globaler Ansatz kann diese unterschiedlichen Einflüsse nicht einbeziehen. Für regionale und berufsspezifische Bedarfsansätze kann es daher nur begrenzt verwendet werden.

Berufsspezifisch tragen die Autoren dem insofern Rechnung, als sie die „Überschußbereiche bei der Nachwuchsqualifizierung" als die Bereiche identifizieren, aus denen heraus „die hier qualifizierten Fachkräfte u. a. jene Arbeitsplätze einnehmen, für die es bisher keine Ausbildungsberufe gibt". Ferner muß das Bedenken der Autoren geteilt werden, daß eine Umlagefinanzierung zugunsten der bereits begünstigten Berufsfelder nicht dazu beitragen würde, die Zahl der Auszubildenden in den unterbesetzten Feldern zu erhöhen. Dieses Bedenken stützt sich auf die Annahme, daß die Kosten für die Ausbildung in den unterbesetzten Feldern besonders hoch und ein Förderungslimit eher für die Ausbildung in den bereits stark besetzten Feldern wirtschaftlich interessant sein könnte. Insofern sollte der Förderungsspielraum möglichst groß sein und die Höhe der Förderung regional und berufsspezifisch reagieren können, um Defizite abbauen und Überschüsse begrenzen zu können.

---

[8]) HANS HOFBAUER, FRIEDEMANN STOOSS: Defizite und Überschüsse an betrieblichen Ausbildungsplätzen nach Wirtschafts- und Berufsgruppen, Mitt. AB, H 2/1975, S. 109.

3. Ausbildungsquoten auf der Ebene von Wirtschaftsabteilungen zur Bewertung von regionalen Abweichungen

Die Ausbildungsquote (bezogen auf die Erwerbstätigen) wird von den Bezirken Oldenburg (6,3%), Osnabrück (6,3%), Aurich (6,2%) und Stade (6,1%) relativ deutlich übertroffen, während der Bezirk Hannover mit 4,4% weit unter dem Mittel liegt (siehe Tabelle 5).

In den einzelnen Wirtschaftsabteilungen läßt sich ein ähnliches Ergebnis erkennen (wegen zu geringer Besetzungszahl wurden in der amtlichen Statistik für die Wirtschaftsabteilung 9 [Organisationen ohne Erwerbscharakter] keine Auszubildendenzahlen ausgewiesen und in der Wirtschaftsabteilung 2 [Energiewirtschaft . . .] lediglich für die Bezirke Hannover, Hildesheim und Braunschweig). Unter Berücksichtigung dieser Einschränkung liegen der Bezirk Oldenburg 8mal (also in allen besetzten Wirtschaftsabteilungen), Osnabrück und Aurich 6mal, Lüneburg, Stade, Hildesheim und Braunschweig 5mal und Hannover lediglich 2mal über dem Durchschnitt.

Zwischen den einzelnen Wirtschaftsabteilungen liegen erhebliche Abweichungen für die Auszubildenden-Erwerbstätigen-Anteile vor. Sie schwanken zwischen 1,28% Anteil der Auszubildenden an den Erwerbstätigen in der Wirtschaftsabteilung 1 (Land- und Forstwirtschaft, Tierhaltung und Fischerei) und 11,48% in der Wirtschaftsabteilung 5 (Handel). Dies entspricht Ergebnissen, wie sie auch mit anderen Berechnungsmaßstäben von HOFBAUER und STOOSS ermittelt wurden (s. a. a. O., S. 109). Interessant ist immerhin, daß die Bezirke Stade und Aurich, die mit 20,4% bzw. 17,7% an der Spitze der Erwerbstätigkeit in der Land- und Forstwirtschaft (Wirtschaftsabteilung 1) liegen, in den entsprechenden Ausbildungsquoten den dritt- und zweitletzten Platz mit je 1,1% belegen. Demnach hat diese Wirtschaftsabteilung, die in beiden Bezirken die zweitstärkste darstellt, keinen wesentlichen, allenfalls einen negativen Einfluß auf die Gesamthöhe ihrer Ausbildungsquoten. Dagegen liegen beide Bezirke in den Wirtschaftsabteilungen 3 (Verarbeitendes Gewerbe ohne Baugewerbe) und 4 (Baugewerbe) an der Spitze der Ausbildungsquoten.

Sucht man nun nach Gründen für diese Abweichungen, so liegt eine nähere Betrachtung über die quantitative Bedeutung von Industrie und Handwerk nahe. In Tabelle 6 ist zu diesem Zweck der Anteil der Auszubildenden an den im Handwerk Beschäftigten ausgewiesen. Da zur Ermittlung solcher Werte lediglich die Handwerkszählung (bzw. im anderen Falle die Industriestatistik) herangezogen werden kann, sind wir auf Daten von 1968 (letzte Handwerkszählung) angewiesen.

Die Tabelle macht deutlich, daß die Auszubildendenanteile im Handwerk in jedem Bezirk um das zwei- bis dreifache über die Auszubildendenanteile in der Gesamtwirtschaft (vgl. Tabelle 5) hinausgehen, d. h., einen überproportionalen Einfluß auf die Höhe der Auszubildenden-Erwerbstätigen-Relationen ausüben. Da ein direkter Vergleich aus den veröffentlichten Daten der Handwerkszählung zu den Daten der Volkszählung (abgesehen von dem unterschiedlichen Erfassungsprinzip: Wohnort gegenüber Arbeitsstätte) mit Bezug auf die Wirtschaftssystematik nur schwer möglich ist, wollen wir lediglich zwei Rangreihenvergleiche für die Wirtschaftsabteilung 4 (WA 4) (Baugewerbe) und die Gewerbegruppe 1 (GG 1) (Bau- und Ausbau) sowie für die WA 8 (Dienstleistungen) und die GG 6 (Gesundheits- und Körperpflege, chemisches und Reinigungsgewerbe) anstellen, da hier eine vergleichsweise weniger problematische Zuordnung vorliegt.

Tabelle 5:
Auszubildende im Anteil an der Gesamtbeschäftigtenzahl nach Bezirken und Wirtschaftsabteilung in Niedersachsen, 1970

Bezirk/Land		1	2	3	4	Wirtschaftsabteilung 5	6	7	8	9	10	Insgesamt
Hannover	Gesamtbesch.	56 700	14 000	268 100	53 400	99 300	45 900	25 100	104 200	10 400	67 200	744 300
	Auszubildende	500	300	13 800	3 000	8 900	1 100	1 700	6 300	0	1 000	33 000
	%	0,9	2,1	5,1	5,6	9,0	2,4	6,8	6,0		1,5	4,4
Hildesheim	Gesamtbesch.	28 600	4 800	134 800	30 100	43 500	15 800	8 000	50 300	4 300	27 600	347 800
	Auszubildende	400	100	8 100	1 800	5 200	100	700	3 600	0	200	20 200
	%	1,4	2,1	6,0	6,0	12,0	0,6	8,8	7,2		0,7	5,8
Lüneburg	Gesamtbesch.	49 900	4 900	139 800	36 300	48 200	18 700	8 100	49 100	4 800	41 200	396 000
	Auszubildende	800	0	9 200	2 200	5 800	300	700	3 400	0	400	21 800
	%	1,6	0	6,6	6,1	12,0	1,6	8,6	6,9		1,0	5,5
Stade	Gesamtbesch.	53 000	3 000	64 900	28 400	33 500	18 100	5 200	30 900	3 300	27 100	267 400
	Auszubildende	600	0	5 900	1 800	4 100	700	300	2 600	0	200	16 200
	%	1,1	0	9,1	6,3	12,2	3,9	5,8	8,4		0,7	6,1
Osnabrück	Gesamtbesch.	47 100	4 600	112 200	26 900	39 900	16 000	5 600	36 100	4 600	25 300	318 300
	Auszubildende	600	0	7 700	1 900	5 400	300	300	3 200	0	500	19 900
	%	1,3	0	6,9	7,1	13,5	1,9	5,4	8,9		2,0	6,25
Aurich	Gesamtbesch.	26 200	1 400	41 700	18 400	20 400	9 700	2 800	19 300	2 400	17 400	159 700
	Auszubildende	300	0	3 000	1 200	3 200	300	200	1 400	0	300	9 900
	%	1,1	0	7,2	6,5	15,7	3,1	7,1	7,3		1,7	6,2
Braunschweig	Gesamtbesch.	20 400	11 700	173 800	31 800	54 200	20 600	8 700	59 700	4 400	33 100	418 400
	Auszubildende	300	200	9 400	1 800	6 200	400	800	4 300	0	500	23 900
	%	1,5	1,7	5,4	5,7	11,4	1,9	9,2	7,2		1,5	5,7
Oldenburg	Gesamtbesch.	45 300	4 000	103 200	29 000	45 200	18 900	7 900	43 700	5 000	45 800	348 000
	Auszubildende	700	0	8 600	1 800	5 300	900	900	3 200	0	600	22 000
	%	1,5	0	8,3	6,2	11,7	4,8	11,4	7,3		1,3	6,3
Niedersachsen	Gesamtbesch.	327 200	48 400	1 038 500	254 300	384 200	163 700	71 400	393 300	39 200	284 700	2 999 900
	Auszubildende	4 200	600	65 700	15 500	44 100	4 100	5 600	28 000	0	3 700	167 500
	%	1,28	1,23	6,33	6,09	11,48	2,5	7,84	7,12		1,30	5,58

Quelle: Erwerbstätige in sozialer, sozio-ökonomischer und beruflicher Gliederung am 27. Mai 1970, a. a. O. S. 64–115; eigene Berechnungen.

Bezirke	Rangpositionen der Bezirke bei den Ausbildungsquoten in ...			
	Wirtschafts-abtg. 4	Gewerbe-gruppe 1	Wirtschafts-abtg. 8	Gewerbe-gruppe 6
Hannover	8	8	8	8
Hildesheim	6	6	6	7
Lüneburg	5	3	7	5
Stade	3	2	2	4
Osnabrück	1	5	1	2
Aurich	2	1	3	1
Braunschweig	7	7	5	6
Oldenburg	4	4	4	3

Abgesehen von einer Ausnahme beim ersten Rangvergleich (Osnabrück) weisen die Vergleichsreihen auf einen deutlichen Zusammenhang hin, der die quantitative Bedeutung der Ausbildungsverhältnisse im Handwerk für die Gesamtheit der Ausbildungsverhältnisse in diesen Abteilungen unterstreicht.

Für den Gesamteinfluß der Ausbildungsverhältnisse im Handwerk auf die Gesamtheit der Ausbildungsverhältnisse ergibt sich ein ähnliches Gewicht wie in den beiden ausgewählten Gruppen bzw. Abteilungen.

Etwa 50 % der Ausbildungsverhältnisse im Bezirk Lüneburg werden durch Ausbildungsverhältnisse im Handwerk bestimmt, in Hildesheim etwa 48 % und in Aurich etwa 47 %. Die Tatsache, daß Lüneburg bei den Auszubildendenanteilen insgesamt mit 5,5 % (s. Tabelle 5) an vorletzter Stelle steht, macht die große Bedeutung der Ausbildung im Handwerk bzw. die geringe Bedeutung anderer Ausbildungsbereiche in diesem Bezirk deutlich. In Oldenburg werden umgekehrt die Auszubildendenverhältnisse stärker durch andere Ausbildungsbereiche bestimmt.

Tabelle 6:

Auszubildende im Anteil an den Beschäftigten im Handwerk nach Gewerbegruppen und Bezirk in Niedersachsen im Jahre 1968

Gewerbegruppe	Hannover	Hildesheim	Lüneburg	Stade	Osnabrück	Aurich	Braunschweig	Oldenburg
1. Bau- und Ausbau	5,6	7,0	7,6	8,8	7,1	9,0	6,3	7,4
2. Metallgewerbe	22,8	29,3	29,9	29,7	29,9	34,1	28,7	28,0
3. Holzgewerbe	6,4	9,2	9,8	11,6	8,7	18,4	9,1	11,4
4. Bekl.-, Textil-, Lederg.	9,9	9,7	10,5	10,8	10,3	12,2	9,3	11,4
5. Nahrungsmittel	9,4	10,9	11,8	11,8	13,3	14,7	11,5	11,9
6. Gesundheits- und Körperpflege, chem. und Reinigungsgew.	13,3	20,6	20,9	22,8	16,9	25,8	14,2	17,9
7. Glas-, Papier-, Keramik und sonstiges Gewerbe	12,7	13,8	21,4	18,8	13,9	21,4	13,9	18,4
Handwerk insgesamt	12,3	14,8	15,9	16,2	13,4	18,2	14,1	15,4

Quelle: Das Handwerk in Niedersachsen, Ergebnisse der Handwerkszählung 1968; Niedersächsisches Landesverwaltungsamt – Statistik (Hrsg.), Hannover 1972, S. 88–183; eigene Berechnungen.

4. Qualifikationschancen im berufsbildenden Schulsystem

Bereits im erläuterten Text zu Abbildung 1 wurde auf die verschiedenen Ströme aus dem Schulsystem in die betriebliche Ausbildung hingewiesen. Als wesentliche Steuerungsgröße auch für die Nachfrage nach Ausbildungsplätzen im beruflichen Schulsystem wurde dabei die Bildungsbeteiligung in den allgemeinbildenden Schulen ausgemacht. So hat sich bei der vorausgegangenen Darstellung der Ausbildungsquoten gezeigt, daß die Ausbildungsverhältnisse besonders in den Regionen gut lagen, die zu den weniger entwickelten Regionen Niedersachsens gehören. Deshalb lag zumindest die Vermutung nahe, daß diese Quoten zum Teil auf einen unterschiedlichen Nachfragedruck nach betrieblichen Ausbildungsplätzen zurückzuführen sind. Um diese Annahme zu überprüfen, haben wir die Zugangsquoten zum Gymnasium und zur Realschule in den einzelnen Bezirken überprüft und in eine Rangreihe gebracht. Zusätzlich haben wir den Rest, d. h. die Absolventen von Haupt- und Sonderschulen in eine eigene Rangreihe gebracht und schließlich noch den Rang bei den Ausbildungsquoten daneben gestellt.

Bezirk	Rang		
	beim Zugang zum Gymnasium	beim Rest*)	bei den Ausbildungsquoten*
Hannover	1	1	1
Hildesheim	4	2	4
Lüneburg	5	4	2
Stade	7	7	5
Osnabrück	6	6	7
Aurich	8	8	6
Braunschweig	2	3	3
Oldenburg	3	5	8

*) Zu Vergleichszwecken sind die Rangpositionen in den Spalten Rest und Ausbildungsquoten umgekehrt ausgewiesen.

Abgesehen von geringen Ausnahmen ist zumindest ein Teil der Ausbildungsplatznachfrage im betrieblichen Bereich und damit auch der Ausbildungsquoten durch diese Gegenüberstellung erklärbar, nämlich durch den unterschiedlich hohen Zugang insbesondere zum Gymnasium. Eine gute schulische Versorgung im allgemeinbildenden Bereich erforderte bisher keine hohen Ausbildungsquoten bzw. keine hohe Zahl an Ausbildungsplätzen. Aus der vergleichenden Sicht zwischen allgemeinbildender und betrieblicher Ausbildung ergeben sich ferner ungleiche Verteilungen der Ausbildungskosten in den verschiedenen Räumen. Während die Wirtschaft in den weniger entwickelten Bezirken zusätzliche Ausbildungskosten übernimmt, haben die weiterentwickelten Räume relativ größere Vorteile durch die Übernahme der schulischen Ausbildungskosten durch den Staat (abgesehen von den Einkommenseffekten, die durch Schulbauinvestitionen und einen höheren Lehrerbesatz entstehen).

Bei Erweiterung dieser Betrachtung um die regionale Verteilung der „sozialen Lasten", nämlich den Anteil der mithelfenden Familienangehörigen, der Ungelernten und der Berufsschüler ohne Beruf und Arbeitsplatz ergibt sich erneut, daß besonders Bezirke, die eine hohe Ausbildungsplatzversorgung im betrieblichen Bereich zu verzeichnen haben, besonders hohe soziale Lasten in diesem Sinne tragen müssen.

Offensichtlich sind in diesen Regionen die Ausbildungsanstrengungen auf dem betrieblichen Sektor vergleichsweise so hoch, daß eine Steigerung der Ausbildungsleistungen (Vermehrung der Ausbildungsplätze) nicht mehr in dem Maße möglich ist, daß die Zahl der mithelfenden Familienangehörigen, der Ungelernten und der Berufs- bzw. Arbeitslosen entsprechend den anderen Regionen gesenkt werden kann.

Für die nähere Zukunft scheinen sich aufgrund der geschilderten Ausgangslage die Ausbildungschancen für die Jugendlichen in diesen Räumen nicht wesentlich zu ändern. Nach den Ergebnissen der Befragung der Entlaßschüler an allen niedersächsischen Schulen vom 25.3.1976 hatten die Schüler der allgemeinbildenden Schulen in den Bezirken Aurich (22,3 %), Braunschweig (14,9 %), Stade (14,6 %) die größten Schwierigkeiten, einen Ausbildungsplatz zu finden. Gleichzeitig wollten in Oldenburg (17,5 %), Stade (17,2 %) und Osnabrück (17,1 %) die – regional gesehen – meisten Schüler eine berufliche Vollzeitschule besuchen. Zieht man den Wunsch, eine Hochschule zu besuchen, hinzu, hatte der quantitativ hohe Wunsch nach Besuch einer beruflichen Vollzeitschule in Stade eindeutig kompensatorische Funktionen, da der Hochschulbesuch hier mit 5,3 % am unteren Ende der Nachfrage lag. Aus den Daten wird insgesamt deutlich, daß die Nachfrageversorgung nach Ausbildungsplätzen insgesamt vom regionalen Angebot an Plätzen in den weiterführenden, beruflichen Vollzeitschulen, Hochschulen und Betrieben insgesamt abhängig ist. Es wird ferner daraus deutlich, daß „die globale Relation zwischen Angebot und Nachfrage regional verschieden" ist, wie WINTERHAGER[9]) feststellt; die von ihm weiter entsprechend der allgemeinen Einschätzung vorgetragene These, das Angebot nach Ausbildungsberufen sei besonders auf dem Lande und in Gebieten mit einseitiger Wirtschaftsstruktur sehr schmal, wird durch unsere Analysen nicht gestützt.

V. Zusammenfassung und Ausblick

Mit Hilfe von Daten zur Polyvalenz von Berufen und Daten der amtlichen Statistik bzw. solcher, die nach dem Ausbildungsplatzförderungsgesetz gewonnen werden können, lassen sich integriert Anhaltspunkte zur quantitativen und qualitativen Bewertung der regionalen Ausbildungsplatzversorgung gewinnen.

Mit diesen Grunddaten konnte für die regionalen und sektoralen Ausbildungsplatzverhältnisse gezeigt werden:

- Die Chancen, einen Ausbildungsplatz zu finden sind um so höher, je besser regional gesehen die schulische Versorgung im allgemeinbildenden (einschließlich Hochschul-) Bereich sind;
- die Ausbildungsquoten liegen in den wirtschaftlich weniger entwickelten und schulisch schlechter versorgten Räumen höher als in den entwickelten;
- Der bedeutendste Einfluß auf die gesamten Ausbildungsverhältnisse geht von den Ausbildungsverhältnissen im Handwerk aus;
- Die gewichtete Polyvalenz der Berufe steigt nicht linear mit dem Entwicklungsniveau der Region; sie liegt zum Teil auch in höher entwickelten Räumen unter dem Durchschnitt und umgekehrt;

---

[9]) W. D. WINTERHAGER: Planerische und ökonomische Aspekte regionalisierter Berufsbildungspolitik, Manuskript, Berlin 1976, S. 2.

- Eine Limitationalität zwischen Ausbildungsverhältnissen und Erwerbstätigkeit besteht weder sektoral noch regional; das Handwerk und die weniger entwickelten Regionen produzieren über ihren Ausbildungsbedarf hinaus; dies kann nicht absolut, sondern nur im jeweiligen Vergleich (Handwerk zu Industrie, unterentwickelte zu entwickelten Regionen) festgestellt werden.

Obwohl die Ausbildungsverhältnisse sektoral stärker als regional unterschieden sind, können die regionalen Unterschiede nicht vernachlässigt werden. Die sektoralen Unterschiede beruhen offenbar auf unterschiedlichen Reproduktionsmechanismen bezüglich der Beschäftigten unterschiedlicher Betriebsgrößen, unterschiedlicher Kapitalintensität der Betriebe, unterschiedlicher Arbeitsplatzanforderungen wie zum Beispiel höherer oder niedriger Bedarf an angelernten, ungelernten oder Fachkräften, unterschiedlich hohem Anteil des Handwerks in den Wirtschaftsabteilungen usw. Die regionalen Unterschiede dürfen nicht vernachlässigt werden, weil sie Anhaltspunkte zur Bewertung der regionalen Ausbildungsleistung bieten und damit Aussagen darüber, wo bei Unterversorgung der Gesamtnachfrage nach Ausbildungsplätzen Maßnahmen zur Ergänzung anzusetzen haben.

Darüber hinaus bieten sie eine wesentliche Grundlage zur Beurteilung des regionalen Nachwuchsbedarfs. Ausgehend von Auszubildenden-Erwerbstätigen-Relationen wurde ein Nachwuchsindikator ermittelt, der regional und berufsspezifisch den status-quo-Nachwuchsbedarf (Überschuß oder Nachholbedarf) quantifiziert erfaßt. Der Indikator zeigt zugleich, daß überregionale und berufsunspezifische Maßnahmen der Ausbildungsplatzsteuerung an dem regional und berufsspezifisch Erforderlichen in erheblichem Ausmaß vorbeigehen können.

Für die Lösung der aktuellen Probleme auf dem Ausbildungsmarkt in einigen Regionen sind bisher im wesentlichen zwei Lösungswege erarbeitet worden: Erweiterung des Angebots an betrieblichen oder schulischen Ausbildungsplätzen. Die erste Lösung ist nunmehr durch das Ausbildungsplatzförderungsgesetz rechtlich in Alternativen ausgestaltet worden, sie bedingt ein Zusammenwirken von Staat und ausbildender Wirtschaft. Die zweite Lösung liegt allein in der Zuständigkeit der Bundesländer.

Beide Lösungswege müssen – wie die empirischen Ergebnisse der Studie zeigen – aufeinander abgestimmt verfolgt werden. Dabei muß zudem der Versuch gemacht werden, grobe Bedarfsschätzungen im Zusammenspiel mit Flexibilitätsdaten als Orientierungswerte für die Förderung von Ausbildungsangeboten in Schule und Betrieb heranzuziehen; in den von uns beobachteten Regionen wäre es nicht damit getan, vorhandene betriebliche oder schulische Ausbildungsplätze zum Zwecke der Nachfragedeckung prozentual zu erhöhen.

Wie gezeigt werden konnte, beruhen regionale Unterschiede in unserem Beobachtungsfall zu einem großen Teil auf der unterschiedlichen Ausstattung mit schulischen Vollzeitangeboten. Hier gilt es – auch unter dem Aspekt des interregionalen Chancenausgleichs und unter Berücksichtigung der Zulieferfunktion derartiger Bildungsgänge für sich entwickelnde Hochschuleinrichtungen – diese Unterschiede möglichst abzubauen. Dabei ist – für die Bewältigung eines aktuellen Nachfragedrucks nach Plätzen im schulischen und betrieblichen Ausbildungswesen – der relativ lange Zeitraum bis zur Wirkung einer derartigen Maßnahme zu beachten: unter Umständen müssen zunächst diejenigen Bildungsgänge, die die Berechtigungen zum Besuch der hier in Betracht gezogenen Fachoberschulen, Fachgymnasien und Fachschulen vermitteln, quantitativ verbreitert werden.

Kurzfristig wirkt daher in erster Linie der Ausbau berufsqualifizierender Berufsschulangebote (Vollzeitschulen) und/oder die Erweiterung betrieblicher Ausbildungsplatzangebote.

Zu wünschen wäre, daß dabei in beiden Maßnahmebereichen der Ausbau so gesteuert werden könnte – wer immer die Steuerungskompetenz innehat –, daß die regionalen Qualifikationsstrukturen einen optimalen Kompromiß zwischen individuellen Berufswünschen und ökonomischen Entwicklungserfordernissen darstellen. Zur Erreichung dieses Zieles kommt der Verbesserung der Einsichten in regionale Daten und Entwicklungsverläufe – neben den globalen Trendbeobachtungen – eine erhebliche Bedeutung zu. Ansätze wie der hier vorgestellte, der mit öffentlich zugänglichen und damit objektiv nachprüfbaren sowie jederzeit fortschreibbaren Informationen arbeitet, können dabei einen Beitrag leisten und zum weiteren Ausbau des Handlungsinstrumentariums anregen.

Zur regionalen Auswirkung
des Zusammenhangs von Bildungssystem
und Beschäftigungssystem

von
Johannes-Jürgen Meister und Alfons Otto Schorb, München

I. Grundsätzliches zum Verhältnis von Schulstruktur und Beschäftigungsstruktur und seiner regionalen Ausprägung

1. Das allgemeine Verhältnis von Schulstruktur und Beschäftigungsstruktur

Der Versuch einer regionalen Überprüfung des Zusammenhangs der beiden Bereiche muß von einer zunächst allgemeinen Betrachtung ihres Verhältnisses ausgehen. Es heben sich zwei Betrachtungsweisen ab, nämlich eine, die die Wirtschaftspolitik und eine andere, die die Pädagogik zum Ausgangspunkt nimmt. In der öffentlichen Diskussion werden beide Aspekte häufig vermengt.

Die wirtschaftspolitische Betrachtungsweise geht von der Tatsache aus, daß das Bildungswesen bei seinen Absolventen Qualifikationen schafft, mit denen die Wirtschaft arbeitet, d. h. an denen sie die den Beschäftigten übertragenen Aufgaben orientiert, nach denen sie den zugemuteten Verantwortungsgrad einrichtet und nach denen die Entlohnung bemessen wird. Diese Feststellung trifft in erster Linie zu für höhere Qualifikationen wie Hochschul- bzw. Fachhochschulabschlüsse, in Teilbereichen der Wirtschaft und des öffentlichen Dienstes auch für das Abitur. Insbesondere auf diesen Ebenen besteht eine enge Verkoppelung von Bildungs-, Berechtigungs- und Beschäftigungssystem. In Beschäftigungsbereichen, die auf einer praktischen Berufsausbildung aufbauen, tritt zum formalen, schulischen Berechtigungsnachweis mindestens gleichwertig die berufliche Ausbildungsqualifikation. Mit Selbstverständlichkeit werden von der Schule Vorleistungen erwartet und gefordert, die für die Arbeits- und Produktionsprozesse in der Wirtschaft von entscheidender Bedeutung sind: „In den jungen Menschen sind Arbeitstugenden zu entwickeln, solche, die allgemein für alle Arbeitsfunktionen sowie solche, die für einzelne Funktionen ihre besondere Gültigkeit haben. Gemeint sind damit verbindliche Verhaltsweisen des Menschen gegenüber dem Menschen, gegenüber der Sache, Verhaltensweisen der Gruppen gegenüber der Gruppe. Diese Tugenden sind erforderlich nicht nur für das Wirken im Betriebsgefüge, sondern ganz allgemein für das

Leben in der Gesellschaft"[1]). Diese Qualifikationen werden im einzelnen zunächst weder nochmals überprüft noch auf ihre inhaltliche Zusammensetzung hin gesichtet. Vielmehr gelten generell die testierten Abschlüsse als Garantie sowohl für eine bestimmte Leistungshöhe als auch für bestimmte Inhalte. Werden jedoch die von den Abschlüssen, z. B. der Hochschulreife oder der Fachschulreife erwarteten Einzelqualifikationen (Sachkenntnisse und moralische Qualitäten wie Übersicht, Entscheidungsbereitschaft, Verantwortungswille usw.) im Ernstfall des beruflichen Einsatzes der Prüfung unterworfen, so scheinen sich Erwartungen und tatsächliche Gegebenheiten selten zu decken. Dieser Sachverhalt ist eine Quelle ständiger Vorwürfe an das Schulsystem. In der entschiedenen Art, mit der die Vorwürfe vorgebracht werden, deutet sich an, daß einerseits mit Selbstverständlichkeit davon ausgegangen wird, das Schulsystem habe ganau die von der Wirtschaft erwarteten Vorleistungen zu erbringen und andererseits komme es der Wirtschaft zu, die Leistungen des Schulsystems eingehend zu prüfen und abschließend zu beurteilen. Dies hat inzwischen dazu geführt, daß „ . . . Bewerber – selbst mit exzellenten Zeugnissen – nicht sogleich eingestellt" werden, vielmehr „grundsätzlich auch eine Eignungsprüfung ablegen" müssen[2]).

Zu einem entgegengesetzten Ergebnis kommt die bildungstheoretische Betrachtung des Zusammenhangs. Hier wird davon ausgegangen, daß die Wirkung von Bildung und Ausbildung nicht primär extern, d. h. unter dem Gesichtspunkt ihrer Verwertbarkeit in der Arbeitswelt beurteilt werden darf. Was die Schule bewirkt, hat vielmehr seinen Bezugspunkt primär im Individuum. Dieses gibt mit seinen Bedürfnissen und Dispositionen den Maßstab ab, mit dem geprüft werden kann, ob die Bildung erfolgreich und „richtig" war.

Die in den beiden Positionen zutage tretenden jeweiligen Sichtweisen sind in der Realität jedoch nicht sauber geschieden, sondern durchdringen und überlagern sich. Es sind die Erwartungen der Schüler und der Eltern als der für den Bildungsgang primär Zuständigen, die eine rein pädagogische Betrachtungsweise des Zusammenhangs von Bildungssystem und Beschäftigungssystem nicht zulassen. Sie erklären zwar einerseits, eine ihren bzw. ihrer Kinder Neigungen und Dispositionen entsprechende Förderung zu verlangen, wie sie ihnen das Grundgesetz in Aussicht stellt, erwarten aber andererseits, daß auch ihre Aufstiegserwartungen erfüllt werden, ja, sie sehen die erfolgreich durchlaufene Schullaufbahn primär als Zusage dafür an, daß ihr im Arbeitsleben eine nach Inhalt, Prestige und Bezahlung angemessene Stelle entspricht.

Im Schulsystem stehen die beiden skizzierten Betrachtungsweisen in je einer Stufe im Vordergrund. Die Grundschule scheint völlig frei zu sein von Rücksichten auf das spätere Berufsleben und ist orientiert an der Vermittlung einer grundlegenden, wenig spezialisierten Allgemeinbildung. Dagegen erscheinen als unmittelbare Berührungszone von Bildungssystem und Beschäftigungssystem die Sekundarstufe II und der Hochschulbereich. Die dort anzutreffenden schulischen Einrichtungen werden meist als Subsysteme des Wirtschaftsbereichs angesehen, in jedem Falle treffen hier Anforderungen des Beschäftigungssystems unvermittelt auf den Schulbereich, und es wird erwartet, daß Berufsanfänger in bedarfsgerechter Zahl aus dem Schulwesen kommen, und daß alles, was sie gelernt haben, auf die Qualifikationsanforderungen der Arbeitsplätze abgestimmt ist. Zwischen

---

[1]) H. M. Schleyer, in: Baethge, Ausbildung und Herrschaft, Frankfurt/M. 1971, S. 230.

[2]) Rolf Scherer: Betriebliche Einstellungspraxis in bezug auf die Bewerbung von Hauptschülern um einen Ausbildungsplatz . . . usw., in: Gewerkschaftliche Bildungspolitik 8/1977, S. 193.

den Eingang des Schulsystems und seinen Ausgang, die von den skizzierten unterschiedlichen Betrachtungsweisen bestimmt werden, schiebt sich die Sekundarstufe I als Übergangszone, in der sich der Anspruch, schulische Qualifikation müsse auf das Beschäftigungssystem abgestimmt sein, mit dem Postulat vermischt, die schulische Bildung habe einzig der persönlichen Entfaltung der jungen Menschen zu dienen und dürfe nicht einem äußeren Zweck unterstellt werden.

Die Berechtigung der Forderung, die Erteilung von Bildungsabschlüssen an die Bedürfnisse der Wirtschaft und die Anforderungen des Arbeitsmarkts anzupassen, bedarf besonders dringend einer Klärung, seitdem sich beide Bereiche angeblich so weit auseinander entwickelt haben, daß ihre Wiederzusammenführung zum dringenden Anliegen der Politik wird. Schon bei einer ersten Sichtung zeigt sich jedoch, daß eine genaue Abstimmung von Beschäftigungssystem und Bildungssystem den Möglichkeiten und Gegebenheiten beider Systeme nicht gerecht wird. Bildungsabschlüsse, die Berechtigungen zur Einnahme bestimmter Positionen in unterschiedlichen Wirtschaftsbereichen vermitteln, können niemals kurzfristig geplant oder rasch umdirigiert werden. Bildungsmaßnahmen, besonders diejenigen, die zu einer Berechtigung führen, bedürfen zu ihrer Realisierung langer Zeiträume. Dementsprechend kann sich das Bildungssystem und insbesondere die Verteilung von Qualifikationen weder kurzfristig konjunkturellen Schwankungen am Arbeitsmarkt und in der Wirtschaft anpassen, noch die strukturellen Wandlungsprozesse der Wirtschaft antizipieren. Eine völlig bedarfsgerechte „Produktion" von Qualifikationen durch das Schulsystem kann es daher niemals geben. Wenn in den nachfolgenden Ausführungen von Beschäftigungssystem gesprochen wird, so ist hierunter vornehmlich das duale Ausbildungssystem zu verstehen und erst in zweiter Linie auch das Erwerbstätigkeitssystem als Beschäftigungssystem im engeren Sinne.

2. Regionale Betrachtungsweise des Zusammenhangs von Bildungssystem und Beschäftigungssystem

Eine regionale Betrachtung des Zusammenhangs kann auf das Schulsystem beschränkt werden. Die Hochschulen sollen zwar ihrer Idee nach raumunabhängig sein, haben sich aber in den letzten Jahrzehnten mehr und mehr zu regionaler Abhängigkeit hin entwickelt. Dennoch treffen sie auf einen Nutzerkreis, der über eine hohe Mobilität verfügt. Sie ziehen Studierwillige nicht nur aus der Umgebung, sondern aus dem ganzen deutschen Raum an und ihre Absolventen suchen sich ihre Arbeitsplätze ebenfalls weithin regionsunabhängig. Die regionsunabhängigen Verteilungsvorgänge werden gegenwärtig zudem durch das System zentraler Studienplatzvergabe geregelt. Anders als das Hochschulwesen erweist sich das Schulwesen als raumbezogen, in erster Linie das allgemeinbildende Schulwesen, dann aber auch das berufliche Bildungswesen in Verbindung mit einer betrieblichen Ausbildung, bzw. in weiterführenden beruflichen Schulen wie z. B. den Fachoberschulen. Es kann daher nicht erwartet werden, daß der Austausch der beiden grundsätzlich gegenläufigen Ansprüche des Schulsystems einerseits und des Beschäftigungssystems andererseits in allen Regionen gleichermaßen vor sich geht. Die Bildungspolitik und die Bildungsplanung der obersten Schulbehörden aller Länder sind bemüht, ein umfassendes Angebot an weiterführenden allgemeinbildenden Schulen – für Grund- und Hauptschulen bestehen ohnehin rechtlich geregelte Einzugsbereiche – in allen Regionen in zumutbarer Entfernung zur Verfügung zu stellen. Im berufsbildenden Bereich besteht ebenfalls eine grundsätzliche rechtliche Verpflichtung, berufliche Teilzeitschulen in der Nähe der

Ausbildungsbetriebe bereitzuhalten, aber die Planung und Verteilung beruflicher Vollzeitschulen ist vielfach von Sachverhalten abhängig, die nicht unmittelbar von den zuständigen öffentlichen Stellen allein bestimmt und beeinflußt werden können. Ebenso ist das regionale Beschäftigungssystem und damit die Struktur regionaler Arbeitsmärkte infolge regional unterschiedlicher Wirtschaftsstruktur sehr uneinheitlich. Es muß daher zu regionalen Disparitäten im Angebot und in der Versorgung mit beruflichen Bildungseinrichtungen und Beschäftigungsmöglichkeiten kommen, denen nachzugehen ist.

II. Empirische Überprüfung des Zusammenhangs von Schulsystem und Beschäftigungssystem in regionaler Hinsicht

Die nachstehenden Ausführungen und Darstellungen stützen sich auf Ergebnisse einer Untersuchung, die im Schuljahr 1974/75 vom Staatsinstitut für Bildungsforschung und Bildungsplanung, München, durchgeführt wurde. Es handelte sich um eine Totalerhebung bei allen Schülern der Abschlußjahrgänge beruflicher Schulen in Bayern. Erhoben wurden Daten zur schulischen Laufbahn, zur sozialen und regionalen Herkunft sowie zur regionalen Mobilität der Schüler. Die Daten basieren demzufolge auf Berufswahlentscheidungen, die in den Jahren 1972/73 getroffen wurden, in einer Zeit also, in der die Wirtschaftskonjunktur besonders günstig verlief und von Ausbildungsplatzmangel noch keine Rede war.

1. These: Für das Beschäftigungssystem wird in Zeiten einer erhöhten Ausbildungsplatznachfrage mehr und mehr die durch formale Berechtigung bescheinigte Ranghöhe der Schulbildung entscheidend, nicht mehr die konkreten Bildungsinhalte. Diese Tendenz der inhaltlichen Nivellierung wirkt regionalen Unterschieden entgegen.

Der in dieser These angesprochene Sachverhalt steht in gewissem Widerspruch zu den Bestrebungen der curricularen Bewegung. In deren sog. Legitimationsproblematik wird das Bemühen sichtbar, die schulischen Lernziele möglichst lückenlos aus den späteren konkreten Anforderungssituationen abzuleiten. Die Frage an das empirische Material ist hier, ob sich der von der Curriculumbewegung angestrebte engere Zusammenhang zwischen den schulischen Lerninhalten und den späteren Anforderungssituationen durchgesetzt hat, der wegen der unterschiedlichen Wirtschaftsstruktur zu einer Verstärkung regionaler Unterschiede führen müßte, oder ob die Beobachtung zutrifft, daß für den Austausch mit dem Beschäftigungssystem die schulischen Bildungsinhalte zurücktreten und die Vermittlung lediglich über die testierten Berechtigungen erfolgt[3]).

In der Tat lassen sich bei bestimmten Bildungsgraden eindeutige Präferenzen für bestimmte Ausbildungsbereiche und Ausbildungsberufe nachweisen. Da sich die Befragung ausschließlich an Absolventen der Abschlußjahrgänge beruflicher Schulen richtete, wurden z. B. ehemalige Gymnasiasten nur zum Teil erfaßt. In der Population, die der Tab. 1 zugrunde liegt, sind sie mit nur 760 Personen vertreten, was einen Anteil von 1,2% darstellt. Absolventen, die über die Realschule einen mittleren Abschluß erreicht

---

[3]) In jüngerer Zeit plädiert beispielsweise der Philologenverband jedoch verstärkt wieder für mehr Allgemeinbildung und für weniger Spezialisierung. Vgl. Höhere Schule, Nov. 77.

hatten, machen mit 8584 Schülern 13,1 % aus. Weitere 6,2 % hatten den Besuch einer Realschule oder eines Gymnasiums noch vor Erreichen eines mittleren Abschlusses abgebrochen. Alle übrigen Befragten waren ehemalige Hauptschüler, von denen rund 33 % die Hauptschule mit dem qualifizierenden Abschluß verlassen hatten. Die Populationen reichen aus, um dem in der These angesprochenen Zusammenhang von Berufslaufbahnen und Ausbildungsinhalten nachzugehen. Berücksichtigt werden muß jedoch, daß die Ergebnisse in ihrer Gültigkeit für die gegenwärtig bestehenden Verhältnisse erst überprüft werden müssen. Es kann jedoch wie offizielle und amtliche Statistiken der letzten Jahre zeigen, davon ausgegangen werden, daß sich die Situation gegenüber dem Erhebungszeitraum eher ungünstiger entwickelt hat. Die Untersuchungsdaten stellen wegen des flächendeckenden Ansatzes der Totalerhebung besonders deshalb einen wertvollen Bestand dar, weil sie Verhältnisse festhalten, die in den späteren Jahren sowohl auf seiten des Beschäftigungssystems als auch auf seiten des Schulsystems einschneidende Veränderungen erfahren haben.

Aus dem Material (vgl. Tabelle 1)*) ergibt sich, daß Jugendliche mit mindestens mittlerem Bildungsabschluß Ausbildungsberufe der Bereiche „Dienstleistungen, Kaufleute" und „Dienstleistungen, personenbezogen" bevorzugten. Demgegenüber liegt das Schwergewicht für Hauptschüler in den gewerblich-technischen Berufen. Lediglich bei Hauptschülern, die über den qualifizierenden Abschluß verfügen, zeigt sich eine gewisse Ambivalenz im Wahlverhalten. 22,7 % im Bereich „Montage, Wartung I" stehen 28,1 % im Bereich „Dienstleistungen, Kaufleute" gegenüber. Hauptschüler mit qualifizierendem Abschluß richten ihre Berufswahl demnach etwa zu gleichen Teilen auf die für Schüler mit mittlerem Abschluß typischen Berufe, wie auch auf Berufe, die vorwiegend von Hauptschülern ohne Abschluß gewählt werden. Allerdings muß einschränkend darauf hingewiesen werden, daß die Berufsklassifizierung „Kaufleute" auch die einfachen Verkaufsberufe einschließt. Aufschlußreich ist daneben aber vor allem noch, daß Abbrecher von Realschule und Gymnasium in ihrem Wahlverhalten den Realschülern und Gymnasiasten mit mindestens mittlerem Abschluß wesentlich ähnlicher sind als den Hauptschülern. Dieser Sachverhalt scheint darauf hinzudeuten, daß allein schon der zeitweilige Besuch einer Schule mit höherem Bildungsanspruch als die Hauptschule genügt, um gehobenere Berufswünsche zu wecken und in ihm offenbar auch eine größere Chance zu erhalten als ein Hauptschulabsolvent. Es scheint sich hier die Tendenz auszudrücken, daß man im Besuch einer ranghöheren Schule schon den ersten Schritt zu einem etwas ranghöheren Beruf sieht. Die im Vergleich zutage tretenden geringen Unterschiede zwischen Realschülern und Gymnasiasten lassen vermuten, daß bei der Wahl eines praktischen Berufs die Ranghöhe des Bildungsgrades über ein mittleres Bildungsniveau hinaus keine wesentliche Rolle mehr spielt.

Diese Vermutung wird bestärkt, wenn man in die Betrachtung die konkreten Ausbildungsberufe einbezieht (vgl. Tabelle 2). Es zeigt sich, daß die gleichen hochqualifizierten Ausbildungsberufe – z. B. Bankkaufmann, Industriekaufmann, Arzthelfer u. ä. – durch Realschüler mit mittlerem Abschluß teilweise noch häufiger besetzt werden als durch Gymnasiasten mit mindestens mittlerem Abschluß. Dies bedeutet, daß sich die Gymnasiasten, wenn sie das Gymnasium vorzeitig verlassen und in das Berufsleben eintreten, nicht mehr als eigene Gruppe darstellen, sondern sich mit ihrem Wahlverhalten in die Gruppe der Realschüler einreihen. Es läßt sich allerdings auch feststellen, daß es in der Rangskala der attraktivsten Berufe einige gibt, die für diese beiden

---

*) Tabellen 1–9 am Schluß dieses Beitrages.

Gruppen einen unterschiedlichen Stellenwert besitzen (z. B. die Berufe Bürokaufmann, Industriekaufmann, Bankkaufmann, Steuergehilfe).

Es gibt sogar Ausbildungsberufe, die diesen beiden Bildungsgruppen mehr oder weniger ausschließlich vorbehalten sind (z. B. Hotelkaufmann, Zahntechniker, Chemielaborant u. ä.). Nehmen bei Realschülern und Gymnasiasten einige wenige Ausbildungsberufe eine ausgesprochene Spitzenstellung mit Anteilen bis über 13 % ein, so werden in nur 5 von etwa 200 Ausbildungsberufen (Industriekaufmann, Bankkaufmann, Großhandelskaufmann, Arzthelfer, Gehilfe in steuerberatenden Berufen) bereits 36,4 % der auszubildenden ehemaligen Gymnasiasten bzw. 43,6 % der auszubildenden Realschulabsolventen erfaßt. Zwar sind die attraktiven Berufe auch für Hauptschüler mit qualifizierendem Abschluß erstrebenswert, aber sie nehmen bei ihnen weder den gleichen Stellenwert ein noch können vergleichbare Anteile von ihnen erreicht werden. Es kann nicht ausgeschlossen werden, daß bei Realschülern und Gymnasiasten manche Ausbildungsberufe gerade deshalb einen relativ hohen Anteil erreichen, weil es sich um Jugendliche handelt, die später einmal den väterlichen Betrieb übernehmen sollen.

Aus Tabelle 2 ist noch der deutliche Unterschied feststellbar, der zwischen Hauptschülern mit qualifizierendem Abschluß und denen ohne einen solchen Abschluß besteht. Für letztere sind noch Ausbildungsberufe von Bedeutung, die nur geringe oder gar keine Aufstiegsmöglichkeiten bieten, wie z. B. Bäcker, Fleischer, Maurer u. ä. . . . Der Rangunterschied, der mit dem qualifizierenden Abschluß in die Hauptschule eingeführt wurde, setzt sich deutlich im Ausbildungssystem fort, obwohl ihm kein ausgesprochener inhaltlicher Unterschied im Unterrichtsangebot der Hauptschule entspricht.

Ein unmittelbarer Zusammenhang zwischen der Ranghöhe der formalen Berechtigungsnachweise im Schulwesen einerseits und der Ausbildungs- bzw. Beschäftigungsstruktur andererseits dürfte angesichts solcher Daten kaum in Zweifel zu ziehen sein. Wenn solche Zusammenhänge bereits sichtbar wurden, solange noch Angebot und Nachfrage auf dem Lehrstellenmarkt ausgeglichen waren, oder sogar ein Überangebot an Ausbildungswegen bestand, so ist zu erwarten, daß sich diese Tendenzen noch verstärkt zeigen, wenn eine erneute Untersuchung des Zusammenhangs in der Rezession vorgenommen wird.

2. These: Der Zusammenhang zwischen der Ranghöhe der formalen Berechtigung und der Ausbildungs- und Beschäftigungsstruktur weist regional unterschiedliche Ausprägungen auf.

Hatten die bisherigen Darlegungen den Gesamtraum eines Flächenstaates im Blick, so ist nunmehr zu überprüfen, wie sich der behauptete Zusammenhang in den regionalen Teilbereichen darstellt.

Das Erhebungsmaterial (vgl. Tabelle 3) veranschaulicht eindrucksvoll, daß das Ausbildungsplatzangebot der Regionen erheblich voneinander abweicht. Aufschlußreich ist dabei nicht nur der Sachverhalt, daß sich das Ausbildungsplatzangebot bzw. die realisierten Ausbildungsplatzwünsche in einzelnen Regionen auf sehr wenige Ausbildungsberufe verdichten, sondern auch, daß die Zahl derjenigen, die keinen Beruf erlernten bei starken regionalen Unterschieden im allgemeinen schon damals relativ hoch war.

(Es wird jedoch ausdrücklich betont, daß sich die vorliegenden Daten nur auf einen einzigen Ausbildungsjahrgang beziehen. Es kann nicht ausgeschlossen werden, daß in

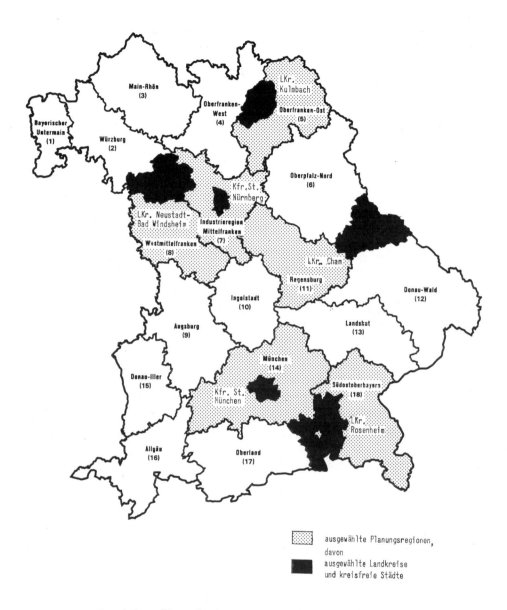

Graphik 1: Übersicht der ausgewählten Planungsregionen, Landkreise und kreisfreien Städte

manchen Regionen Ausbildungsbetriebe aus kapazitären Gründen Auszubildende nur alle 2 bis 3 Jahre einstellen, was bei einer jährlich wiederholten Untersuchung zutage träte und möglicherweise die Werte der einmaligen Untersuchung verschöbe. Die Praxis, nur in größeren Zeitabständen Auszubildende aufzunehmen, trifft bei vielen kleineren Handwerksbetrieben zu. Da deren Anteil am Gesamtangebot jedoch nicht sehr hoch ist, dürfte sich das Phänomen in relativ engen Grenzen bewegen.)

Weit überdurchschnittliche Anteile einzelner Ausbildungsberufe in verschiedenen Regionen deuten auf die Auswirkung der jeweils eigenen Wirtschaftsstruktur dieser Regionen hin. So ist für großstädtische Ballungsräume nicht nur der Sachverhalt erkennbar, daß das Spektrum der Ausbildungsberufe die größtmögliche Streubreite zeigt, sondern auch der Sachverhalt, daß Ausbildungsberufe in Dienstleistungsbereichen sowie in Planung und Verwaltung überdurchschnittlich häufig angeboten werden. So werden in Großstädten wie München und Nürnberg von den häufigsten Ausbildungberufen nur 6, in sämtlichen Regionen dagegen 7 bis 8 von 10 ansässigen Auszubildenden erfaßt. Auszubildende in gewerblich-technischen Berufen sind in ländlichen Regionen wesentlich häufiger ansässig als in Ballungsräumen. Es ist zu beobachten, daß Auszubildende, die die weniger attraktiven und weniger hochqualifizierten Ausbildungsberufe erlernen, in den Randzonen der Ballungsräume anzutreffen sind, während die im Ballungsraum direkt Ansässigen bevorzugt die hochqualifizierten Ausbildungsangebote in Anspruch nehmen. Als Beispiele für hochqualifizierte Ausbildungsberufe können Bankkaufmann, Großhandelskaufmann, Arzthelfer, technischer Zeichner, Werkzeugmacher, Fernmeldehandwerker u. ä. gelten. Davon abweichende Verhältnisse liegen vor bei Berufen wie Elektroinstallateur, Maurer, Kfz-Mechaniker, Fleischer, Bekleidungsfertiger und Verkäufer. Zwar können gelegentlich auch in ballungsfernen ländlichen und zudem noch strukturschwachen Regionen einzelne anspruchsvollere Ausbildungsberufe mit überdurchschnittlichen Anteilen hervortreten, aber dieser Sachverhalt kann das vielfach unterdurchschnittliche Angebot in den besonders anspruchsvollen Ausbildungsberufen nicht kompensieren. Mit solchen Lücken im Spektrum des Ausbildungsplatzangebotes hängt zusammen, daß in den strukturschwachen Regionen in den weniger anspruchsvollen Berufen weit mehr Jugendliche ausgebildet werden, als ihnen später Arbeitsplätze zur Verfügung gestellt werden können. Die Folgen sind der Zwang zum Auspendeln, Abwandern, Umschulen oder die Arbeitslosigkeit. Hier tritt ein wichtiger regionalpolitischer Zusammenhang in Erscheinung. Bei der Untersuchung des Zusammenhangs von Beschäftigungssystem und Bildungssystem muß auf der Seite des Beschäftigungssystems zwischen der Ausbildungsleistung und der späteren Beschäftigung unterschieden werden. Es scheint für strukturschwache Regionen typisch zu sein, daß sie die Ausbildung noch leisten, jedoch die daran angeschlossene Erwartung einer Weiterbeschäftigung nicht ohne weiteres erfüllen können, so daß es zur gestuften „Produktion" von Qualifikationen kommt: Zunächst werden durch die im Schulwesen erreichten Abschlüsse Erwartungen gestiftet. Sie richten sich bei den Individuen sowohl auf Ausbildung wie auf spätere Ausübung des Berufes. Unter ungünstigen regionalen Bedingungen kann der Nahraum nur den ersten Schritt leisten, nämlich die Ausbildung, während es zum Charakteristikum guter regionaler Bedingungen gehört, daß nach der Ausbildung auch eine ausbildungsgerechte Beschäftigung angeboten werden kann. Die Ausbildungsleistung ohne anschließende Beschäftigungsmöglichkeit in schwachstrukturierten Gebieten kompensiert insoweit die Verhältnisse in den Ballungsräumen, wo nach rangniedrigen Berufen nur eine geringe Nachfrage besteht: die dort fehlenden Nachfrager werden in den Problemregionen disloziert ausgebildet.

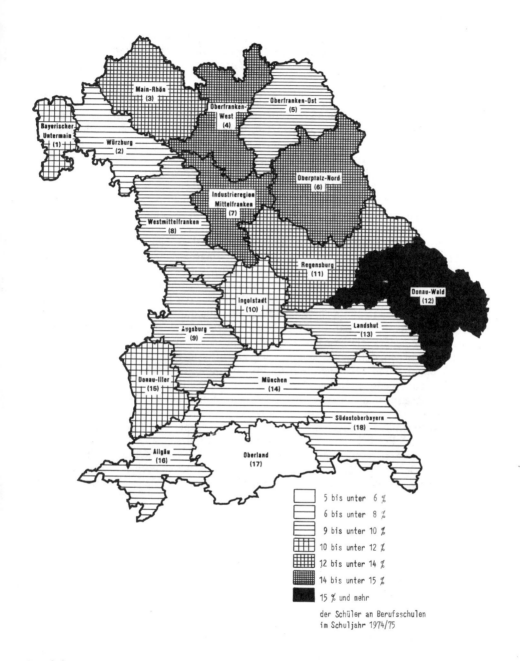

Graphik 2: Verteilung der Jugendlichen ohne Ausbildungsverhältnis und der Mithelfenden im Familienbetrieb auf die Planungsregionen

3. These: Jugendliche mit ranghöheren Qualifikationsnachweisen müssen in Regionen mit überwiegend weniger hochqualifizierten Ausbildungsberufen geringer vertreten sein als in Regionen mit breit gestreutem und qualitativ anspruchsvollerem Ausbildungsplatzangebot.

Betrachtet man die in Tabelle 3 festgehaltenen Verteilungswerte schulischer Qualifikationsnachweise in ausgewählten kreisfreien Städten und Landkreisen im Zusammenhang der dazu gehörenden Planungsregionen (vgl. Tabelle 4), so zeigt sich deutlich, daß in ländlichen Regionen – Westmittelfranken, Regensburg – die Quote der Gymnasiasten (0,7 % bis 0,4 %) und Realschüler (8,5 % bzw. 11,3 %) weit unter dem Landesdurchschnitt (1,1 % bzw. 12,2 %) bleibt. Dagegen liegen die entsprechenden Quoten in den industriellen Ballungsräumen Nürnberg (1,4 % und 12,1 %) und München (1,8 % und 14,5 %) erheblich über dem Landesdurchschnitt. Ein umgekehrtes Verhältnis zeigt die Quote der Auszubildenden mit einfachem Hauptschulabschluß (z. B. Nürnberg 33,5 %). Sie sind in Ballungsräumen entsprechend unterdurchschnittlich, in den ländlichen (z. B. Westmittelfranken 40,2 %) Regionen dagegen überdurchschnittlich repräsentiert. Eine eigene Charakteristik zeigen jene Regionen, die unmittelbar an industrielle Ballungsräume grenzen, selbst eine differenzierte Wirtschaftsstruktur aufweisen oder verkehrsgünstig an industrielle Ballungsräume angeschlossen sind. Diese Regionen weisen ein Ausbildungsplatzangebot auf, das zwar nicht die attraktive Ranghöhe der Ballungsräume aufweist, das aber im Gegensatz zu den rein ländlichen Regionen qualitativ breit gestreut ist. Man trifft daher auf das Phänomen, daß in diesen Regionen bei einzelnen Berufen die Qualifikationsnachweise der Ranghöhe nach einerseits dem Landesdurchschnitt entsprechen oder sogar darüber liegen, daß sie bei anderen dagegen unter den Durchschnitt absinken (vgl. Tabelle 3, Spalte 3 und Tabelle 4, Zeile 6). Hinzu kommt der Sachverhalt, daß aus diesen Wohnregionen Jugendliche, die über ranghöhere Berechtigungsnachweise verfügen, in benachbarte Regionen mit einem günstigeren Ausbildungsplatzangebot auspendeln. Diese Pendlerbewegung ist jedoch nicht durchwegs festzustellen, sie kann sich durch ein Einpendeln Jugendlicher aus den Regionen, in die ausgependelt wird, in ihrer Wirkung aufheben. In der Pendelbewegung zeigt sich allgemein das Phänomen, daß ranghöhere Schulbildung größere Berufs- und Weiterbildungsmobilität vermittelt. Die Inhaber solcher ranghöheren Berechtigungen aus ländlichen und strukturschwachen Regionen nützen aufgrund ihrer Mobilität ihre Qualifikationen in höherem Maße für einen weiteren schulischen Aufstieg oder sie wandern mit dieser Qualifikation ranghöheren Ausbildungsplätzen nach, wenn diese in der Nachbarregion verfügbar sind. In den gleichen Zusammenhang gehört der Sachverhalt, daß in den ländlichen oder strukturschwachen Regionen die Quote der Abbrecher von Realschule oder Gymnasium in der beruflichen Grundausbildung erheblich unter dem Landesdurchschnitt liegt, während sie in Ballungsregionen ebenso deutlich über diesen hinausragt. Diese Pendel- und Abwanderungsbereitschaft der Schulabgänger mit höheren Qualifikationen in ländlichen schwach strukturierten Regionen eröffnet dort auch Hauptschülern die Möglichkeit, einen höher qualifizierten Ausbildungsberuf zu erlernen. Dagegen sind diese in Regionen mit durchweg großer Nachfrage nach Ausbildungsplätzen durch Jugendliche mit ranghöheren Berechtigungen im Wettbewerb um einen höherqualifizierten Ausbildungsplatz eindeutig benachteiligt. Hier treten Gesetzmäßigkeiten in Erscheinung, nach denen sich der Prozeß vollzieht, der mit dem mißverständlichen Terminus „Verdrängungswettbewerb" bezeichnet wird. Sein Verlauf und seine Schärfe wird durch das Verhalten der Jugendlichen bestimmt, die über die ranghöheren Berechtigungen verfügen. Treten diese im Wettbewerb zurück, erhalten die Inhaber niedriger Qualifikationen ihre Chance. Je nach diesem

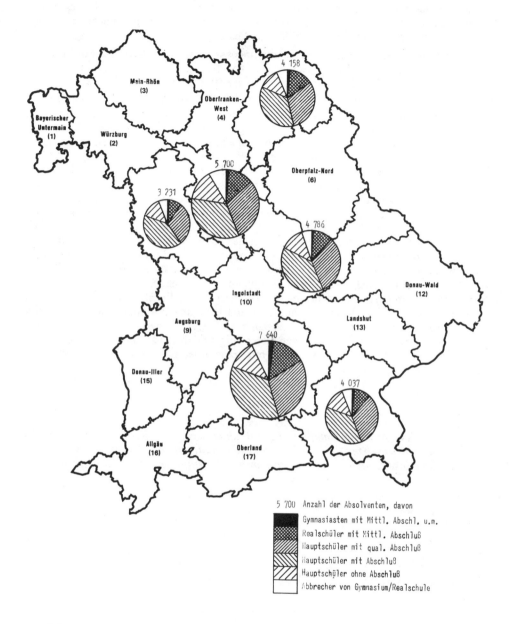

Graphik 3: Verteilung von formalen Berechtigungsnachweisen bei Absolventen von Berufsschulen im Schuljahr 1974/75 in den ausgewählten Planungsregionen

Verhalten, das wiederum durch die qualitative und quantitative Eigenart des regionalen Angebots und somit indirekt durch die regionalen Arbeitsplatzstrukturen bedingt ist, zeigt der „Wettbewerb" regional unterschiedliche Ausprägungen.

(Hier muß nochmals ausdrücklich darauf hingewiesen werden, daß sich die diskutierten Ergebnisse auf ein Datenmaterial stützen, das vor dem konjunkturellen Einbruch in der Mitte der 70er Jahre erhoben wurde. Es ist zu erwarten, daß sich aus einer wiederholten Untersuchung das Gefälle zwischen den Regionen als wesentlich verschärft zeigt)[4]).

Ergänzt werden die bisherigen Analysen in ihrem Trend durch die aus Tabelle 6 sich ergebende Beobachtung, daß in den Problemregionen die Anteile der Auszubildenden in Industriebetrieben und Handelsunternehmen auf 40 % und weniger absinken, während die entsprechenden Quoten in Handwerksbetrieben auf über ein Drittel ansteigen. Anders hingegen in den Ballungsgebieten: Dort wird mindestens jeder zweite Auszubildende in einem Industriebetrieb oder Handelsunternehmen ausgebildet, aber nur rund jeder Fünfte in einem Handwerksbetrieb. Diese Beobachtungen werden ergänzt durch den Sachverhalt, daß gleichlaufend mit dieser regionalen Verschiebung von Industrie- und Handwerksbetrieben die Anteile der Jugendlichen ohne Ausbildungsverhältnis in wirtschaftlich schwach strukturierten Regionen höher liegen als in den Ballungsgebieten. Die Verteilung der Ausbildungsplätze auf das Handwerk einerseits und die Industrie- und Handelsunternehmungen andererseits sagt etwas über die Aufstiegschancen aus, die eine Region bietet. Handwerksbetriebe sind meist Familienunternehmen, in der Regel Klein- und Mittelbetriebe mit relativ wenigen Mitarbeitern. Der Bedarf an Führungs- und Verwaltungskräften in mittleren, gehobenen und leitenden Positionen ist zwangsläufig sehr gering. Entsprechend schlecht sind auch die beruflichen Aufstiegsmöglichkeiten. Industrie- und Handelsbetriebe dagegen bieten aufgrund ihrer Organisationsstruktur und ihrer Betriebsgröße den Jugendlichen mit ranghöheren Berechtigungen erheblich günstigere Aufstiegschancen.

4. These: Die regionale Gleichmäßigkeit der Bildungsversorgung hängt am Charakter der schulischen Einrichtungen, nämlich an dem Grad, in dem sich die schulischen Bildungsprofile an den Anforderungsprofilen bestimmter Berufe orientieren.

Die duale Ausbildung führt zu einem engen Zusammenhang des schulischen Bildungsangebots und der regionalen Arbeitsplatzstruktur. Berufsschulen sind aufgrund rechtlicher Gegebenheiten so nah wie möglich an dem betrieblichen Ausbildungsangebot angesiedelt. Will jedoch die Berufsschule ihr Bildungsprofil qualitativ verbessern, z. B. durch Bildung von Fachklassen für bestimmte Ausbildungsberufe, so kann es für ihr spezialisiertes Angebot erforderlich sein, großräumige Einzugsbereiche zu bilden, wenn anders keine entsprechenden Fachklassen zustande kommen. Damit zieht sie sich aus der unmittelbaren Einbindung in die raumnahe Beschäftigungsstruktur zurück.

Ist dagegen die Arbeit des beruflichen Schulsystems kaum noch an der jeweiligen betrieblichen Ausbildungssituation und Beschäftigungsstruktur orientiert und ist es statt dessen auf die Verleihung von schulischen und/oder beruflichen Berechtigungen eingestellt, so ist es regional unabhängig. Dies gilt vor allem für berufliche Vollzeitschulen,

---

[4]) Eine Wiederholung dieser Untersuchung ist für das Schuljahr 1978/79 geplant.

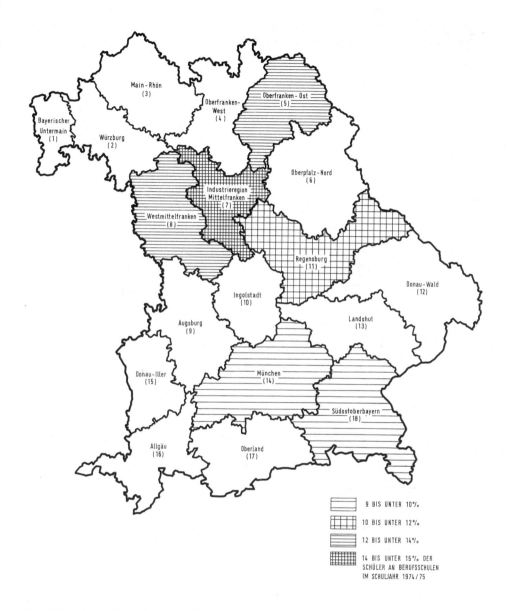

Graphik 4: Verteilung der Jugendlichen ohne Ausbildungsverhältnis und der Mithelfenden im Familienbetrieb auf die ausgewählten Planungsregionen

wie Berufsfachschulen, Fachschulen und Fachakademien. Eine gewisse Raumabhängigkeit ergibt sich für diese Einrichtungen nur, wenn sie bewußt als Alternativen zum unzureichenden betrieblichen Ausbildungsangebot einer Region konzipiert werden. Gestützt werden diese Aussagen durch den Sachverhalt des sog. Bildungspendelns. Das Auspendeln von Schülern aus einem bestimmten Raum bedeutet noch nicht, daß es in diesem Raum überhaupt keine Möglichkeit gibt, einen bestimmten formalen Abschluß zu erwerben. Es besagt vielmehr nur, daß das vorhandene Angebot an Schulplätzen entweder zahlenmäßig nicht ausreicht oder nicht der gewünschten fachlichen Ausrichtung entspricht. Zusammenhänge zwischen der Eigenversorgung eines Raumes und der in ihm feststellbaren Pendlerbewegung sowie dem Beteiligungsgrad an bestimmten schulischen Angeboten einer Region ergeben sich aus einem regionalen Vergleich (vgl. Tabelle 6 und 7)[5]. Tabelle 6 zeigt für sechs ausgewählte Regionen die Verteilung der Schüler auf die beruflichen Schularten. Dabei ergibt sich unter Berücksichtigung der unterschiedlichen Bevölkerungsdichte der einzelnen Regionen für die beruflichen Pflichtschulen das ausgeglichenste Verhältnis, denn der Mittelwert von 6,6 % für diese Schulart kommt dem Durchschnittswert von 5,6 % aller 18 Regionen des Freistaates Bayern am nächsten. Daran läßt sich ablesen, daß die Berufsschulen eine sehr ausgewogene Standortverteilung aufweisen. Ein etwa gleich günstiger Wert ergibt sich nur noch für die Schulen des Gesundheitswesens (6,8 %) aufgrund des Sachverhalts, daß diese meist mit den Kreiskrankenhäusern verbunden sind, deren Verteilung wiederum auf regional gleichmäßige Versorgung ausgerichtet ist. Für alle übrigen berufsbildenden Schularten weichen die Mittelwerte mit 7,4 % bis 10,5 % mehr oder weniger stark vom Durchschnittswert ab. Dies bedeutet, daß in den einzelnen Regionen die Beteiligung an diesen Schularten sehr ungleichmäßig ist. Berücksichtigt man das aus der Bildungsforschung allgemein bekannte Phänomen, daß die räumliche Nähe von Wohnort und Schule die Beteiligung begünstigt, so ergibt sich aus den wenigen Daten, daß die übrigen beruflichen Schulen räumlich sehr ungleichmäßig verteilt sein müssen. Im allgemeinen zeigen die großstädtischen Ballungsräume für alle beruflichen Schularten eine überdurchschnittlich hohe Beteiligung (abgesehen von den Berufsfachschulen und Kollegs in der Industrieregion Mittelfranken–Nürnberg, die jedoch durch überdurchschnittlich hohe Anteile in anderen Schulbereichen mehr als kompensiert werden).

Die ländlichen Regionen zeigen dagegen ein sehr heterogenes Bild, das möglicherweise die sehr unterschiedliche Wirtschafts- und Sozialstruktur dieser Regionen widerspiegelt. So ist verglichen mit der Beteiligungsquote an den Berufsschulen in abgelegenen und strukturschwachen Regionen mit ungünstiger Verkehrslage (z. B. Oberfranken-Ost und Westmittelfranken) die Beteiligung an weiterführenden und ranghöheren beruflichen Bildungsangeboten recht gering. In Regionen mit günstiger Verkehrslage, ausreichender Wirtschaftsstruktur und gehobener Sozialstruktur dagegen zeigt sich eine erhöhte Beteiligung an weiterführenden und ranghöheren beruflichen Schulen.

Die geschilderten Zusammenhänge treten noch deutlicher hervor, wenn man in die Betrachtung darüber hinaus den Eigenversorgungsgrad und die Pendlerbewegung der Regionen einbezieht (vgl. Tabelle 7). In großstädtischen Ballungsräumen wird das Angebot beruflicher Schulen von Regionsansässigen mit sehr eindeutigen beruflichen und berufsbezogenen Zielen bei einer Eigenversorgung von 80 bis über 90 % nur zu zwei

---

[5] Unter Eigenversorgung wird dabei die Zahl der in einer Region beschulten Schüler abzüglich der Auspendler verstanden und unter Beteiligungs-/Ausschöpfungsgrad die Zahl der in einer Region beschulten Schüler abzüglich der Einpendler.

Dritteln ausgeschöpft. Konkret bedeutet dies, daß einem relativ kleinen Auspendlerstrom ein sehr breiter Strom von Einpendlern gegenübersteht. Die Einpendler kommen nicht nur aus angrenzenden Regionen, sondern aus dem ganzen Land. In den ländlichen Regionen dagegen ist bei einer Eigenversorgung von 40 bis 70 % eine Ausschöpfung des Angebots durch Regionsansässige von mehr als vier Fünfteln festzustellen.

Dies bedeutet eine hohe Zahl von Auspendlern und eine kleine Quote von Einpendlern. Einen starken Einpendlerstrom weisen Schulen ländlicher Regionen dann auf, wenn ihr Angebot fachlich spezialisiert ist. Breit gestreut ist dagegen das Angebot von Fachoberschulen, so daß bei hohem Eigenversorgungs- und hohem Ausschöpfungsgrad nur mäßige Pendlerbewegungen zu verzeichnen sind. Die Pendlerbewegungen finden vornehmlich zwischen benachbarten Regionen statt. Allerdings kommt es nicht zu einem linearen Austausch, vielmehr werden alle an eine Region angrenzenden Nachbarregionen in den Austausch einbezogen, wobei sich die Pendlerbewegungen je nach Schulart in ihrer Intensität und Richtung unterscheiden. Dieser „interregionale Ausgleich" ist nicht allein auf den Ausbaugrad der Verkehrsverbindungen zurückzuführen, es können auch noch Faktoren wie Schulträgerschaft, Ausbildungs- oder Fachrichtung, das Vorhandensein von Internatsplätzen u. ä. die Pendlerbewegungen beeinflussen. Wird weiträumig, d. h. über eine oder mehrere Zwischenregionen hinweg gependelt, so hat das fast immer seinen Grund darin, daß Plätze einer bestimmten Ausbildungsrichtung in unmittelbarer Nähe nicht verfügbar sind. Quer zu diesen Tendenzen liegt der Sachverhalt, daß industrielle Ballungsräume auf Jugendliche ländlicher Regionen zumindest vorübergehend eine starke Anziehung ausüben, abgesehen von der Tatsache, daß dort auch das größere Angebot an Ausbildungs- und Beschäftigungsmöglichkeiten besteht. Der fundamentale Unterschied, der zwischen Ballungsräumen und ländlichen Regionen zunächst bei der Teilnahme an weiterführender beruflicher Bildung besteht, setzt sich in den Ausbildungsprozeß hinein fort, wenn man den Versorgungsgrad der Regionen mit berufsbildenden Einrichtungen, die Pendlerbewegungen und ihre Ursachen sowie das betriebliche Ausbildungsangebot in Abhängigkeit von der regionalen Wirtschaftsstruktur zusammensieht. Das größere quantitative und qualitative Angebot einer Region an berufsbildenden Schulen steht Interessenten nicht gleichmäßig zur Verfügung, vielmehr wird das erweiterte Angebot zunächst für die Bevölkerung im Nahraum herangezogen und erst freie Spitzen werden Nachfragern aus anderen Regionen zur Verfügung gestellt. Es gibt also ein eindeutiges Gegenstück zu dem Phänomen, daß Jugendliche mit niedrigeren Berechtigungen bei der Erlangung eines qualitativ hochwertigen Ausbildungsplatzes erst zum Zuge kommen, wenn die Inhaber höherer Berechtigungen im Wettbewerb zurücktreten. Regional zeigt sich diese Gesetzmäßigkeit so, daß Jugendliche unabhängig von der Region an der Verteilung der in anderen Regionen bestehenden besseren berufsbildenden Schulmöglichkeiten weiträumig nur teilnehmen können, wenn die in unmittelbarem Umkreis dieser Schulen Wohnenden versorgt sind. Schulische Bildungschancen im beruflichen Bereich können daher nur dann gleichmäßiger verteilt werden, wenn das Angebot so nah wie möglich an die potentielle Nachfrage herangerückt wird, was besonders in jenen Regionen dringend wäre, in denen schon die Chancen für die betriebliche Grundausbildung relativ gering sind. (Auch hier ist wieder der Hinweis nötig auf die relativ „normalen" Verhältnisse sowohl im Bildungs- als auch im Beschäftigungswesen, unter denen die zugrundeliegenden Daten gewonnen wurden. Bei einem gestörten Ausbildungsstellenmarkt in der Rezession ist zu erwarten, daß sich die aufgewiesenen regionalen Defizite und Disparitäten empfindlich verstärken, vor allem deshalb, weil unter den veränderten Bedingungen ein freies Überangebot der gut bestückten Ballungsräume für Jugendliche aus schwach strukturierten Regionen nicht mehr besteht.)

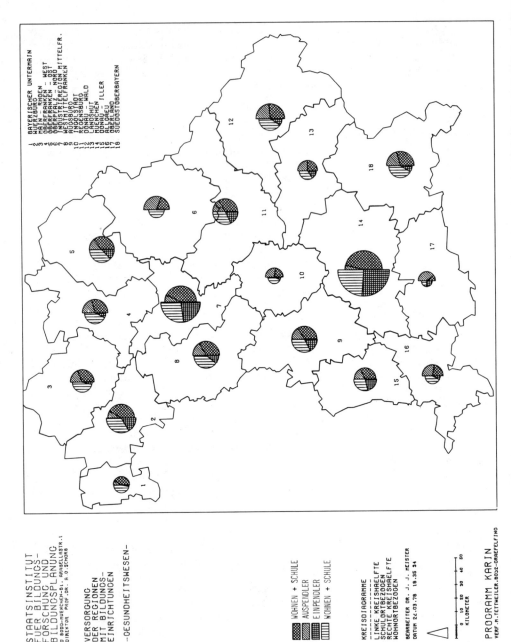

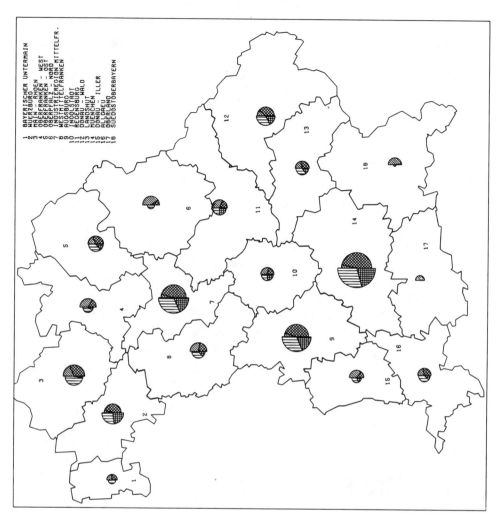

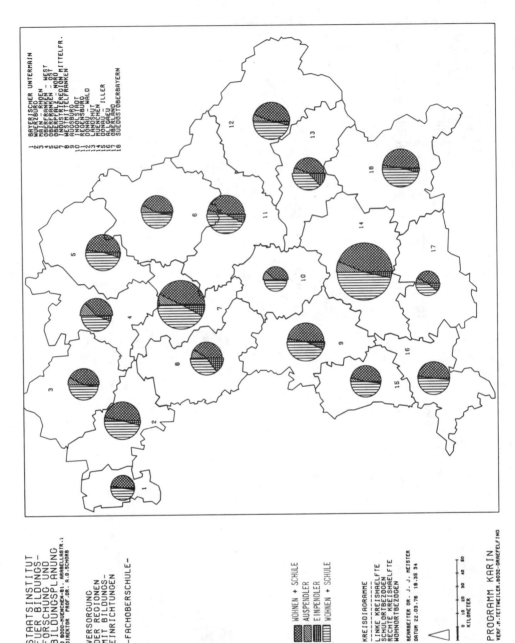

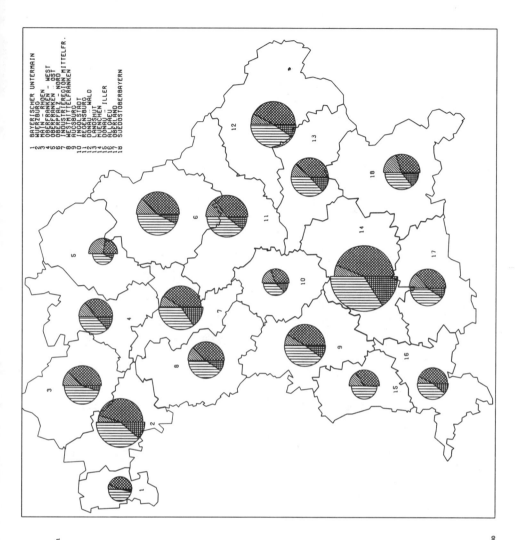

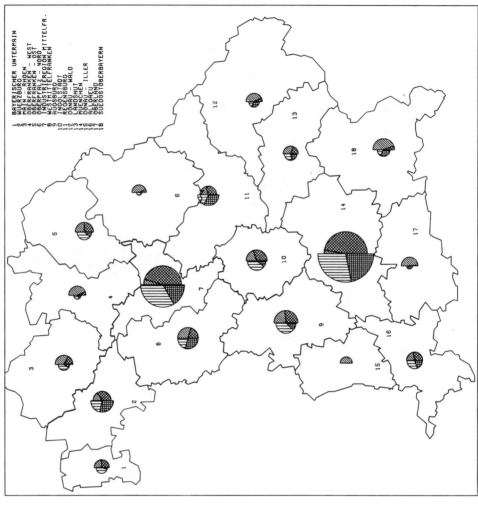

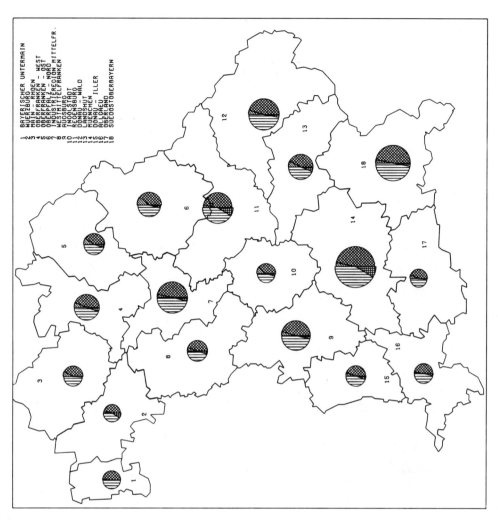

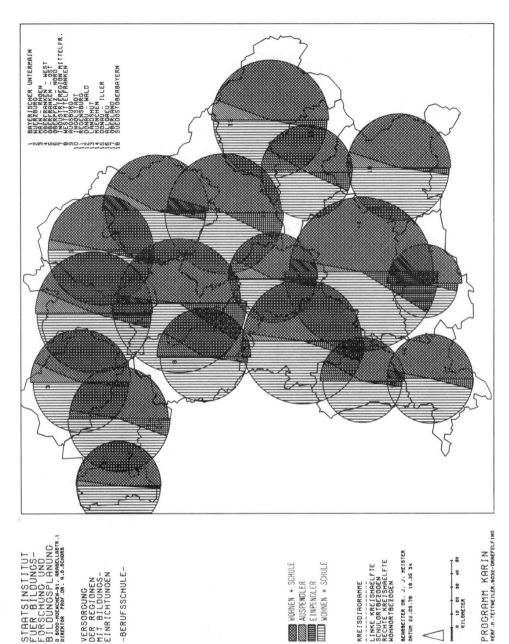

5. These: Die regional unterschiedliche berufliche Mobilität reicht schon unter günstigen Bedingungen nicht aus, Chancenunterschiede im Bereich beruflicher Aus- und Weiterbildung auszugleichen. In Rezessionsphasen werden die Unterschiede noch verstärkt.

Die berufliche Mobilität kann sich auf verschiedene Weise äußern. Sie ist einmal die Bereitschaft, aus der Wohnregion zur Ausbildung oder zur Berufsausübung auszupendeln. Eine zweite Form ist die Bereitschaft, für längere Zeit oder dauernd aus der Region abzuwandern, um einen Beruf erlernen und ausüben zu können. Schließlich ist darunter auch die Bereitschaft zu verstehen, den erlernten bzw. ausgeübten Beruf zu wechseln oder nach bzw. während seiner Erlernung auf eine weiterführende berufliche Schule oder eine Hochschule überzutreten. Da in schwach strukturierten Regionen sowohl für die betriebliche Grundausbildung als auch für eine Weiterbildung besonders für Inhaber höherer Qualifikationen nur geringe Ausbildungs- und Beschäftigungsmöglichkeiten bestehen, könnten die Standortnachteile sowohl des Bildungs- wie auch des Beschäftigungssystems nur ausgeglichen werden, wenn bei der betroffenen Bevölkerung alle Formen der Mobilität in höchstem Maße in Anspruch genommen werden könnten. Nun ist aber wie Tabelle 8 zeigt, die Mobilität im ganzen mit dem Bildungs- und Ausbildungsgrad verbunden, und zwar so, daß mit der Höhe des Bildungsabschlusses auch die Mobilitätsbereitschaft zunimmt. Für Hauptschüler z. B. ist das Festhalten und Verharren in der angestammten Wohnregion besonders typisch. Wenn sie nach Abschluß ihrer Ausbildung nicht in ihren Ausbildungsbetrieb zurückkehren können oder in der Nähe ihres Wohnortes noch keine Aussicht auf einen Arbeitsplatz haben, so werden sie sich erst in der Nähe um einen anderen Arbeitsplatz bemühen; können sie ihn nicht finden, sind sie höchstens zum Auspendeln, häufig zu einem Berufswechsel, selten aber zum Abwandern bereit.

Dagegen lassen Absolventen mit ranghöherem schulischen Qualifikationsnachweis von vornherein eine größere Bereitschaft zum Abwandern aus ihrer Wohnregion sowie zum Übertritt auf weiterführende Vollzeitschulen und zum Studium erkennen. Für das Mobilitätsverhalten spielt dabei keine Rolle, ob diese Jugendlichen zuvor im Schulwesen eine höhere Qualifikation schon erworben haben oder ob sie den Aufstieg z. B. aus der Hauptschule über die Berufsaufbauschule in die Berufsoberschule geschafft haben. Für alle ist der nächsthöhere Bildungsabschluß bzw. die Hochschule das entscheidende Ziel. Alternativen spielen daneben kaum eine Rolle. Eine Abwanderung aus ländlichen Regionen ist damit zwangsläufig fast immer verbunden.

Aufschlußreich ist der Vergleich zwischen den Anteilen Jugendlicher mit unterschiedlich hohen Berechtigungen in der raumabhängigen beruflichen Grundausbildung einerseits und den raumunabhängigeren beruflichen Vollzeitschulen andererseits.

Für beide Formen gilt, daß in den industriellen Ballungsräumen die Anteile der Jugendlichen mit ranghöheren Berechtigungen hoch sind, während in ländlichen und entlegeneren Regionen eher die Hauptschüler überrepräsentiert sind. Für Fachakademien gilt dieser Zusammenhang allerdings nicht. Sie werden unterschiedslos in allen Regionen vorwiegend von Absolventen mit ranghöheren Qualifikationen besucht. Lediglich in großstädtischen Ballungsräumen, in denen für diese Schulart eine Überkapazität besteht, erhalten auch Jugendliche mit rangniedrigeren Qualifikationen eine gewisse Chance. Bei den weiterführenden beruflichen Schulen, wie Fachoberschulen ist bei den Anteilen ehemaliger Gymnasiasten einerseits und Realschülern andererseits eine gewisse Schwankungsbreite zu beobachten. Zusammengenommen stellen sie jedoch in allen Regionen zwischen 92 % und 96 % Absolventen dieser Schulen. Es ist die Tendenz erkennbar, daß in eher ländlichen Regionen die Quote der Gymnasiasten überdurchschnittlich hoch ist, während in großstädtischen Ballungsräumen die Quote der Realschüler stärker ansteigt.

Die regional unterschiedliche Beteiligung in beruflichen Vollzeitschulen und weiterführenden beruflichen Schulen bringt auch in diesem Bereich des Bildungswesens eine Art von Verzichtverhalten der ländlichen Bevölkerung zum Ausdruck, das seine Wurzel in dem Wunsch nach einem Arbeitsplatz im Nahbereich des angestammten Wohnsitzes hat. Da die im ländlichen Raum überwiegend verfügbaren Ausbildungsstellen und späteren Arbeitsplätze vielfach an weniger hohe qualifikatorische Voraussetzungen gebunden sind, geben sich die meisten Jugendlichen mit einer rangniedrigeren Qualifikation zufrieden. Wer dagegen einen ranghöheren formalen Abschluß anstrebt, weicht, sofern er nicht einen der wenigen qualifizierten Ausbildungsplätze erhält, über seinen Nahbereich hinaus aus. Die relativ hohen Quoten der Gymnasiasten aber auch der Realschüler an beruflichen Vollzeitschulen und insbesondere in den weiterführenden beruflichen Schulen kündigt deren Entschluß zu weiterem beruflichen Aufstieg und zur Abwanderung aus der Region an. Damit wird aber das Potential qualifizierter Arbeitskräfte in strukturschwachen Gebieten weiter ausgedünnt, was wiederum zu einer vorsichtigeren und zurückhaltenderen Investitions- und Ansiedlungspolitik der Wirtschaft führt. Die wenigen vorhandenen höher qualifizierten Ausbildungs- und Arbeitsplätze sind in vielen neu angesiedelten Betrieben zudem besonders konjunkturanfällig. Arbeitslosigkeit ist bei Konjunkturrückgang die automatische Folge. So tritt zu dem Faktum, daß die Jugend der schwachstrukturierten Regionen wegen ihrer niedrigeren schulischen Qualifikationen kaum über die Mobilität verfügt, mit der sie Struktur- und Konjunkturveränderungen kompensieren könnte, noch der Sachverhalt, daß der in diesen Regionen sich ergebende intensive und einseitige Zusammenhang von Schulsystem und Beschäftigungssystem diese für wirtschaftliche Rezessionen besonders anfällig macht.

III. Zusammenfassung und Schlußbemerkung

Die dargestellten Ergebnisse haben gezeigt, daß der Zusammenhang zwischen Bildungssystem und Beschäftigungssystem nicht nur von den Anforderungen der Wirtschaft an das Bildungssystem und ihrer an eine bestimmte Ranghöhe eines formalen schulischen Qualifikationsnachweises geknüpften Erwartungen bestimmt ist, sondern daß auch die regionale quantitative und qualitative Verteilung der Bildungs- und Ausbildungschancen eine wesentliche Rolle spielt. Dort wo das Angebot an beruflichen Qualifikationsmöglichkeiten quantitativ und qualitativ der Nachfrage entspricht oder diese sogar übersteigt, erhalten auch Jugendliche mit rangniedrigeren formalen schulischen Berechtigungsnachweisen die Chance, einen anspruchsvolleren Beruf zu erlernen. Ungeachtet dessen sind besonders hochqualifizierte Ausbildungsberufe mehr oder weniger den Jugendlichen mit ranghöheren formalen Berechtigungsnachweisen vorbehalten. Umgekehrt verhält sich in wirtschaftlich schwachstrukturierten Regionen mit einem quantitativ und qualitativ unzureichenden Ausbildungsplatzangebot die Nachfrage von Jugendlichen mit ranghöheren formalen schulischen Qualifikationsnachweisen. Sie ziehen es offensichtlich vor, ihre Ausbildung an einer beruflichen Vollzeitschule zu durchlaufen oder gleich eine studienbezogene Bildungslaufbahn an einer Fachoberschule oder an einem Gymnasium einzuschlagen und abzuschließen. Mit ihrem Verhalten unterstreichen diese Jugendlichen den Sachverhalt, daß eine ranghöhere formale Berechtigung fast immer mit einer Mobilitätsbereitschaft verbunden ist, die notfalls auch ein Abwandern aus der angestammten Wohnregion einschließt. Das in strukturschwachen Regionen dann verbleibende Arbeitskräftepotential kann den Anforderungen eines anspruchsvollen und breitgefächerten Arbeitsmarktes mit entsprechender Wirtschaftsstruktur nicht gerecht werden. So wird auch als Folge unzureichender Ausbildungsmöglichkeiten die Ansiedlung neuer, langfristig sicherer Arbeitsplätze erschwert oder gar verhindert. Auch sind in Zeiten wirtschaftlicher Rezession in solchen Regionen die vorhandenen Arbeitsplätze selbst besonders gefährdet.

Es ergibt sich die Frage, wie diesen Mängeln und Ungleichheiten im Bereich des Bildungswesens entgegengewirkt werden kann.

Eine in jüngster Zeit viel diskutierte und inzwischen auch beschlossene Maßnahme ist der Ausbau beruflicher Vollzeitschulen, vornehmlich der Berufsfachschulen. Dabei kann es sich nicht nur um den Ausbau und die Erweiterung vorhandener Kapazitäten handeln, vielmehr müssen auch neue Ausbildungs- und Fachrichtungen angeboten werden. So wären in erster Linie Angebote im gewerblich-technischen Bereich interessant, aber auch in den Bereichen Wirtschaft, Verwaltung und Planung sind noch neue Schwerpunkte denkbar. Die Standorte solcher Bildungsangebote müßten dabei außerhalb der schon bisher gut versorgten Ballungsräume in ländlichen und zudem schwachstrukturierten Räumen gewählt werden, in denen das vorhandene Ausbildungsangebot ohnehin nur sehr eng begrenzt und zudem noch qualitativ weniger anspruchsvoll ist. Der Realisierung einer solchen Absicht käme der Umstand entgegen, daß zum Zeitpunkt des größten Schüleraufkommens in den beruflichen Schulen in der Sekundarstufe I bereits ein empfindlicher Schülerrückgang zu verzeichnen ist. So könnten Schulgebäude von Volksschulen genutzt werden, die aufgrund des Geburtenrückgangs und der demzufolge sinkenden Schülerzahlen in ihrem Bestand gefährdet sind. Erforderliche Investitionsmittel könnten dadurch möglicherweise auf die Ausstattung mit technischen Lehr- und Lernmitteln konzentriert werden.

Eine weitere Möglichkeit liegt im verstärkten Ausbau überbetrieblicher Lehrwerkstätten in strukturschwachen Gebieten.

Überbetriebliche Lehrwerkstätten sollten in enger Kooperation mit vorhandenen schulischen Einrichtungen erweiterte Grundausbildungslehrgänge anbieten, die den Teilnehmern nach eineinhalb Jahren Ausbildung den Abschluß als „einfacher Facharbeiter" bietet, mit der Möglichkeit, in verschiedenen Berufszweigen tätig zu werden. Erst nach einigen Jahren Berufserfahrung sollte dann die Ausbildung zum „qualifizierten Facharbeiter" (Spezialisten) erfolgen. Hierzu ist allerdings eine umfassende Analyse der Tätigkeitsmerkmale und ihrer Verwendbarkeit in verschiedenen Berufen erforderlich. Ziel einer solchen Maßnahme wäre nicht nur, das Ausbildungsangebot in schwachstrukturierten Regionen zu erweitern, sondern zugleich auch die Entstehung eines breitgestreuten Arbeitskräftepotentials, das sich rascher an sich wandelnde Anforderungen der Wirtschaft und des Arbeitsmarktes anzupassen vermag, zu fördern.

Ausschöpfung der Möglichkeiten des Ausbildungsplatzförderungsgesetzes kommt ebenfalls in Betracht. Der Einsatz dieses Instruments ist nicht unproblematisch und bedarf einer ständigen Überprüfung und Kontrolle, denn die Maßnahme kann in strukturschwachen Regionen dazu führen, daß Ausbildungsplätze angeboten und öffentlich gefördert werden, die schon heute nur geringe Berufsaussichten eröffnen. Eine generelle Einführung des Berufsgrundbildungsjahres kann zu einer kurzfristigen, vorübergehenden Entlastung des Ausbildungsstellenmarktes führen.

Kurzfristig bedeutet diese Maßnahme nur eine Verschiebung einer verstärkten Ausbildungsplatznachfrage um ein Jahr, langfristig hingegen führt sie zu einer Verbesserung der Arbeitsplatzchancen. In strukturschwachen Regionen darf eine solche Maßnahme jedoch nicht auf das örtlich vorhandene Ausbildungsplatzangebot beschränkt bleiben, sondern muß alle Berufsfelder umfassen. Zu erwägen und genau zu überprüfen wäre jedoch, ob nicht diese Maßnahme für ausgewählte Ausbildungsberufe in Verbindung mit einem verstärkten Ausbau überbetrieblicher Lehrwerkstätten zu einem eigenständigen Bildungsgang verkoppelt werden könnte. Vorstellbar wäre auch die Kombination Berufsgrundbildungsjahr – 1 Jahr überbetriebliche Lehrwerkstatt – 1 Jahr Ausbildungsbetrieb.

Schließlich ist ein verstärkter Ausbau von Einrichtungen mit doppeltqualifizierenden Abschlüssen, z. B. Fachakademien zu erwägen.

Diese Möglichkeiten sollten in erster Linie Jugendlichen mit ranghöheren formalen schulischen Qualifikationsnachweisen eröffnet werden, die an Stelle einer ausschließlich studienbezogenen Bildungslaufbahn zunächst eine berufsbezogene Bildungslaufbahn wählen möchten. Diese Maßnahme könnte das betriebliche Ausbildungsplatzangebot zugunsten Jugendlicher mit rangniedrigeren formalen schulischen Qualifikationsnachweisen entlasten.

Allgemeines Ziel aller denkbaren und möglichen Maßnahmen muß es sein, die Flexibilität und Mobilität jedes einzelnen jungen Menschen so weit zu erhöhen, daß er in die Lage versetzt wird, sich ohne übermäßige Schwierigkeiten und mit einer gewissen Gelassenheit den wechselhaften Veränderungen des Arbeitsmarktes anzupassen und eine ihm gemäße Beschäftigung zu suchen und zu finden. Das aber setzt eine Bildung voraus, die nicht ausschließlich auf die Anforderungen und Erfordernisse der Arbeitswelt ausgerichtet ist. Bildungs- und Beschäftigungssystem müssen soweit voneinander abgekoppelt werden, daß nicht schon allein aus der Ranghöhe eines formalen Berechtigungsnachweises gewisse Ansprüche auf eine bestimmte Beschäftigung abgeleitet werden.

Tabelle 1:

Absolventen an Berufsschulen im Schuljahr 1974/75 nach derzeitigem Ausbildungsberuf sowie allgemeinbildendem Schulabschluß

	GY Mittl. Absch. u.m.	RS Mittl. Absch.	HS qual. Absch.	HS mit Absch.	HS ohne Absch.	Abbrecher von GY, RS	Summe
Gewinner von Naturprodukten	12 1,6 0,7	103 1,2 6,3	586 2,7 35,9	708 3,1 43,4	171 2,3 10,5	52 1,2 3,2	1632 2,5
Hersteller von Grundstoffen	24 3,2 4,4	150 1,7 27,6	145 0,7 26,7	118 0,5 21,7	65 0,9 11,9	42 1,0 7,7	544 0,8
Arbeit mit Grundstoffen	35 4,6 0,6	302 3,5 5,2	1544 7,0 26,4	2784 12,3 47,5	918 12,4 15,7	276 6,4 4,7	5859 8,9
Montage Wartung I	102 13,4 0,6	1091 12,7 6,3	4994 22,7 28,7	7776 34,3 44,7	2764 37,2 15,9	688 16,0 4,0	17415 26,5
Montage Wartung II	39 5,1 0,8	324 3,8 6,7	1976 9,0 41,0	1707 7,5 35,5	464 6,2 9,6	304 7,1 6,3	4814 7,3
Dienstleistungen, personenbezogen	100 13,2 1,9	1053 12,3 20,1	1353 6,2 25,8	1789 7,9 34,1	549 7,4 10,5	397 9,3 7,6	5241 8,0
Dienstleistungen, sachbezogen	11 1,4 0,8	73 0,9 5,6	482 2,2 37,0	542 2,4 41,6	140 1,9 10,7	55 1,3 4,2	1303 2,0
Dienstleistungen, Kaufleute	301 39,6 1,7	3669 42,7 20,5	6170 28,1 34,5	4678 20,7 26,2	1438 19,3 8,0	1617 37,7 9,0	17873 27,2
Planung, Verwaltung	91 12,0 1,1	1441 16,8 18,2	3825 17,4 48,2	1524 6,7 19,2	390 5,2 4,9	668 15,6 8,4	7939 12,1
Sonstige Berufe	45 5,9 1,5	378 4,4 12,4	892 4,1 29,2	1020 4,5 33,4	534 7,2 17,5	188 4,4 6,1	3057 4,7
Summe	760 1,2	8584 13,1	21967 33,4	22646 34,5	7433 11,3	4287 6,5	65677 100,0

Staatsinstitut für Bildungsforschung und Bildungsplanung.

Tabelle 2:

Die häufigsten Ausbildungsberufe bei Absolventen von Berufsschulen im Schuljahr 1974/75 nach allgemeinbildendem Schulabschluß in Prozent

	GY Mittl. Absch. u.m.	RS Mittl. Absch.	HS qual. Absch.	HS mit Absch.	HS ohne Absch.	Abbrecher von GY, RS	Summe
1 Verkäufer, allg.	1,0	1,4	5,5	7,5	5,4	3,6	5,5
2 Kfz-Mechaniker	2,9	1,4	3,3	7,7	6,6	3,7	5,1
3 Bürokaufmann	2,5	5,4	7,8	2,6	2,0	7,3	4,8
4 Industriekfm.	9,7	13,2	6,2	1,3	1,2	8,2	4,8
5 Elektroinstal.	1,8	0,9	4,4	4,1	3,2	3,3	3,6
6 Großhandelskfm.	4,5	5,7	4,6	1,5	1,7	9,7	3,6
7 Einzelhandelskfm.	4,0	2,7	4,0	2,8	1,8	5,7	3,2
8 Maschinenschlosser	1,4	1,1	3,2	2,7	1,5	1,8	2,4
9 Friseur	0,3	0,5	1,3	4,0	2,9	0,7	2,3
10 Verkäufer, Nhg.	0,5	0,6	1,7	3,1	2,9	0,9	2,2
11 Arzthelferin	7,4	8,1	1,6	0,5	0,8	3,4	2,1
12 Bankkaufmann	9,4	10,9	1,4	0,2	0,5	2,1	2,1
13 Maurer	0,4	0,8	0,9	3,0	4,1	0,7	2,0
14 Landwirt	0,5	0,8	2,3	2,5	1,4	0,8	1,9
15 Schlosser*	1,1	0,6	1,4	2,5	3,2	0,8	1,9
16 Werkzeugmacher	0,9	0,8	2,5	1,7	1,0	2,1	1,8
17 Bekleid. Fertiger	0,3	0,3	1,3	2,5	1,5	0,3	1,6
18 Hauswirtschaft	0,4	0,6	1,7	1,7	1,0	0,7	1,4
19 Schneider**	0,8	0,6	1,4	1,9	1,3	0,7	1,4
20 Tischler	1,7	0,8	1,0	1,8	2,0	0,9	1,4
21 Fernmeldehandw.	0,9	2,3	2,5	0,5	0,2	0,9	1,3
22 Fleischer	0,4	0,6	0,6	1,7	2,3	0,7	1,2
23 Zahnarzthelfer	1,5	1,6	1,5	0,7	1,0	2,6	1,2
24 Landmaschinenm.	0,6	0,3	0,9	1,6	1,4	0,5	1,1
25 Techn. Zeichner	1,2	1,3	2,1	0,6	0,2	1,5	1,1
26 ZHs-Bauer	0,1	0,3	0,8	1,7	1,1	0,7	1,1
27 Bäcker, Konditor	0,8	0,6	0,6	1,5	1,7	0,5	1,0
28 Steuergehilfe	4,4	5,7	0,5	0,1	0,2	1,3	1,0
29 Starkstromelektr.	0,3	0,5	1,8	0,6	0,3	0,8	1,0
30 Bauzeichner	1,9	1,2	1,3	0,4	0,3	2,2	0,9
31 Bürogehilfe	0,3	0,6	1,5	0,7	0,5	1,2	0,9
32 Maler, Lackierer	0,4	0,6	0,2	1,3	1,7	0,2	0,9
Summe	64,3	72,8	71,8	67,0	56,8	70,5	67,8
Ohne Ausbildungsberuf	1,9	4,8	5,2	14,1	23,9	5,7	10,9
Gesamtzahl (N)	775	9018	23171	26363	9771	4548	73868

*) Schlosser = Bauschlosser, Betriebsschlosser, Blechschlosser, Schlosser, Stahlbauschlosser
**) Schneider = Bekleidungsnäherin, Damenschneider, Herrenschneider, Schneider

Staatsinstitut für Bildungsforschung und Bildungsplanung.

Tabelle 3:

Verteilung der häufigsten Ausbildungsberufe im Schuljahr 1974/75 in ausgewählten Landkreisen und kreisfreien Städten

	München Stadt	Nürnberg Stadt	Rosenheim Landkr.	Cham	Kulmbach	Bad Windsheim	Weißenburg	Gesamt
1 Verkäufer(in)/allg.	3,9	5,6	7,1	6,5	2,0	2,9	3,6	5,5
2 Kfz-Mechaniker	7,1	1,4	6,7	6,9	5,5	5,4	4,9	5,1
3 Bürokaufmann	6,1	5,4	4,9	6,5	2,9	4,4	0,6	4,8
4 Industriekaufmann	2,7	9,5	4,2	1,2	9,7	6,7	7,0	4,8
5 Elektroinstallateur	1,7	0,2	5,4	5,3	5,6	4,7	3,7	3,6
6 Großhandelskaufm.	3,7	7,2	2,7	2,0	3,8	2,5	3,5	3,6
7 Einzelhandelskaufm.	2,4	5,0	2,4	4,4	1,2	3,2	4,0	3,2
8 Maschinenschlosser	2,0	0,7	2,1	2,6	1,0	1,3	3,6	2,4
9 Friseur	2,7	3,6	3,0	1,7	1,7	1,9	2,4	2,3
10 Verkäufer/Nhr.	1,6	1,3	0,9	3,2	2,1	3,9	2,4	2,2
11 Arzthelferin	2,7	0,2	2,9	1,4	1,7	0,7	1,0	2,1
12 Bankkaufmann	7,2	0,7	0,8	1,5	1,6	1,2	1,5	2,1
13 Maurer	–	0,2	2,9	4,4	2,9	2,6	2,6	2,0
14 Landwirt	0,2	0,1	5,2	1,1	1,3	5,8	3,0	1,9
15 Schlosser	1,9	1,4	1,7	1,5	2,3	0,9	2,2	1,9
16 Werkzeugmacher	2,4	0,8	0,8	1,3	1,6	3,9	–	1,8
17 Bekleidungsfertiger	0,2	0,1	1,5	2,5	5,1	0,4	5,3	1,6
18 Hauswirtschaft	0,5	0,5	1,8	1,4	1,4	1,9	5,6	1,4
19 Schneider	0,6	0,5	2,1	1,4	2,6	0,7	2,2	1,4
20 Tischler	0,6	0,4	2,3	2,7	1,0	1,6	1,4	1,4
21 Fernmeldehandw.	4,8	2,9	0,5	0,7	1,0	0,3	0,4	1,3
22 Fleischer	0,2	0,7	1,3	1,4	1,8	2,5	1,9	1,2
23 Zahnarzthelfer	1,9	2,1	1,4	0,5	0,8	1,2	0,1	1,2
24 Landmaschinenmech.	0,2	0,2	1,5	1,6	0,5	2,6	1,7	1,1
25 Technischer Zeichner	1,7	1,5	0,3	0,5	1,6	0,4	1,7	1,1
26 ZHs-Bauer	0,2	1,0	1,6	1,9	2,2	1,5	0,4	1,1
27 Bäcker/Konditor	0,8	0,5	1,0	1,3	0,8	1,2	0,6	1,0
28 Steuergehilfe	2,1	1,7	1,4	0,7	1,0	1,7	0,7	1,0
29 Starkstromelektr.	–	0,5	0,6	0,3	1,3	0,6	0,7	1,0
30 Bauzeichner	0,8	0,4	0,2	0,7	1,8	0,7	0,6	0,9
31 Bürogehilfe	1,8	2,4	0,1	0,2	0,4	0,1	–	0,9
32 Maler/Lackierer	0,7	0,1	1,3	0,7	0,1	0,7	0,1	0,9
Ohne Ausbildungsberuf	207	275	8	180	87	62	82	8028
	6,2	14,9	3,6	14,5	11,4	9,0	10,2	10,9
Summe	2312	1394	1235	1046	629	549	655	58957
	69,8	75,6	81,9	84,5	82,1	79,9	81,5	79,8

Staatsinstitut für Bildungsforschung und Bildungsplanung.

Tabelle 4:

Verteilung von formalen Berechtigungsnachweisen bei Absolventen von Berufsschulen im Schuljahr 1974/75 nach Planungsregionen

Region	GY Mittl. Absch. u. m.	RS Mittl. Absch.	HS qual. Absch.	HS mit Absch.	HS ohne Absch.	Abbrecher von GY, RS	Summe
5 Oberfranken-Ost	67	588	1280	1451	483	289	4158
	1,6	14,1	30,8	34,9	11,6	7,0	5,6
7 Industrieregion Mittelfranken	81	692	1727	1909	803	488	5700
	1,4	12,1	30,3	33,5	14,1	8,6	7,7
8 Westmittelfranken	23	274	987	1299	474	174	3231
	0,7	8,5	30,5	40,2	14,7	5,4	4,4
11 Regensburg	18	542	1509	1851	610	256	4786
	0,4	11,3	31,5	38,7	12,7	5,3	6,5
14 München	136	1108	2195	2667	942	592	7640
	1,8	14,5	28,7	34,9	12,3	7,7	10,4
18 Südostoberbayern	41	404	1304	1484	546	258	4037
	1,0	10,0	32,3	36,8	13,5	6,4	5,5
Bayern insgesamt	775	9018	23171	26363	9771	4548	73646
	1,1	12,2	31,5	35,8	13,3	6,2	

Staatsinstitut für Bildungsforschung und Bildungsplanung.

Tabelle 5:

Absolventen an Berufsschulen und Berufsaufbauschulen im Schuljahr 1974/75 nach regionaler Herkunft und Kammerzuständigkeit

Planungsregion Wohnort	Nicht zutr.	IHK	HWK	Sonstige Kammern	Kein Absch.	Summe
1 außerhalb Bayern	8,5	49,7	25,6	11,8	0,2	890
1 Bayr. Untermain	12,8	49,8	26,0	8,1	–	2862
2 Würzburg	8,0	49,5	26,0	13,6	0,3	3788
3 Main-Rhön	15,6	41,8	31,2	9,4	0,3	3991
4 Oberfranken-West	16,2	45,7	25,5	8,6	1,2	5465
5 Oberfranken-Ost	11,3	49,5	23,8	12,3	0,4	4339
6 Oberpfalz-Nord	16,4	40,1	28,4	11,6	0,4	4451
7 Industriereg. Mittelfranken	18,2	51,3	19,8	8,4	0,3	6062
8 Westmittelfranken	10,9	40,5	30,1	14,8	0,5	3394
9 Augsburg	11,7	49,4	23,7	12,5	0,2	5504
10 Ingolstadt	14,8	41,7	28,3	12,5	0,3	3069
11 Regensburg	15,2	38,1	33,1	10,8	0,2	5111
12 Donau-Wald	18,3	37,3	30,5	10,6	0,5	5334
13 Landshut	11,7	37,9	35,9	12,1	0,3	3304
14 München	8,7	51,3	20,5	15,1	0,7	8223
15 Donau-Iller	14,9	45,9	23,5	12,5	0,7	2804
16 Allgäu	8,1	43,9	26,7	18,6	0,3	2862
17 Oberland	8,3	38,7	28,9	20,1	0,4	2205
18 Südostoberbayern	11,7	34,4	31,4	17,9	0,7	4487

Tabelle 6:

Regionale Nachfrage nach beruflichen Qualifikationsmöglichkeiten

Region	Berufs-schule	Berufs-aufbau-schule	Berufs-fach-schule	Fach-ober-schule	Berufs-ober-schule	Kolleg	Fach-aka-demie	Fach-schule	Sch. d. Ge sund-heitsw.
5 Oberfranken-Ost	5,6	3,9	3,1	5,2	3,3	1,9	4,0	3,6	5,3
7 Industrieregion Mittelfranken	7,7	8,0	5,9	9,6	15,4	9,7	10,5	14,2	8,2
8 Westmittel-franken	4,4	3,6	4,7	4,1	2,3	2,3	4,8	4,5	6,2
11 Regensburg	6,5	7,2	6,2	5,8	10,2	2,6	4,1	2,9	5,1
14 München	10,4	13,0	12,7	13,8	20,3	19,5	15,1	18,8	11,3
18 Südostoberbayern	5,5	10,3	4,7	5,8	5,1	6,8	3,0	4,8	6,5
Mittelwert	6,6	7,7	7,4	8,1	10,5	9,9	8,8	10,2	6,8

Staatsinstitut für Bildungsforschung und Bildungsplanung.

Tabelle 7: Raumabhängige und raumunabhängige Bildungsbeteiligung in ausgewählten Regionen

	Berufs- u. Berufsaufbauschule	Berufsfachschule	Fachoberschule	Berufsoberschule	Kolleg	Fachakademie	Fachschule	Sch. d. Gesundheitsw.
5 Oberfranken-Ost								
Ausschöpfungsgrad[+]	92,0	84,3	90,2	77,8	–	72,7	59,3	73,9
Eigenversorgung[++]	93,3	44,8	95,3	58,3	–	62,9	48,2	74,2
Einpendler	8,0	15,7	9,8	22,2	–	27,3	40,7	26,1
Auspendler	6,7	55,2	4,7	41,7	100,0	37,1	51,8	25,8
7 Industriereg. Mittelfranken								
Ausschöpfungsgrad	82,4	67,9	84,2	69,9	61,2	62,7	62,8	51,8
Eigenversorgung	96,5	82,3	85,4	96,4	96,8	91,5	90,0	87,5
Einpendler	17,6	32,1	15,8	30,1	39,8	37,3	37,2	48,2
Auspendler	3,5	17,7	14,6	3,6	3,2	8,5	10,0	12,5
8 Westmittelfranken								
Ausschöpfungsgrad	94,2	80,1	68,1	–	–	67,6	41,0	76,5
Eigenversorgung	83,5	75,3	82,2	–	–	44,4	39,1	69,1
Einpendler	5,8	19,9	31,9	–	–	32,3	59,0	23,5
Auspendler	16,5	24,7	17,8	100,0	100,0	55,6	60,9	30,9
11 Regensburg								
Ausschöpfungsgrad	85,1	78,8	84,6	54,1	–	49,3	23,3	63,8
Eigenversorgung	91,7	70,7	93,1	91,7	–	37,6	57,5	68,6
Einpendler	14,9	21,2	15,4	45,9	–	50,8	76,7	36,2
Auspendler	8,3	29,3	6,9	8,3	100,0	62,4	42,5	31,4

[+] In der Region Beschulte minus Einpendler [++] in der Region Ansässige minus Auspendler.

noch Tabelle 7:

	Berufs- u. Berufsaufbauschule	Berufsfachschule	Fachoberschule	Berufsoberschule	Kolleg	Fachakademie	Fachschule	Sch. d. Gesundheitsw.
14 München								
Ausschöpfungsgrad	81,5	63,5	91,0	64,2	59,1	55,5	49,1	44,5
Eigenversorgung	94,3	88,2	87,6	95,8	86,7	93,2	96,1	91,5
Einpendler	18,5	36,5	0,9	35,8	40,9	44,6	50,9	55,5
Auspendler	5,7	11,8	12,3	4,2	13,3	6,8	3,9	8,5
18 Südostoberbayern								
Ausschöpfungsgrad	94,7	57,0	91,2	–	–	75,0	18,7	78,8
Eigenversorgung	90,8	60,1	95,2	–	–	4,5	11,5	60,2
Einpendler	5,3	43,0	8,8	–	–	25,0	81,3	29,2
Auspendler	9,2	39,9	4,8	100,0	100,0	95,5	88,5	39,8

Staatsinstitut für Bildungsforschung und Bildungsplanung.

Tabelle 8:

Absolventen von beruflichen Schulen im Schuljahr 1974/75 nach allgemeinbildendem Schulabschluß, regionaler Mobilität und derzeitigem Schulbesuch, Berufsschule

	GY: Mittl. Abschl. u. mehr	RS: Mittl. Abschl. u. mehr	HS: qual. Abschl.	HS: mit Abschl.	HS: ohne Abschl.	GY, RS, HS: ohne Ab.	Summe
Rückkehr in den Betrieb	350　0,7　46,3	5495　11,7　62,3	15141　32,4　66,7	17134　36,6　67,4	6219　13,3　68,4	2460　5,3　55,4	46799　65,7
Aussicht auf Arbeitsplatz	25　1,0　3,3	260　10,4　2,9	613　24,6　2,7	988　39,6　3,9	456　18,3　5,0	153　6,1　3,4	2495　3,5
Arbeitsplatzsuche	50　0,9　6,6	599　10,8　6,8	1726　31,1　7,6	2153　38,8　8,5	673　12,1　7,4	349　6,3　7,9	5550　7,8
Auspendeln	35　0,7　4,6	518　10,6　5,9	1496　30,5　6,6	1833　37,4　7,2	701　14,3　7,7	314　6,4　7,1	4897　6,9
Abwanderung	65　2,4　8,6	375　13,6　4,3	834　30,3　3,7	940　34,2　3,7	303　11,0　3,3	235　8,5　5,3	2752　3,9
Berufswechsel	34　1,0　4,5	337　10,0　3,8	897　26,7　4,0	1355　40,3　5,3	441　13,1　4,9	298　8,9　6,7	3362　4,7
Weiterbildung	197　3,7　26,1	1231　23,0　14,0	1995　37,2　8,8	1008　18,8　4,0	298　5,6　3,3	629　11,7　14,2	5358　7,5
Summe	756　1,1	8815　12,4	22702　31,9	25411　35,7	9091　12,8	4438　6,2	71213　100,0

Staatsinstitut für Bildungsforschung und Bildungsplanung.

Tabelle 9:
Absolventen von Berufsschulen im Schuljahr 1974/75 nach regionaler Herkunft und regionaler Mobilität

Planungsregion – Wohnort –	Auszubildender	Anlernling	Jgdl. ohne Ausb.-Verh.	Mithelf. im Fam.-Betrieb	arbeitsl. mit abgeschl. Ausb.	Summe
1 außerhalb Bayern	781	9	33	–	1	824
	94,8	1,1	4,0		0,1	1,1
1 Bayerischer Untermain	2385	54	289	7	2	2737
	87,1	2,0	10,6	0,3	0,1	3,7
2 Würzburg	3381	30	238	24	–	3673
	92,1	0,8	6,5	0,7		5,0
3 Main-Rhön	3257	44	474	43	3	3821
	85,2	1,2	12,4	1,1	0,1	5,2
4 Oberfranken-West	4319	125	701	46	2	5193
	83,2	2,4	13,5	0,9	0,0	7,1
5 Oberfranken-Ost	3641	75	350	40	25	4131
	88,1	1,8	8,5	1,0	0,6	5,6
6 Oberpfalz-Nord	3496	102	531	71	7	4207
	83,1	2,4	12,6	1,7	0,2	5,7
7 Industrieregion Mittelfranken	4796	86	761	45	8	5696
	84,2	1,5	13,4	0,8	0,1	7,7
8 Westmittelfranken	2876	24	264	51	6	3221
	89,3	0,7	8,2	1,6	0,2	4,4
9 Augsburg	4566	110	435	66	7	183
	88,1	2,1	8,4	1,3	0,1	7,1
10 Ingolstadt	2487	79	238	75	37	2916
	85,3	2,7	8,2	2,6	1,3	4,0
11 Regensburg	4053	57	559	100	6	4775
	84,9	1,2	11,7	2,1	0,1	6,5
12 Donau-Wald	3964	144	724	132	1	4965
	79,8	2,9	14,6	2,7	0,0	6,8
13 Landshut	2722	36	236	64	4	3062
	88,9	1,2	7,7	2,1	0,1	4,2
14 München	6980	144	443	65	10	7642
	91,3	1,9	5,8	0,9	0,1	10,4
15 Donau-Iller	2289	55	233	65	2	2644
	86,6	2,1	8,8	2,5	0,1	3,6
16 Allgäu	2488	61	132	35	–	2716
	91,6	2,2	4,9	1,3		3,7
17 Oberland	1877	60	76	34	23	2070
	90,7	2,9	3,7	1,6	1,1	2,8
18 Südostoberbayern	3559	118	234	73	39	4023
	88,5	2,9	5,8	1,8	1,0	5,5
Summe	63917	1413	6951	1036	183	73500

Staatsinstitut für Bildungsforschung und Bildungsplanung.

Die Ausbildungssituation in einem strukturschwachen Landkreis (Cham)

von
Raimund Ritter, München

Die schwierige Ausbildungssituation der geburtenstarken Jahrgänge bei verlangsamtem Wirtschaftswachstum ist eines der brennendsten Probleme der nächsten Jahre. Es wird global und unter einzelnen Aspekten, z. B. Lehrstellenmangel oder Überlastung der Universitäten, ausgiebig diskutiert. Der regionale Aspekt kommt dabei oft, auch aufgrund der Datenlage, nicht genügend zur Geltung. Darum soll in der vorliegenden Studie dargestellt werden, wie die Ausbildungssituation in einem strukturschwachen ländlichen Gebiet aussieht. Dabei sind die Bevölkerungsentwicklung und räumliche Gliederung, die Bildungseinrichtungen, die Wirtschaftsstruktur und der Arbeitsmarkt zu berücksichtigen. Die Strukturdaten für die hier genannten Bereiche werden kreisweise von der amtlichen Statistik bereitgestellt[1]), während die Daten über die außerschulische Ausbildung nicht kreisweise verfügbar sind. Diese Lücke kann zum Teil durch eine Erhebung des Staatsinstituts für Bildungsforschung und Bildungsplanung München[2]) geschlossen werden.

I. Bevölkerungsentwicklung und räumliche Gliederung

Der Landkreis Cham ist mit 1496 km² der siebtgrößte in Bayern. Auch die Einwohnerzahl von 115669 (am 30.9.77) liegt über dem Durchschnitt. Dennoch ist der Landkreis mit 77 Einwohnern je km² als ziemlich dünn besiedelt anzusprechen. Bei der Kreisgebietsreform von 1972 wurden dem damaligen Landkreis Cham die Landkreise Kötzting und Waldmünchen und die Hälfte des Landkreises Roding zugeschlagen. Daraus ergab sich für den neuen Landkreis eine polyzentrische zentralörtliche Gliederung. Die fünf Städte Cham, Furth i. Wald, Kötzting, Roding und Waldmünchen liegen in der Größenordnung von 6400 bis 15600 Einwohnern. Cham mit rund 30000 Einwohnern im

---

[1]) Vgl. Kreisdaten, Ausgabe 1977. Herausgegeben vom Bayerischen Statistischen Landesamt. München 1977; Bayerisches Staatsministerium für Landesentwicklung und Umweltfragen – Regionaler Planungsverband Regensburg (Hrsg.), Regionalbericht Region Regensburg. Regensburg 1975; Gemeindedaten zur Gebietsreform, Ausgabe 1978. Herausgegeben vom Bayerischen Statistischen Landesamt. München 1978.

[2]) Vgl. JOHANNES JÜRGEN MEISTER und ALFONS OTTO SCHORB: Zur regionalen Auswirkung des Zusammenhangs von Bildungssystem und Beschäftigungssystem, in diesem Band.

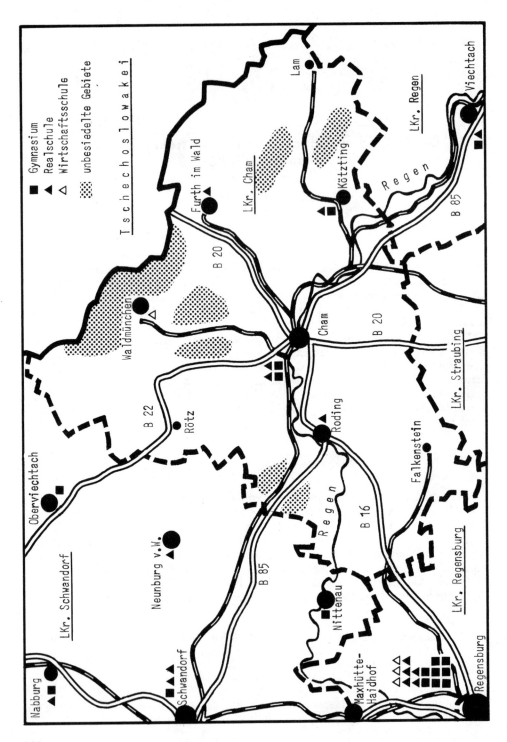

Nahbereich ist als Mittelzentrum bestimmt. Dadurch wurde das zentralörtliche Gewicht von Cham verstärkt, aber Auwirkungen auf die Wirtschaftsstruktur können sich erst langfristig und nur dann zeigen, wenn das Entwicklungspotential des Kreisgebietes auf Cham konzentriert wird. Eine gewisse Verdichtung der Besiedlung ist entlang den Verkehrsbändern, besonders im mittleren Regental von Kötzting bis Roding vorhanden.

Die Strukturschwäche des Landkreises kommt schon in der Bevölkerungsentwicklung zum Ausdruck. Von 1950 bis 1961 nahm die Bevölkerung vor allem durch den Wegzug von Flüchtlingen und Heimatvertriebenen stark ab ($-12,3\%$). Dieser Verlust konnte auch in der Wachstumsperiode von 1961 bis 1970 nicht ausgeglichen werden ($+5,8\%$). Die Zunahme kam zum Stehen. 1977 hatte der Landkreis 0,5 % weniger Einwohner als 1970.

Die meisten Gemeinden hatten von 1962 bis 1970 einen verhältnismäßig großen Geburtenüberschuß. Wanderungsgewinne waren selten, dagegen traten zum Teil erhebliche Wanderungsverluste auf, und zwar auch in den Städten mit Ausnahme von Roding, das einen ausgeglichenen Wanderungssaldo aufwies. Wenn die Städte eigens genannt werden, ist allerdings zu bedenken, daß ihnen bei der Gemeindegebietsreform zahlreiche angrenzende Landgemeinden zugeschlagen wurden, so daß Roding mit 90 km² und 10 000 Einwohnern der Fläche nach größer ist als Regensburg (79 km² bei 133 000 Einwohnern) und mehr als ein Viertel der Fläche Münchens (310 km² bei 1,3 Millionen Einwohnern) umfaßt. Insgesamt hatte der Landkreis 1976 einen Wanderungsverlust von 344 Personen.

Obwohl die Geburtenrate im Landkreis Cham von 1961 bis 1976 wie überall abnahm (von 23,0 auf 12,7), blieb sie dennoch die höchste in der Planungsregion Regensburg (Region 11). Die Geburtenüberschußrate (6,0) war 1971 noch doppelt so hoch als in der Region und mehr als dreimal so hoch als im Landesdurchschnitt (1,4). 1976 schlug sie erstmals in einen Sterbefallüberschuß um (44 Personen gegenüber einem Geburtenüberschuß von 697 Personen 1971).

Die Wanderungsbewegung im Landkreis ist uneinheitlich. Einerseits gibt es Wanderungen in die Stadt und das Stadtumland von Cham, andererseits Wanderungen von Cham und dem übrigen Kreisgebiet nach Regensburg. Dazu kommen Wanderungen in die Industrieregion Mittelfranken. Die Abwandernden gehören vor allem zu den im Berufsleben stehenden jungen und mittleren Jahrgängen. Das wirkt sich auch im Altersaufbau aus. 31,1 % waren 1976 unter 18 Jahren alt, in der Stadt Regensburg dagegen nur 20,1 %.

II. Schulische Bildungseinrichtungen

Der Landkreis Cham wurde in den vergangenen zwei Jahrzehnten mit weiterführenden Schulen großzügig ausgestattet[3]). Zu erwähnen ist vor allem die Teilung des Gymnasiums in Cham, die Errichtung des Gymnasiums in Kötzting und der Realschulen in Furth i. Wald, Cham (für Knaben), Kötzting und Roding, der Wirtschaftsschule Waldmünchen

---

[3]) Vgl. RAIMUND RITTER: Schulsituation in Problemgebieten dargestellt am Beispiel des Landkreises Cham. Studien und Materialien des Staatsinstituts für Bildungsforschung und Bildungsplanung München, Folge 4. München 1973. Vor dem im Text dargestellten Ausbau des weiterführenden Bildungswesens gab es im jetzigen Kreisgebiet nur das Gymnasium und die Realschule für Mädchen in Cham.

und der Fachoberschule Cham. Die Errichtung weiterer solcher Schulen erscheint nicht erforderlich. Bei der Neugliederung des Volksschulbereiches wurden 1969 Schulsprengel errichtet, die für die ersten sechs Jahrgangsstufen das Prinzip der Heimatnähe und für die drei restlichen das Prinzip der Mehrzügigkeit möglichst gut verwirklichen. Die vier selbständigen nichtlandwirtschaftlichen Berufsschulen wurden 1973 aufgelöst. Zugleich wurde eine gewerbliche, kaufmännische und hauswirtschaftliche Kreisberufsschule mit Berufsaufbauschule für den Landkreis Cham errichtet. Die Schule hat ihren Sitz in Cham. Die weiteren vier Schulorte wurden als Außenstellen beibehalten[4]).

Die Zahl der Schulentlassenen aus der Hauptschule bewegte sich in den letzten Jahren um 1400 (vgl. Tabelle). Nur 1977 wurde eine Spitze von 1563 Schulentlassenen erreicht. Im Jahr 1978 wird die Zahl ähnlich wie 1973 erheblich darunter liegen und dann vorübergehend wieder auf den Durchschnittwert steigen, auch wenn Schüler der 7. Jahrgangsstufe noch in die Realschule oder Wirtschaftsschule übertreten. Danach wird sich der Geburtenrückgang auf die Schulentlassenen aus der Hauptschule auswirken.

Die Realschulen und die Wirtschaftsschule werden 1978 rund 45 Schüler mehr entlassen als 1977. Dennoch bringt der starke Rückgang der Hauptschulentlassenen eine deutliche Entlastung. Im Jahr 1979 ist mit einem weiteren Anstieg der Realschulabsolventen zu rechnen.

Die Gymnasien weisen von 1973 bis 1977 eine steigende Absolventenzahl auf. Seit 1976 macht sich bemerkbar, daß das Gymnasium Kötzting den Vollausbau erreicht hat. Von 1977 bis 1979 bleibt die Absolventenzahl gleich.

Schulentlassene aus der Hauptschule im Jahr ... und Schüler der 7.–9. Jahrgangsstufe im Schuljahr 1977/78

Jahr	1973	1974	1975	1976	1977	9. Jg. 77/78	8. Jg. 77/78	7. Jg. 77/78
Schüler Lkr. Cham	1321	1448	1429	1401	1563	1224	1381	1459

Schüler der Abschlußklassen der Gymnasien, Realschulen, Wirtschaftsschule und Fachoberschule im Schuljahr ... und Schüler in den obersten Jahrgangsstufen im Schuljahr 1977/78

Schuljahr Schule	72/73	73/74	74/75	75/76	76/77	13. Jg. 77/78	12. Jg. 77/78	11. Jg. 77/78
Robert-Schuman-Gymnasium Cham	65	85	93	79	89	89	79	87
J.-von-Fraunhofer-Gymnasium Cham	57	49	46	46	47	47	55	58
Gymnasium Kötzting	–	–	–	31	33	33	28	49
Gymnasien insgesamt	122	134	139	156	169	169	162	194

---

[4]) Zu den sich daraus ergebenden Problemen für die Schülerbeförderung vgl. RAIMUND RITTER: Schülerbeförderung in drei bayerischen Landkreisen. In: Infrastruktur im Bildungswesen, Veröffentlichungen der Akademie für Raumforschung und Landesplanung, Forschungs- und Sitzungsberichte, Bd. 107, Hannover 1976, S. 107.

Schuljahr Schule	72/73	73/74	74/75	75/76	76/77	10. Jg. 77/78	9. Jg. 77/78	8. Jg. 77/78
Realschule für Knaben Cham	56	63	55	90	94	89	111	99
Realschule für Mädchen Cham	121	97	123	120	131	130	136	132
Realschule Furth i. Wald	115	92	96	69	80	101	121	109
Realschule Kötzting	121	98	129	143	120	148	146	149
Realschule Roding	94	118	110	129	124	123	122	121
Wirtschaftsschule Waldmünchen	–	–	46	48	65	71	69	71
Realschulen und Wirtschaftsschule	507	468	559	599	614	662	705	681
Fachoberschule Cham	85	80	104	104	101	12. Jg. 103	11. Jg. 77	– –

Bei der Fachoberschule deutet nichts darauf hin, daß die Realschulabsolventen dorthin ausweichen und länger auf eine Vollzeitschule gehen. Auffallend ist der Einbruch mit nur 77 Schülern in der 11. Jahrgangsstufe 1977/78. Nach den bisherigen Erfahrungen ist nicht zu erwarten, daß er durch eine größere Zahl von Eintritten in die 12. Jahrgangsstufe 1978/79 ausgeglichen wird.

Die Prognose für 1980 ist noch ziemlich unsicher. Soweit sich aus den Schülerzahlen abschätzen läßt, ist in der Hauptschule mit einem Ansteigen der Schulentlassenen zu rechnen, im Gymnasium dürften es 30 Absolventen mehr sein, während die Realschule etwa 20 Schüler weniger mit Realschulabschluß entläßt. Auch bei der Fachoberschule dürften es 20 Schüler weniger sein.

1980 wird es noch einmal eine ähnlich große Nachfrage nach Ausbildungsplätzen wie 1977 geben. Es wird erheblicher Anstrengungen der örtlichen Wirtschaft bedürfen, wenn diese Nachfrage einigermaßen angemessen befriedigt werden soll.

III. Wirtschaftsstruktur

Für sich betrachtet, hat der Landkreis seit 1950 eine beträchtliche wirtschaftliche Entwicklung genommen. Der Besatz mit industriellen Arbeitsplätzen (Industriebeschäftigte je 1000 Einwohner) stieg von 28 (1950) auf 72 (1970) an, sank allerdings entsprechend dem allgemeinen Trend danach auf 67 (1976). Im Vergleich liegt der Landkreis dennoch weit unter dem Durchschnitt der Landkreise der Oberpfalz (89), ganz zu schweigen von den Landes- und Bundesdurchschnitten. Daß die Industriebeschäftigten zu einem erheblichen Prozentsatz wenig ausgebildet sind, kann man daraus ablesen, daß die Lohn- und Gehaltssumme je Beschäftigten 1976 mit 17 219 DM die zweitniedrigste in ganz Bayern war. Der geringe Umsatz von 40 205 DM je Beschäftigten deutet darauf hin, daß es sich vor allem um arbeitsintensive Betriebe handelt, die billige Arbeitskräfte gesucht und gefunden haben. Da das weder für die Beschäftigten noch für die Betriebe ein befriedigender Zustand ist, muß man einen Abbau geringbezahlter und wenig produktiver Arbeitsplätze als wahrscheinlich annehmen.

Langfristig kann nur eine weitere Industrieansiedlung mit qualitativ besseren Arbeitsplätzen helfen, weil nur so die Grundlage für die dringend erforderliche Steigerung des privaten Dienstleistungsbereichs geschaffen wird. Arbeitskraftreserven bestehen in der Landwirtschaft, in den krisenanfälligen Industriezweigen und im Baugewerbe, das mit Arbeitskräften übersetzt ist. Da diese Arbeitskräfte aber erst umgeschult werden müßten, erscheint es als aussichtsreicher, Schulabgänger entsprechend auszubilden und so ein Potential für künftige Entwicklungen heranzubilden.

Auch die Maßzahlen über Wirtschaftskraft und Finanzen weisen den Landkreis Cham als ausgesprochen strukturschwach aus. Nach dem Bruttoinlandsprodukt je Person der Wirtschaftsbevölkerung ist das Gebiet des ehemaligen Landkreises Kötzting das wirtschaftsschwächste Bayerns und der ganzen Bundesrepublik. Nach Steuereinnahmekraft und Realsteueraufbringungskraft gehört der Landkreis Cham zu den finanzschwächsten. Daran konnte kurzfristig auch nichts ändern, daß der Landkreis in der Investitionsförderung 1969 bis 1973 an der Spitze der Region Regensburg stand. Es wurde nur verhindert, daß der Abstand zu anderen Gebieten noch größer wurde. Um den Abstand zu verringern, bedarf es über längere Zeit eines ganzen Bündels von Fördermaßnahmen.

IV. Arbeitsmarkt

Der Arbeitsmarkt des Raumes Cham ist besonders strukturschwach. 1972, also in einem Jahr ohne besondere konjunkturelle Einflüsse, war die durchschnittliche Arbeitslosenquote sechsmal so hoch als im bayerischen Durchschnitt. Die Winterarbeitslosigkeit ist stark ausgeprägt. Die Besatzwerte an Arbeitsplätzen (Beschäftigte auf 1000 Einwohner) lagen im Landkreis Cham 1970 unter den Durchschnitten der Region Regensburg und erreichten nur im Baugewerbe den Landesdurchschnitt. Es mangelt vor allem an Arbeitsplätzen im privaten Dienstleistungsbereich. Besonders in diesem Bereich ist eine starke Konzentration der Arbeitsplätze auf die Stadt Regensburg festzustellen.

Die Arbeitsmarktverflechtung mit dem Oberzentrum Regensburg ist zu schwach. Das zeigt sich an einem verhältnismäßig geringen Auspendlerüberschuß. Wegen der polyzentrischen Struktur gibt es sieben Einpendlerzentren mit mehr als 400 Einpendlern. Dadurch sind auch die Wegzeiten verhältnismäßig gering. Ungünstig sind die Pendelzeiten an der Grenze zwischen den Landkreisen Cham und Regensburg.

Der Landkreis Cham, vor allem der Bereich Kötzting, ist ein Schwerpunkt des Fernpendleraufkommens. Im Bereich Kötzting sind nahezu ein Viertel aller Erwerbstätigen Fernpendler. Fast die Hälfte davon ist im Baugewerbe tätig.

Neuerdings werden statistische Daten über versicherungspflichtig beschäftigte Arbeitnehmer ausgewiesen[5]).

Diese Daten sind regelmäßig über das Meldeverfahren zur Sozialversicherung verfügbar, während die bisherigen Daten in tiefer regionaler Gliederung aus den Volkszählungen stammen und älter sind. Die neue Beschäftigtenstatistik umfaßt die

---

[5]) Vgl. Kreisdaten, Ausgabe 1977. Herausgegeben vom Bayer. Statistischen Landesamt. München 1977, Sp. 75–116; Statistische Mitteilungen des Bayer. Staatsministeriums für Arbeit und Sozialordnung Nr. 6/77, Übersicht 8.

Arbeiter und den größten Teil der Angestellten, sie erfaßt damit rund drei Viertel aller Erwerbstätigen; nicht enthalten sind grundsätzlich Selbständige, mithelfende Familienangehörige und Beamte. Die Statistik basiert auf dem Betriebsprinzip, wobei als Betrieb jede örtliche Einheit gilt. Pendler werden damit dem Arbeitsort zugerechnet. Bei nennenswerten Pendlerwanderungen über die Grenzen der ausgewiesenen Gebietseinheiten (Arbeitsamtsbezirke, Landkreise) ergeben sich Verzerrungen in den Aussagen über die Erwerbspersonenstruktur des Gebiets. Eine andere Ursache von Verzerrungen, vor allem in überwiegend ländlichen Gebieten, ist der unterschiedlich große Anteil von Erwerbspersonen, die nicht versicherungspflichtig beschäftigt sind. Diese Einschränkungen in der Aussagekraft der Daten müssen bei der Interpretation der Tabelle „Sozialversicherungspflichtig beschäftigte Arbeitnehmer 1976" berücksichtigt werden.

Sozialversicherungspflichtig beschäftigte Arbeitnehmer 1976

	Lkr. Cham	Lkr. der Oberpf.	Lkr. Bayerns	Bayern insges.
Anteil der sozialversicherungspflichtig beschäftigten Arbeitnehmer an der Wohnbevölkerung	23,9	22,0	23,9	32,3
Anteil der männl. sozialversicherungspflichtig besch. Arbeitnehmer an der männl. Wohnbevölkerung	30,9	29,4	30,2	40,3
Anteil der männl. Arbeitnehmer an den sozialversicherungspflichtig beschäftigten Arbeitnehmern	61,0	64,3	60,7	59,5
Sozialversicherungspflichtig beschäftigte Arbeitnehmer in				
– Land- und Forstwirtschaft	1,4	2,3	2,1	1,3
– Produzierendes Gewerbe	66,2	69,1	64,8	56,1
davon Energiewirtschaft	0,6	3,4	1,8	2,0
Verarbeitendes Gewerbe	75,8	75,7	80,6	81,1
Baugewerbe	23,6	20,9	17,6	16,9
– Handel und Verkehr	12,9	11,9	12,3	17,2
– Sonstiger Bereich	19,5	16,7	20,8	25,4
davon Kreditinstitute und Versicherungen	10,7	11,7	10,9	14,3
Dienstleistungen	56,3	51,3	59,7	57,0
Organisationen ohne Erwerbscharakter	4,7	5,0	5,2	6,1
Gebietskörperschaften u. Sozialversicherungen	28,3	32,0	24,2	22,6

Quelle: Kreisdaten. Ausgabe 1977.

Mit einem Anteil von 23,9 % versicherungspflichtig beschäftigten Arbeitnehmern an der Wohnbevölkerung entspricht der Landkreis Cham genau dem Durchschnitt der Landkreise Bayerns. Der um fast 10 % höhere Anteil in Bayern insgesamt rührt nicht von der höheren Erwerbsquote in den kreisfreien Städten her (sie war 1970 mit 48 % um 2 %

höher als in den Landkreisen), sondern von den mithelfenden Familienangehörigen, deren Anteil 1970 in den Landkreisen 14,1 %, in den kreisfreien Städten 2,6 % betrug. Der gleiche Grund erklärt den Unterschied des Anteils der männlichen sozialversicherungspflichtig beschäftigten Arbeitnehmer an der männlichen Wohnbevölkerung, da die mithelfenden Familienangehörigen in der Regel Frauen sind. Die Unterschiede des Anteils der männlichen Arbeitnehmer an den versicherungspflichtig beschäftigten Arbeitnehmern erklären sich aus dem Mangel an Frauenarbeitsplätzen in den Landkreisen der Oberpfalz.

Der geringe Anteil von 1,4 % sozialversicherungspflichtig beschäftigten Arbeitnehmern in Land- und Forstwirtschaft im Landkreis Cham liegt nicht an der vergleichsweise geringeren Bedeutung dieses Wirtschaftsbereichs. Im Gegenteil waren 1970 im Landkreis Cham noch 28,4 % der Erwerbspersonen in diesem Wirtschaftsbereich tätig gegenüber 21,8 % in den Landkreisen der Oberpfalz. Die Betriebsgrößen gestatten aber nur in verhältnismäßig wenigen Fällen die Beschäftigung von Arbeitnehmern. Meist werden die Betriebe als reine Familienbetriebe geführt.

Das produzierende Gewerbe hat im Landkreis Cham ein verhältnismäßig größeres Gewicht als in den Landkreisen Bayerns und vor allem in Bayern insgesamt, da Handel und Verkehr und der sonstige Bereich weniger entwickelt sind.

Die Energiewirtschaft spielt im Landkreis Cham nur eine geringe Rolle, dagegen ist das Baugewerbe stark besetzt, ein Wirtschaftszweig, der als besonders konjunkturabhängig gilt[6]).

V. Ausbildungssituation

Nach einer Erhebung des Staatsinstituts für Bildungsforschung und Bildungsplanung in den Abschlußklassen der beruflichen Schulen standen 1975 in ganz Bayern 93,5 % der Berufsschüler in einem Ausbildungsverhältnis. Im Bereich der Arbeitsamtnebenstelle Kötzting, dem Gebiet mit der höchsten Jugendarbeitslosigkeit in Bayern (Herbst 1976), waren es immerhin noch 91,7 %. Erheblich ungünstiger ist, objektiv gesehen, die Situation der Berufsschülerinnen. In ganz Bayern standen 79,4 % in einem Ausbildungsverhältnis, im Bereich Kötzting nur 63,0 %. Bei Mädchen besteht aber auch viel eher die Bereitschaft, sich mit einem Anlernverhältnis zufriedenzugeben.

Die Möglichkeiten der Berufswahl sind in einem Kleinraum naturgemäß weniger vielfältig als in einem Ballungsraum. Im Bereich Kötzting kommen 45 Ausbildungsberufe vor, in ganz Bayern rund 240. Das führt, wie die Tabelle zeigt, zu einer vergleichsweisen starken Überbesetzung in einigen Berufen[7]). Erhebliche Abweichungen vom Landesdurchschnitt zeigen sich auch in den Berufen der Erziehungsberechtigten. Der überdurchschnittliche Anteil von Angestellten und Beamten ist ein Hinweis auf die besondere Strukturschwäche des Gebiets.

Von den Berufsschülern hatten 10,3 % keinen Hauptschulabschluß (in ganz Bayern 13,2), 34,4 % (35,8) besaßen den einfachen, 39,9 % (31,5) den qualifizierenden Hauptschulabschluß, 15,4 % (19,5) hatten die Realschule oder das Gymnasium besucht.

---

[6]) Weitere Angaben über den Arbeitsmarkt im Mittelbereich Cham und über die örtlichen Arbeitsmärkte enthält der Bayerische Arbeitsmarktatlas, Region 11, des Bayerischen Staatsministeriums für Arbeit und Sozialordnung, München 1977.

[7]) Vgl. RUDOLF WERNER: Ausbildungsberufe und Beschäftigungssystem. Materialien und statistische Analysen zur beruflichen Bildung, Heft 2, Berlin 1977.

Von denen, die in keinem Ausbildungsberuf standen, hatte mehr als die Hälfte nur den einfachen Hauptschulabschluß erreicht.

Berufsschüler nach dem Ausbildungsberuf im Arbeitsamtnebenstellenbereich Kötzting (Sommer 1975)

Beruf	Zahl	v.H.	Landesdurch-schnitt v.H.
Bäcker	5	2,3	0,6
Bankkaufmann	7	3,2	2,2
Bauzeichner	5	2,3	0,9
Bekleidungsfertiger	7	3,2	1,6
Betriebsschlosser	5	2,3	0,7
Bürokaufmann	18	8,3	4,8
Einzelhandelskaufmann	9	4,1	3,2
Elektroinstallateur	12	5,5	3,6
Friseur	8	3,7	2,3
Großhandelskaufmann	5	2,3	3,6
Kfz-Mechaniker	20	9,2	4,8
Maschinenschlosser	9	4,1	2,5
Maurer	10	4,6	2,0
Tischler	8	3,7	1,4
Verkäuferin	26	11,9	5,6
Zentralheizungsbauer	10	4,6	1,1
Sonstige	54	24,7	59,1

Berufe der Erziehungsberechtigten

Beruf	Zahl	v.H.	Landesdurch-schnitt v.H.
Un- und angelernte Arbeiter	91	33,2	22,9
Facharbeiter	66	24,1	22,1
Vorarbeiter, Meister	17	6,2	7,4
Einf. u. mittl. Angest. u. Beamte	8	2,9	9,8
Geh. u. ltd. Angest. u. Beamte	3	1,1	7,5
Selbständige Landwirte	41	15,0	16,7
Selbständige ohne Arbeitnehmer	12	4,4	4,4
Selbständige mit Arbeitnehmern	18	6,6	5,0
Selbständige in freien Berufen	3	1,1	0,6
Hausfrauen	10	3,6	3,6
ohne Angabe	5	1,8	–

Es liegen auch Angaben über die Mobilität der Berufsschüler und Berufsaufbauschüler im Landkreis Cham vor. Da die Befragung kurz vor Beendigung der Ausbildung erfolgte, dürfen die Angaben als realistisch eingeschätzt werden. Gefragt wurde, wo die Schüler nach Abschluß ihrer derzeitigen schulischen bzw. betrieblichen Ausbildung zu arbeiten beabsichtigen. Die Antworten auf sieben Antwortvorgaben sind in der Tabelle für ganz Bayern, für die Planungsregion Regensburg und für den Landkreis Cham enthalten.

Absichten der Schüler von Berufsschulen und Berufsaufbauschulen am Ende ihrer Ausbildung (Sommer 1975)

Absicht des Schülers	Bayern insges.		Planungsregion Regensburg		Lkr. Cham	
	abs.	v.H.	abs.	v.H.	abs.	v.H.
Verbleib im Betrieb	47 281	63,3	3176	64,3	786	63,1
Arbeitsplatz in der Nähe	2 555	3,4	142	2,9	33	2,7
Arbeitsplatzsuche in der Nähe	5 673	7,6	382	7,7	91	7,3
Auspendeln	5 094	6,8	378	7,7	97	7,8
Abwanderung	2 778	3,7	158	3,2	64	5,1
Berufswechsel	3 576	4,8	232	4,7	76	6,1
Weiterbildung	7 750	10,4	471	9,5	98	7,9

Rund zwei Dritteln können nach Abschluß der Ausbildung in ihrem derzeitigen Betrieb am Ort bleiben oder haben in der Nähe ihres jetzigen Wohnorts einen anderen Arbeitsplatz gefunden oder in Aussicht. Rund 7 % werden in der Nähe ihres jetzigen Wohnorts einen anderen geeigneten Arbeitsplatz suchen, um ihren erlernten Beruf ausüben zu können. Über den Erfolg dieser Suche ist keine Prognose möglich. Weitere 7 % werden am jetzigen Ort wohnen bleiben, aber einen Arbeitsplatz in der näheren Umgebung haben bzw. suchen, d. h. aupendeln. Wenn man diese vier Gruppen zusammennimmt, ergibt sich in ganz Bayern ein Anteil von 81,1 %, in der Region Regensburg 82,6 % und im Landkreis Cham 80,9 %. Die Verhältnisse in Cham entsprechen denen im Landesdurchschnitt mit dem kleinen Unterschied, daß der Anteil derer, die auspendeln müssen, etwas größer ist. In der Planungsregion Regensburg ist der Anteil derer, die im Ausbildungsbetrieb bleiben können, etwas überdurchschnittlich.

Größere Abweichungen ergeben sich im Landkreis Cham bei denen, die von ihrem Wohnort wegziehen werden, um ihren erlernten Beruf ausüben zu können, d. h. den Abwanderern, ferner bei den Berufswechslern und bei denen, die z. B. wegen Weiterbildung nicht berufstätig sein werden. Abwanderung oder Berufswechsel hält eine überdurchschnittlich große Zahl für notwendig, während Weiterbildung oder sonstige Gründe, noch nicht berufstätig zu sein, weniger in Anspruch genommen werden.

In den einzelnen Berufen sind die Absichten und Aussichten der Schüler im Landkreis Cham sehr unterschiedlich. Einige Berufe seien als Beispiele herausgegriffen. Zu mindestens drei Vierteln können Bankkaufleute, Bauschlosser, Bekleidungsfertiger, Mechaniker und Zentralheizungsbauer in ihrem Ausbildungsbetrieb bleiben, zu mindestens zwei Dritteln Großhandelskaufleute, Maschinenschlosser, Maurer, Speditionskaufleute und Verkäuferinnen. Dagegen kommen Kfz-Mechaniker nur zur Hälfte im Ausbildungsbetrieb unter, Bauzeichner und Elektroinstallateure gar nur zu einem Drittel. Dementsprechend denkt ein Fünftel der Bauzeichner und Kfz-Mechaniker bereits vor Abschluß der Berufsausbildung an einen Berufswechsel, ein weiteres Fünftel der Kfz-Mechaniker möchte vom bisherigen Wohnort zu einem auswärtigen Arbeitsplatz pendeln.

Zahlreiche Firmen bilden mehr junge Leute aus, als sie später beschäftigen können. Die Ausgebildeten müssen sich später anderswo Arbeit suchen. Für diese jungen Leute hat das Ausbildungsverhältnis den Vorteil, daß die Abwanderung oder das Fernpendeln um drei Jahre hinausgezögert werden kann und daß, soziologisch gesprochen, ein höherer Status erreicht wird, als wenn überhaupt keine Ausbildung abgeschlossen worden wäre.

Außerdem darf man annehmen, daß wenigstens einige der erlernten Kenntnisse auch bei berufsfremder Tätigkeit verwertet werden können[8]). Das gilt z. B. von Kraftfahrzeugmechanikern, die als Kraftfahrer oder Kranführer Arbeit finden oder im Nebenberuf eine kleine Landwirtschaft betreiben und ihre Maschinen selber warten können.

Der Anteil der Fernpendler aus dem Kötztinger Raum beträgt fast ein Viertel der Erwerbspersonen, wobei so gut wie alle nicht in ihrem Ausbildungsberuf beschäftigt sind[9]).

Wenn Realschüler ihre Aussichten als besonders schlecht erleben, hat das ein Fundament in der Wirklichkeit. Ein Teil von ihnen hat diese Schulart gewählt, um einen anderen als die traditionellen Handwerker- und Facharbeiterberufe ergreifen zu können. Dazu müßte es aber solche Ausbildungsangebote erst einmal geben. Gewiß erweiterte sich auch im Landkreis Cham die Palette der Ausbildungsberufe, aber sie kann nicht so bunt sein wie in Regensburg oder gar in München oder Nürnberg. Die Erweiterung des Angebots hielt mit der Zahl der Nachfragenden bei weitem nicht Schritt. So kommt es, daß viele doch nur die Berufe erreichen, die vor ein paar Jahren, als sie in die Realschule übertraten, von Hauptschülern erlernt wurden. Für Hauptschüler sind diese Berufe teilweise nicht mehr erreichbar. Das wäre, individuell gesehen, wahrscheinlich nicht anders, wenn die jetzigen Realschüler auf der Hauptschule hätten bleiben müssen und dort die besten Noten erzielt hätten. Vom Schulsystem her gesehen, verliert die Hauptschule dadurch viel an Ansehen und Anziehungskraft. Viele Realschüler wären bereit, von zu Hause wegzuziehen, um die angestrebte Ausbildung zu erreichen, aber auch dann sind die Chancen nicht günstiger, da überall die Nachfrage durch Realschüler größer ist als das Angebot an attraktiven Ausbildungsplätzen. Bei Abwanderung oder Fernpendeln nach Beendigung der handwerklichen Ausbildung bleiben die qualifizierten Arbeitsplätze der mittleren Ebene unzugänglich, da die entsprechende Vorbildung fehlt.

Die Zahl der Schüler in den Abschlußklassen des Gymnasiums stieg in ähnlicher Weise an wie die der Realschüler, wenn auch von einer viel schmaleren Basis aus. Es ist noch nicht abzuschätzen, wie sich angesichts der ungünstigen Berufsaussichten für Akademiker die Zahl derer entwickeln wird, die auf ein Studium verzichten. Bei einem beengten Ausbildungsmarkt würden sich aber bereits 10%, d. h. zwanzig Bewerber um Ausbildungsplätze spürbar auswirken.

Die Zahl der Schulabgänger läßt sich ziemlich genau abschätzen. Die Entwicklung des Arbeitsmarktes und damit das Angebot an Ausbildungsplätzen ist viel schwerer zu erfassen. Man darf aber wohl sagen, daß angesichts der gesamtwirtschaftlichen Lage eine rasche Aufwärtsentwicklung als sehr unwahrscheinlich angesehen werden muß[10]). Daher kann eine Betrachtung der gegenwärtigen Lage hinreichend zuverlässige Aufschlüsse über die Ausbildungschancen in den nächsten Jahren geben.

---

[8]) Vgl. BERND SELLE und RUDOLF WERNER: Verteilung der Auszubildenden auf die Wirtschaftszweige, Materialien und statistische Analysen zur beruflichen Bildung, Heft 3, Berlin 1977.

[9]) Vgl. RAINER LASKE: Raumrelevante Entscheidungen und Handlungen von Fernpendlern, dargestellt an den ostbayerischen Gemeinden Hohenwarth, Traitsching, Gotteszell und Innernzell. München Geographisches Institut der Technischen Universität 1974 (Maschinengeschriebene Diplomarbeit, 108 S.).

[10]) Bundesforschungsanstalt für Landeskunde und Raumordnung: Der Ländliche Raum in der Bundesrepublik Deutschland. Eine indikatorengestützte Bestandsaufnahme. Bearbeitung: H. P. Gatzweiler. Projekt 232 Laufende Raumbeobachtung. Bonn-Bad Godesberg 1977.

Auf die Fördermaßnahmen soll hier nicht im einzelnen eingegangen werden[11]). Es ist nur darauf hinzuweisen, welche Bedeutung unter dem Gesichtspunkt der Ausbildungssituation der Verbesserung der Verkehrsverhältnisse zukommt. Die unerläßlich stärkere Anbindung an den Arbeitsmarkt des Oberzentrums Regensburg erfordert bessere und schnellere Verkehrsverbindungen. Da der Landkreis Cham auch nach den Ausbauplänen eines der wenigen autobahnfernen Gebiete Bayerns bleiben wird, müßte mindestens der Ausbau der B 16 neu von Roding nach Regensburg und der B 20 neu von Furth i. Wald über Cham nach Straubing beschleunigt vorangetrieben werden.

Keine Strukturmaßnahme kann die Situation der Schulabgänger dieses und der allernächsten Jahre entscheidend verbessern. Ihnen ist nur zu helfen, wenn die Ausbildungskapazitäten voll ausgeschöpft und durch staatliche Förderung über den unmittelbaren Bedarf hinaus vermehr werden[12]). Das wäre wahrscheinlich mit verhältnismäßig geringen Mitteln zu bewerkstelligen, wenn den Ausbildungsbetrieben nur die echten Belastungen ersetzt werden.

Aus der nicht so schnell aufholbaren Strukturschwäche[13]) des Landkreises ergibt sich, daß eine weitere Abwanderung zunächst unvermeidlich ist, weil auch unter den günstigsten Voraussetzungen nicht alle Ausgebildeten qualifizierte Arbeitsplätze im Landkreis Cham finden können. Eine gute Ausbildung erhöht aber die Chancen, anderswo einen angemessenen Arbeitsplatz zu finden. Selbst wenn die Ausgebildeten sich mit einer unterwertigen Beschäftigung begnügen müssen, ist die Ausbildung ein mittelfristig verwertbares Kapital. Der starke Rückgang der Geburten und der entsprechende Rückgang an jungen Arbeitnehmern in einigen Jahren läßt voraussehen, daß dann wieder eine stärkere Nachfrage einsetzen und man gerne auf Ausgebildete früherer Jahrgänge zurückgreifen wird. Selbst wenn dann einiges an Ausbildung aufgefrischt und nachgeholt werden muß, ist das wirtschaftlicher und leichter durchzuführen, als wenn eine qualifizierte Ausbildung erst begonnen werden müßte.

---

[11]) Vgl. PAUL KLEMMER: Chancen der Jugend im ländlichen Raum. In: Land aktuell 29 (1977), S. 7–9.

[12]) Vgl. REINHOLD KOCH: Bevölkerungsrückgang und Entwicklungspotential. In: Raumforschung und Raumordnung 34 (1976), S. 245–250. „Bei dem in Zukunft zu erwartenden, gegenüber den 60er Jahren geringeren Wirtschaftswachstum dürfte die Bereitschaft, in strukturschwachen Gebieten zu investieren, noch geringer sein als in früheren Jahren. Dennoch ist die Schaffung von neuen qualifizierten Arbeitsplätzen auch des tertiären Sektors in ländlichen Räumen unabdingbare Voraussetzung für eine Reduzierung der Abwanderung junger Erwerbspersonen und ihrer negativen Folgen ... Staatliche Vorleistungen könnten im konsequenten Ausbau der Bildungs- und Ausbildungseinrichtungen an geeigneten Standorten (Entwicklungszentren) im ländlichen Raum bestehen. Gerade die berufliche Ausbildung bietet sich hier als raumwirksames Instrument an" (S. 250).

[13]) Vgl. HANS KOHLER und LUTZ REYHER: Zu den Auswirkungen von Förderungsmaßnahmen auf den Arbeitsmarkt des Regierungsbezirks Niederbayern nach kreisfreien Städten, Landkreisen und Arbeitsamtsbezirken. Beiträge zur Arbeitsmarkt- und Berufsforschung, Nr. 6, Nürnberg 1975. Die Studie kommt zum Ergebnis, daß durch die Förderungsmaßnahmen die Entwicklung in Niederbayern mit derjenigen Bayerns Schritt gehalten hat, daß sich aber die relative Position Niederbayerns im Verhältnis zum bayerischen Durchschnitt kaum veränderte.

Arbeitsmarkt und Qualifikation

— Eine Fallstudie am Beispiel eines Münchner Automobilwerkes (BMW) —

von
Robert Geipel und Karl-Hans Pauli, München

Vorbemerkung

Nach den demographischen Umverteilungsprozessen, die nach dem zweiten Weltkrieg ausgelöst wurden und zunächst auf einen Ausgleich unterschiedlicher Flüchtlingsaufnahmequoten und auf die Brennpunkte der jeweiligen industriellen Wachstumsgebiete (differenziert je nach Zerstörungsgrad, Innovationsfähigkeit, Branchenspektrum) gerichtet waren, hat sich in den letzten 15 Jahren ein Südtrend in der Arbeitskräftewanderung durchgesetzt. So lag in Bayern das in allen Bundesländern zeitweise beobachtbare Wirtschaftswachstum höher als in nördlicheren Bundesländern, besonders galt dies für den Großraum München. Da nun Räume unterschiedlichen Verhaltens, außer von ihrem „effektivem" Wert, im wesentlichen von dem Interesse der sie so unterschiedlich bewertenden sozialen Gruppen abhängen, ist die räumliche Bevölkerungsbewegung als „mehrdimensionales Mobilitätsphänomen" (M. VANBERG) auch als Bewertungs- und Suchvorgang für die Inwertsetzung vorhandener Qualifikationen innerhalb einer gegebenen Bevölkerung aufzufassen. In der Kausalkette Information-Wahrnehmung-Entscheidung-Verhalten (BROOKFIELD) „sendet" gewissermaßen ein Raum *Information* aus, die infolge der in ihrer bisherigen Umwelt entwickelten *Wahrnehmungs*fähigkeit Individuen zu der *Entscheidung* führen, daß ihre Qualifikation andernorts befriedigender genutzt werden könnte, woraus als *Verhalten* Wanderung an einen so wahrgenommenen Ort erfolgt. Am Geographischen Institut der TU München wurde solches Verhalten zunächst in Arbeiten zur Wanderung ausländischer Arbeitnehmer untersucht (NEUBECK, SCHRETTENBRUNNER). Später traten Studien hinzu, die sich den Höherqualifizierten unter den ausländischen Wandernden widmeten (ELISSAT, FLEISCHMANN). Schon dabei zeigte sich, daß Großbetriebe (in den beiden genannten Diplomarbeiten Siemens, München) geeignet sind, die für Untersuchungen solcher Art nötige Zahl von Personen aufzuweisen und damit den Datenzugriff zu erleichtern.

Von hier aus war es nur ein Schritt, die gesamte Belegschaft eines Betriebs unter dem Aspekt sozialräumlicher Qualifikationsforschung zu untersuchen. Wenn die Hypothesen z. B. Wolperts stichhaltig sind, daß nicht die objektive Raumstruktur, sondern der bewertete Raum Entscheidungsrelevanz hat und wenn zu den Bewertungsparametern (Motiven, Wahrnehmungen, Einstellungen unterschiedlicher Bevölkerungsgruppen) auch die erreichte Qualifikationsstufe zu zählen war, dann mußte sich diese in einer genügend großen Untersuchungsgruppe nachweisen lassen. Die Qualifikationsstufe wurde dabei als quantifizierbarer Indikator für schwer zu fassende Parameter wie Perzeptionsfähigkeit, Höhe des Anspruchsniveaus, Zugang zu Informationsmöglichkeiten usw. angenommen. Da die Selbsteinschätzung der Qualifikationsstufe (Fragebogenmethoden) mit zuviel Subjektivismen beladen schien, schlug der Verfasser KARL-HANS PAULI[1]) die Auswertung der Personalkartei eines Münchner Großbetriebs (BMW) vor, weil in solchen Daten Eingangsgrößen aus zwei Bewertungshorizonten zusammengeführt sind:

a) Der Arbeitnehmer ist bemüht, im Bewerbungsbogen alle Qualifikationen möglichst vollständig und hoch anzusetzen, weil er sich daraus berufliches Fortkommen und qualifikationsgerechte Besoldung erhofft,

b) der Arbeitgeber erkennt nur nachweisbare Qualifikationen an, die für ihn Grundlage des innerbetrieblichen Einsatzes des Arbeitnehmers am für den Betrieb vermutlich optimalen Arbeitsplatz sind.

I. Die Datenlage

Die Daten sind damit gewissermaßen durch einen doppelten Filter gegangen. Da sich die räumliche Dimension des Herkunftsgebietes nur mit einer hohen Fallzahl um etwa 5000 würde prüfen lassen, konnte eine solche Samplegröße entweder durch 10–20 Mittelbetriebe (Vergleichbarkeit, Verhandlungsproblematik bei einer großen Zahl von Ansprechpartnern, Datenaufbereitung) oder einem Großbetrieb (Branchenverzerrungseffekt) erzielt werden. Da die Realisierungschancen einer Untersuchung im zweiten Fall höher angesetzt werden konnten, wurde dieser Weg beschritten und die Firma BMW um die Genehmigung einer Untersuchung gebeten[2]).

Sie erstreckte sich aus vier Gründen nur auf die Gehaltsempfänger:

1. Hier liegen die untersuchungsrelevanten Daten am besten klassifiziert vor.
2. Lohnempfänger enthalten sehr viel mehr „Angelernte", deren erlernte Qualifikation u. U. höher als die im Betrieb ausgeübte liegt (Umschüler) und deshalb das Datenmaterial verzerrt.
3. Bei den Gehaltsempfängern fehlen die überwiegend in die Lohnempfängergruppe eingereihten ausländischen Arbeitnehmer, welche enorme Verzerrungen in alle distanziellen Bezüge (mediterrane Herkunftsländer) gebracht hätten.
4. Dennoch repräsentieren die 4692 Gehaltsempfänger ein breites Qualifikationsspektrum, weil sie von leitenden Angestellten bis zu Locherinnen und Werkschutzangehörigen reichen.

---

[1]) KARL-HANS PAULI: Rekrutierungsgebiete von Belegschaften Münchner Großbetriebe nach Qualifikationsstufen. Ungedr. Staatsexamensarbeit am Geogr. Inst. d. Techn. Univ. München 1976.

[2]) Hier danke ich den Herren Dr. SARFERT und Dipl.Vw. LANG von der Werksleitung BMW für ihre wertvolle Unterstützung und Förderung der Arbeit.

Dies läßt sich durch einige Grunddaten graphisch belegen. Die Gehaltsempfänger der BMW-Werke, nach dem DÜVO-Schlüssel in sechs Ausbildungsgruppen eingeteilt[3]), wiesen die folgende Verteilung auf:

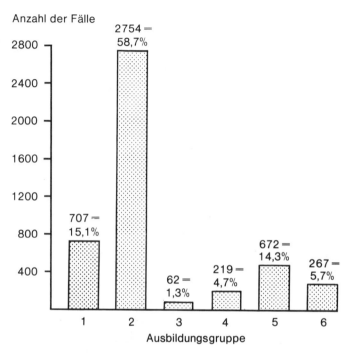

Abb. 1: *Ausbildungsgruppen der BMW-Gehaltsempfänger*

Legt man die Einteilung nach acht Gehaltsgruppen zugrunde, die nach dem Tarifvertrag für die bayerische Metallindustrie vom 25.10.72 festgelegt und auf den Stand vom 1.2.75 gebracht wurde, so hat die Verteilung das Bild in Abb. 2.

---

[3]) 1 = Volks-/Hauptsch., mittl. Reife oder gleichwert. Abschl. *ohne* abgeschl. Berufsausb. 2 = Volks-/Hauptsch., mittl. Reife od. gl. wert. Abschl. *mit* abgeschl. Berufsausbildung. 3 = Abitur (allg. oder fachgebundene Hochschulr.) *ohne* abgeschl. Berufsausbildung. 4 = Abitur (allg. od. fachgeb.) *mit* abgeschl. Berufsausb. (Lehr-, Anlern. Berufsfachsch.). 5 = Abschluß einer höheren Fachschule oder Fachhochschule. 6 = Hochschul-/Universitätsabschluß (einschl. Abschl. an Akademien mit Hochschulcharakter.

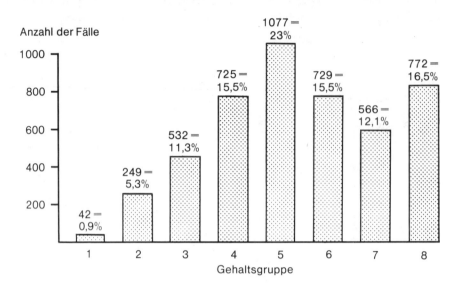

Abb. 2: Gehaltsgruppen der BMW-Gehaltsempfänger

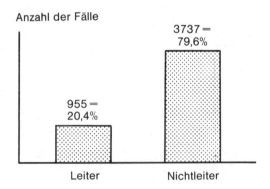

Abb. 3: Leitungsfunktionen der BMW-Gehaltsempfänger

Als drittes Merkmal der EDV-Datei ließ sich die Leitungsfunktion als Qualifikationsindikator verwenden. Sie zeigt die folgende Verteilung wie in Abb. 3.

Da keines dieser drei Merkmale so hoch mit den beiden anderen korreliert, daß es stellvertretend für die anderen benutzt werden konnte, mußten die auf verschiedenen Meßskalen gemessenen Merkmale durch eine Punktzuweisung miteinander verbunden werden (vgl. PAULI, S. 47 f.), wodurch eine Bandbreite von 4–45, 33 Punkten entstand. Zur Vereinfachung wurden daraus wiederum drei Qualifikationsgruppen niedrig (4–15), mittel (16–30) und hoch (über 30) gebildet, deren Verteilung das Bild in Abb. 4 ergab.

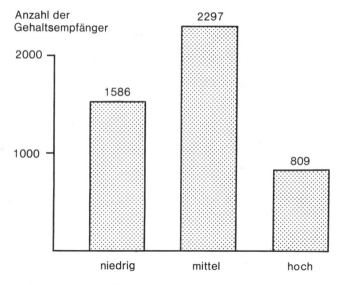

Abb. 4: Aggregierte Qualifikationsgruppen der BMW-Gehaltsempfänger

Dabei war das Qualifikationsspektrum stark zuungunsten der Frauen verzerrt, wie Abb. 5 zeigt.

Erreichten die Männer durchschnittlich 23,1 Qualifikationspunkte, so die Frauen nur 11,6.

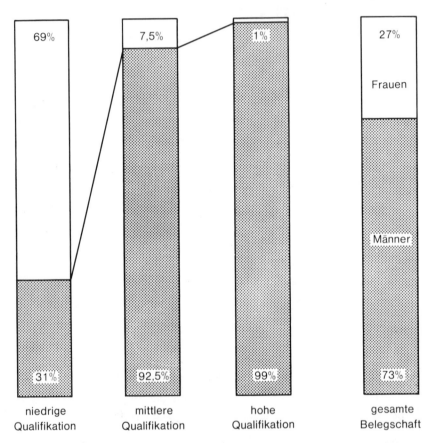

Abb. 5: *Geschlechterproportion im Qualifikationsspektrum der BMW-Gehaltsempfänger*

II. Herkunftsgebiete und Qualifikation

Für den Zusammenhang dieser beiden Eingangsgrößen wurde die Hypothese aufgestellt, *daß mit je höherer Qualifikation die Parameter Geburtsort und Arbeitsort immer weniger übereinstimmen.* Da trotz der hohen Fallzahl von fast 5000 der einzelne Geburtsort keine statistische Signifikanz ergeben konnte und selbst bei der Zusammenfassung zu Landkreisen bei 78 % der Kreise nur jeweils eine Fallzahl von 5 oder weniger Personen aufgetreten wäre (Abb. 1), mußte auf der Ebene der Regierungsbezirke aggregiert werden, die jeweils so viele Fälle zusammenfassen, daß statistisch haltbare Aussagen zustande kommen. Karte 2 stellt über die Kreisgröße die absolute Zahl, über drei Sektoren die Verteilung der Qualifikationsgruppen dar. Dabei weitet sich der Sektor „hohe Qualifikation" mit zunehmender Distanz zu München deutlich. Bei der gesamten Belegschaft machte diese Gruppe 17,2 % aus. Von den aus Stadtstaaten zugewanderten Arbeitskräften haben die Hochqualifizierten einen Anteil von 20–25 %, bei Regierungsbezirken mit gemischter Struktur beträgt ihr Anteil zwischen 30 und 35 %. Bei Regierungsbezirken mit überwiegend ländlicher Struktur (hier handelt es sich um Lüneburg und Stade) wird ein Anteil von etwa 50 % erreicht.

Der Abfluß solcher Hochqualifizierter verändert in den Zuwachsgebieten das braincapital zuungunsten der Herkunftsräume. Karte 3 vereinfacht diesen Umstand, indem sie aus dem breiten Spektrum der mit 4–45,33 Punkten bewerteten Qualifikationsgruppen nur noch nach 2 Kategorien (24 und weniger, 25 und mehr Punkte) dichotomisiert. Mit 3406 Fällen (74,6 %) ist die untere Gruppe zahlenmäßig dreimal so stark wie die obere Gruppe (1268 Fälle = 24,4 %). Außer den Regierungsbezirken Rheinhessen mit 75 % und Oldenburg mit 81,2 % aus der niedrigen Qualifikationsgruppe bestätigt die Karte für die Firma BMW den Nord-Süd-Trend beim Qualifikationsgefälle.

Wanderung und Qualifikationsniveau lassen sich noch besser aufeinander beziehen, wenn die Quote der „Seßhaften" (d. h. in München und dem Pendlereinzugsbereich von BMW in der Region München Geborenen) zu den andernorts Geborenen in Beziehung gesetzt wird. Nach einer solchen Definition waren 30,3 % „seßhaft", 69,7 % „gewandert". Die Etappen dieser „Wanderung" (Nicht-Übereinstimmung von Geburtsort und heutigem Arbeitsort) ließen sich aus der Datei nicht entnehmen. Sie hätten nur durch manuelle Bearbeitung jedes einzelnen Personalbogens erschlossen werden können.

Das Wanderungsverhalten der einzelnen Ausbildungsgruppen ist in Tabelle 1 wiedergegeben.

Die Abweichungen vom Erwartungswert (0,44) sind bei den Frauen deutlicher als bei den Männern.

Tabelle 1:

Geschlecht	*Wanderungsverhalten der Ausbildungsgruppen*			gesamt
	niedrig	Ausbildungsgruppe mittel	hoch	
Frauen	0,67	0,53	0,15	0,65
Männer	0,48	0,12	0,26	0,37
zusammen	0,53	0,16	0,25	0,44

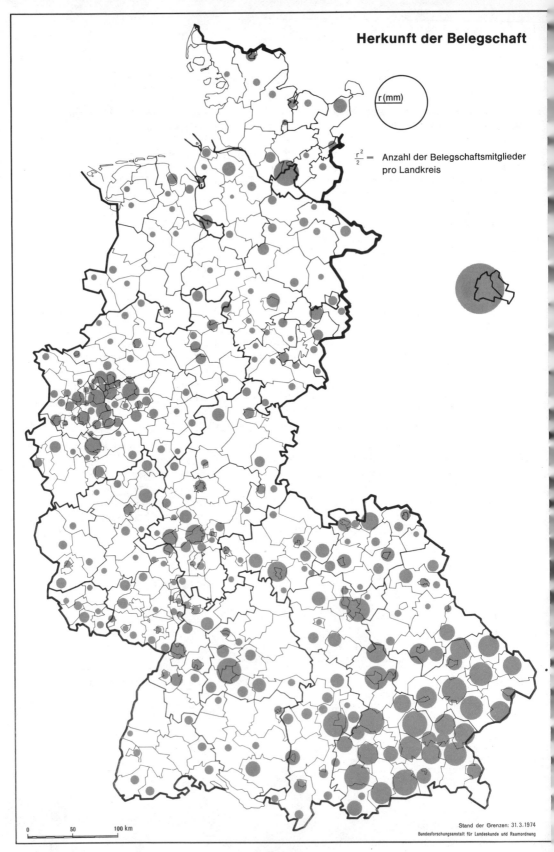

Karte 1

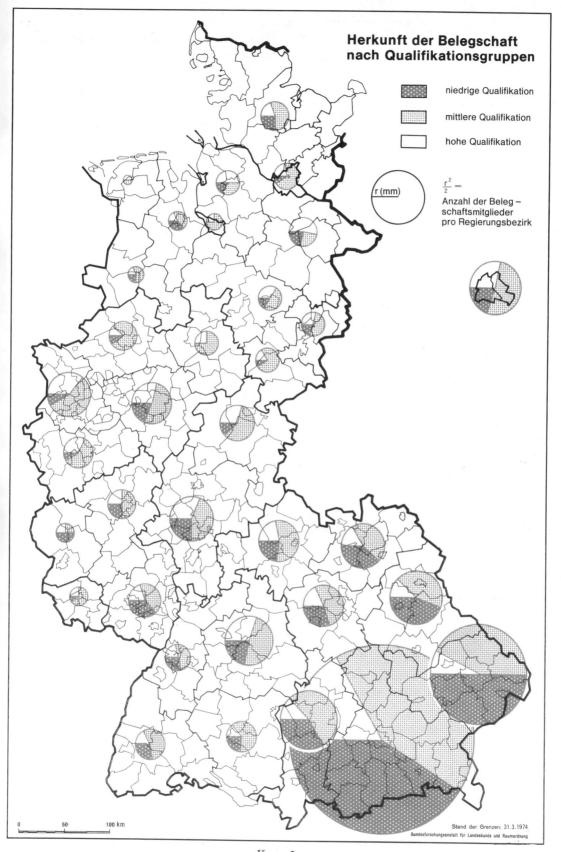

Karte 2

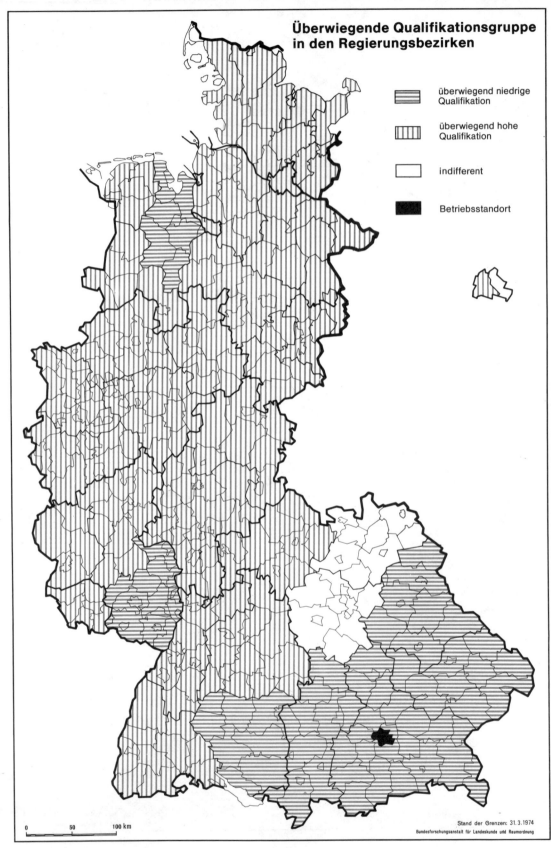

Karte 3

III. Wanderungsverhalten und Qualifikation

Während bei den Frauen die obenstehende Tabelle ausweist, daß der Verhältnisabstand von „Seßhaften" zu „Gewanderten" um so größer ist, je niedriger die Ausbildungsgruppe ist, trifft dies bei den Männern nur für die niedrige und hohe Ausbildungsgruppe zu. Die mittlere Ausbildungsgruppe (Abiturienten mit und ohne Berufsausbildung, aber *ohne* abgeschlossenes Hochschulstudium) hat einen höheren Anteil an Gewanderten als die höchste Gruppe. Sie ist allerdings mit 281 Angehörigen (6,4 % der Gehaltsempfänger) klein und muß noch um 35 Frauen vermindert werden, deren Wanderungsverhalten in dieser Kategorie ja der Hypothese entspricht. So bleiben nur 246 (5 %) Personen außerhalb des Geltungsbereichs der Grundhypothese.

Getrennt nach Männern und Frauen untersucht, erhöht sich die Wanderungshäufigkeit der weiblichen Gruppe erst auf dem Niveau von Fachhochschul- oder Hochschulabschluß.

Der Ausbildungsstufe entsprechend finden sich diese Ergebnisse auch bei den Einkommensgruppen wieder (Tab. 2).

Tabelle 2:

Wanderungsverhalten der Einkommensgruppen

Geschlecht	Einkommensgruppe			gesamt
	niedrig	mittel	hoch	
Frauen	0,68	0,50	1,00	0,65
Männer	0,42	0,40	0,28	0,37
zusammen	0,59	0,41	0,28	0,44

Da Frauen selten in die höchste Einkommensgruppe aufsteigen, bezieht sich der Wert 1 (gleich viele seßhaft wie gewandert) nur auf 12 von ihnen (= 0,25 % der Belegschaft).

Der Anteil der Gewanderten an allen Personen je Gehaltsgruppe gibt einen kontinuierlichen Anstieg zu erkennen (Tab. 3).

Tabelle 3:

Anteil der Gewanderten je Gehaltsgruppe

Gehaltsgruppe	1	2	3	4	5	6	7	8
Anteil der Gewanderten in %	45,2	58,6	59,6	68,0	68,6	71,5	74,7	77,8

Geht man von den drei Teilfaktoren Ausbildungsstufe, Einkommen und Leiterfunktion (die sich als relativ unergiebig erwies) wieder zu dem zusammenfassenden multiplen Index der Qualifikationsgruppen über, so bestätigt sich die Hypothese auf eindrucksvolle Weise (Tab. 4).

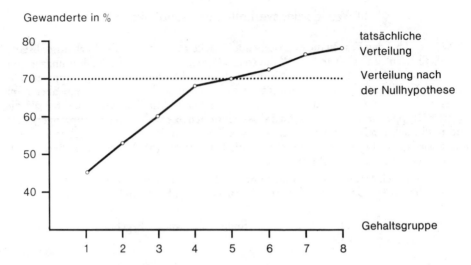

Abb. 6: Anteil der Gewanderten an allen Personen nach Gehaltsgruppen

Tabelle 4:

Anteil der Gewanderten je Qualifikationsgruppe

Geschlecht	Qualifikationsgruppe			gesamt
	niedrig	mittel	hoch	
Frauen	0,68	0,48	0,28	0,65
Männer	0,42	0,40	0,29	0,37
zusammen	0,59	0,40	0,29	0,44

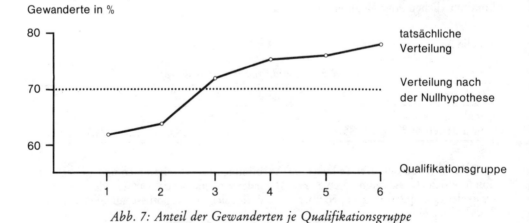

Abb. 7: Anteil der Gewanderten je Qualifikationsgruppe

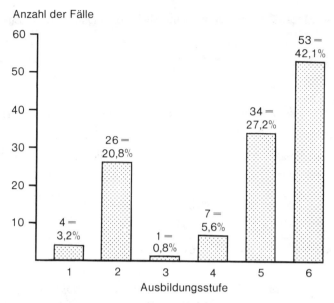

Abb. 8: Ausbildungsstufe der 125 Leitenden Angestellten

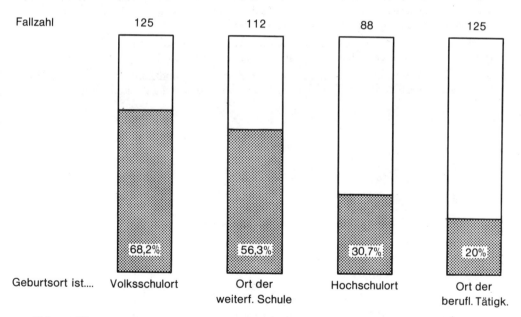

Abb. 9: Übereinstimmung zwischen Geburtsort und weiteren Stufen der Laufbahn bei 125 Leitenden Angestellten

Der Chi-Quadrat-Test bestätigt schließlich die behaupteten Zusammenhänge (Tabelle 5).

Tabelle 5:

Stärke des Zusammenhangs zwischen Qualifikationsmerkmalen und Wanderungshäufigkeit

Qualifikationsmerkmal	Chi-Quadrat	Freiheitsgrade	Wahrscheinlichkeit
Ausbildung	114,19	5	0,1 %
Einkommen	85,33	7	0,1 %
Leitungsfunktion	9,02	1	1,0 %
Qualifikationsindex	61,20	2	0,1 %

Die zweite Hypothese „Je höher die Qualifikation eines Individuums ist, um so häufiger wandert es" fand zu ihrer Überprüfung nur eine schlechte Datenlage vor. Die Zwischenetappen der Wanderung zwischen Geburts- und Arbeitsort (Ausbildungs- und frühere Arbeitsorte) sind nur in den Bewerbungsbögen enthalten und nicht elektronisch gespeichert. Deshalb mußte sich die Untersuchung hier auf die Daten der per Hand auswertbaren 125 leitenden Angestellten beschränken, der höchstqualifizierten Gruppe also (Gehaltsgruppe 8), was nicht automatisch bedeutet, daß sie ausschließlich aus einer Ausbildungsstufe kommen müßten (vgl. Abb. 8).

Beim Vergleich dieser 125 Fälle hinsichtlich Geburts-, Schulbildungs-, Hochschulbildungs- und schließlich Arbeitsort ergab sich das Bild in Abb. 9.

Ein signifikanter Zusammenhang zwischen Ausbildung und Zahl der Wanderung ist nicht nachzuweisen, da der Vergleich zu den anderen Belegschaftsmitgliedern fehlt.

IV. Die Wanderungsdistanzen

Qualifizierte Individuen weisen ein Informationsverhalten auf, das über Arbeitsplatz und Wohnplatz hinausreicht. Sie knüpfen weiterreichende Kontakte an und pflegen sie auch über längere Zeit (Briefwechsel), haben also insgesamt eine weiträumigere Umweltwahrnehmung. Ihre Ausbildung hat sie aus ihrem Geburtsort weggeführt und ihnen die Furcht vor „Neuem und Unbekanntem" genommen. Dies zeigt sich entsprechend in der durchschnittlichen Wanderungsdistanz nach Ausbildungsstufen (Tabelle 6).

Tabelle 6:

Ausbildungsstufe und Wanderungsdistanz

Ausbildungsstufe	Durchschnittsdistanz in km	Fallzahl
1	97,0	479
2	138,7	1973
3	196,2	25
4	256,8	131
5	223,6	439
6	259,6	163
gesamt	155,7	3174[4])

Nur die Ausbildungsstufe 5 unterbricht die Gesamttendenz. PAULI erklärt sie so:
- „Diese Ausbildungsstufe erfordert kein Abitur, sondern Volksschule bzw. Mittlere Reife und abgeschlossene Berufsausbildung als Eingangsvoraussetzung für die Fachhochschule.
- Die Fachhochschul- bzw. die höhere Fachschulausbildung erfolgt erst nach einem Lehrabschluß, meist erst nach einigen Jahren beruflicher Tätigkeit, und damit in einer späteren Lebenszyklusphase, als dies bei Universitätsausbildung der Fall ist.
- Personen, die den Fachhochschulabschluß über das neuere Bildungssystem der Fachoberschule mit fachgebundener Hochschulreife erreicht haben, sind in dieser Gruppe, wenn überhaupt, dann erst wenige enthalten." (PAULI, a. a. O. S. 78).

Als „Personen von relativ freischwebender sozialer Existenz" (BOLTE) haben sie vermutlich ihr Verhalten in einem lange Zeit weniger mobilen Sozialisationsumfeld erworben. Einkommen und Wanderungsdistanz verhalten sich ähnlich (Tab. 7).

Tabelle 7:

Gehaltsgruppe und Wanderungsdistanz

Gehaltsgruppe	Durchschnittsdistanz in km	Fallzahl
1	94,1	37
2	68,3	185
3	95,7	398
4	137,7	475
5	135,9	725
6	168,2	461
7	204,7	376
8	235,7	525
gesamt	155,9	3182

[4]) Die unterschiedlichen Gesamtsummen von 3174 oder 3182 erklären sich aus dem Umstand, daß die Wanderungsdistanz nur für in der Bundesrepublik geborene untersucht wurde, um Verzerrungen zu vermeiden. Heimatvertriebene und im Ausland Geborene fehlen in diesen Aufstellungen.

Geringer ausgeprägt sind die Distanzunterschiede bei der nur nach Leitungsfunktion/Nichtleitungsfunktion dichotomisierten Gruppe (Tab. 8).

Tabelle 8:

Leitungsfunktion und Wanderungsdistanz

	Durchschnittsdistanz in km	Fallzahl
Nichtleiter	143,6	2534
Leiter	204,2	648
gesamt	155,9	3182

Wiederum arbeitet die Zusammenfassung der drei Teilparameter zum Sammelbegriff „Qualifikation" die Unterschiede deutlich heraus (Tab. 9).

Tabelle 9:

Qualifikation und Wanderungsdistanz

Qualifikationsgruppe	Durchschnittsdistanz in km	Fallzahl
1	91,2	292
2	117,9	1156
3	177,9	694
4	220,1	531
5	230,9	104
6	242,4	212
gesamt	155,9	3182

Wie zu erwarten, hat auch das Geschlecht Einfluß auf die Wanderungsdistanz (Tab. 10).

Tabelle 10:

Geschlecht und Wanderungsdistanz

Geschlecht	Durchschnittsdistanz in km	Fallzahl
Frauen	113,8	946
Männer	173,8	2236
gesamt	155,9	3182

Das Bild erweitert sich durch Einbeziehung zusätzlicher Faktoren. Betrachtet man die Wanderungsdistanz nach Ausbildung, Geschlecht und Familienstand differenziert (Tab. 11), so zeigt sich, daß die Verheirateten mittlerer und höherer Ausbildungsgruppen im Durchschnitt weiter gewandert sind als die Unverheirateten. Die Frauen niedriger Ausbildungsstufe sind nur über kurze Distanzen gewandert. Bemerkenswert ist, daß der höchste Wert überhaupt (352,7 km) bei unverheirateten Frauen der höchsten Ausbildungsstufe erscheint.

Tabelle 11:

Ausbildung, Geschlecht, Familienstand und Wanderungsdistanz

Ausbildungs-gruppe	Wanderungsdistanz (in km)				gesamt
	Männer		Frauen		
	unverh.	verh.	unverh.	verh.	
niedrig (1+2)	148,9	142,4	108,4	108,8	130,5
mittel (3+4)	238,0	263,7	240,5	140,5	247,1
hoch (5+6)	216,0	236,6	352,7	275,7	233,3
gesamt	178,7	172,4	117,6	110,6	155,7

Die Wanderungsdistanz, nach Einkommen, Geschlecht und Familienstand differenziert, bestätigt die Hypothese besonders deutlich (Tab. 12).

Tabelle 12:

Einkommen, Geschlecht, Familienstand und Wanderungsdistanz

Einkommens-gruppe	Wanderungsdistanz in km				gesamt
	Männer		Frauen		
	unverh.	verh.	unverh.	verh.	
niedrig (1–4)	110,3	125,5	105,5	105,4	109,2
mittel (5–7)	192,7	153,9	169,8	140,0	162,0
hoch (8)	233,6	235,9	261,2	186,5	235,7
gesamt	178,7	172,4	117,6	110,5	155,9

Dasselbe gilt bei der Berücksichtigung der Leitungsfunktion (Tab. 13).

Tabelle 13:

Leitungsfunktion, Geschlecht, Familienstand und Wanderungsdistanz

Leitungs-funktion	Durchschnittsdistanz in km				gesamt
	Männer		Frauen		
	unverh.	verh.	unverh.	verh.	
Nicht-Leiter	176,4	156,1	115,3	110,2	143,6
Leiter	191,9	208,3	183,6	121,8	204,2
gesamt	178,7	172,4	117,6	110,5	155,9

Nun ist Wanderungsdistanz ein lediglich quantitativer Begriff, neben der die Qualität des Herkunftsgebiets nicht vernachlässigt werden darf. Wenn Mobilitätsbereitschaft nicht nur von den Pull-Faktoren des Imagewertes bestimmter Arbeitsmarktregionen, hier der Münchner, ausgelöst wird, sondern auch eine Funktion der Push-Kräfte ist, die in einem durch Wanderung aufgegebenen Herkunftsgebiet liegen, dann ist es auch interessant, zu untersuchen, welche Wanderer z. B. aus anderen *Verdichtungsgebieten* (BRD) stammen. Rechnet man die Daten der BMW-Belegschaft auf die nach BOUSTEDT, ISENBERG, MÜLLER und SCHWARZ festgelegten „Verdichtungsgebiete" um, so stammten von den *Gewanderten* der Gesamtbelegschaft nur 14,1% aus solchen, hingegen 19,1% der Fachhochschulabsolventen und 21,8% der Hochschulabsolventen.

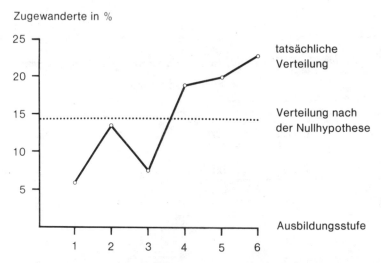

Abb. 10: Aus Verdichtungsgebieten Zugewanderte nach Ausbildungsstufe

Hier durchbrechen die Angehörigen der Gruppe 3 (Abiturienten ohne abgeschlossene Berufsausbildung) die Regelmäßigkeit der Verteilung.

Bei der Zuordnung nach Einkommen sind die obersten Gehaltsgruppen überproportional aus Verdichtungsgebieten nach München zugezogen.

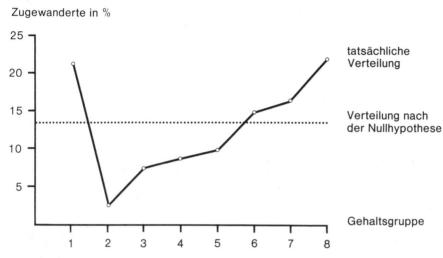

Abb. 11: Aus Verdichtungsgebieten Zugewanderte nach Gehaltsgruppe

Die Abweichung der Gruppe 3 bestätigt sich auch nach dreidimensionaler Aufgliederung nach Ausbildung, Geschlecht und Familienstand (Tab. 14).

Tabelle 14:

Zuwanderung nach BMW-München aus Verdichtungsgebieten nach Ausbildung, Geschlecht und Familienstand

Aus Verdichtungsgebieten Zugewanderte		Ausbildungsstufe						gesamt
		1	2	3	4	5	6	
Männer	unverh.	5,6	17,2	9,1	17,1	21,3	16,7	17,1
	verh.	6,1	13,6	8,8	18,0	17,8	22,7	15,1
	gesamt Männer	6,0	14,2	8,9	17,8	18,6	21,5	15,5
Frauen	unverh.	7,5	13,6	–	–	66,7	25,0	12,8
	verh.	5,4	8,6	–	25,0	–	50,0	7,4
	gesamt Frauen	6,2	10,9	–	28,6	57,1	33,3	9,7
gesamt		6,1	13,5	7,4	18,6	19,1	21,8	14,1

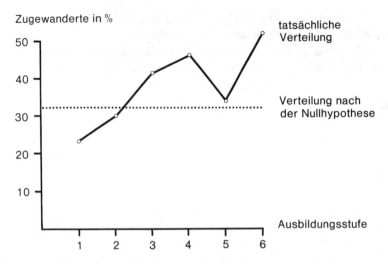

Abb. 12: Aus Städten über 100 000 Einwohner Zugewanderte nach Ausbildungsstufe

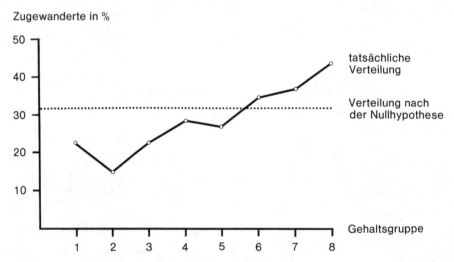

Abb. 13: Aus Städten über 100 000 Einwohner Zugewanderte nach Gehaltsgruppe

Zugewanderte Abiturienten ohne Berufsausbildung kommen also deutlich häufiger aus dem ländlichen Raum und dessen unbefriedigenden Anwendungschancen der erworbenen Qualifikation.

Verschärft man die Frage dahingehend, daß man die aus *Städten über 100000 E*[5]) stammenden noch einmal gesondert untersucht, so kommen 32,3% aller Zugewanderten aus solchen Städten, wobei wiederum Ausbildungsstufe wie Gehaltsgruppe die Ausgangshypothese bestätigen.

Die Abweichungen im Kurvenverlauf bei Ausbildungsstufe 5 und Gehaltsgruppe 5 lassen sich ähnlich wie bei der Wanderungsdistanz erklären.

Betrachtet man schließlich die *in München geborenen* unter der Gesamtbelegschaft, so machen diese nur 19,3% aus. Die prozentualen Verteilungsdifferenzen sowohl nach Ausbildungsgruppen (Abb. 14) wie auch Gehaltsgruppen (Abb. 15) bestätigen die Hypothesen der Abhängigkeit des Wanderungsverhaltens von der Qualifikation und verweisen, wenn es gewisse Abweichungen von Erwartungswerten gibt, allenfalls auf die Sonderstellung von Fachhochschulabsolventen und Abiturienten ohne Berufsabschluß und den Einfluß von Ehe und Familie auf das Verhalten der Frauen.

Die nach den Prämissen der Untersuchung als „Gewanderte" bezeichneten Personen haben trotz der knappen Daten der EDV-Betriebskartei eines einzigen Betriebs (BMW) zu bestätigenden Hinweisen auf Ergebnisse der Wanderungsforschung geführt. Sie weisen dem Faktor Qualifikation einen hohen Stellenwert zu und rechtfertigen es, ihn als ein Prognosen erleichterndes Datum künftig noch stärker bei Untersuchungen zu berücksichtigen als bisher.

Diese Feststellung wurde durch andere Arbeiten in der Form einer „Gegenprobe" bestätigt. Die Firma BMW hat bekanntlich – in ihrem bisherigen Produktionsareal in der Nähe des Olympiageländes zunehmend an Betriebserweiterungen gehindert und trotz unvermeidbarer und bekannter Umweltbelastungen inzwischen von Wohngebieten eingeschlossen – die Produktionsanlagen der Firma Glas in Dingolfing im Jahre 1967 übernommen und seit 1973 erheblich ausgeweitet. Der Firmenkopf wird aber auch weiterhin mit Verwaltung und Forschung in den neu bezogenen repräsentativen Bauten am Petuelring bleiben. So ist die Wahrscheinlichkeit gering, daß Dingolfing eine größere Zahl hochqualifizierter Arbeitsplätze erhalten wird. Im weiteren potentiellen Einzugsbereich dieses Zweigbetriebs sind vielmehr Jedermannqualifikationen in besonderem Maße gefragt und durch Anlernen vermittelbar. Dabei wurde es wichtig, herauszufinden, ob der strukturschwache niederbayerische Raum genügend Arbeitskraftreserven dieser Qualifikationsstufe aufweisen würde[6]). Denn die Größe des Betriebsstandorts, die Stadt Dingolfing mit (1976) 13325 Einwohnern, machte es siedlungs-, sozial- und infrastrukturpolitisch unmöglich, hier einen höheren Anteil ausländischer Arbeitnehmer zu beschäftigen. Im Gegenteil sollte der Zweigbetrieb gerade die brachliegenden deutschen Arbeitskräfte einer strukturschwachen Region aufnehmen.

Lag bei der ausführlich dargestellten Untersuchung Paulis der Schwerpunkt auf den interregionalen Wanderungen hochqualifizierter Gehaltsempfänger, so wandten sich die beiden hier kürzer referierten Untersuchungen von R. Dobler und W. Meißner der Frage

---

[5]) Hier wurden alle Gewanderten untersucht, deren Geburtsortgröße identifiziert werden konnte.

[6]) W. MEISSNER: Methodischer Ansatz zur kleinräumigen Erfassung und Prognostizierung des Arbeitskräftepotentials im ländlichen Raum. Unveröff. Dipl.-Arb., Geogr. Institut der TU München 1977.

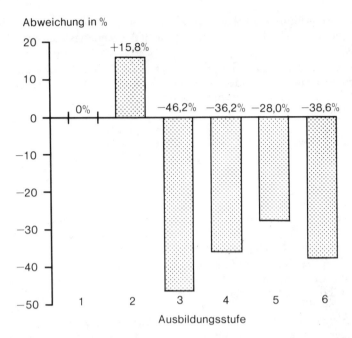

Abb. 14: *Abweichungen beim Anteil der in München geborenen BMW-Gehaltsempfänger nach Ausbildungsstufen*

nach der Mobilitätsbereitschaft geringqualifizierter Lohnempfänger zu[7]). Sie konnten dabei an bereits vorliegende Arbeiten der Akademie anknüpfen[8]). So haben BUTTLER, GERLACH und LIEPMANN auf die zunehmende Polarisierung in *interne* Arbeitsmärkte (innerbetrieblich, auf hohe Qualifikation gerichtet) und *externe* Arbeitsmärkte (überbetrieblich, auf Jedermannqualifikationen gerichtet) hingewiesen.

Folge einer solchen Polarisation (und am Beispiel von BMW deutlich zu beobachten) ist die Konzentration von Firmenleitungen in Wachstumszentren von hohem Freizeitwert und Stadtimage und die Gründung bzw. Verlagerung von Zweigbetrieben in periphere Räume. In solchen Räumen wird die geringe Mobilitätsbereitschaft der weniger qualifizierten Arbeitskräfte („Firmentreue") geradezu in Rechnung gestellt. Mit einem solchen geteilten Standortwahlverhalten nehmen die Betriebe einerseits auf die unterschiedliche Mobilitätsbereitschaft von Hochqualifizierten und Minderqualifizierten Rücksicht, zementieren aber gleichzeitig damit solche Verhaltensweisen und verhindern den Ausgleich regionaler Disparitäten des Qualifikationsniveaus.

Neben der Analyse der regionalpolitischen Auswirkungen der BMW-Zweigwerksgründung in Dingolfing stand bei der Arbeit von Dobler die Untersuchung der Distanzempfindlichkeit der Beschäftigten beim täglichen Berufspendeln im Vordergrund.

---

[7]) R. DOBLER: Auswirkungen eines dominanten Großbetriebs auf Arbeitsmarkt, Wirtschafts- und Sozialstruktur seines Einzugsgebietes am Beispiel von BMW/Dingolfing. Unveröff. Dipl.-Arb., Geogr. Institut der TU München 1977.

[8]) F. BUTTLER, K. GERLACH und P. LIEPMANN: Funktionsfähige regionale Arbeitsmärkte als Bestandteil ausgewogener Funktionsräume. In: Forschungs- u. Sitzungsberichte der Akademie für Raumforschung u. Landesplanung Hannover 1975. Bd. 94, S. 63–92.

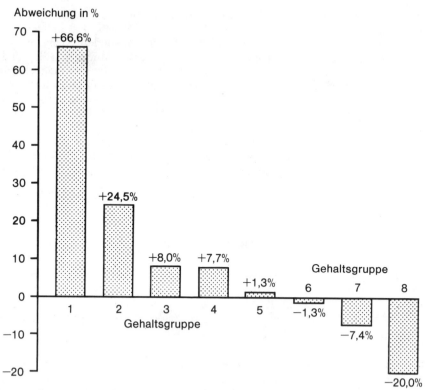

Abb. 15: Abweichungen beim Anteil der in München geborenen BMW-Gehaltsempfänger nach Gehaltsgruppen

Als Datenbasis standen ebenfalls EDV-gespeicherte Personaldaten von 6881 Lohnempfängern zur Verfügung. Damit konnten Stand und Entwicklung des Einzugsgebietes erfaßt werden. Insgesamt hatten 60,7% der Lohnempfänger einen einfachen Arbeitsweg bis zu 30 Minuten, 18,0% von 30–45 Minuten, 10,7% von 45–60 Minuten und 10,6% von mehr als einer Stunde. Diese Pendeldistanzen unterschieden sich regional und gruppenspezifisch ziemlich stark, wobei vor allem Geschlecht und Alter einen deutlichen Einfluß auf die Distanzempfindlichkeit in Form von „Constraints"[9] ausübten. Auch wurde der Einfluß der regionalen Wirtschaftsstruktur (konkurrierendes Arbeitsplatzangebot) sichtbar.

Wegen der starken Bindung an den Wohnort unter Inkaufnahme sehr langer Pendlerwege (z. T. unter Benutzung eines ausgedehnten Werksbusnetzes der Firma BWM) lassen sich die hier anzutreffenden Beschäftigtengruppen dem „traditionalen Verhaltenstyp"[10] zuordnen. Eine über die EDV-Personaldatei hinausgehende Befragung von 846

---

[9] T. Hägerstrand: What about People in Regional Science? In: Papers of the Regional Science Association, Vol. XXIV, 1970, S. 7–24.

[10] D. Klingbeil: Zur sozialgeographischen Theorie und Erfassung des täglichen Berufspendelns. In: Geographische Zeitschrift 1969, H. 2, S. 108–131.

BMW-Beschäftigten zeigte, daß die Ursachen der geringen Mobilitätsbereitschaft nicht primär in dem hohen Ausmaß eigenen Hausbesitzes (68,8% der Befragten) oder landwirtschaftlichem Nebenerwerb (12,4%) liegen dürften, sondern vielmehr in einer gegenüber den qualifizierten Angestellten des Hauptwerkes München völlig anderen Wahrnehmungs-, Erwartungs-, Bewertungs- und Anspruchsstruktur hinsichtlich alternativer Arbeits- und Wohnmöglichkeiten. So erwachsen der Stadt Dingolfing aus der Schaffung von ca. 4000 Arbeitsplätzen der Firma BMW auch kaum infrastrukturelle Folgen, etwa auf dem Bildungssektor, weil weder Umzüge nach Dingolfing noch eine stärkere Inanspruchnahme von Einrichtungen durch die Familienangehörigen der Belegschaft zu erwarten sind. Sozialpsychologische Motivstudien könnten hier zu einer Klärung solchen Verhaltens beitragen und der Regionalpolitik Hinweise für die Beurteilung von Erfolgschancen bei Wirtschaftsförderungsmaßnahmen oder Mobilitätsbeihilfen geben.

Zusammenfassung

Der Faktor menschliche Arbeitskraft als wichtigster des Produktionsprozesses ist qualitativ differenziert. Die selektive Wanderung dieses Faktors an den Ort optimaler Anwendbarkeit erworbener Qualifikationen ist ein Ergebnis von Wahrnehmungsprozessen, bei welchen die mit einem feinfühligeren Sensorium ausgestatteten potentiellen Wanderungswilligen höherer Qualifikationsstufen weitere Distanzen überwinden (LEE).

Ihr Abfluß in „Gebiete höherer Lebenserfülltheit" (BOBEK) bewirkt einen Auszehrungs- und sozialen Erosionsprozeß namentlich in den mit anspruchsvolleren Arbeitsplätzen schlechter ausgestatteten Gebieten. Mobilitätsforschung muß deshalb stärker als bisher statt auf bloße Quantitäten auf die Qualifikationen der Wandernden eingehen. Beispiele dafür waren uns Firmen wie Siemens oder BMW. Fragen wir am Fallbeispiel von BMW nach dem Zusammenhang zwischen Bildungs- und Beschäftigtensystem: Eine regionale Komponente ist auf den ersten Blick nicht zu erkennen; der Arbeitsmarkt von BMW ist nur dann funktionsfähig, wenn die Grenzen des „regionalen" Arbeitsmarktes bundesweit, wenn nicht gar weltweit gezogen werden. Hinzu kommt noch ein starker ausgeprägter interner Arbeitsmarkt, der eine relative Stabilität innerhalb regionaler Ausgleichsmechanismen mitzuverantworten hat. Ist also eine Analyse der Zusammenhänge von Bildungs- und Beschäftigungssystem auf regionaler Ebene von vornherein illusorisch, da Arbeitsplatzgroßanbieter wie Siemens sowieso alle mühsam abgegrenzten Arbeitsmarktregionen sprengen?

Um diese Frage zu diskutieren, wäre es wichtig, einiges über die *Motive* derjenigen zu wissen, die über mehr oder minder große Distanzen wandern, um z. B. in München und z. B. bei BMW oder Siemens zu arbeiten. Zu diesen Wanderungsmotiven zwei vereinfachende polarisierende Hypothesen:

1. Hochqualifizierte finden an ihrem Heimatort bzw. innerhalb ihrer Pendlerreichweite keinen ihrer Ausbildung entsprechenden Arbeitsplatz und sind deshalb zur Abwanderung gezwungen.

2. Ein höheres Ausbildungsniveau erschließt einen größeren und realitätsnäheren Wahrnehmungsraum. Die hierdurch gebotenen Vergleichsmöglichkeiten bewirken ein höheres Anspruchsniveau (Ziele: Lohn, sonstige Arbeitsbedingungen, Wohnumfeld).

Je nach der Stärke vorhandener Zwänge führt diese Kausalkette zu einer unterschiedlich großen Mobilitätsbereitschaft.

Trifft die Hypothese 1 zu, zwingt der nicht funktionsfähige regionale Arbeitsmarkt zur interregionalen Mobilität und muß somit in den Mittelpunkt des Interesses rücken.

Trifft die Hypothese 2 zu, muß der Übergang vom Bildungs- zum Beschäftigungssystem vorrangig qualifikationsspezifisch betrachtet werden: Je höher die Qualifikation, um so größer die Chance, Wünsche und Ziele bezüglich Arbeitsplatz und Ort zu erkennen und zu realisieren. Da aber das Qualifikationsniveau mit einem Zentrum-Peripheriegefälle korreliert, darf auch hier die regionale Dimension nicht vernachlässigt werden.

Die „wahren" Motive der Arbeitsplatzmobilität am Beispiel BMW würden weder eindeutig und ausschließlich der Hypothese 1 noch der Hypothese 2 zuzuordnen sein. Auf jeden Fall werden jedoch die regionalen Zusammenhänge auch bei einem Fallbeispiel wie Siemens mit bundesweitem Einzugsbereich nicht vernachlässigt werden dürfen.

Literaturverzeichnis

ALBRECHT, G.: Soziologie der geographischen Mobilität. Stuttgart 1972.

BOBEK, H.: Stellung und Bedeutung der Sozialgeographie. In: Erdkunde, S. 118–125, 1948.

BOLTE, K. M.: Soziale Schichtung. In: Reihe Struktur und Wandel der Gesellschaft, B 4 Opladen 1966.

BOUSTEDT, P., MÜLLER, G., SCHWARZ, K.: Zum Problem der Abgrenzung von Verdichtungsräumen unter Berücksichtigung der Möglichkeiten zur Messung von Verdichtungsschäden. In: Mitteilungen aus dem Institut für Raumordnung, H. 61, Bad Godesberg 1968.

BROOKFIELD, H. C.: On the Environment as Perceived. In: Progress in Geography, Vol. 1 S. 51–80, London 1969.

BUTTLER, F., GERLACH, K., und LIEPMANN, P.: Funktionsfähige regionale Arbeitsmärkte als Bestandteil ausgewogener Funktionsräume. In: Ausgeglichene Funktionsräume, Forschungs- u. Sitzungsberichte der Akademie für Raumforschung u. Landesplanung, Bd. 94, Hannover 1975, S. 63–92.

DAHRENDORF, R.: Industrie- und Betriebssoziologie. Berlin 1956.

DOBLER, R.: Auswirkungen eines dominanten Großbetriebes auf Arbeitsmarkt, Wirtschafts- und Sozialstruktur seines Einzugsgebietes am Beispiel von BMW/Dingolfing. Unveröff. Diplomarbeit am Geogr. Institut der TU München 1977.

ELISSAT, L.: Die Wanderung qualifizierter ausländischer Arbeitnehmer am Beispiel einer Gruppe von Skandinaviern in München. Unveröff. Diplomarbeit am Geogr. Institut der TU München 1976.

FLEISCHMANN, P.: Berufliche Ausbildung und Abwanderung. Auswirkungen von Infrastrukturinvestitionen im Bildungssektor, untersucht am Beispiel der autonomen Provinz Trento/Italien. Unveröff. Diplomarbeit am Geogr. Institut der TU München 1976.

HÄGERSTRAND, T.: What about People in Regional Science? In: Papers of the Regional Science Association, Vol. XXIV, 1970, S. 7–24.

HOFFMANN-NOWOTNY, H. J.: Migration. Ein Beitrag zu einer soziologischen Erklärung. Stuttgart 1970.

KLINGBEIL, D.: Zur sozialgeographischen Theorie und Erfassung des täglichen Berufspendelns. In: Geographische Zeitschrift 1969, H. 2, S. 108–131.

KREIBICH, V.: Analyse und Simulation der Wahl des Arbeitsstandortes bei Erwerbspersonen. Diss. Geogr. Institut der TU München 1972.

LEE, E. S.: A Theory of Migration. In: Demko, G. H. u. a. (Hrg.) Population Geography. A Reader. New York 19, S. 288–298.

LEE, E. S.: Education and Migration in the United States. In: Bildungsökonomie – Eine Zwischenbilanz, Hrg.: Hüfner, K. und J. Naumann, Stuttgart 1969, S. 231 bis 237.

MEISSNER, W.: Methodischer Ansatz zur kleinräumigen Erfassung und Prognostizierung des Arbeitskräftepotentials im ländlichen Raum. Unveröff. Diplomarbeit am Geogr. Institut der TU München 1977.

MONHEIM, H.: Zur Attraktivität deutscher Städte. Einflüsse von Ortspräferenzen auf die Standortwahl von Bürobetrieben. WGI-Berichte zur Regionalforschung, H. 8, München 1972.

NEUBECK-FISCHER, H.: Gastarbeiter – eine neue gesellschaftliche Minderheit. Diss. TU München 1972.

PAULI, K. H.: Rekrutierungsgebiete von Belegschaften Münchner Großbetriebe nach Qualifikationsstufen. Unveröff. Staatsexamensarbeit am Geogr. Institut der TU München 1976.

RÖDER, H.: Ursachen, Erscheinungsformen und Folgen regionaler Mobilität. Ansätze zu ihrer theoretischen Erfassung. In: Beiträge zum Siedlungs- und Wohnungswesen und zur Raumplanung, Bd. 16, München 1974.

RUHL, G.: Das Image von München als Faktor für den Zuzug. In: Münchner Geogr. Hefte 35, Kallmünz/Regensburg 1971.

SCHRETTENBRUNNER, H.: Gastarbeiter. Ein europäisches Problem aus der Sicht der Herkunftsländer und der Bundesrepublik Deutschland. Frankfurt 1971.

SCHWARZ, K.: Wanderungen. In: Handwörterbuch der Raumforschung und Raumordnung, 2. Aufl. Hannover 1970, Sp. 3671–3681, Hrg. Akademie für Raumforschung und Landesplanung

STOUFFER, S. A.: Intervening Opportunities: A Theory Relating Mobility and Distance. In: American Sociological Review Vol. 5, p. 845–867. 1940

VANBERG, M.: Kritische Analyse der Wanderungsforschung in der BRD. IS TUB Wanderung 2. Berlin 1971.

VANBERG, M.: Ansätze zur Wanderungsforschung. In: Forschungs- und Sitzungsberichte der Akademie für Raumforschung und Landesplanung, Bd. 95, Hannover 1975, S. 3–20.

WOLPERT, J.: Behavioral Aspects of the Decision to Migrate. In: Papers of the Regional Science Association Bd. 15, 1965, S. 159–169.

Überlegungen zum Verhältnis von Beschäftigungs- und Bildungssystem aus der Sicht der Siemens AG

von
Hans-Jörg Hörger, München

I. Das Betrachtungsfeld

Siemens gehört zu den führenden elektrotechnischen Unternehmen der Welt. Zur Zeit sind weltweit rund 319 000 Mitarbeiter bei Siemens beschäftigt. Die Leistungsfähigkeit des Unternehmens hängt weitgehend von der Qualifikation dieser Mitarbeiter ab. Der Struktur und Qualifikation der Mitarbeiter gilt deshalb besondere Aufmerksamkeit.

Ein Unternehmen, das weltweit erfolgreich technische Produkte anbieten will, muß in seinem Leistungsvermögen zumindest dem Stand der Technik entsprechen. Dabei kann ein Unternehmen wie Siemens auf Teilgebieten den Stand der Technik mit beeinflussen, es kann ihn jedoch nicht bestimmen. Wir müssen mit der technischen Entwicklung Schritt halten, wenn wir bestehen wollen. So ist beispielsweise der Übergang von der Mechanik zur Elektronik, mit all seinen Auswirkungen auf die Mitarbeiterstruktur, weniger eine Frage unternehmerischen Wollens als ein Gebot des Marktes. D. h.: Der Markt beeinflußt das Produktspektrum und damit die Arbeitsaufgaben. Die Arbeitsaufgaben setzen ihrerseits den Rahmen für die erforderliche Qualifikation der Mitarbeiter, und zwar sowohl hinsichtlich des Fachwissens und Könnens als auch hinsichtlich der Fähigkeit zur selbständigen Arbeitsleistung und zur Zusammenarbeit. Diese Zusammenhänge müssen gesehen werden. Wir haben nicht – wie Außenstehende mitunter meinen – die Möglichkeit, die Arbeitsaufgaben beliebig entsprechend der Qualifikation des Arbeitskräfteangebots zu verändern.

II. Entwicklung der Mitarbeiterstruktur von 1962 bis 1977

Die Belegschaft der Siemens AG hat zahlenmäßig 1977 etwa der von 1962 entsprochen (1962: 173 000, 1977: 172 000). Demgegenüber ist der preisbereinigte Umsatz pro Kopf um 165 % gestiegen (1962: 23 000 DM, 1977: 61 000 DM). Das entspricht einer allgemeinen Leistungssteigerung von durchschnittlich 6,7 % pro Jahr.
(Das Bezugsjahr 1962 mußte aus datentechnischen Gründen gewählt werden.)

III. Veränderungen der Belegschaftsstruktur

1962 waren 67% der Gesamtbelegschaft gewerbliche Mitarbeiter, 1977 waren es nur noch 53% (62: 117000, 77: 91000). Dabei ist die Zahl der Facharbeiter (35000–40000) weitgehend konstant geblieben. Man könnte sich fragen, ob hier eine Gesetzmäßigkeit vorliegt, die auch in Zukunft gilt.

Der Anteil der technisch tätigen Mitarbeiter ist im Betrachtungszeitraum von 18% (31000) auf 29% (50000) gestiegen. Hingegen blieb der prozentuale Anteil der kaufmännisch tätigen Mitarbeiter nahezu konstant (62: 25000 entsprechend 15%, 77: 31000 entsprechend 18%). Weitere Einzelheiten enthält das folgende Schaubild:

	1962 = 173000	1977 = 172000
Technisch Tätige	18% = 31000 davon 5300 HS 9500 FHS	29% = 50000 davon 7200 HS 13900 FHS
Kaufmännisch Tätige	15% = 25000 davon 950 HS 1800 Siemenslehre	18% = 31000 davon 2000 HS 3200 Siemenslehre
Gewerblich Tätige	67% = 117000 davon 40000 Facharbeiter	53% = 91000 davon 36000 Facharbeiter

Neben der Verschiebung der Belegschaftsstruktur von den gewerblich Tätigen zu den technisch Tätigen hat sich im Betrachtungszeitraum die Angestelltenstruktur verschoben. 1962 gehörten 55,1% der Angestellten den unteren Tarifgruppen an, 1977 waren es lediglich noch 27,3%. Die pyramidenförmige Angestelltenstruktur wandelte sich, wie die folgende Darstellung zeigt, zu einer zwiebelförmigen Struktur.

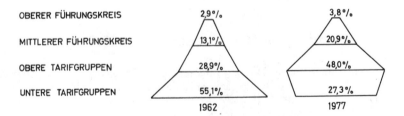

Verschiebungen in der Angestelltenstruktur

Für diese Entwicklung gibt es aus unserer Sicht folgende Gründe:

Ursachen für die Veränderungen der Belegschaftsstruktur:

- Mit zunehmender Rationalisierung und komplexeren Fertigungseinrichtungen ist der Bedarf an direkter Arbeitsleistung in der Fertigung zurückgegangen. Der Aufwand für Vorbereitung und Planung ist hingegen gestiegen.
- Die fortlaufende Innovation verlangt mehr qualifizierte technische Mitarbeiter. 1977 entfielen etwa 73 % unseres Umsatzes auf Produkte, die erst in den letzten 10 Jahren entwickelt worden sind.

Anteile der Produktion am Umsatz	1970	1977
die in den letzten 5 Jahren	38 %	43 %
die vor 6 bis 10 Jahren	30 %	30 %
die vor mehr als 10 Jahren	32 %	27 %
entwickelt worden waren		

- Neben Serienfabrikaten und Anlagen verkaufen wir zunehmend Problemlösungen und Beratungen. Dies setzt ebenfalls mehr qualifizierte Fachkräfte voraus.
- Während wir unsere Forschung, Entwicklung und Planung weitgehend in Deutschland abwickeln, sind wir mit der Fertigung teilweise ins Ausland gegangen. Ursachen hierfür waren u. a. die Arbeitsmarktsituation im Inland (mit der Arbeit zum Menschen gegangen) und die zunehmende Forderung der Abnehmerländer nach einer Fertigung im eigenen Land.
- Im kaufmännischen Bereich haben die Planungsaufgaben zugenommen, während die Verwaltungsaufgaben durch Rationalisierungsmaßnahmen verringert werden konnten. Auf beiden Gebieten wurden die Routinearbeiten mit Hilfe der elektronischen Datenverarbeitung beträchtlich eingeschränkt.

In der Verschiebung der Angestelltenstruktur kommt zum einen die veränderte Aufgabenstruktur zum Ausdruck, zum anderen die allgemeine Tendenz zu höherer Eingruppierung bei mehr oder weniger unveränderten Funktionen. Hier hat sich, insbesondere über die Einstellgehälter, die allgemeine Einkommensentwicklung ausgewirkt. Wir haben es mit einem Einfluß des Arbeitsmarkts auf die Beschäftigungsstruktur zu tun.

Zusammenfassend kann festgestellt werden: Die Beschäftigungsstruktur der Siemens AG hat sich in den Jahren 1962 bis 1977 deutlich verändert. Maßgebliche Ursachen waren die sich wandelnden Arbeitsanforderungen und Einflüsse, die vom Arbeitsmarkt ausgegangen sind.

IV. Künftige Entwicklung

Bei dem folgenden Blick in die Zukunft müssen wir insbesondere drei Einflußfaktoren sehen:
- die Arbeitsanforderungen,
- den Arbeitsmarkt,
- die Auftragslage des Unternehmens.

Bei der vorliegenden Betrachtung geht es in erster Linie darum, die künftigen Arbeitsanforderungen im Hinblick auf die Ausbildung der Nachwuchskräfte zu sehen. Da in der Ausbildung mit Zeiträumen von 5 bis 10 Jahren gerechnet werden muß, können die wesentlich kürzerfristigen Veränderungen in der Auftragslage hier nicht berücksichtigt werden. Trotzdem halten wir es für wichtig, darauf hinzuweisen, daß die Grundvoraussetzung für die weitere Entwicklung eines Unternehmens eine entsprechende Auftragslage ist. Alle Aussagen über die künftige Mitarbeiterstruktur werden illusorisch, wenn die Auftragslage des Unternehmens zu drastischen Veränderungen führt.

V. Entwicklung der Einflußfaktoren

Der Bedarf an direkter Arbeitsleistung in der Fertigung wird aufgrund weiterer Rationalisierungen und eines veränderten Produktspektrums weiter zurückgehen. Besonders einschneidend wird sich dabei der Übergang von der Mechanik zur Elektronik auswirken. Dazu ein Beispiel: Während die Produktion eines Fernschreibers früher 78 Fertigungsstunden erfordert hat, sind es heute einschließlich der Arbeiten in der Vorfertigung, die zugenommen haben, lediglich rund 30 Stunden. Früher haben qualifizierte Feinmechaniker den Fernschreiber gefertigt, heute sind es angelernte Arbeitskräfte.

Die Innovation muß sich fortsetzen, denn sie ist für die Zukunft des Unternehmens ebenso wie für die Existenzfähigkeit der deutschen Wirtschaft auf dem Weltmarkt von entscheidender Bedeutung. Wir wissen, daß Innovationen sich häufig schubweise vollziehen. Zur Zeit erleben wir im Bereich der Elektrotechnik einen Innovationsschub, der durch die Entwicklung der Mikrobauelemente ausgelöst wurde, die heute in zahlreiche Gebiete der Elektrotechnik vordringen.

Nicht zuletzt als Folge der Innovation wird der Anteil der Beratungs- und Problemlösungsleistungen an der Gesamtleistung des Unternehmens weiterhin zunehmen. Wir werden unseren Kunden neben elektrotechnischen Produkten und Anlagen in immer größerem Umfang techniches Know-how liefern müssen.

Auch die Durchdringung der Arbeitsabläufe und -strukturen durch die EDV ist insbesondere im Verwaltungsbereich noch nicht abgeschlossen.

Eine gegenüber der Vergangenheit veränderte Situation besteht hinsichtlich der eigenen Kündigungen. Unabhängig von konjunkturellen Schwankungen dürfte der Arbeitsmarkt in den nächsten Jahren beträchtlich weniger Anreize für einen Firmenwechsel bieten. Während die Zahl der eigenen Kündigungen unserer Ingenieure über lange Zeiträume bei jährlich 4–5 % des Bestandes gelegen hat, beträgt sie heute rund 2 %.

Auch die Tendenz zur höheren Eingruppierung bei unveränderten Aufgaben wird sich wohl nicht wie bisher fortsetzen.

VI. Auswirkungen auf die Mitarbeiterstruktur

Wir rechnen damit, daß der prozentuale Anteil der qualifizierten technisch tätigen Mitarbeiter an der Gesamtbelegschaft in den nächsten Jahren noch etwas zunehmen wird. Der Anteil der qualifizierten kaufmännisch tätigen Mitarbeiter wird etwa in der heutigen Größenordnung bleiben, während der Anteil der Facharbeiter leicht zurückgehen dürfte. Diese Aussagen beziehen sich auf die erwarteten Verschiebungen in den Arbeitsanforderungen. Sie lassen keine Schlüsse über voraussichtliche Einstellzahlen zu; die Einstellzahlen hängen wesentlich von der Geschäftsentwicklung und der Fluktuation ab.

VII. Entwicklungen im öffentlichen Bildungsbereich

In den letzten Jahren hat die Zahl der Studienanfänger und Studenten außerordentlich zugenommen. Die folgende Übersicht zeigt diese Entwicklung in den Fachrichtungen, die für uns in erster Linie von Bedeutung sind.

Studenten und Studienanfänger im WS	1960	1975	Plus
Rechts-, Wirtschafts-, Sozialwissenschaften	44 900	123 200	174 %
	9 400	24 300	158 %
Ingenieurwissenschaften	40 100	61 800	54 %
	7 600	11 700	54 %

Quelle: Grund- und Strukturdaten des BMBW

Wir können insbesondere bei den Rechts-, Wirtschafts- und Sozialwissenschaften in den nächsten Jahren mit wesentlich mehr Bewerbern rechnen als in der Vergangenheit.

VIII. Folgerungen

Mit dem zunehmenden Angebot an qualifiziert ausgebildeten Bewerbern stellt sich die Frage, welchen Bewerber man bevorzugen soll: den theoretisch beschlagenen Absolventen einer Fachhochschule oder Universität oder den Praktiker mit einer entsprechenden Berufsausbildung? Eine generelle Antwort gibt es nicht, denn wir werden auch in Zukunft Mitarbeiter mit unterschiedlichen Qualifikationen benötigen. Eins kann aber gesagt werden: Wir werden in jedem Einzelfall den im Hinblick auf die Arbeitsaufgaben am besten geeignet erscheinenden Bewerber auswählen und nicht denjenigen mit der höchsten formalen Qualifikation. Wir halten diesen Weg für richtig, da alle bisherigen Erfahrungen gezeigt haben, daß die Zufriedenheit mit der Arbeitsaufgabe wesentlich davon abhängt, inwieweit Arbeitsaufgabe und Qualifikation übereinstimmen. Nach unserer Auffassung ist es besser, Qualifikationslücken über Weiterbildung zu schließen, als in größerem Umfang Qualifikation ungenutzt vorzuhalten. Eine berufsbegleitende Weiterbildung wird in jedem Fall erforderlich sein.

Sofern andere Unternehmen sich in den nächsten Jahren ähnlich verhalten, müßte das Bildungssystem reagieren. In welcher Weise allerdings das Ausbildungsangebot im öffentlichen Bildungsbereich zu verändern wäre, kann aus der Sicht eines einzelnen Unternehmens nicht gesagt werden. Mit der vorliegenden Betrachtung können wir deshalb nur zur Diskussion über den schwierigen Problemkreis Bildungs- und Beschäftigungssystem beitragen.

IX. Ergänzende regionale Betrachtungen

Die vorausgegangene Darstellung soll durch einige regionale Betrachtungen ergänzt werden. Dafür wurde das Land Bayern ausgewählt, in dem 53 % der Mitarbeiter der Siemens AG tätig sind (alle Daten: 31.3.1978). Außerdem wurden die Betrachtungen auf die Verdichtungsräume Erlangen–Nürnberg und München sowie auf die peripheren

Standorte östlich der Verdichtungsachse begrenzt. Bezogen auf die Mitarbeiter der Siemens AG in Bayern bedeutet diese Abgrenzung, daß 85 % der Mitarbeiter in die Untersuchung einbezogen wurden. Karte 1 zeigt die ausgewählten Standorte. (Die verwendeten Karten gehen auf eine bisher nicht veröffentlichte Arbeit von G. GORBACH zurück.)

1. Arbeiter – Angestellter

Sachverhalt:

77,2 % der in die Untersuchung einbezogenen Mitarbeiter sind in den Räumen Erlangen–Nürnberg und München tätig. Dabei überwiegt in diesen Gebieten die Zahl der Angestellten deutlich die Zahl der Arbeiter (Karte 2):

	Arbeiter	Angestellte
Gesamtes Untersuchungsfeld	45 %	55 %
Erlangen–Nürnberg, München	35 %	65 %
Periphere Gebiete	78 %	22 %

Begründung:

Das Unternehmen ist nach dem 2. Weltkrieg wesentlich von Erlangen (Siemens-Schuckert) und München (Siemens-Halske) aus wieder aufgebaut worden. Dabei wurden Forschung, Entwicklung, Projektierung größerer Anlagen und die Verwaltung weitgehend an diesen Standorten konzentriert. Diese Aufgaben erfordern in überdurchschnittlichem Umfang qualifizierte Mitarbeiter (Fachhochschul- und Hochschulabsolventen). Arbeitskräfte mit entsprechender Qualifikation bevorzugen nach den bisherigen Erfahrungen Standorte mit einem differenzierten Arbeitsplatzangebot und einem hohen Bildungs- und Freizeitwert. Dies bietet in besonderem Maß der Standort München. Für den Raum Erlangen waren zusätzliche Anreize erforderlich, um für Bewerber attraktiv zu werden. Hier wurden u. a. in der Phase des angespannten Wohnungsmarktes Firmenwohnungen gebaut und zu günstigen Bedingungen vermietet. Außerdem bietet ein Standort mit der Belegschaftsgröße Erlangens zahlreiche Möglichkeiten für einen internen Stellenwechsel.

Bei den peripheren Standorten handelt es sich weitgehend um Fertigungsbetriebe, bei denen die manuellen Aufgaben überwiegen. Da Arbeitskräfte unterhalb der Ausbildungsebene Fachhochschule bzw. dem Schulabschluß Abitur in der Vergangenheit kaum bereit waren, den Heimatort zu verlassen und einem Arbeitsangebot zu folgen, war es erforderlich, mit der Arbeit zu den Arbeitskräften zu gehen. Diese waren insbesondere im Zonenrandgebiet vorhanden. Im übrigen entsprach die Entscheidung der Zielsetzung des Unternehmens, strukturschwache Gebiete zu fördern.

2. Qualifikationsstruktur der Angestellten

Sachverhalt:

Aussagen über die Qualifikationsstruktur der Angestellten erfordern Beurteilungskriterien. Hierfür kommen in erster Linie die formalen Ausbildungsabschlüsse und das Einkommen in Betracht. Da in der Wirtschaft die Arbeitsleistung honoriert wird und weniger der Ausbildungsabschluß, wurde bei der folgenden Darstellung der regionalen Verteilung der Qualifikationen von einem Mischwert ausgegangen, der bei einer Betonung des Faktors Gehalt die Komponenten Einkommen und Ausbildungsabschluß berücksichtigt. (Dies geht auf eine bisher nicht veröffentlichte Gruppierung von G. GORBACH zurück.) Die verwendeten drei Qualifikationsstufen entsprechen in etwa den unteren (Stufe I), mittleren (Stufe II) und oberen Tarifgruppen zuzüglich der außertariflichen Gehaltsstufen (Stufe III).

Sachverhalt:

65% der Angestellten im Untersuchungsbereich gehören zur Qualifikationsstufe III, 32% zur Stufe II und 3% zur Stufe I.

In der regionalen Verteilung sind die Mitarbeiter der Qualifikationsstufe III in den Verdichtungsräumen überproportional vertreten (Karte 3):

	Qualifikationsstufe		
	I	II	III
Gesamtes Untersuchungsfeld	3%	32%	65%
Erlangen–Nürnberg, München	2%	31%	67%
Periphere Gebiete	8%	46%	46%

Begründung:

In erster Linie wirkt sich hier aus, daß Forschung und Entwicklung mit einem hohen Anteil qualifizierter Mitarbeiter in den Standorten Erlangen und München konzentriert sind. Darüber hinaus beeinflußt insbesondere bei den Bürotätigkeiten (Schreibkräfte, Sekretärinnen) das örtliche Lohnniveau die Einkommen. In den Verdichtungsräumen müssen aufgrund der Nachfrage nach derartigen Arbeitskräften häufig Gehälter gezahlt werden, die über denen liegen, die in den Tarifverträgen für derartige Tätigkeiten vorgesehen sind.

3. Deutsche und ausländische Angestellte

Sachverhalt:

7% der Angestellten im Untersuchungsfeld sind Ausländer. Diese ausländischen Mitarbeiter sind zu 98% in den Verdichtungsräumen tätig (Karte 4). Weitere Daten:

	Deutsche	Ausländer
Gesamtes Untersuchungsfeld	93,1%	6,9%
Erlangen–Nürnberg, München	92,6%	7,4%
Periphere Gebiete	98,0%	2,0%

Die ausländischen Angestellten verteilen sich auf die drei Qualifikationsgruppen weitgehend ähnlich wie die deutschen Angestellten (Karte 5). Signifikante Abweichungen zwischen den beiden Gruppen sind nicht festzustellen.

Begründung:

Als international tätiges Unternehmen, dessen Mitarbeiter zu mehr als einem Drittel im Ausland beschäftigt sind, ist Siemens für qualifiziert ausgebildete Ausländer ein interessanter Arbeitgeber. Viele dieser Mitarbeiter übernehmen nach einigen Jahren Tätigkeit im Inland leitende Aufgaben im Ausland. Da das Auslandsgeschäft weitgehend von den Standorten Erlangen und München aus betrieben wird, sind ausländische Angestellte fast nur an diesen Orten tätig.

Eine besondere Rolle spielen bei den ausländischen Angestellten die Absolventen der Österreichischen Höheren Technischen Bundeslehranstalten (HTBL). Für ihre Qualifikation besteht im Unternehmen ein besonderer Bedarf, da es in der Bundesrepublik Deutschland keinen vergleichbaren Ausbildungsgang gibt. Rund 25% der ausländischen Angestellten sind HTBL-Absolventen.

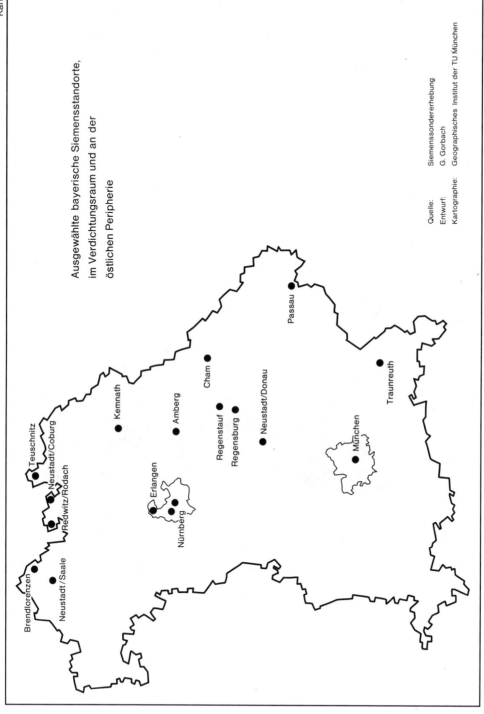

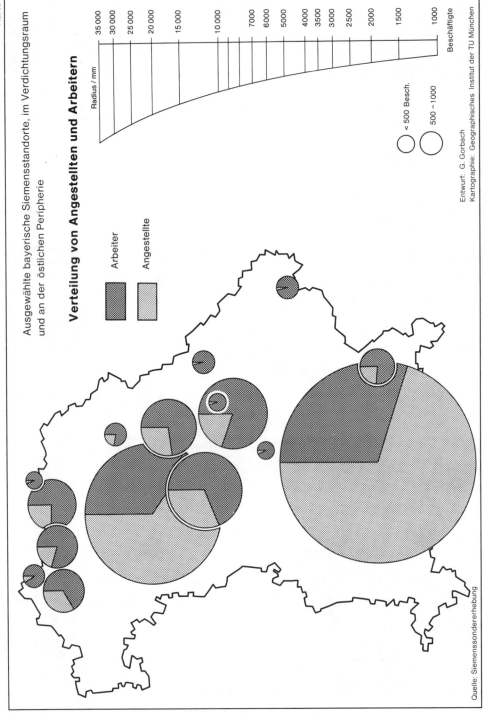

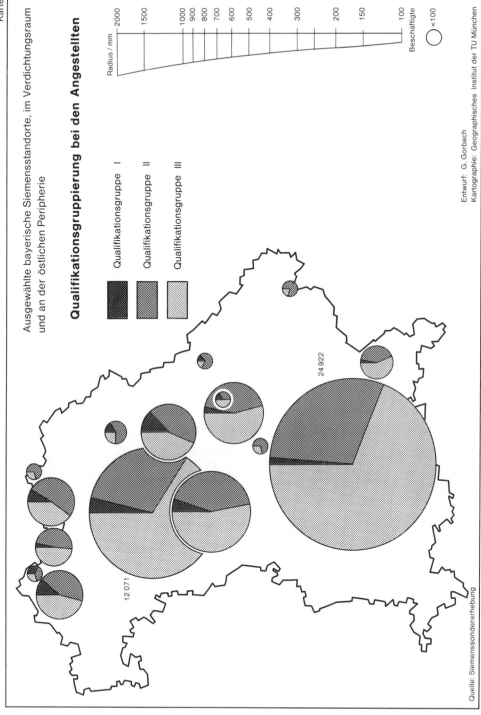

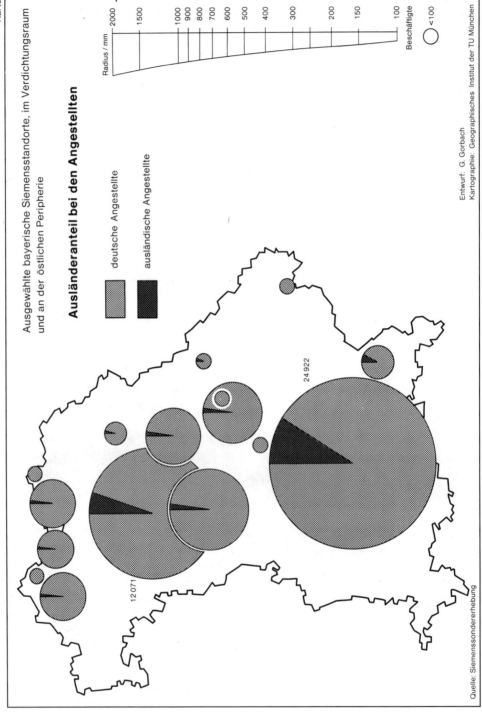

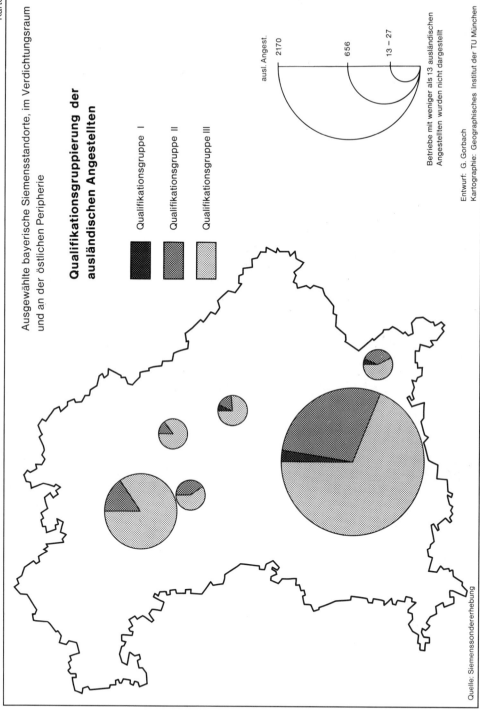

Fallstudie Bauwirtschaft:
Verhältnis von Beschäftigungs- und Bildungssystem

von
Fridolin Hallauer, Düsseldorf

INHALT

I. Vorbemerkung
II. Ziel der Fallstudie
III. Die Baubranche
IV. Die Entwicklung seit 1950, Fallstudie 1
V. Auslandsbau, Fallstudie 2
VI. Offene Fragen

I. Vorbemerkung

1. Diese Fallstudie schließt sich an die Überlegungen von HÖRGER an (in diesem Band) über die Mitarbeiterstruktur und deren Entwicklung in der Firma Siemens – einem im Vergleich zur Branche der Bauwirtschaft homogenen durch und durch industrialisierten Konzern.

Demgegenüber handelt es sich bei Betrieben der Bauwirtschaft um eine heterogene Betriebsstruktur – siehe Abschnitt III und Abbildungen 1, 2, 3 sowie Tabelle 1 – sowohl in Quantität und Qualität, Größe, Zahl, Führungssystem, Grad der Industrialisierung, um eine bunte Vielfalt, also keineswegs um eine einheitliche Struktur, die sich somit gegenüber einer Analyse als einen spröden Vergleichsstoff erweist.

2. Somit kann diese Fallstudie als Untersuchungs*ansatz* mit dem Versuch einer Deutung angesehen und auch nur mit diesem Vorbehalt hier dargestellt werden zugleich mit der Hoffnung und Erwartung, damit einen Anstoß zu bewirken, der komplexen Problematik gezielter und mit dem gebotenen Aufwand und wissenschaftlichen Instrumentarium nachzugehen.
 – Anmerkung: dem Verfasser – dem in einem „nichtwissenschaftlichen" Beruf Tätigen – stehen weder Zeit noch Instrumentarium zur Verfügung, weitergehende Untersuchungen anzustellen und er bittet, a priori, den Erwartungshorizont an diese Studie möglichst niedrig anzusetzen.

3. Der Verfasser muß einräumen – und das ohne falsche Bescheidenheit –, daß es sich um eine primitive empirische Studie handelt ohne wissenschaftliches „touch" und wohl mehr Fragen offenbleiben als beantwortet werden. Wenn jemand – als Ziel der Studie – die Antwort in einer Konkretheit und praktischen Verwertbarkeit vermißt oder nicht zu finden glaubt, so steht dahinter eine nicht verschwiegene Absicht, einen Denkanstoß zu geben; die Tabellen und Abbildungen sollen für sich sprechen; eine Tabelle erschließt sich erst, wenn man sie wirklich ganz studiert, von oben bis unten und von rechts bis links liest.

4. Die Studie war nur möglich dank der uneigennützigen Unterstützung durch Spitzenmanager und Personalchefs verschiedener Baufirmen, die ohne Vorbehalt und nicht ohne Mühe ihre Daten offenlegten und für den Zweck der Studie aufbereiteten.

Weiterhin stellte das Landesamt für Datenverarbeitung und Statistik des Landes NW jeweils die aktuellsten Daten hilfreich und beratend zur Verfügung; nicht ohne recht aufwendige Recherchen, soweit es weit zurückliegende Erfassungen betraf.

Schließlich betreute der für Bauwirtschaftsfragen zuständige Referent in meiner Abteilung des Finanzministeriums NW die Datensammlung, und die Zentrale Planungsstelle für Rationalisierung von Landesbauten (ZPL) in Aachen besorgte die graphische Umsetzung.

Allen gebührt Dank und Anerkennung.

II. Ziel der Studie

Aus der Grundfragestellung nach dem Zusammenhang von Bildungs- und Beschäftigungssystem scheinen folgende Fragen berechtigt.

1. Gibt es auch in der Baubranche eine nachweisbare Veränderung der Mitarbeiterstruktur?

- Was waren deren auslösende Faktoren?
- Was hat diese Veränderung bewirkt?
- Welche Ansprüche stellt die Branche an das Bildungsprofil ihrer Mitarbeiter?
- Welche Folgen könnten sich daraus ableiten für das Bildungssystem?

2. Weiterhin bleibt zu fragen, ob aus der Entwicklung Trends abgeleitet werden können, die eine (mit der gebotenen Einschränkung) Antwort auf den Zukunftsbedarf und damit auf die Erwartungshaltung in der Berufsentscheidung wie aber auch für Entscheidungen in der Bildungsplanung gestatten.

3. Eine Analyse der Beschäftigtenstruktur bei „Exportgeschäften" der Bauwirtschaft sollte

- zur Klärung beitragen, welche Voraussetzungen an das Ausbildungsprofil und damit zugleich an das Bildungssystem zu stellen sind, um überhaupt eine Chance im Export von Bauleistungen zu haben;
- zur realistischen Einschätzung der Lage und der Chancen für Bauwirtschaft und Arbeitsmarkt beitragen;
- vielleicht neue Chancen sowohl in der Wirtschaft als auch im Beschäftigungssystem eröffnen;
- einige Hinweise geben – besser noch Anstöße –, daß das Bildungssystem sich mit Bedürfnissen auseinandersetzt und praxisnäher operiert.

III. Die Baubranche*)

1. Stellenwert

Die Bedeutung der Bauwirtschaft in unserer Volkswirtschaft ist am ehesten einzuschätzen durch den Anteil, den sie einnimmt am Bruttosozialprodukt. Während der Bauanteil am Sozialprodukt 1960 bei gut 14% lag, 1972 die höchste Marge mit 15% erreichte, ist er 1976 auf 11% gesunken.

Gleichwohl und dennoch ist die bauausführende Wirtschaft noch immer der größte Wirtschaftsbereich, gemessen am Beitrag zum Bruttoinlandprodukt, an dem die bauausführende Wirtschaft mit rund 8% beteiligt ist. In absoluten Zahlen, bezogen auf 1975, wurden in der Bundesrepublik Deutschland Bauleistungen im Werte von 144,5 Milliarden DM erbracht (1)*). – Dieser Betrag, auch als Bauvolumen bezeichnet, umfaßt neben den Rohbauleistungen einschl. Tiefbau mit 79 Mrd. DM = 54,5% (in etwa identisch mit dem Bauhauptgewerbe, das später allein hier betrachtet werden soll) auch die Ausbauleistungen mit 44 Mrd. DM = 30,3% sowie die Leistungen der Architekten und Ingenieurconsultings (4%), Eigenleistungen der Bauherren (6,8%) und Montage- und Stahlbau 4,4%.

Die weitere Betrachtung soll sich ausschließlich auf das *Bauhauptgewerbe* beziehen, worunter zu verstehen sind: industriell oder handwerklich organisierte Betriebe des konstruktiven Hochbaues, des Tiefbaues, des Straßenbaues, vielfach rechnet man noch die Zimmerer-, Dachdecker- und Verputzerbetriebe hinzu sowie Spezialbaubetriebe wie Schornstein-, Feuerungs- und Industrieofenbau, Isolierbau und Abbruch.

Der Vollständigkeit halber sei vermerkt, daß der Ausbau dem Ausbau- und Bauhilfsgewerbe obliegt (Installationsbetriebe, Glaser, Maler, Schreiner usw.).

---
*) Siehe Literatur zum Schluß dieses Beitrages.

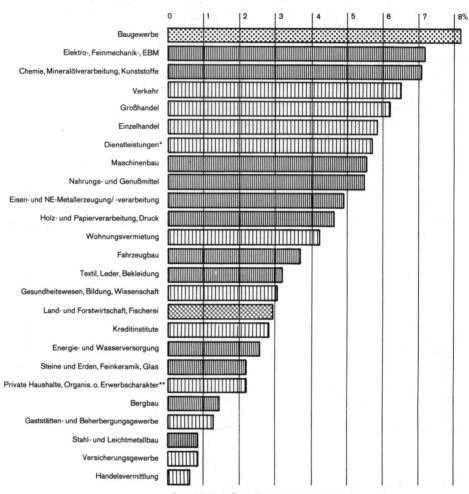

Abb. 1: Anteil der Wirtschaftsbereiche am Bruttoinlandsprodukt 1974

2. Struktur der Baubetriebe

1 238 600 Beschäftigte haben in der Bauwirtschaft (Bauhauptgewerbe) 1975 75,7 Mrd. DM umgesetzt, was einer Pro-Kopf-Leistung von rund 62 000 DM entspricht.

Aber, und darauf muß bei der weiteren Betrachtung und vor allem beim Vergleich mit stationären Industrien wie die der Elektro- oder Automobilbranche hingewiesen werden: es handelt sich im Bauhauptgewerbe (das allein hier betrachtet wird) um 1976 58 354 (!) Betriebe mit durchschnittlich (wenn diese Berechnung zum Vergleich mit dem Beispiel Siemens unzulässigerweise einmal erlaubt sei) nur 21 Beschäftigten.

Nun sieht die Wirklichkeit der Betriebsgrößen nicht so aus; jedoch sollte zum Verständnis der Branche und deren Probleme und zur Beurteilung der Aussagekraft der weiteren Überlegungen ein Blick auf die Struktur erlaubt sein: rund 76% der Anzahl der Betriebe sind kleiner als 20 Beschäftigte mit 25% der Beschäftigten und einem Umsatzanteil von 21%. 0,2% der Betriebe haben mehr als 500 Beschäftigte. Diese Großbetriebe beschäftigten 6,7% der „Bauleute" und sind mit 7,8% am Umsatz beteiligt. Dazwischen liegen Betriebe – so ist die Statistik aufgebaut – mit 20 bis 49, 50 bis 99 (5,6%) und 100 bis 499 Beschäftigten (3,3%).

Tabelle 1 gibt die Detailinformation zugleich mit der Entwicklung seit 1969 für die Anzahl der Betriebe, die Anzahl der Beschäftigten und den Umsatz. Zahl der Betriebe und Zahl der Beschäftigten sind stark rückläufig, und der Trend hält noch an, während der Umsatz gestiegen ist – preisbereinigt nicht so spektakulär wie die Tabelle ausweist, jedoch

Tabelle 1:

Betriebe, Beschäftigte und Umsatz im Bundesgebiet nach Beschäftigtengrößenklassen im Bauhauptgewerbe

	Beschäftigtengrößenklasse									
	1–19		20–49		50–99		100–499		500 und mehr		Insgesamt
	absolut	%	absolut	%	absolut	%	absolut	%	absolut	%	absolut
Anzahl der Betriebe											
1969	47 677	73,1	10 627	16,3	4106	6,3	2663	4,0	166	0,3	65 239
1973	44 882	72,2	10 369	16,7	3997	6,4	2715	4,4	176	0,3	62 139
1976	44 282	75,9	8745	15,0	3276	5,6	1950	3,3	101	0,2	58 354
Anzahl der Beschäftigten in 1000											
1969	327,1	21,1	315,2	20,3	283,8	18,3	488,0	31,4	139,0	8,9	1553,2
1973	328,5	21,1	303,6	19,5	274,7	17,6	496,7	31,9	154,8	9,9	1558,4
1976	312,6	25,2	267,7	21,6	225,9	18,2	350,6	28,3	81,8	6,7	1238,6
Umsatz in Mrd. DM											
1969	8,7	19,5	8,3	18,6	7,5	16,7	15,0	33,7	5,1	11,5	44,7
1972	13,5	17,9	14,2	18,9	12,8	17,0	26,4	35,0	8,5	11,2	75,3
1975	16,0	21,1	14,4	19,0	13,9	18,4	25,5	33,7	5,9	7,8	75,7

Die Zahlen sind jeweils auf- oder abgerundet.

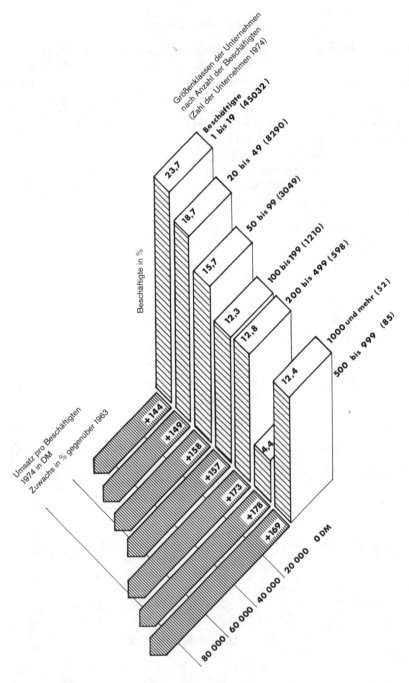

Abb. 2: Von den 1974 im Bauhauptgewerbe Beschäftigten waren ...% in Unternehmen der Größenklasse ... tätig

gleichwohl ein unübersehbares Indiz für die Entwicklung zur Industrialisierung und Rationalisierung in dieser Branche, die, wenn man die Tabelle genauer analysiert, überproportional (was zu erwarten ist) sich bei den großen Firmen besonders ausweist.

Im übrigen beträgt der Personalkostenanteil bei der Produktion von Bauleistungen im Rohbau 43%, im technischen Ausbau (das sei der Vollständigkeit halber vermerkt) 27%.

Schließlich gruppiert man die Baubetriebe ein in solche des „Baugewerbes" – es sind dies überwiegend handwerklich orientierte und organisierte Betriebe – und solche der Bauindustrie (im übrigen eine Definition, die recht unscharf ist und keine klare Zuordnung zuläßt).

Nicht unerwähnt soll noch der organisatorische Bauablauf bleiben: Bauwerke entstehen in gemeinsamer Arbeit zahlreicher Personen und Körperschaften; Auftraggeber, ihre Architekten, Bauunternehmer, Arbeiter, Angestellte, Finanzinstitute, Behörden u. a. Der Arbeitsablauf der bauausführenden Betriebe wird teils von diesen selbst, teils von anderen Stellen bestimmt.

Die Abbildung 2 gibt den Inhalt der Tabelle 1, auf das Jahr 1974 bezogen, bildhaft wieder.

3. Einige Kenndaten

Die Statistik weist ein Schrumpfen der Betriebszahl aus und einen Rückgang der absoluten Beschäftigtenzahl – letztere von 1969 auf 1976 um absolut 314600 oder 20%.

Für unsere Betrachtung ist interessanter die Entwicklung der Produktivitätsfortschritte, die in Abb. 3 ausgewiesen ist. Preisbereinigt (!) ist eine Steigerung im Hochbau von 82% 1975 gegenüber 1960 zu verzeichnen, im Tiefbau gar von 133%. Die wichtigsten Faktoren, die zu dieser erhöhten Arbeitsproduktivität geführt haben, sind:

– Verwendung von mehr Vorleistung (sprich: geistige Investitionen in Planung, Arbeitsvorbereitung),
– verstärkte Mechanisierung,
– Intensivierung menschlicher Arbeit,
– Rationalisierung der innerbetrieblichen Organisation,
– verbesserte überbetriebliche Zusammenarbeit.

Die Entwicklung der Beschäftigtenstruktur (siehe Tabelle 1) müßte diese Entwicklung widerspiegeln.

4. Der regionale Aspekt

Der *regionale* Aspekt in der Baubranche läßt sich schon aus der Betriebsgrößenstatistik, wie die Tabelle 1 zeigt, ableiten. Das Bauunternehmen arbeitet im allgemeinen am Ort und in der unmittelbaren Umgebung seines Standortes. Eine jüngste Untersuchung von Prof. BURKHARDT, München (7), die als Fallstudie die Region Regensburg analysiert hat, kommt zu dem Ergebnis, daß höchstens 10% der Leistung außerregional erbracht wird.

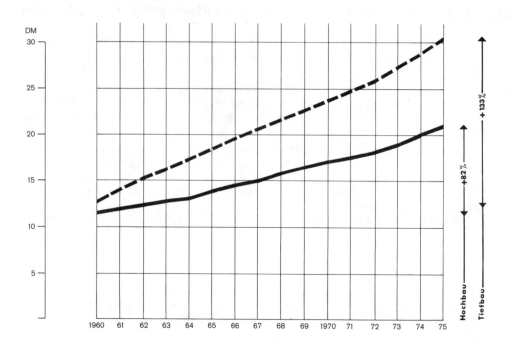

Abb. 3: Produktivitätsfortschritte im Bauhauptgewerbe: Rohbauvolumen je geleisteter Arbeitsstunde

Die Studie des Hauptverbandes der Deutschen Bauindustrie aus der Forschungsreihe Wettbewerbsordnung und Wettbewerbsrealität am Baumarkt (8) stellt fest, daß die hohen Transportkosten für die Produkte bzw. Baustoffe, Gerätetransportkosten und Arbeitskräfte sowie Auslösung und zusätzliche Kosten für die technische und organisatorische Überwachung der Baustelle einen „regionalen Schutz" bedeuten (räumliche Präsenz) (9).

Die v. g. Untersuchung kommt zu dem Schluß, daß zwei Drittel bis drei Viertel des Umsatzes im eigenen Stadt- oder Landkreis des Betriebes erbracht werden. Das heißt also praktisch, daß die Unternehmen der Bauwirtschaft in der Regel auf einen regionalen Markt begrenzt sind.

Die exakten Zahlen (10) der Beteiligung in der Region zeigen, was die Betriebsstruktur (Industrie – Handwerk) und den Trend in den letzten 20 Jahren betrifft, recht signifikante und aufschlußreiche Ergebnisse.

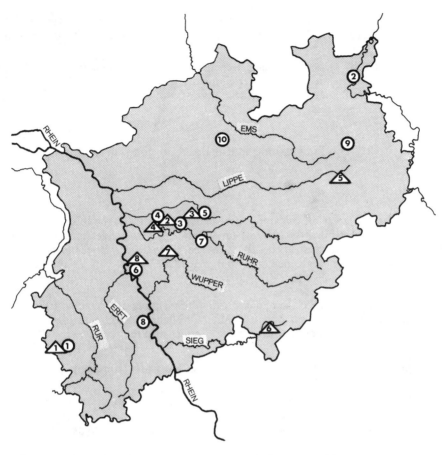

△ Universitäten/Gesamthochschulen

1 Rheinisch-Westfälische Techn. Hochschule Aachen
2 Ruhr-Universität Bochum
3 Universität Dortmund
4 Gesamthochschule Essen
5 Gesamthochschule Paderborn
6 Gesamthochschule Siegen
7 Gesamthochschule Wuppertal
8 Staatl. Kunstakademie Düsseldorf -Baukunst-

○ Fachhochschulen

1 Fachhochschule Aachen
2 Fachhochschule Bielefeld Abt. Minden
3 Fachhochschule Bochum Abt. Bochum
4 Fachhochschule Bochum Abt. Gelsenkirchen
5 Fachhochschule Dortmund
6 Fachhochschule Düsseldorf
7 Fachhochschule Hagen
8 Fachhochschule Köln
9 Fachhochschule Lippe Abt. Lage
10 Fachhochschule Münster

Abb. 4: Standorte von Hochschulen mit Fachbereichen für Bauwesen in Nordrhein-Westfalen

1959 haben die Bauindustrie 57%, das Handwerk 85% des Umsatzes im eigenen Stadt- oder Landkreis erbracht; 1971 verhielten sich die Vergleichswerte: Industrie 55, Handwerk 79.

Die Karte (Abb. 4) zeigt die der flächendeckenden Verteilung der gewerblichen Kapazitäten entsprechende regionale Verteilung der Hochschulen und Fachhochschulen mit Fachbereichen Bauwesen (Architektur und/oder Bauingenieurwesen) des Landes Nordrhein-Westfalen.

IV. Die Entwicklung in der Beschäftigungsstruktur

1. Datenreihen

Diese Arbeit ist zwar als Fallstudie bezeichnet, verwendet aber Informationen und Daten der Landesstatistik NW (Nordrhein-Westfalen), der Bundesstatistik, der Wirtschaftsvereinigung Bauindustrie, des Baugewerbeverbandes (s. Quellennachweis) und Angaben verschiedener Baufirmen. Insoweit weicht die Arbeit vom „Fall" ab und ist teilweise als Feldstudie angelegt.

Die Abbildungen 6, 7, 8 zeigen zunächst die Entwicklung der Personalstruktur eines bestimmten Großbetriebes mit über 100 Mio. DM Jahresumsatz und über 1000 Mitarbeitern auf, und zwar die Entwicklung der Personalstruktur seit 1964 bis 1976.

- Abbildung 6 zeigt die Relation: Techniker und Kaufleute (Angestellte).

- Abbildung 7 differenziert innerhalb dieser Gruppe nach Diplomingenieuren, graduierten Ingenieuren und Technikern sowie Kaufleuten, und in der dritten Kurve (Abbildung 8) ist die Entwicklung bei den gewerblichen Beschäftigten dargestellt.

- Wie in der Siemensstudie nehmen die höher qualifizierten Mitarbeiter stetig zu. Bei den Technikern ist dieser Zuwachs stärker als bei den Kaufleuten (Einfluß der EDV); allerdings erheblich langsamer als bei Siemens.

- Das Verhältnis von Diplomingenieuren zu graduierten Ingenieuren beträgt rund 1:6.

- Der Anteil der ungelernten Arbeiter nimmt auf Kosten der Facharbeiter stetig ab.

- Die Abbildung 9 verdeutlicht diese Entwicklung bzw. den Trend zwischen dem Anteil der Angestellten, der stetig wächst, dem der Facharbeiter, der in gleicher Weise gewachsen ist, und dem der Hilfsarbeiter, der schrumpft.

Die Abbildung 10 beleuchtet das Feld der Angestellten, in dem auffällt, daß der Anteil der Kaufleute prozentual zugunsten der Techniker sinkt und gibt die Relationen wieder zwischen Diplomingenieuren, Ingenieuren (grad.) und Technikern; letztere Gruppe nimmt prozentual ab – die Bauunternehmung ist immer noch die Domäne des praxisbezogenen, graduierten Ingenieurs mit rund 70% Anteil.

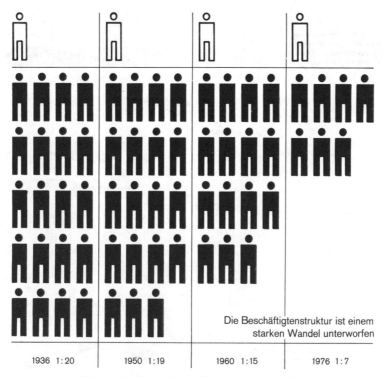

Abb. 5: *Zahl der Bauarbeiter je Angestellten*

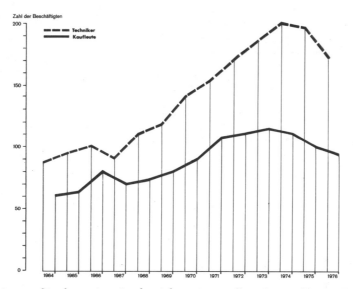

Abb. 6: *Personalstruktur eines Baubetriebes: Angestellte, ohne Poliere und Meister*

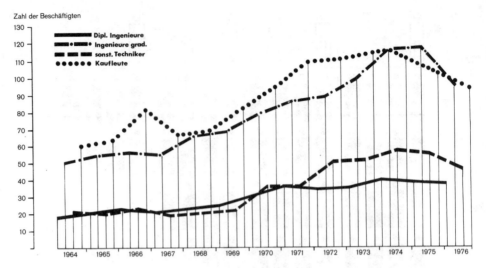

Abb. 7: Personalstruktur eines Baubetriebes: Angestellte, ohne Poliere und Meister

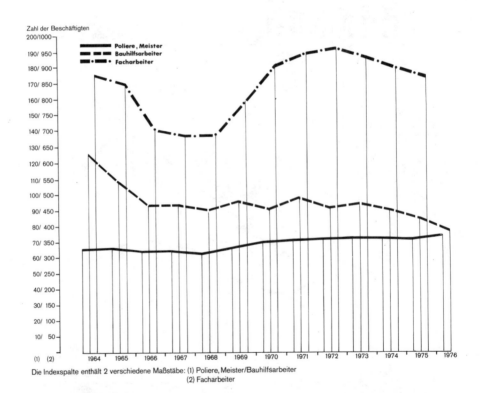

Abb. 8: Personalstruktur eines Baubetriebes: gewerbliche Mitarbeiter

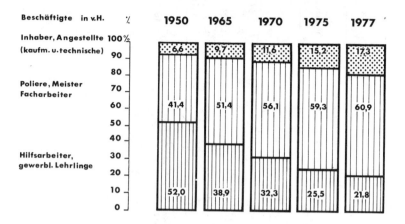

Abb. 9: Qualifikationsstrukturprofil

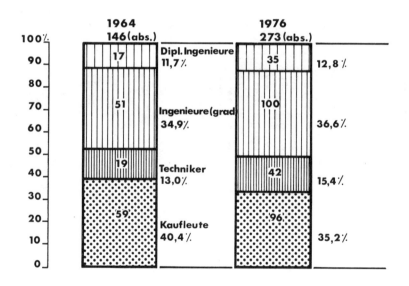

Abb. 10: Personal- und Qualifikationsstruktur in der Gruppe der Angestellten der Hauptniederlassung einer Großbaufirma mit 1209 Beschäftigten in 1964 und 1304 Beschäftigten in 1976

Tabelle 2:

1. Qualifikationsprofil der Beschäftigten im Bauhauptgewerbe
2. Umsatz je Beschäftigter und Jahr

Betriebsgröße nach Zahl der Beschäftigten	1965					1970					1975				
	Angestellte				Umsatz je Beschäft. in TDM	Angestellte				Umsatz je Beschäft. in TDM	Angestellte				Umsatz je Beschäft. in TDM
	Kaufm. Ang.	Techn. Ang.	Summe			Kaufm. Ang.	Techn. Ang.	Summe			Kaufm. Ang.	Techn. Ang.	Summe	
500 und mehr	11 274	12 341	23 615 (163 077)	26 372 (4 300 614)		12 412	15 508	27 920 (154 746)	33 030 (5 111 291)		9 651	12 617	22 268 (84 381)	70 996 (5 990 753)
200–499	13 597	11 894	25 491 (268 312)	27 277 (7 318 748)		13 812	13 974	27 786 (244 905)	30 944 (7 578 351)		12 256	14 181	26 437 (165 113)	71 464 (11 799 633)
100–199	12 343	9 032	21 375 (288 890)	26 069 (7 530 953)		12 186	10 671	22 857 (254 569)	29 307 (7 460 670)		11 486	11 106	22 592 (186 358)	69 138 (12 884 382)
50– 99	13 417	7 524	20 941 (319 078)	24 051 (7 674 271)		12 372	8 049	20 421 (275 318)	27 099 (7 460 767)		12 494	9 218	21 712 (219 949)	61 314 (13 486 062)
Summe bei Betrieben mit 50 und mehr Beschäftigten	50 631	40 791	91 422 (1 039 357)	25 809 (26 824 586)		50 782	48 202	98 984 (929 538)	29 704 (27 611 079)		45 887	47 122	93 009 (655 801)	67 339 (44 160 830)

Anmerkung: Die Zahlen in Klammern geben die Gesamtbeschäftigten bzw. den Gesamtumsatz in TDM der jeweiligen Betriebsgrößenklasse an.

Tabelle 3:

1. Qualifikationsprofil der Beschäftigten im Bauhauptgewerbe in %
2. Umsatz je Beschäftigter und Jahr

Betriebsgröße nach Zahl der Beschäftigten	1965				1970				1975			
	Angestellte			Umsatz je Beschäft. in DM	Angestellte			Umsatz je Beschäft. in DM	Angestellte			Umsatz je Beschäft. in DM
	Kfm. Ang.	Techn. Ang.	Ins-gesamt		Kfm. Ang.	Techn. Ang.	Ins-gesamt		Kfm. Ang.	Techn. Ang.	Ins-gesamt	
500 und mehr	6,9	7,6	14,5	26 372	8,0	10,0	18,0	33 030	11,4	15,0	26,4	70 996
200–499	5,1	4,4	9,5	27 277	5,6	5,7	11,3	30 944	7,4	8,6	16,0	71 464
100–199	4,3	3,1	7,4	26 069	4,8	4,2	9,0	29 307	6,2	6,0	12,2	69 138
50– 99	4,2	2,4	6,6	24 051	4,5	2,9	7,4	27 099	5,7	4,2	9,9	61 314
Anteil am Gesamt der Betriebe mit 50 und mehr Beschäftigten	4,9	3,9	8,8	25 809	5,5	5,2	10,7	29 704	7,0	7,2	14,2	67 339

Recht aufschlußreich sind neben diesen auf % bezogenen Verhältniswerten die Entwicklungen der absoluten Zahlen; leider standen hier nur Daten von 1974 und 1976 zur Verfügung. Die Tabellen 4 und 5 geben Auskunft über die Personalstruktur einer Großbaufirma mit 1974 10264 Beschäftigten, und zwar Tabelle 4 differenziert nach absoluten und Von-%-Anteilen aller Beschäftigungsqualifikationen und für die Gruppe der Angestellten fokussierten noch einmal die Tabellen Nr. 4 und Nr. 5 die absoluten und die Verhältniswerte.

Tabelle 4:

Qualifikationsprofil in der Gruppe der technischen Angestellten in einer Großbaufirma – absolut und in % 1974 und 1976 –

	1974		1976	
	absolut	in %	absolut	in %
Diplomingenieure	378	22,6	349	21,3
Ing. (grad.)	1154	69,0	1159	70,7
Techniker	141	8,4	131	8,0
Gesamt	1673	100,0	1639	100,0

Tabelle 5:

Personalstruktur in der Gruppe der Angestellten einer Großbaufirma – absolut und in % 1974 und 1976 –

Angestellte	1974		1976	
	absolut	in %	absolut	in %
Techniker	1673	55,2	1639	56,0
Kaufleute	1359	44,8	1290	44,0
Gesamt	3032	100,0	2929	100,0

Die Betrachtung der Entwicklung der Qualifikationsstruktur und der *Umsatzentwicklung* je Beschäftigten – die hier der gebotenen Kürze wegen und aus Verzicht, den Leser nicht zu überfrachten, nicht in Tabellenform wiedergegeben sind – zeigt bei der Gruppe der Angestellten einen Zuwachs

        von 1950 von 5,6%
        auf 1977 von 16,4%.

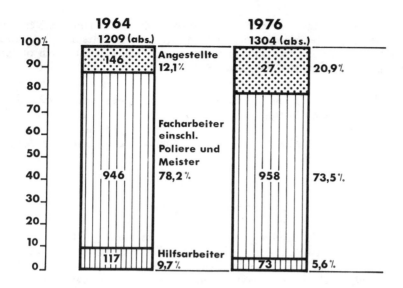

Abb. 11: Qualifikationsstruktur – Angestellte, Techniker, Kaufleute und gewerbliche Arbeitnehmer der Hauptniederlassung einer Großbaufirma mit 1209 Beschäftigten in 1964 und 1304 Beschäftigten in 1976

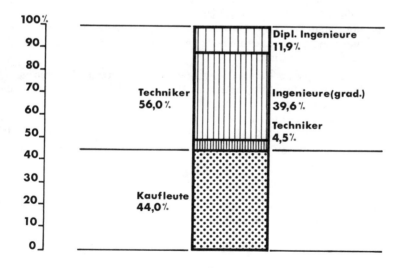

Abb. 12: Personal- und Qualifikationsstruktur in der Gruppe der Angestellten einer Großfirma mit 8466 Beschäftigten in 1976

Bei dieser Betrachtung der Betriebe mit mehr als 50 Mitarbeitern und der Veränderung der Umsatzleistung je Beschäftigten in 27 Jahren (Betrachtungszeitraum) wird einmal der Grad der Rationalisierung und Industrialisierung deutlich, bewirkt durch die höhere Ausstattung an qualifiziertem Personal im Bereich der Angestellten und der Facharbeiter.

Zum anderen werden bei der Betrachtung der Umsatzleistung je Beschäftigten der Tabellen 2 und 3 die Zusammenhänge und Abhängigkeiten erkennbar zwischen Betriebsgrößen, qualifizierterer (quantitativ und qualitativ) personeller Ausstattung und der Umsatzleistung je Beschäftigten. Ein Umsatzoptimum liegt bei Betriebsgrößen um 500 Beschäftigte.

2. Ursachen und Folgerungen

Das Bauwesen – die Baufertigung – war und ist zum Teil heute noch wenig industrialisiert. Der Personalkostenanteil beträgt 43 % der Gesamtkosten eines Bauwerkes. Die Ansprüche an Qualität, Technologie wachsen stetig. Komfortansprüche, neue Technologien, Umweltschutz, Energiesparen, Immissions- und Lärmschutz, um nur einige Entwicklungen aufzuzeigen, führen zwangsläufig zu höheren Ansprüchen an Planung, Bauvorbereitung, Fertigung, Überwachung und Ausführung eines Bauwerkes. Und über allem steht der Zwang zur Rationalisierung, weil die Ressourcen immer schmaler werden und der Druck des Marktes und die Konkurrenz zunehmen.

Kurz, dies alles hat zu der Vermehrung der höheren Qualifikationsansprüche an die Mitarbeiter im Baubetrieb geführt und zu einer absoluten und prozentualen, qualitativen und quantitativen Veränderung der Personalstruktur.

Welche Rationalisierungseffekte damit einhergehen bzw. bewirkt worden sind, zeigt signifikant die Tabelle 3, aus der ersichtlich ist, daß die größten Betriebe mit dem höchsten relativen und absoluten Pro-Kopf-Umsatz die qualitativ beste Ausstattung und den höchsten Technikerbesatz aufweisen und daß prozentual mit dem Sinken dieses Anteils auch die Pro-Kopf-Leistung sinkt.

Um es zusammenfassend noch einmal festzustellen: In den letzten 15 Jahren hat sich die Quote der technischen Führungskräfte in der Bauwirtschaft fast verdreifacht, die der kaufmännischen Angestellten fast verdoppelt. Das bedeutet, daß fast jeder vierte aller Beschäftigten im Baugewerbe im technischen und kaufmännischen Bereich tätig ist und der Anteil der unmittelbar an der Produktion Beschäftigten sinkt, oder anders ausgedrückt: Auch in der Bauwirtschaft „greift" die Industrialisierung um sich.

Im Vergleich dazu:

Während – wie vorher dargelegt – in der Bauwirtschaft das Verhältnis Angestellter zu Arbeiter rund 25:75 beträgt, so weist HÖRGER in der Siemensstudie ein Verhältnis von 45:55 nach. Ein Geschäftsbericht eines repräsentativen Unternehmens der Maschinenindustrie weist für diese Branche Verhältniszahlen von 34:66 aus.

Damit gewinnt aber, und das ist die konsequente Folgerung, die Qualifizierung der Führungskräfte und Facharbeiter immer mehr an Bedeutung – eine Auswirkung auf die Mitarbeiterstruktur, die nicht ohne Rückwirkung auf das Bildungssystem sein dürfte und auch nicht sein darf.

3. Künftige Entwicklung

Die Industrialisierung wird nicht am Status quo halt machen, und wir werden in Zukunft neue Technologien entwickeln, und Innovationen im Umfeld wie in der Branche selbst werden die Ansprüche steigen lassen.

Exkurs

Man wird diese Entwicklung nicht mehr so „passiv" wie bisher allein aus den Marktkräften erwarten dürfen. Am Beispiel der japanischen Bauwirtschaft wird deutlich, welcher Aufwand in die *Bauforschung* gesteckt werden muß, wollen wir nicht über kurz oder lang national und international zurückfallen. Das japanische Beispiel, das der Verfasser 1971 (!) studieren konnte, wies folgende Führungsstruktur auf bei einem Unternehmen mit etwa 20000 Mitarbeitern. Es beschäftigt im Management – und das scheint mir das wichtigste Datum bei der Analyse dieses Unternehmens und bei der Suche nach dem Geheimnis für den Erfolg zu sein – 8396 Mitarbeiter, und davon sind 6268 Architekten und Ingenieure, sämtliche Absolventen der berühmtesten japanischen Universitäten.

Es lohnt sich, die disziplinäre Aufteilung dieser Crew zu erfahren:
2924 Architekten,
2221 Bauingenieure,
 820 Maschinenbau- und Elektroingenieure,
 303 Mathematiker, Chemiker und andere Wissenschaftler und schließlich
2128 kaufmännische und Verwaltungskräfte.

Diese Zusammensetzung dürfte zu denken geben. Weiterhin organisiert sich das Management des Unternehmens in 37 selbständige technische Abteilungen (Divisions), von denen die größte die Architektur-Entwurfsabteilung ist, gefolgt von der Konstruktionsabteilung, Haustechnik bis zum Kernenergiedepartement.

Es bestehen engste Verflechtungen und Zusammenarbeit – ein konstanter Datenfluß, wie man sagte – mit den übrigen Baufirmen, den haustechnischen und ausbautechnischen Industrien.

Besondere Beachtung verdient indes die Abteilung für schlüsselfertiges Bauen. Sie umfaßt 598 Mitarbeiter folgender Disziplinen:
218 Architekten,
170 Konstrukteure,
 67 Elektroingenieure,
 84 Maschinenbauer,
 13 Landschaftsarchitekten,
 46 Kaufleute und Verwaltungsangestellte.

Von dieser Mannschaft sind 67% promovierte bzw. diplomierte Universitätsingenieure, 33% sind graduierte Hochschulingenieure. Mit diesem Consulting unterhält die besagte Firma das größte japanische Architektur- und Ingenieurbüro. Die Mannschaft behauptet von sich, daß sie nur im Team arbeitet und über eine eigene Materialprüfungsanstalt, ein Rechenzentrum und vor allem das firmeneigene Forschungsinstitut verfügen kann.

Letzteres ist eine weitere bemerkenswerte Besonderheit der japanischen Industrie, die unsere Beachtung verdienen sollte: 1949 wurde dieses Forschungsinstitut, „Institut of

Construction Technology", gegründet als erstes und nunmehr größtes privates Forschungsunternehmen mit heute 291 Wissenschaftlern und einem großen Rechenzentrum sowie einem Etat von 150 Mio. DM. Die Bilanz dieses Instituts weist Untersuchungen wagemutigster Art auf, wie den längsten Unterwassertunnel von Jokkaido zu den Honshu Inseln, 36,4 km lang, 250 m unter Meeresspiegel, bis hin zu umweltfreundlichen und lärmisolierten Bauten, Herstellungsverfahren und Materialentwicklungen.

Zwei Arbeitsgebiete verdienen aber noch besondere Beachtung: einmal die physiologischen und psychologischen Grundlagenforschungen über die Ursachen der Behaglichkeitsempfindung des Menschen in der Wohnung, dem Büro, dem Hotelzimmer usw. und die Entwurfs- und Baukonsequenzen, und zum anderen die futuristischen Entwicklungen der Metastrukturen, der verdichteten Baustrukturen über den Eisenbahnknotenpunkten mit Großstadtdimensionen unter einem Dach. Wir sahen Pläne, die keine Utopie mehr sind, mit Gebäuden von 12 000 m² je Geschoß, 100 000 Arbeitsplätzen und kompletter Infrastruktur in einem Gebäude. So will man der Verkehrsmisere und der Umweltverschmutzung beikommen. Wohlgemerkt werden solche Projekte nicht entwickelt als konstruktive Gigantonianismen und aus technischer Euphorie, sondern aufgrund sorgfältiger städtebaulicher und soziologischer Studien und unter Einbeziehung humaner, hygienischer und medizinischer Gesichtspunkte.

Vielleicht verdeutlicht folgende ziemlich im Wortlaut wiedergegebene Darstellung der Motive die Haltung und Stellung der japanischen Architektur: „Mit der Entwicklung dieser Idee will man Schritt halten mit der gegenwärtigen Tendenz zur Wiederherstellung der Menschenwürdigkeit der modernen Gesellschaft und der Befriedigung der menschlichen Bedürfnisse" (z. B. auch der Kaufbedürfnisse).

Daß die Industrieforschung als Instrument der Optimierung des Ergebnisses wie zur Entwicklung alternativer Lösungen und vor allem zur Minimierung des Aufwandes kein Einzelfall und nur auf die Industriegiganten bezogen werden kann, beweist ein anderes Beispiel, das auf der Reise beobachtet werden konnte: Die Autobahnbaugesellschaft „Nihon Doro Kodan" unterhält eine Forschungsabteilung mit 60 Mitarbeitern. – Neben deren objektbezogenen Forschungen im Bereich der Straßenbautechnologie und der Landschaftsgestaltung werden in diesen Forschungslaboratorien auch die Nachwuchskräfte der Bauämter ausgebildet.

Abschließend und zusammenfassend mag festgestellt werden: Nichts ist dem Zufall überlassen, d. h., Niveau der technischen Entwicklung, Weitsicht der Planung, Ideenreichtum der Ziele, Dimensionen des Wachstums sind das Produkt einer wohldurchdachten Organisation, multidisziplinär zusammengesetzter Planungsstäbe mit ausreichender Zahl höchstqualifizierter Spezialisten; auf letzterem liegt wohl das Schwergewicht, Phantasie, Können, Erfahrung sind die Eignungsvoraussetzungen, und die Ansprüche können nicht hoch genug gestellt werden. Die Forschung ist ein integrierter Bestandteil des Managements und der Planungsabteilungen. Nach KAHN geben die Japaner heute mehr Geld für die Forschung und Entwicklung aus als die Europäer, und es steht mehr einsatzfähiges Forschungspersonal dort als hier zur Verfügung. Bemerkenswert ist der hohe Anteil der privaten Hand an Forschungsaufwendungen:

      in Japan 72% (Staat 28%)
      in der Bundesrepublik Deutschland 59% (Staat 41%).

Der Stand der Technologie ist gewiß nicht das Produkt des Zufalls.

Anmerkung: Dieser Exkurs über japanische Verhältnisse läßt sich natürlich nicht auf unsere Verhältnisse unmodifiziert übertragen, wenngleich die deutsche Bauindustrie auf den Weltmärkten zunehmend der japanischen begegnet und sich mit dieser im Wettbewerb messen muß.

Gleichwohl sollten und können m. E. aus den beobachteten Verhältnissen in der größten Industrienation des Fernen Ostens analoge Konsequenzen und zur Lösung unserer Probleme Denkanstöße gewonnen werden.

Kurzum: Die Bauforschung wird breiteren Raum gewinnen und quantitativ und qualitativ höhere Ansprüche an das Bildungs- und Beschäftigungssystem stellen.

- Aus dem Ergebnis der verstärkten Bauforschung wird ein weiterer Industrialisierungsprozeß folgen und daraus wiederum ein höherer qualitativer und quantitativer Anspruch an Arbeitsmarkt und Bildungssystem, und dies wird nicht ohne Auswirkungen auf die Beschäftigungsstrukturen in der Bauwirtschaft bleiben.
- Es bedarf dringend einer gründlichen Untersuchung – dies kann diese Studie nicht leisten, sie will lediglich Anstoß geben – über den Bedarf, den quantitativen Bedarf im Beschäftigungssystem der Baubetriebe und die Qualifikationsprofile und Ansprüche an die zukünftigen Ingenieure, Kaufleute und Facharbeiter. Z. B. sind rund 10 % der Ingenieure in der Unternehmens*führung* beschäftigt, wo wird ihnen das Führungsinstrumentarium vermittelt? Die operative Bauleitung, die technischen und organisatorischen Arbeitsbereiche stehen im Mittelpunkt, wie folgende Übersicht zeigt: (Quelle BIW NW)

Tätigkeiten der Bauingenieure und deren prozentuale Anteile

	Dipl.-Bauing. %	Bauing. (grad.) %	Bauing. mit betriebl. Ausbildung %	Anteil an der Gesamtzahl %
Geschäftsführung	28,3	8,3	3,2	10,5
Abteilungsleitung u. Oberbauleitung	15,1	10,6	4,5	10,2
Bauführung u. Bauleitung	14,9	44,4	52,7	41,6
Arbeitsvorbereitung	8,5	13,4	12,4	12,3
Statik, Konstruktion u. Entwurf	22,4	12,7	6,7	13,2
Vermessung u. Abrechnung	3,4	6,8	16,6	7,8
Übrige Einsatzgebiete	1,8	0,6	2,4	1,1
Einarbeitung (bis zu 3 J. nach Studienabschluß)	5,6	3,2	1,5	3,3

Die Bauwirtschaft wird zwar den wissenschaftlich ausgebildeten Ingenieur in Zukunft brauchen, mehr als bisher – Verweis auf die Forschung –, aber das Schwergewicht des Bedarfs wird bei dem praxisbezogenen Ausgebildeten liegen. Das Bildungsangebot bzw.

die Bildungsentscheidung tragen dem keineswegs Rechnung, wie eine Studie des BWI NW (12) von 1976 zeigt: dabei gehen 60% der Ingenieure in die Bauwirtschaft.

Der wachsende Bedarf an qualifizierteren Facharbeitern findet nicht seine adäquate Antwort in der Zahl der *Auszubildenden*. Geht man davon aus, daß die Zahl der Fachkräfte – Poliere, Meister, Facharbeiter, Materialprüfer u. a. – mit rund 180 000 in NW für die Zukunft ausreicht, dann wären jährlich – statistisch gesehen – etwa 4000 bis 4500 Fachkräfte zu ersetzen. Die Zahl der gewerblich Auszubildenden liegt seit 1968 jedoch zwischen 1974 und 1976 nicht wesentlich über 7000, so daß jährlich nur rund 2000–2500 Fachkräfte zur Verfügung stehen. Bedenkt man weiterhin, daß davon ein Teil in andere Wirtschaftszweige abwandert, so zeigt sich eklatant, daß der Fachnachwuchs nicht ausreicht, selbst die zur Zeit vorhandene geringe Fachkapazität im Bauhauptgewerbe zu ersetzen.

Die zahlenmäßige Entwicklung der gewerblich Auszubildenden seit 170 weist Tabelle 9 aus. Neben der absoluten Zahl (13) der Auszubildenden sollte aber der Anteil dieser Gruppe an der Zahl der Beschäftigten – aufgeschlüsselt nach den Betriebsgrößen – zu denken geben. Die kleineren Betriebe bis 20 Beschäftigte nehmen sich mehr als doppelt so hoch der Aufgabe der Ausbildung von Lehrlingen an als die Großbetriebe mit über 100 Beschäftigten. 4,79% stehen bei ersteren gegenüber 2,18% bei letzteren.

Allerdings wird damit auch – glücklicherweise – einem regionalen Bedürfnis Rechnung getragen. Dieses Phänomen spiegelt die regionale Situation und womöglich auch die Mobilitätsschranken der Region wider. Da, wie oben bereits gesagt, die Baufirmen „am Ort" sitzen, überwiegend regional gebunden und fixiert sind, findet der Auszubildende quasi am Wohnort seinen Ausbildungsplatz.

Die Tabelle weist im übrigen eine bemerkenswerte Belebung der Ausbildung gewerblichen Nachwuchses aus, wenngleich, wie oben gesagt, der Bedarf bei weitem nicht den Notwendigkeiten entspricht.

Gleichwohl bleiben Ausbildungsplätze frei, wie unschwer aus Tabelle 9 zu entnehmen ist. Hier eröffnet sich ein offensichtlich nicht ausgefülltes Feld der Berufs- und Arbeitsberatung. Es mangelt offensichtlich daran – und hier liegt wohl insbesondere bei den großen Betrieben ein Versäumnis vor –, die Baubranche dem jungen Menschen als einen attraktiven Beruf mit hochqualifizierten Ansprüchen (die Facharbeiter haben zunehmend den Realschulabschluß) darzustellen und ihm eben ein solch qualifiziertes Ausbildungsangebot zu bieten.

Einen Ansatz versucht die Wirtschaftsvereinigung Bauindustrie e.V. NW, indem sie just in diesem Jahr ihr zweites Ausbildungszentrum mit Internat in Köln – das erste befindet sich in Essen – mit 300 Ausbildungsplätzen eröffnet hat. Dieses Modell sollte beobachtet und ausgewertet werden, auch auf seine regionale Wirkung hin.

Diese Studie hat sich nicht mit diesem Bereich befaßt; es scheint höchst angebracht und dringend geboten, dieser Entwicklung Beachtung zu schenken, die notwendigen Forschungen einzuleiten und die „politischen" Strategien zu entwickeln, einem Desaster vorzubeugen.

Dies gilt für das gesamte Problemfeld des Beschäftigungssystems in der Bauwirtschaft und seinem Zusammenhang mit dem Bildungssystem.

Tabelle 9:

Zahlenmäßige Entwicklung der gewerblichen Auszubildenden nach Betriebsgrößenklassen 1970–1977 im Bauhauptgewerbe (Bundesgebiet)

Jahr	Beschäftigtengrößenklasse	1–9	10–19	20–49	50–99	100–199	200–499	500	insgesamt
1970	Anzahl der Beschäftigten insgesamt – in 1000 –	319,3	319,3	306,6	275,3	254,6	244,9	154,7	1555,5
	Anzahl der gewerblich Auszubildenden – in 1000 –	10,04	10,04	6,91	4,55	2,81	2,41	1,56	28,27
	Anteil d. Auszub. an der Zahl der Beschäft. insges.	3,14 %	3,14 %	2,25 %	1,65 %	1,10 %	0,98 %	1,01 %	1,82 %
1971	Anzahl der Beschäftigten insgesamt – in 1000 –	325,9	325,9	305,9	288,4	260,6	248,8	158,2	1587,8
	Anzahl der gewerblich Auszubildenden – in 1000 –	9,37	9,37	6,43	4,27	2,63	2,18	1,36	26,23
	Anteil d. Auszub. an der Zahl der Beschäft. insges.	2,88 %	2,88 %	2,10 %	1,48 %	1,01 %	0,88 %	0,86 %	1,65 %
1972	Anzahl der Beschäftigten insgesamt – in 1000 –	139,7	186,0	308,4	285,1	265,6	241,1	153,6	1579,5
	Anzahl der gewerblich Auszubildenden – in 1000 –	3,86	5,08	6,43	4,17	2,88	2,36	1,30	26,07
	Anteil d. Auszub. an der Zahl der Beschäft. insges.	2,76 %	2,73 %	2,08 %	1,46 %	1,08 %	0,98 %	0,85 %	1,65 %
1973	Anzahl der Beschäftigten insgesamt – in 1000 –	137,1	191,4	303,6	274,7	256,8	239,9	154,8	1558,4
	Anzahl der gewerblich Auszubildenden – in 1000 –	4,27	5,99	7,65	5,06	3,28	2,50	1,55	30,29
	Anteil d. Auszub. an der Zahl der Beschäft. insges.	3,11 %	3,13 %	2,52 %	1,84 %	1,28 %	1,04 %	1,00 %	1,94 %

noch Tabelle 9:

Jahr	Beschäftigtengrößenklasse	1–9	10–19	20–49	50–99	100–199	200–499	500	insgesamt
1974	Anzahl der Beschäftigten insgesamt – in 1000 –	141,3	176,5	282,7	243,3	213,8	203,8	120,9	1382,2
	Anzahl der gewerblich Auszubildenden – in 1000 –	4,85	6,48	8,38	5,32	3,31	2,72	1,51	32,56
	Anteil d. Auszub. an der Zahl der Beschäft. insges.	3,43 %	3,88 %	2,96 %	2,19 %	1,55 %	1,33 %	1,25 %	2,36 %
1975	Anzahl der Beschäftigten insgesamt – in 1000 –	138,8	169,7	265,0	219,9	186,4	165,1	84,4	1229,2
	Anzahl der gewerblich Auszubildenden – in 1000 –	5,49	7,14	8,93	5,24	3,31	2,88	1,19	34,18
	Anteil d. Auszub. an der Zahl der Beschäft. insges.	3,96 %	4,21 %	3,37 %	2,38 %	1,78 %	1,74 %	1,41 %	2,78 %
1976	Anzahl der Beschäftigten insgesamt – in 1000 –	138,0	174,6	267,9	225,9	188,8	161,8	81,8	1238,6
	Anzahl der gewerblich Auszubildenden – in 1000 –	5,35	7,11	8,75	5,30	3,39	2,81	1,31	34,01
	Anteil d. Auszub. an der Zahl der Beschäft. insges.	3,88 %	4,07 %	3,27 %	2,35 %	1,80 %	1,74 %	1,60 %	2,75 %
1977	Anzahl der Beschäftigten insgesamt – in 1000 –	314,0	314,0	263,4	215,3	397,2	397,2	397,2	1189,9
	Anzahl der gewerblich Auszubildenden – in 1000 –	15,03	15,03	10,49	6,10	8,67	8,67	8,67	40,28
	Anteil d. Auszub. an der Zahl der Beschäft. insges.	4,79 %	4,79 %	3,98 %	2,83 %	2,18 %	2,18 %	2,18 %	3,39 %

Quelle: Statistisches Bundesamt Wiesbaden sowie eigene Berechnungen.

V. Auslandsbau

1. Vorbemerkung

Bei der Analyse des Auslandbaues – wie er in der Bauwirtschaft genannt wird –, also der Export von Leistungen, den Voraussetzungen, dem Markt, den Marktchancen, stellt man zunächst überraschenderweise fest, daß der Bauexport so gut wie keine Rolle in der Branche spielt, weiterhin jedoch, daß er in den letzten Jahren sprunghaft gestiegen ist, und schließlich, daß sich die Bauwirtschaft einer ungewöhnlich starken internationalen Konkurrenz gegenübersieht. Es scheint durchaus angebracht, diesen einzelnen Faktoren nachzugehen, und so sei es erlaubt, dieses Kapitel, wenn auch nicht erschöpfend, zu durchleuchten, so doch einmal „anzudiskutieren", um damit vielleicht andere zu motivieren, den Problemen vertieft nachzugehen.

In unserem Zusammenhang der Verbindung Beschäftigungssystem mit dem Bildungssystem scheint mir jedoch ein bedeutender Punkt der noch nicht geklärten Situation zu liegen, der sehr wohl nach einer gründlichen Untersuchung günstigere Ausgangsbedingungen schaffen und somit sowohl für das Beschäftigungssystem als auch für den Markt selbst von Nutzen sein könnte. Denn es erweist sich als sicher, daß auf dem internationalen Markt diejenigen die Chance haben, die mit den Spezialgebieten der Bautechnologie vertraut sind und das besondere Know-how besitzen. Nur als Beispiel: Wenn das Wissen über die Probleme in erdbebengefährdeten Gebieten vorhanden ist und aufgrund von gründlichen Forschungen auch wirtschaftliche Technologien zum erdbebensicheren Bauen entwickelt wurden oder – was an Aktualität zunimmt – mit der Technologie und den Problemen des Bauens in Tieffrostgebieten vertraut ist, dann dürfte dieses Unternehmen bei einer entsprechenden Aufgabenstellung eine äußerst günstige Ausgangslage haben. Und dies gilt für die immer technischer und komplizierter werdenden Bauaufgaben im Ausland praktisch bei jeder solchen Aufgabe.

2. Erste Fallstudie

Der Auslandsbau erreicht stets nur 1 bis 2 Prozent des inländischen Bauvolumens. Gleichwohl sollte er nicht unterschätzt werden; wenn auch auf den ersten Blick keine spektakulären Quantitäten von Arbeitsplätzen dadurch gebunden werden, so darf man den Multiplikationseffekt und zugleich die „politischen" Auswirkungen auf die Wirtschaft des jeweiligen Landes und den Beitrag zur Entwicklung der Dritten Welt nicht übersehen.

Die Statistik – Abbildung 13 (14) – zeigt die Entwicklung des deutschen „Bauexports" seit 1961. In den Jahren 1961 bis 1971 betrug er durchschnittlich 688 Mio. DM, inzwischen beträgt er 1975 7284 Mrd. DM, hat sich also mehr als verzehnfacht.

Die Anteile des Auslandsbaus in Europa und in Amerika liegen durchschnittlich jeweils unter 10 %, während die Anteile für Afrika und Asien durchschnittlich jeweils um 40 % betragen.

Die - hier nicht wiedergegebene Detailstatistik zeigt zugleich enorme jährliche Schwankungen, die nur insoweit wenig auf den inländischen Arbeitsmarkt durchschlagen, als – wie die Studie zeigt – es sich bei Bauexport überwiegend um „Know-how"-Export handelt.

In der Fallstudie 1 standen Daten einer großen deutschen Bauexport AG zur Verfügung, und insoweit genießen die Angaben einen relativ hohen repräsentativen Wert.

Die Tabelle 7 zeigt bei einer Versechsfachung des Auslandsumsatzes dieses Unternehmens nur knapp eine Verdoppelung des gewerblichen- und des Angestelltenpersonals; die Pro-Kopf-Leistung liegt rund 3mal höher bei diesem Personal als auf einer Inlandbaustelle. Unter anderem läßt sich aus diesem Indikator der Personalbedarf oder der Anspruch an den Arbeitsmarkt ableiten, der, wie man sieht, äußerst gering ist und kaum ins Gewicht fällt. Die Tabelle 8 zeigt im exakten Vergleich – auf den Daten des gleichen Unternehmens aufgebaut – die Verhältniswerte auf dem Inlandsbaumarkt.

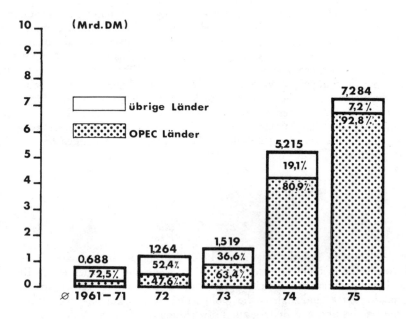

Abb. 13: Auslandsbau

Tabelle 7:

Auslandsbau

Personalstruktur, Anteil deutscher gewerblicher, technischer und kaufmännischer Angestellter und Umsatzleistung je deutschen Angestellten. Vergleich Jahr 1971–1976. Ergebnis eines Großbaubetriebes

Jahr	Umsatz in Mio. DM	gewerbl. Personal*)	davon Deutsche	angestelltes deutsches Personal					Umsatz je deutsches angest. Pers. in Mio. DM		
				1 Dipl.-Ing.	2 Ing. (grad.)	3 Techn.	Summe 1–3	4 Kaufl.	Summe 1–4	Techn.	Kaufl. Gesamt
1971	189	4 770	etwa 470	29	136	25	190	170	360	rd. 1,0	rd. 1,1 rd. 0,5
1976	1186	10 297	etwa 1000	47	318	43	408	359	767	rd. 2,9	rd. 3,3 rd. 1,5

*) Der Anteil der deutschen Arbeitskräfte liegt bei 10%. Es handelt sich vorwiegend um Poliere, Meister und Facharbeiter, Gerätefuhrer u. a.

Tabelle 8:

Inlandbau

Personalstruktur und Umsatz je Mitarbeiter in Mio. DM einer Hauptniederlassung eines Großbaubetriebes. Vergleich Jahr 1971–1976

	Umsatz in Mio. DM	gewerbl. Personal	Beschäft. Gesamt	Angestellte						Umsatz je Angestellter in Mio. DM		
				techn. Personal				4 Kaufl.	Summe 1–4			
				1 Dipl.-Ing.	2 Ing. (grad.)	3 Techn.	Summe 1–3			Techn.	Kaufm.	Gesamt
1971	111,0	1127	1388	34	85	35	154	107	261	0,7	1,0	0,4
1976	152,0	1031	1304	35	100	42	127	96	273	0,9	1,6	0,6

3. Zweite Fallstudie

Es handelt sich um ein Projekt in Nordafrika zur Erstellung einer schlüsselfertigen Fabrikationsanlage eines holzverarbeitenden Betriebes. Gesamtkosten 50 Mio. DM, Bauzeit: zwei Jahre.

Für das Projekt werden eingesetzt:

Deutsches Personal
Personal der Projektleitung

technischer Bereich:
  1 technischer Projektleiter/Dipl.-Ing. – zugleich auch zuständig für die Abwicklung des Rohbaues
  1 Sachbearbeiter/Bauingenieur für den Ausbau und Terminplanung

kaufmännischer Bereich:
  1 kfm. Projektleiter/Dipl.-Kfm.
  1 Sachbearbeiter/Baukaufmann

Für den Produktionsprozeß
Technische Mitarbeiter

  1 Bauleiter
  1 Abschnittsbauleiter/Ausbau
  1 Bauingenieur/Innendienst
  1 Bauingenieur/Arbeitsvorbereitung
  1 Bauführer/Vermessung

Kaufmännisches Personal

  1 1. Baukaufmann/kfm. Leiter
  1 Baukaufmann/Sachbearbeiter
  1 Speditionskaufmann/Sachbearbeiter
  1 Sekretärin

Gewerbliche Mitarbeiter

  12 Betonpoliere
  1 Eisenbiegerpolier
  11 Zimmerpoliere
  1 Schachtmeister
  1 Schlosser

Lokales Baustellenpersonal

Auf dem Arbeitsplatz in Nordafrika wurden beschafft und eingesetzt:

  7 Kaufmännische Angestellte (vorzugsweise Buchhalter)
  10 Fachvorarbeiter
  18 Maurer
  19 Einschaler und Bautischler
  8 Eisenbieger und -flechter
  7 Baumaschinisten

9 sonstige Facharbeiter
   2 Fachwerker
 146 Werker
  22 Fahrer, Wärter, Küchenpersonal
   2 Putzfrauen
   1 Platzarbeiter
 ___
 251 insgesamt

Bei einem Jahresumsatz von rund 25 Mio. DM waren zusammen beschäftigt 39 Deutsche und 251 Einheimische, insgesamt 290 Beschäftigte. Der Anteil der deutschen Arbeitskräfte betrug 13,5%. Von diesen waren ein Drittel, also 33%, technisches und kaufmännisches Angestelltenpersonal, 66% der deutschen Baustellenbeschäftigten waren gewerbliche Arbeitskräfte.

Im Beispiel der Fallstudie 1 – Jahr 1976 – betrug das Gesamtverhältnis des deutschen zum einheimischen Personal rund 16% und das Verhältnis des deutschen Angestelltenpersonals – kaufmännisch und technisch – zum deutschen gewerblichen Personal 45%.

Die Pro-Kopf-Leistung des deutschen Angestelltenpersonals betrug – um im Vergleich zur Fallstudie 1 1976 zu bleiben – insgesamt 1,9 Mio. DM und – differenziert nach Technikern und Kaufleuten – je Techniker 3,6 Mio. DM, je Kaufmann 4,2 Mio. DM. Zum Vergleich siehe Tabellen 7 und 8.

Zur Qualifikation und den Anforderungen an das Personal vertritt die Firma, die für die Fallstudie die Daten dankenswerterweise bereitgestellt hat, folgende Auffassung:

Anforderung an das Personal

Die entsandten Mitarbeiter wurden nach strengen Maßstäben ausgewählt und geprüft, weil nicht zuletzt auch Algerien nur Spezialkräften die Einreise gestattet.

a) Gesundheit
   hierzu gehörte die ärztliche Untersuchung und der Nachweis der Tropentauglichkeit sowie der Flugtauglichkeit. Gute Gesundheit und körperliche Leistungskraft, um dem vergleichsweise höheren Risiko zu begegnen, wurden als Maxime vorgegeben. Tropenkrankheiten sind nicht aufgetreten.

b) Flexibilität
   Hinsichtlich der Anpassungsfähigkeit waren die Mitarbeiter für ihre Aufgabe optimal geeignet. Ihre besondere Funktion und die Aufgabenstellung zwangen sie zu mehr Improvisation als bei ihrer normalen Tätigkeit im Inland. Sie konnten teilweise mehrere Funktionen zugleich ausüben.

c) Stand und Altersaufbau
   Die entsandten Mitarbeiter gehörten weitgehend der Altersgruppe zwischen dem 25. und 45. Lebensjahr an. Facharbeiter waren überwiegend ledig; junge Bauleiter, deren Leistungsfähigkeit relativ hoch ist, lebten mit ihren Familienangehörigen im Camp.

d) Sprachen
   Um Verständigungsschwierigkeiten mit Behörden, Bauherren und Arbeitnehmern zu vermeiden, für das leitende Personal als Bedingung Französisch. Für Poliere, die unmittelbar mit ausländischen Arbeitnehmern zusammenarbeiten, war für den „Baustellengebrauch" ein wenig Französisch erwünscht.

Ausbildung

a) Projektleiter
Nach unseren Erfahrungen gehen wir heute davon aus, daß ein Projektleiter in der Hauptverwaltung nicht unbedingt Diplom-Bauingenieur zu sein braucht. Aber er sollte das Vertragswesen kennen, die Landessprache beherrschen und befähigt sein, ein solches Bauvorhaben durchzuziehen.

Und da er sich anhand der geschlossenen Verträge zu bewegen hat, muß er sie auch interpretieren können.

b) Bauleiter
Die Position des Bauleiters wird in aller Regel intern vergeben. Meist sind es erfahrene Praktiker (Diplomingenieure oder graduierte Bauingenieure), die für ihre Aufgabe in unserem Mutterhaus 1–2 Jahre vorbereitet wurden. Ihnen wird eine optimale Entfaltung und Motivation ermöglicht.

c) Poliere und Spezialkräfte
Poliere haben im Ausland einen vergrößerten Aufsichtsbereich und selbst Facharbeiter sind überwiegend aufsichtsführend eingesetzt. Im Bereich Ausbau werden die Spezialkräfte nur für die eigentliche Arbeitsausführung eingesetzt.

Idealvorstellung

Die erheblich abweichende Betriebsweise und die von der üblichen erheblich abweichenden Art der Betriebseinrichtung, die das Bild einer Großbaustelle im Ausland in typischer Weise prägen, erklären sich aus:

1. der Zusammensetzung, Qualifikation und Aufgabenstellung der entsandten Mitarbeiter,
2. den Besonderheiten der Unterbringung, ärztliche Betreuung und Versorgung und
3. den eingesetzten technischen Arbeitsmitteln und Arbeitsverfahren.

Der Umstand also, daß die betrieblichen Gegebenheiten einer Großbaustelle im Ausland sich in so verschiedener Hinsicht erheblich von denjenigen unterscheiden, die in der Regel für eine Baustelle im Ausland typisch sind, bedingt natürlich wegen des steigenden Qualitätsanspruches an das Personal vor allem Praktiker.

Die Realität auf dem Arbeitsamt sieht hingegen anders aus. Es ist schwierig, solche Praktiker zu finden.

Wenn auch die Zahl der im Ausland tätigen Mitarbeiter (vom Meister bis Dipl.-Ing.) 1976 bei nur etwa 6500 lag, so zeigt sich einerseits auf dem deutschen Bauexportmarkt – wie oben dargelegt – eine steigende Tendenz, zum anderen wird sich der Industrialisierungsprozeß der nichtindustrialisierten Länder nicht nur nicht aufhalten lassen, sondern – ohne Prophet sein zu müssen – er wird sich – ähnlich wie Europa gegenüber den Vereinigten Staaten nach diesem Krieg – zunehmend beschleunigen.

Daraus hat in Großbritannien das Construktion Industrie Training Bord den Schluß gezogen und einen Empfehlungskatalog zu Personalausbildungsfragen für Auslandsbauvorhaben erarbeitet. Eine vergleichbare Entwicklung steht bei uns aus – hier herrscht die Teach-yourself-Methode vor, die nicht nur kostspielig, sondern zunehmend risikoreicher sein dürfte.

Wenn – um COLLIN und HILLMER zu folgen (15) – in der gebotenen Kürze einige Merkmale zum Qualifikationsprofil die Anforderungsvielfalt belegen sollen
- Flexibilität, Disponibilität, Mobilität,
- menschliche Qualitäten (Einfühlungsvermögen, Toleranz, Bescheidenheit, kein Elitebewußtsein,
- Widerstandsfähigkeit,
- kooperatives integriertes Handeln,
- Fremdsprachenkenntnisse, (fachtechnische, anwendungsbezogene Sprachen),
- fachübergreifendes Systemverständnis,
- soziale, kulturelle, wirtschaftliche, geografische, rechtliche, politische, gesellschaftspolitische, religiöse Fragen,
- Organisation der menschlichen Arbeit,

so wird man einräumen müssen, daß sich die meisten dieser Qualifikationsmerkmale durch Lehrveranstaltungsinhalte und -strukturen in unserem öffentlichen tertiären Bildungssystem fördern lassen.

Es sei hier die Anregung erlaubt, jeweils geeigneten Bildungseinrichtungen des sekundären und tertiären Sektors – man bedenke, daß sich die Facharbeiter überwiegend aus den Realschülern rekrutieren – spezielle Bildungsprofile zuzuordnen.

Nur vereinzelt entwickeln sich curriculare Angebote in unseren Ausbildungssystemen, die jedoch noch weit entfernt sind von der Entsprechung des Bedarfs – erst recht im Bereich des Kontaktstudiums und der Auswertung der Reintegrationsmöglichkeiten der Rückkehrer.

4. Folgerungen

Wenn auch die beiden Fallstudien keine repräsentative Aussage gestatten und die empirische Untersuchung nicht dem strengen Anspruch wissenschaftlicher Gründlichkeit standhält, so dürfte doch daraus mit der gebotenen kritischen Vorsicht ablesbar sein:
- Derzeit bringt der Bauexport keine nennenswerte Entlastung des inländischen Arbeitsmarktes.
- Der Arbeitskräftebedarf, insbesondere für das Personal mit höherer fachlicher Qualifikation, läßt sich in etwa abschätzen mit nur $1/3$ des quantitativen Anteils für eine vergleichbare Inlandbaustelle.
- Das Qualifikationsprofil entspricht in etwa dem einer inländischen Baustelle, wobei allerdings an das im Bauexport tätige Personal erhebliche zusätzliche Ansprüche gestellt werden, was Flexibilität, Mobilität, fachliche Vielseitigkeit, Führungseigenschaften, Sprachen, fremde Technologien usw. betrifft.

Diese Voraussetzungen werden derzeit so gut wie nicht in unserem Bildungssystem angeboten und vermittelt.

Gleichwohl wird dem Bauexport eine zunehmende Bedeutung zukommen, und ihm muß in ganz anderer Weise als bisher Beachtung geschenkt werden sowohl im Bildungssystem als auch in der Forschung.

Es leuchtet ein, daß z. B. das Unternehmen auf dem internationalen Markt den Zuschlag erhält, das über das nötige Management und das spezielle Know-how verfügt. So hat sich die bereits zitierte japanische Firma ein solches Spezialwissen im erdbebensicheren Bauen erarbeitet, daß sich ihr allein daraus ein neuer Markt eröffnen wird – und längst eröffnet hat.

Hier liegt noch ein nicht bearbeitetes Feld im Bildungs- wie im Beschäftigungssystem.

Immerhin sollte der Vergleich der Personalstruktur der japanischen Baufirma mit der Firma unserer Fallstudie (übrigens beide die jeweils größten nationalen Baubetriebe) zu denken geben: In der deutschen Firma sind im technisch-kaufmännischen Bereich, also dem Bereich der höheren Bildungsqualifikation, rund 3000 Personen tätig, in der japanischen Firma rund 9000. Der Umsatz verhält sich wie 1:2. Bereinigt man den Umsatzunterschied, dann ergibt sich für die japanische Firma eine über 30% höhere Ausstattung mit Personal der Hochschulbildungsstufe. Die japanische Firma nimmt die Spitzenposition im internationalen Baugeschäft ein.

Mit dieser Studie sollte keine Antwort gegeben werden, sondern ein Anstoß.

VI. Offene Fragen

Diese Studie konnte und kann keine Antwort geben. Sie ist empirisch angelegt, um einige Tatbestände aufzudecken und Entwicklungen darzustellen.

Dabei wird deutlich, und allein das rechtfertigte den Aufwand, daß das Beschäftigungssystem in seinem Zusammenhang mit dem Bildungssystem (Bedarf, Qualifikation, Forschung) völlig unterrepräsentiert bearbeitet wird und erst recht Strategien fehlen, die Zukunft einigermaßen zutreffend zu planen.

Quellennachweis

(1) Statistisches Bundesamt, Wiesbaden. Statistisches Landesamt, Düsseldorf. Bundesanstalt für Arbeit, Nürnberg. Deutsches Institut für Wirtschaftsforschung, Berlin. Ifo – Institut, München. Eigene Erhebungen.
(2) Hauptverband der deutschen Bauindustrie. „Bauwirtschaft im Zahlenbild 76". Statistisches Bundesamt.
(3) Zentralverband des deutschen Baugewerbes „Jahrbuch Bd. 27". Statistisches Bundesamt.
(4) Hauptverband der deutschen Bauindustrie „Bauwirtschaft im Zahlenbild 76".
(5) Hauptverband der deutschen Bauindustrie „Bauwirtschaft im Zahlenbild 76".
(6) Wenn nicht besonders vermerkt, wurden als Quellen Daten des Landesamtes für Datenverarbeitung und Statistik des Landes NW, Düsseldorf, verwandt.
(7) BURGHARDT u. a.: Pilotstudie „Gleichgewicht Bauvolumen – Bauplanerkapazität – Bauunternehmerkapazität." Forschungsbericht, Bau- und Wohnforschung, Fraunhofergesellschaft, Stuttgart 1977.

(8) BÜLOW u. a.: Prognos AG: Forschungsreihe der deutschen Bauindustrie „Wettbewerbsordnung Bd. 39 und Wettbewerbsrealität am Baumarkt", Hauptverband der deutschen Bauindustrie 1977.
(9) Vgl. dazu auch: Enquéte über die Bauwirtschaft, erstellt im Auftrage der Bundesregierung, Stuttgart 1973, S. 657.
(10) Ifo – Konjunkturtest, zitiert nach Enquéte über Bauwirtschaft.
(11) Betriebswirtschaftliches Institut der westdeutschen Bauindustrie, BWI Bau, „Bauingenieurbedarf", Düsseldorf 1977.
(12) BWI NW, „Arbeitsberichte", Düsseldorf 1976.
(13) Statistisches Bundesamt Wiesbaden, eigene Erhebungen.
(14) Hauptverband der deutschen Bauindustrie, gestützt auf statistisches Bundesamt und eigene Erhebungen.
(15) Siehe Literaturverzeichnis.

Literaturverzeichnis

Hauptverband der Deutschen Bauindustrie e. V., Wiesbaden/Frankfurt: KNECHTEL u. a.: „Bauwirtschaft im Zahlenbild 1971".
Derselbe: „Bauwirtschaft im Zahlenbild 1974".
Derselbe: „Bauwirtschaft im Zahlenbild 1976".
Wirtschaftsvereinigung Bauindustrie e. V., Nordrhein-Westfalen, Düsseldorf: „Die nordrhein-westfälische Bauwirtschaft im Zahlenspiegel 1979."
Derselbe: „Bauwirtschaft im Zahlenspiegel 1975."
Derselbe: „Bauwirtschaft im Zahlenspiegel 1976."
Zentralverband des deutschen Baugewerbes Bonn und Bad Godesberg: „Jahrbuch des deutschen Baugewerbes", Band 1 1950 bis Band 27 1977.
Zentralverband des deutschen Baugewerbes, ZDB-Schriften, Bonn-Bad Godesberg: Analyse und Prognose 76, Bauwirtschaftlicher Bericht 1975/76, ZDB-Schriften, Heft 10, März 1976.
Derselbe: Analyse und Prognose 77, Bauwirtschaftlicher Bericht 1976/77, Heft 13, März 1977.
Derselbe: Analyse und Prognose 78, Bauwirtschaftlicher Bericht 1977/78, Heft 16, April 1978.
Deutsche Bauzeitung 11 – 1977. STREHL: Bauingenieurstudium im Wandel, S. 82 ff.
Wirtschaftsvereinigung Bauindustrie e. V. NW Düsseldorf, „Sonderdienst Bauindustrie" Folge 1 1978, FREY: Fach- und Führungskräfte für die Bauwirtschaft, S. 40 ff.
Derselbe: Folge 4 1977, REFISCH: Betriebswirtschaftliche Fortbildung in der nordrhein-westfälischen Bauindustrie, S. 214 ff., insbesondere S. 219.
Wirtschaftsvereinigung Bauindustrie NW: „Bauindustrie Report 2", Düsseldorf 1977.
Zeitschrift Bauwirtschaft BW, Bauverlag Wiesbaden, P. KRASSING: „Neue Kostenstruktur, Erhebung im Bauhauptgewerbe", BW 32. Jg. 1978, Heft 15, S. 578–596, insbesondere Tabelle 5.
Derselbe: H. J. COLLIN: Ausbildungskonzepte für den Auslandseinsatz, 32. Jg. 1978, Heft 18, S. 738 ff.
Derselbe: Hauptverband der Deutschen Bauindustrie: „Jahresanalyse der Bauwirtschaft", BW 32. Jg. 1978, Heft 19, S. 774 ff.
Derselbe: LANGE: „Export von Ausbildungsleistungen", BW 32. Jg. 1978, Heft 1, S. 6 ff.

Betriebswirtschaftliches Institut der westdeutschen Bauindustrie (BWI/Bau): „Arbeitsbericht 1976", Düsseldorf 1977.

Derselbe: „Bauingenieurausbildung und Baubetrieb", – Studium und Praxis aus der Sicht junger Ingenieure – Düsseldorf 1976.

Derselbe: „Bauingenieurbedarf aus der Sicht der nordrhein-westfälischen Bauindustrie", Düsseldorf 1976.

Forschungsreihe der Bauindustrie, Bd. 39, HANS BÜLOW, GOTTHOLD ZUBEIL unter Mitarbeit von DIETER SCHRÖDER: Prognos AG: „Wettbewerbsordnung und Wettbewerbsrealität am Baumarkt", Wiesbaden 1977.

Der Bundesminister für Raumordnung, Bauwesen und Städtebau, Bau- und Wohnforschung: Forschungsbericht: F 1415: Gleichgewicht Bauvolumen – Bauplanerkapazität – Bauunternehmerkapazität, Stuttgart/München 1977.

Geschäftsbericht Fried. Krupp GmbH 1976.

Geschäftsbericht AEG-Telefunken 1977.

Geschäftsbericht Hoch-Tief AG Essen 1977.

Geschäftsbericht Beton- und Monierbau Düsseldorf 1977.

Deutsche Universitätszeitung Raabe/Bonn, M. SCHATZMANN und E. NAUDASCHER: „Entwicklungshilfe und Ingenieurausbildung", DUZ/HD 1/1976, S. 7 ff.

Derselbe: HEGELMEIER: „Arbeitsmarkt und Akademikeransatz – zum Verhältnis von Hochschul- und Beschäftigungssystem", DUZ/HD 11/77, S. 352 ff.

Derselbe: DUZ/HD 14/77, S. 432 ff.

Derselbe: DUZ/HD 15/77, S. 476 ff.

Derselbe: L. BRESS / W. SCHLAFFKE: „Die Zusammenhänge zwischen Bildungs- und Beschäftigungssystem." DUZ/HD 2/78, S. 34 ff.

Zur Raumbedeutsamkeit von Maßnahmen im Bildungsbereich

von
Karl Ganser, Bonn

Vorbemerkung

Unmittelbar nach Verabschiedung des Bundesraumordnungsprogramms im Jahre 1975 begann eine Grundsatzdiskussion über Ziele und Instrumente der Raumordnungspolitik[1]). Die Phase der Programmerstellung in Bund und Ländern, die mit dem Raumordnungsgesetz im Jahre 1965 eingeleitet und mit der Verabschiedung des Bayerischen Landesentwicklungsprogramms beschlossen wurde, war insgesamt beendet. Es war also naheliegend, nach der Effektivität dieser Programme zu fragen[2]). Mit der wirtschaftlichen Rezession 1974/75 wurden schlagartig strukturelle Veränderungen in den demographischen, wirtschaftlichen und gesellschaftlichen Rahmenbedingungen bewußt, deren Auswirkungen auf die Raumordnungspolitik zu einer Grundsatzdiskussion herausforderten[3]). In dieser Diskussion wurde ein für Planer, Politiker und Wissenschaftler gleichermaßen unangenehmes Vollzugsdefizit offenkundig.

Es liegt also nahe, die Ziele näher an die realen Möglichkeiten heranzuziehen. Dies wäre jedoch nur dann gerechtfertigt, wenn einerseits die Ziele ohne Verletzung von Grundwerten verändert werden könnten und andererseits der gesamte Handlungsspielraum tatsächlich ausgelotet wäre. Die Ziele der Raumordnungspolitik haben jedoch weitgehend Grundwertcharakter im Sinne des Grundgesetzes. Nur ein Teil des potentiell raumwirksamen Instrumentariums ist bis heute einer praktischen Koordinierung durch die Raumordnung zugeführt.

---

[1]) Vgl. dazu auch die Jahrestagungen der Akademie für Raumforschung und Landesplanung 1975 in Düsseldorf, 1976 in Mainz und 1977 in Bremen.

[2]) Zwischenzeitlich wird eine Reihe von Landesentwicklungsprogrammen fortgeschrieben; die Entwürfe der fortgeschriebenen Programme in Schleswig-Holstein und Rheinland-Pfalz liegen vor. Das Land Nordrhein-Westfalen nimmt die Fortschreibung in Teilplänen vor. Auch für das zuletzt verabschiedete Landesentwicklungsprogramm in Bayern ist eine Fortschreibung angekündigt. Das Bundesraumordnungsprogramm wurde 1975 ausdrücklich mit der Maßgabe verabschiedet, alsbald eine Fortschreibung vorzunehmen.

[3]) Mit dieser Thematik befaßt sich u. a. der beim Bund gebildete Beirat für Raumordnung in der z. Z. laufenden Legislaturperiode, nachdem sich bereits die Empfehlungen der letzten Legislaturperiode dieser Problematik zugewandt hatten.

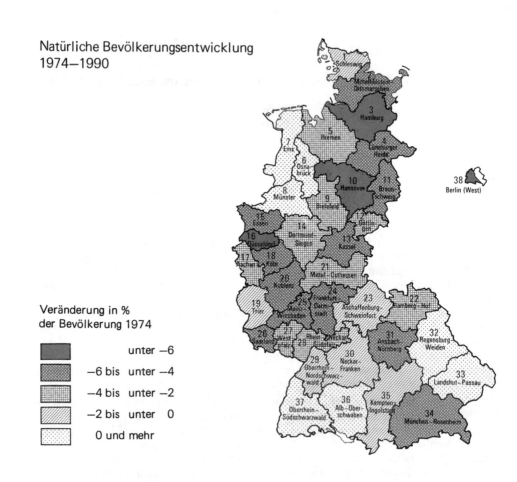

*Abb. 1: Bevölkerungsentwicklung im Bundesgebiet 1974/1990
(Ergebnisse der aktualisierten Prognose für das Bundesraumordnungsprogramm)*

Gleichwohl werden von einer Minderheit die Leitziele der Raumordnungspolitik in Bund und Ländern – gleichwertige Lebensbedingungen in allen Landesteilen zu fördern – mit unterschiedlichen Argumenten in Frage gestellt:

- Die regionalen Disparitäten im Bundesgebiet seien im Vergleich zu anderen europäischen Staaten so geringfügig, daß eine auf Disparitätenabbau ausgerichtete Politik nicht mehr länger Priorität haben könne (mangelnde Notwendigkeit).
- Das Entwicklungspotential für eine dezentrale Raumentwicklung im Interesse gleichwertiger Lebensbedingungen wäre neuerdings so eingeschränkt, daß eine auf regionalen Ausgleich bedachte Politik zum Scheitern verurteilt sei (mangelndes Potential).

Als Beleg für beide Auffassungen werden auffallend häufig Situationen aus dem allgemeinen Bildungswesen herangezogen:

- Der starke Ausbau des allgemeinbildenden Schulwesens in den zurückliegenden Jahren habe die regionalen Disparitäten praktisch beseitigt.
- Bei abnehmender Bevölkerung und besonders starker Abnahme der 0–15jährigen sei kein Potential mehr für den weiteren Ausbau von Infrastruktureinrichtungen vorhanden. Im Gegenteil: Unterauslastungen seien unausweichlich.

Insgesamt wird daraus geschlossen, daß die Maßnahmen im Bildungsbereich für die Raumordnungspolitik nicht mehr von Interesse sein könnten. Darüber hinaus wird für die Raumordnungspolitik generell die Schlußfolgerung gezogen, eine aktive Entwicklungspolitik für dünn besiedelte periphere Gebiete sei nicht mehr möglich[4]).

I. Es gibt nach wie vor regionale Disparitäten

Ein Blick auf einige in der Raumordnungspolitik gebräuchliche Indikatoren zeigt, daß nach wie vor unübersehbare regionale Disparitäten im Bundesgebiet bestehen (vgl. Tabelle 1). In den Regionen mit großen Verdichtungsräumen sind die Erwerbsmöglichkeiten deutlich besser als in den dünn besiedelten peripheren ländlichen Räumen, wenngleich die gesamtwirtschaftliche Lage auch in den Verdichtungsräumen zu einem relativ hohen Niveau der Arbeitslosigkeit führte. Aussagekräftiger Indikator für regionale Unterschiede in den Erwerbsmöglichkeiten sind die Binnenwanderungen der Erwerbspersonen[5]). Die Wanderungsgewinne der großen Verdichtungsräume und die Wanderungsverluste der peripheren Regionen sind quantitativ zwar nicht dramatisch. Über Jahre fortgerechnet und bezogen auf die besonders stark erfaßten Alters- und Qualifikationsgruppen gewinnt die Problematik an Schärfe, insbesondere für die relativ dünn besiedelten abwanderungsgefährdeten Regionen[6]).

---

[4]) Von dieser Denkrichtung deutlich geprägt ist z. B. das Gutachten der Kommission für wirtschaftlichen und sozialen Wandel im Abschnitt Raumordnungspolitik.

[5]) Der Gesamtwanderungssaldo ist ein vergleichsweise untauglicher Indikator, da die auf grundlegend andere regionale Defizite zurückführbaren Wanderungen von Ausländern, Altenwanderungen, Kernstadt-Umland-Wanderungen und großräumigen Binnenwanderungen zusammengefaßt sind.

[6]) An den großräumigen Binnenwanderungen sind vor allen Dingen die Altersgruppen von 16 bis 29 Jahren beteiligt. Unter Einbeziehung der Bildungswanderer als „vorweggenommene Suche nach einem höherwertigen Arbeitsplatz" sind dabei überwiegend die höheren Qualifikationsgruppen mobil.

Bevölkerungsentwicklung (mit Wanderung) — Variante I —
1974—1990

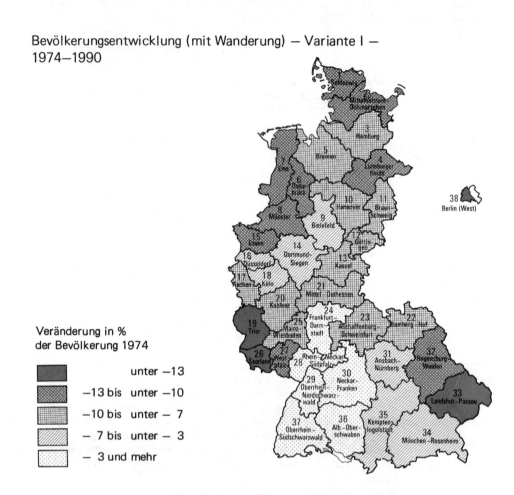

Veränderung in %
der Bevölkerung 1974

- unter −13
- −13 bis unter −10
- −10 bis unter − 7
- − 7 bis unter − 3
- − 3 und mehr

*Abb. 2: Bevölkerungsentwicklung im Bundesgebiet 1974/1990
(Ergebnisse der aktualisierten Prognose für das Bundesraumordnungsprogramm)*

Nach Aussagen der unlängst aktualisierten Raumordnungsprognose 1990 wird sich an dieser Situation mit großer Wahrscheinlichkeit nichts wesentlich ändern[7]). Die Arbeitsmarktbilanz in den großen Verdichtungsräumen ist leicht positiv, in den peripheren Räumen dagegen deutlich negativ. Unter der Prämisse, daß die in dieser Prognose unterstellten Erwerbsquoten bei knappem Arbeitsplatzangebot realistisch sind und alle erwerbswilligen Personen in Regionen mit positiver Arbeitsmarktbilanz abwandern, würden die peripheren Regionen des Bundesgebietes bis 1990 etwa 1 Mio. Einwohner verlieren (vgl. Tabelle 2)[8]).

Während bei der Bevölkerung ohne Wanderung nach Aussagen dieser Prognose zumindest ein Teil der dünn besiedelten peripheren Regionen ein geringfügiges Bevölkerungswachstum aufzuweisen hätten, wird diese Situation bei Einbeziehung der Wanderungen ins Gegenteil verkehrt. Gleichwohl reichen die in der Prognose als Zuwanderungspotential ausgewiesenen Wanderungen nicht aus, um die Bevölkerungsverluste der großen Verdichtungsregionen aus der natürlichen Bevölkerungsentwicklung auszugleichen[9]). Keine Region im Bundesgebiet hat bei Einbeziehung der Bevölkerung mit Wanderungen in Zukunft ein Bevölkerungswachstum zu erwarten (vgl. Kartogramme 1 und 2).

Unabhängig davon, wie zuverlässig man die Prämissen der Raumordnungsprognose 1990 einstuft, hat die in dieser Prognose dargestellte Tendenz nach heutigem Kenntnisstand einen hohen Wahrscheinlichkeitsgehalt[10]). Selbst wenn die Abwanderung der Ausländer in die Herkunftsländer und die Abwanderungsbereitschaft der Erwerbswilligen aus den peripheren Regionen in dieser Prognose überschätzt werden sollte, bleibt das Strukturbild auf geringfügig höherem Niveau erhalten. Es ist also nicht damit zu rechnen, daß die heutigen großräumigen Disparitäten im Bundesgebiet in Zukunft durch eine Art Selbstheilungsprozeß abgebaut werden. Mehr spricht für die Vermutung, daß ohne entschlossene politische Gegensteuerung die im Verhältnis zu anderen europäischen Staaten vergleichsweise ausgewogene Raumstruktur in der Bundesrepublik Deutschland Schaden leidet.

---

[7]) Raumordnungsprognose 1990; Schriftenreihe „Raumordnung" des Bundesministers für Raumordnung, Bauwesen und Städtebau, 06.012.

[8]) In der Raumordnungsprognose werden vergleichsweise hohe altersspezifische Erwerbsquoten auch in den Regionen angesetzt, in denen Arbeitsmöglichkeiten knapp sind. Es ist jedoch zu vermuten, daß bei knappem Arbeitsplatzangebot die Erwerbsquoten absinken und auch nicht alle Erwerbspersonen den Weg der Abwanderung gehen.

[9]) Vielfach wird die Umkehrung des Vorzeichens bei der Bevölkerungsentwicklung als qualitativ völlig andere Situation interpretiert. Für die meisten Planungsbereiche, insbesondere für die Lebensbedingungen in einer Region, macht es keinen großen Unterschied, ob die Bevölkerungsentwicklung leicht positiv oder leicht negativ ist. Die damit verbundenen Probleme sind lediglich graduell unterschiedlich.

[10]) Überprüft man die Ergebnisse der Raumordnungsprognose an den Entwicklungen der letzten drei Jahre, dann wird die abweichende Entwicklung einiger Parameter deutlich. Die Entwicklung der Arbeitsplätze im industriellen Bereich erscheint in der Raumordnungsprognose zu optimistisch, die Abwanderung aus den ländlichen Räumen zu pessimistisch eingeschätzt. Eine derartige Überprüfung ist jedoch nur bedingt zulässig, da die Raumordnungsprognose einen wesentlich längeren Zeitraum umfaßt und die aktuelle Entwicklung stark konjunkturgeprägt ist. Außerdem ist die Raumordnungsprognose deutlich mit normativen Prämissen durchsetzt, die deswegen falsch werden, weil die faktische Entwicklung anders verläuft.

Tabelle 1

Regionale Disparitäten im Bundesgebiet 1974/75

Indikatoren	Gebietstypen[1] Große Verdichtungsräume	periphere ländl. Räume	Mittelwert[2] und Streuung im Bundesgebiet
Löhne und Gehälter in der Industrie 1976 (DM/Monat/Beschäft.)	2366	1913	2231 (2661/1630)
Arbeitslosenquote 1977 (Jahresmittelwert in %)	4,5	6,3	4,8 (11,8/2,1)
Offene Stellen für 1000 Arbeitslose Sept. 1977	284	203	260 (1016/71)
Binnenwanderungssaldo der Erwerbspersonen (Mittelwert 1975/76)	+25986	−13696	±0 (+14099/−4570)
Einwohner pro Facharzt 1975	906	1474	1015 (2200/653)
Einwohner pro Bett in Akutkrankenhäusern 1975	120	135	126 (79/175)
Wohnungseigentümerquote 1972 in %	25,8	46,6	33,3 (57,2/9,2)
Schwefeldioxyd-Belastung 1972 (kg/mm², geschätzt)	118	13	43 (833/5)
Naturnahe Flächen in m² p. Kopf d. Bevölk. 1974	657	3135	1414 (6006/62)

Quelle: Laufende Raumbeobachtung der Bundesforschungsanstalt für Landeskunde und Raumordnung

[1] Das Bundesgebiet ist für die Zwecke der Disparitätenmessung in 4 unterschiedliche Gebietskategorien auf der Basis der BfLR-Bereiche eingeteilt: große Verdichtungsräume, kleinere Verdichtungsräume, ländliche Räume mit Agglomerationsansätzen, periphere dünn besiedelte ländliche Räume. Baustein der Gebietstypisierung sind Planungsregionen/Oberbereiche. Hier sind lediglich die Werte für die großen Verdichtungsräume einerseits und die peripheren dünn besiedelten ländlichen Räume andererseits dargestellt. Die Regionen vom Typ „große Verdichtungsräume" umfassen 25 % der Fläche und 51 % der Bevölkerung des Bundesgebietes. Die Regionen vom Typ „periphere dünn besiedelte ländliche Räume" 24 % der Fläche und 11 % der Einwohner.

[2] Die Zahlen in () geben die Maximal- bzw. Minimalwerte für die einzelnen Regionen (Oberbereiche/Planungsregionen) an.

Tabelle 2
Die Entwicklung in Verdichtungsräumen und peripheren Gebieten 1974/1990
(Ergebnisse der aktualisierten Prognose für das Bundesraumordnungsprogramm)

Kennwerte \ Gebietskategorie	Veränderungen 1974–1990	
	„Räume mit Zuwanderungsdruck"*)	„Abwanderungsgefährdete Räume"**)
Arbeitsplätze	+ 85 000	− 238 000
Erwerbspersonen	+ 55 000	+ 404 000
Arbeitsmarktbilanz	+ 35 000	− 613 000
Wanderungen	+ 70 000	− 1 020 000
Wohnbevölkerung	− 430 000	− 1 347 000
unter 15jährige	− 913 000	− 1 035 000
Einwohner 1974 in 1000	15 441,3	11 884,9
Einwohner 1990 in 1000	15 010,4	10 537,4
Veränderung der Einwohner in %	− 2,9 %	− 12,8 %

*) Es handelt sich um die Gebietseinheiten Düsseldorf (16), Köln (18), Frankfurt (24), Neckar-Franken (30), München (34).

**) Dazu gehören die Gebietseinheiten: Schleswig (1), Osnabrück (6), Ems (7), Münster (8), Essen (15), Trier (19), Saarland (26), Bamberg-Hof (22), Landshut-Passau (33).

Quelle: Schriftenreihe des Bundesministers für Raumordnung, Bauwesen und Städtebau, 06.012, Raumordnungsprognose 1990.

II. Zur Raumwirksamkeit der Maßnahmen im Bildungsbereich

Die regionalpolitische Komponente in der Bildungspolitik war in der zurückliegenden Zeit auf den Abbau regionaler Nachteile ausgerichtet. Sie war damit integraler Bestandteil des allgemeinen bildungspolitischen Leitziels, das auf die Verwirklichung von mehr Chancengleichheit abzielte. Zumindest in der allgemeinschulischen Bildung führten diese Anstrengungen zu einem offenkundigen Abbau der ursprünglichen regionalen Unterschiede[11]). Die Verbesserung der Versorgung wird auch künftig Bedeutung behalten, wenngleich die regionalen und sektoralen Disparitäten differenzierter zu betrachten sein werden.

Neben der versorgungspolitischen Komponente gewinnt allerdings die beschäftigungspolitische erheblich an Bedeutung[12]). Maßnahmen des Bildungsbereichs sind im Vergleich

---

[11]) Insbesondere die Neugründung von Gymnasien, Realschulen und Gesamtschulen in den peripheren ländlichen Räumen hat in den letzten 10 bis 15 Jahren dazu geführt, daß die ursprünglichen Defizite erheblich abgebaut wurden und die Beteiligungsquoten an der weiterführenden Schulbildung sprunghaft angestiegen sind. Gleichwohl sind auch heute noch regionale Disparitäten ausgeprägt, wie ein Blick auf die „Quartanerquote" zeigt (vgl. Tab. 4).

[12]) Die beschäftigungspolitische Komponente von öffentlichen Investitionen ist konjunktur- und strukturbedingt in den letzten Jahren insgesamt in den Vordergrund getreten. Die Konjunkturprogramme 1974/75 hatten bereits einen Schwerpunkt bei den Infrastrukturinvestitionen. Das Programm „Zukunftsinvestitionen", das für den Zeitraum 1977–1979 mit rd. 16 Mrd. DM dotiert ist, ist noch stärker auf öffentliche Investitionen ausgerichtet. In diesem Programm wird in erster Linie auf die Beschäftigungseffekte abgestellt, die während der Leistungserstellung entstehen. Regionalpolitisch bedeutsamer sind darüber hinaus die Beschäftigungseffekte der Leistungsabgabe.

zu anderen Infrastrukturbereichen in besonderem Maße beschäftigungswirksam. Sie sind personalintensiv bei Leistungserstellung und bei Leistungsabgabe und bringen auf diese Weise krisensichere und qualitativ hochstehende Beschäftigungsmöglichkeiten in einer Region. Sie qualifizieren darüber hinaus die Arbeitskräfte einer Region und sind damit eine unabdingbare Voraussetzung für die Erweiterung und Neuansiedlung von „hochwertigen Unternehmensfunktionen"[13]).

Diese pauschale Aussage gilt jedoch nicht für alle Bereiche des Bildungswesens gleichermaßen[14]). Besonders hoch sind die direkten und indirekten Beschäftigungseffekte in den Bereichen, in denen der Nachholbedarf besonders groß und die Wirkungen auf die Qualifikation des Arbeitskräftepotentials besonders deutlich gegeben sind. Nach diesen Kriterien sind die regionalen Beschäftigungseffekte insbesondere bei Maßnahmen der beruflichen Bildung und beim Ausbau von Fachschulen, Fachhochschulen und Hochschulen regionalpolitisch von Interesse (vgl. Tabelle 3).

Tabelle 3

Taxierung der Raumbedeutsamkeit von Maßnahmen im Bildungsbereich

Maßnahme-bereiche \ Kriterien der Raumbedeutsamkeit	Künftiges Investitionsniveau allgemein	Regionale Disparitäten	Direkte Beschäftigungseffekte	Indirekte Beschäftigungseffekte
(1) Allgemeinbildendes Schulwesen	–	+ –	+	+
(2) Fachhochschulen und Hochschulen	+	+ +	+ +	+ +
(3) berufliche Bildung	+ +	+ + +	+	+ +
(4) Forschungsförderung	+	+ + +	+ +	+
(5) Fernunterricht	+	+	+ –	+

[13]) Mit dem Begriff „hochwertige Unternehmensfunktion" sind die Teile eines Unternehmens zusammengefaßt, die mit Entwicklung, Planung, Verwaltung, Vertrieb usw. befaßt sind.

[14]) Unter konjunktur- und beschäftigungspolitischen Gesichtspunkten werden die öffentlichen Investitionen häufig pauschal als notwendig und nützlich eingestuft. Limitationen werden allenfalls in der Verfügbarkeit von Baukapazitäten oder in der Finanzierbarkeit – also in der Wirkung auf Preisstabilität – gesehen. Die unterschiedlichen regionalen Effekte der einzelnen Sachbereiche dagegen sind bei globalwirtschaftlicher Betrachtung nicht ins Kalkül gezogen.

III. Stabilisierung des Standortsystems im allgemeinbildenden Schulwesen

Nach weitverbreiteter Ansicht sind die regionalen Disparitäten im allgemeinbildenden Schulwesen weitgehend abgebaut. Bei stark rückläufiger Besetzung der Altersgruppen von 0–15 Jahren ist zu hören, daß das gegenwärtige Standortsystem der schulischen Einrichtungen künftig in den dünn besiedelten peripheren Regionen nicht mehr in vollem Umfang aufrechterhalten werden könne. Bei größeren Einzugsbereichen der verbleibenden Standorte würden die zumutbaren Schulwege überschritten. Auf den Rückzug der Infrastruktur aus der Fläche müsse somit zwangsläufig auch der Rückzug der Bevölkerung folgen[15]).

Mit Modellrechnungen läßt sich zeigen, daß eine derartige Entwicklung durchaus nicht zwangsläufig eintreten muß. Unterstellt man die Stabilisierung der Geburtenrate bei etwa 10 pro 1000 Einwohner, läßt sich das derzeitige Standortsystem bis hin zur Sekundarstufe II auch weiterhin aufrechterhalten und in Teilen sogar weiter dezentralisieren, wenn zwei durchaus einschneidende Maßnahmen ergriffen werden[16]):
1. Absenkung der Schüler-Lehrer-Relation in dünn besiedelten Gebieten.
2. Neue Formen standörtlicher Schulorganisation (z. B. Abtrennung der Sekundarstufe I von der Sekundarstufe II des Gymnasiums).

Tabelle 4

Besuch weiterführender Schulen 1975

Gebietstyp[1])	Quartanerquote 1975	Index
Große Verdichtungsräume	53,5	107
periphere ländliche Räume	42,6	85
Bundesdurchschnitt	50,2	100
höchster Wert	72,4	144
niedrigster Wert	36,0	72

Quelle: Laufende Raumbeobachtung Bundesforschungsanstalt für Landeskunde und Raumordnung
[1]) zu den Gebietstypen s. Tabelle 1

---

[15]) Derartige Argumentationsketten wurden insbesondere in den Jahren 1974–1976 als unmittelbare Reaktion auf die bewußtgewordene Bevölkerungsabnahme beschrieben. Zwischenzeitlich sind die Betrachtungen wohl allgemein differenzierter geworden.

[16]) Die planerisch gewollte Differenzierung der Schüler-Lehrer-Relationen und der Klassengrößen ist mehr oder weniger stark in allen Bundesländern z. Z. in Diskussion; vgl. dazu u. a. auch den Entwurf des niedersächsischen Schulentwicklungsplans.

Tabelle 5

*Modellrechnungen zur notwendigen Mantelbevölkerung
im allgemeinbildenden Schulwesen*

Bereiche Kennwerte	Primar	Sekundar I	Sekundar II
Normalter	6–9	10–15	16–18
Jahrgangsstufen	1–4	5–10	11–13
Anzahl der Jahrgänge	4	6	3
Züge (Norm)	2	4	10
(Varianz)	2–1	4–2	15–5
Klassen (Norm)	8	24	30
(Varianz)	8–4	24–12	45–15
Schüler/Klasse (Norm)	25	30	20
(Varianz)	32–16	40–20	20
Schüler/Lehrer (Norm)	21	19	12
(Varianz)	26–13	25–13	12
Jahrgangsstärke (Norm)	50	120	1000
(Varianz)	64–16	160–40	1000
Mantelbevölkerung (Norm)	5000	12000	100000
(Varianz)	6400–1600	13000–4500	150000–50000

Quelle: Unveröffentlichtes Manuskript von M. Heister

In der bildungspolitischen Diskussion ist als Reaktion auf die Konzentrationsbewegung der letzten Jahre eine deutliche Dezentralisierungstendenz zu erkennen. Diese rückt zwei Grundsätze mehr als bisher in den Vordergrund[17]:
– Wohnortnähe der Schule
– Alternative Entscheidungsmöglichkeiten bei der Wahl der Schule
Beide Ziele machen die Verkleinerung und die Dezentralisierung der Organisationseinheiten bei gleichzeitiger Abkehr von einer festen Sprengelbildung notwendig.

Ein Blick auf die „Quartanerquote" als zusammenfassendes Maß für den Besuch weiterführender Schulen zeigt, daß bis heute noch immer Disparitäten zwischen großen Verdichtungsräumen und peripheren Gebieten bestehen. Diese sind zumindest teilweise angebotsbedingt[18]. Regionale Bildungsplanung im allgemeinschulischen Bereich steht somit vor der Problematik, daß räumlich und zeitlich Nachholbedarf und drohende Überkapazitäten nahe beieinander liegen. Um so mehr wird es eine der wesentlichen Aufgaben regionaler Bildungsplanung und Bildungsforschung sein, organisatorische

---

[17] Gemeinsames Forum für diese bildungspolitische Grundsatzdiskussion ist u. a. die Bund-Länder-Kommission für Bildungsplanung (BLK), die an der Fortschreibung des Bildungsgesamtplanes arbeitet.

[18] Vielfach wird die Auffassung vertreten, daß die heutigen Unterschiede in der Beteiligungsquote an weiterführender Schulbildung nicht mehr auf Unterschiede in den Bildungsangeboten – Kapazität, Fächerstruktur, Länge des Schulweges – zurückzuführen sei, sondern auf die Bildungsverhaltensweisen von Schülern und Eltern, die zumindest über verbesserte Angebote nicht mehr nennenswert beeinflußbar sind.

Regelungen in den Vordergrund zu rücken, die auch bei abnehmenden Schülerzahlen ein dezentrales Standortsystem ermöglichen und die Deckung des heute noch bestehenden Nachholbedarfs als sinnvoll erscheinen lassen. Um die finanziellen Aufwendungen in Grenzen zu halten, ist zu überlegen, ob die notwendigen Einsparungen mehr als bisher von den gut versorgten und gut erschlossenen Regionen getragen werden müssen.

IV. Raumordnungspolitisch bedeutsame Aufgaben im Hochschulbereich

Überlegungen zum künftigen Akademikerbedarf und die altersstrukturbedingt rückläufige Zahl der Studienbewerber nach 1985 haben zu einer Rücknahme der Ausbauziele im Hochschulbereich von ursprünglich rd. 1 Mio. Studienplätzen auf nun etwa 850 000 (Flächenrichtwerte) im Bundesgebiet insgesamt geführt[19]. Das theoretisch verteilbare Potential an neuen Studienplätzen beträgt damit knapp 140 000. Davon ist allerdings bereits ein Teil durch Planungen festgelegt. Für neu gegründete und bislang nur teilweise ausgebaute Hochschulen besteht damit die Gefahr, daß diese nicht mehr bis zur vollen Funktionsfähigkeit ausgebaut werden.

Schon in den zurückliegenden Jahren erfolgte der Ausbau der neu gegründeten Hochschulen nur zögernd. Nach den Festlegungen des 7. Rahmenplans der Gemeinschaftsaufgabe „Ausbau und Neubau der Hochschulen" sind bis 1985 immer noch mehr als 45 % der Mittel für Hochschulen mit bereits mehr als 10 000 Studienplätzen vorgesehen. Für die große Zahl der neugegründeten Hochschulen mit heute noch weniger als 2500 Studienplätzen ist dagegen auch in den nächsten 10 Jahren nur ein Anteil von etwa 20 % des Kapazitätszuwachses insgesamt reserviert. Die großen Hochschulen mit mehr als 20 000 Studienplätzen erhalten nach diesen Planungen einen ebenso hohen Kapazitätszuwachs (vgl. Tabellen 6, 7 u. 8).

Die deutlichen regionalen Disparitäten in der Versorgung mit Hochschuleinrichtungen würden nach den bisherigen Planungen auch 1985 weiter bestehen. In den großen Verdichtungsräumen entfallen heute im Mittel 216 Studenten auf 1000 der 20- bis 25jährigen Bevölkerung. In peripher gelegenen ländlichen Räumen beträgt dieser Wert dagegen lediglich 26. Bei einem Bundesdurchschnitt von 176 schwanken die Versorgungsgrade in den insgesamt 58 Planungsregionen/Oberbereichen des Bundesgebietes zwischen 688 im Maximum und 0 im Minimum[20].

Diese Situation steht nicht nur im Gegensatz zu bildungs- und regionalpolitischen Zielen, die der Chancengleichheit verbunden sind. Sie bedeutet auch erhebliche erwerbsstrukturelle Nachteile für die unterversorgten Regionen. Denn von Hochschulen und Fachhochschulen gehen bei Leistungserstellung und bei Leistungsabgabe direkte und indirekte Beschäftigungseffekte aus, die zusammengenommen mit 5000 bis 7000 krisensicheren und hochqualifizierten Arbeitsplätzen, bezogen auf eine Studienkapazität von 10 000 Studenten, zu veranschlagen sind[21].

---

[19] Seit dem 6. Rahmenplan der Gemeinschaftsaufgabe „Ausbau und Neubau der Hochschulen" ist dieser Wert als langfristiges Ausbauziel in der von Bund und Ländern gemeinsam getragenen Rahmenplanung enthalten.

[20] Eine ausführliche Darstellung der regionalen Unterschiede in der Versorgung mit Hochschuleinrichtungen enthält der Beitrag von H. Monheim: Die raumordnungspolitische Relevanz des Hochschulbaus; Informationen zur Raumentwicklung Heft 3/4.1977.

[21] Hochschule und regionale Entwicklung. Ergebnisbericht zum Forschungsprojekt 1974.01 des BMBau: „Analyse der raumordnungspolitischen Effekte der wesentlichen raumwirksamen Maßnahmen des Bundes."

Nun wird man nicht einer übermäßigen Ausweitung der Studienkapazitäten aus regionalpolitischen Gründen das Wort reden können. Die raumordnungspolitischen Koordinierungsbemühungen müssen sich daher im Schwerpunkt den strukturbedingten Umverteilungsspielräumen zuwenden bzw. der regionalen Verteilung der „Überlastquoten".

Bedeutsam ist hier vor allen Dingen der Abbau der Studiengänge für das Lehramt an Universitäten und pädagogischen Hochschulen und die damit verbundene Umverteilung auf andere universitäre Studiengänge bzw. auf Fachhochschulen. Dabei eröffnet sich die Chance, regionalpolitisch bislang benachteiligte Standorte vom Abbau auszunehmen bzw. an der sektoralen Umverteilung überproportional teilhaben zu lassen[22]). Ein Einblick in die damit gegebenen regionalpolitisch nutzbaren Potentiale vermittelt der Hochschulstrukturplan des Landes Baden-Württemberg (Entwurf). Nach diesen Planungen sollen bis 1985 immerhin rd. 3700 Studienplätze im Lehramt abgebaut werden und bei den Fachhochschulen rd. 4300 zusätzlich entstehen (vgl. Tabellen 9 u. 10).

Der raumordnungspolitische Koordinierungsauftrag und die zugehörige regionale Bildungsforschung haben sich künftig vor allen Dingen mit folgenden Aufgaben auseinanderzusetzen:

1. Argumentative Absicherung des gegenwärtigen Plafonds von 850 000 Studienplätzen im Bundesgebiet insgesamt. Dies ist notwendig, um im Interesse der bislang benachteiligten Regionen mit neu gegründeten kleinen Hochschulen ein gewisses Potential an neuverteilbaren Studienplätzen aufrecht zu erhalten.
2. Nachweis der Notwendigkeit, daß die bislang nicht voll ausgebauten Hochschulen an dem noch verteilbaren Studienplatzzuwachs stark überproportional beteiligt werden müssen.
3. Einwirkung auf den Abbau von Studienplätzen in einigen Studiengängen mit dem Ziel, daß diese vorrangig zu Lasten der Standorte mit großen Hochschulen gehen.
4. Bevorzugter Ausbau der Fachhochschulkapazitäten in bislang benachteiligten Regionen.
5. Einbringung regionalpolitischer Aspekte in die Verteilung der „Überlastquoten", da nach aller Erfahrung einmal gewährte Überlastkapazitäten nicht mehr vollständig eingezogen werden können.

Tabelle 6

Entwicklung der Studentenzahlen in neugegründeten und „alten" Hochschulen

	Studenten an wiss. Hochsch. 1972 in %	Studenten an wiss. Hochsch. 1974 in %	Studenten an wiss. Hochsch. 1976 in %
in Hochschulen, die bereits vor 1960 bestanden	91,7	83,4	82,4
in Hochschulen, die nach 1960 gegründet wurden	8,3	16,6	17,6
	100,0	100,0	100,0

Quelle: Eigene Berechnungen nach Daten aus den Empfehlungen des Wissenschaftsrates.

---

[22]) Vgl. dazu Hochschulstrukturplan II des Landes Baden-Württemberg; Landtag von Baden-Württemberg, Drucksache Nr. 7/2310.

Tabelle 7

*Aufwendungen von Bund und Ländern in der GA „Hochschulbau"
für neu gegründete und „alte" Hochschulen*

	Aufwendungen bis 1974 in %	Aufwendungen bis 1976 in %
Hochschulen, die vor 1960 gegründet wurden	68,0	66,7
Hochschulen, die nach 1960 gegründet wurden	32,0	33,3
	100,0	100,0

Quelle: Eigene Berechnungen nach den Rahmenplänen für den Hochschulbau, 1–6.

Tabelle 8

Entwicklung der Hochschulversorgung nach Gebietstypen (GE/BROP)

	Anteil an der Gesamt-bevölkerung 1976 in %	Anteil a. d. 19- bis 24jähr. 1970 in %	Anteil a. d. Gesamt-studierenden 1976 in %	Anteil am Zuwachs der Studierenden 1970–1976 in %	Studierende je 1000 Ew. 1976 in %
GE mit über-durchschnittl. Infrastruktur- u. Erwerbs-struktur-defiziten*)	7,6	13,9	2,4	1,8	3,2
GE mit weit über-durchschnittl. Hochschul-angebot**)	24,9	19,6	30,6	28,4	24,8

*) = GE 1, 7, 19, 22, 32, 33
**) = GE 8, 12, 17, 18, 24, 30, 34

Quelle: Eigene Berechnungen nach Daten aus den Empfehlungen des Wissenschaftsrates, aus der VZ 1970 und aus der Fachserie A, Reihe 1, StBuA.

Tabelle 9

Entwicklung der Studienplatzkapazitäten 1976–1985 nach dem Hochschulstrukturplan Baden-Württemberg (Entwurf)

Hochschularten	Studienplätze		
	Ist 1975/76	Überlast-Plätze	Soll 1985
Universitäten	17 000	1600	19 000
– Lehramt	4 300		2 100
– Nichtlehramt	12 700		16 900
Pädagog. Hochschulen	4 900	600	4 000
– Lehramt	4 900		3 000
– Nichtlehramt	–		1 000
Fachhochschulen	7 200	1900	11 500
Hochschulen insgesamt	29 900	4350	35 500

Quelle: Landtag von Baden-Württemberg 7/2310

Tabelle 10

Abbau der Studienplätze in Pädagogischen Hochschulen gemäß Hochschulstrukturplan Baden-Württemberg (Entwurf)

Standorte (ausgewählte)	Studienplätze		
	Ist	Verbleibende	Veränderung in % (stark gerundet)
Esslingen	1833	800	50 %
Ludwigsburg	2706	1600	60 %
Karlsruhe	2398	900	40 %
Schwäb. Gmünd +	1606	1300	80 %
Weingarten +	2264	1600	70 %

Quelle: Landtag von Baden-Württemberg 7/2310
+ = Standorte in schlecht versorgten Hochschulregionen

V. Erhebliche raumbedeutsame Aufgaben in der beruflichen Bildung

Die Berufsbildungsberichte der Bundesregierung 1977 und 1978 enthalten regionalisierte Daten zur Situation der betrieblichen Berufsausbildung[23]). Danach bestehen unübersehbare regionale Disparitäten im Angebot an Ausbildungsmöglichkeiten für Jugendliche. In Regionen mit quantitativ unzulänglichem Ausbildungsplatzangebot sind

---

[23]) Das Ausbildungsplatzförderungsgesetz (APlFG) ist gesetzliche Grundlage für die jährliche Erfassung der Ausbildungskapazitäten im betrieblichen Bereich. Mit dieser statistischen Grundlage werden in den Berufsbildungsberichten der Bundesregierung jährlich auf der Ebene der Arbeitsamtsbezirke angebotene betriebliche Ausbildungsplätze der Zahl der Jugendlichen in den entsprechenden Altersjahrgängen gegenübergestellt.

meist auch die Berufswahlchancen eingeschränkt, da im schulischen und betrieblichen Angebot nicht die gesamte Palette der Berufsfelder vorhanden ist. Weitere Nachteile entstehen meist durch die überdurchschnittlich langen Wege zu den berufsschulischen Einrichtungen (vgl. Tabelle 11).

Ohne berufliche Ausbildung sind die Chancen der jungen Generation auf dem Arbeitsmarkt heute und in Zukunft besonders schlecht[24]. Die offenkundig höheren Jugendarbeitslosenquoten in den peripher gelegenen ländlichen Gebieten sind nicht zuletzt auch ein Ergebnis der schwierigen Situation in der beruflichen Bildung. Die Jugendarbeitslosigkeit in diesen Gebieten wäre vermutlich noch deutlich höher, wenn nicht ein beträchtlicher Teil der jungen Generation auf der Suche nach einem Ausbildungs- oder Arbeitsplatz in die großen Verdichtungsräume abwandern würde[25]. Auf diese Weise werden die Ausbildungsplatzdefizite in den ländlichen Räumen beschönigt, während in den Zuwanderungsgebieten ein Teil der Jugendarbeitslosigkeit bzw. des Ausbildungsplatzdefizits importiert ist (vgl. Tabelle 12).

Im Bereich der beruflichen Bildung greift der Staat mit einer Reihe von Maßnahmen in die schulische und in die betriebliche Bildung ein[26]:
– durch Finanzhilfen an die Gemeinden zum verstärkten Ausbau der berufsschulischen Bildungseinrichtungen;
– durch Förderung von überbetrieblichen Ausbildungsstätten;
– durch die Gewährung von Investitionszuschüssen für betriebliche Ausbildungsplätze;
– durch die Förderung von Modellversuchen;
– durch Ausbildungsordnungen;
– durch Regelungen der Ausbildungsförderung (BAFöG);

Mit Ausnahme der im Rahmen der Gemeinschaftsaufgabe „Verbesserung der regionalen Wirtschaftsstruktur" gewährten Investitionszuschüsse für Ausbildungsplätze ist keine dieser Maßnahmen ausdrücklich regionalisiert[27].

---

[24]) Die verschiedentlich durchgeführten Analysen zur Jugendarbeitslosigkeit zeigen, daß die Chancen der schlecht ausgebildeten Jugendlichen auf dem Arbeitsmarkt besonders gering sind; diese sind in besonderem Maße dem Verdrängungswettbewerb der besser ausgebildeten ausgesetzt.

[25]) Es gibt bislang leider keine Untersuchungen über die in die Verdichtungsräume zuwandernden Jugendlichen und die davon ausgehenden Verdrängungen auf dem Arbeitsmarkt und dem Ausbildungssektor. Nach allgemeiner Erfahrung kann jedoch angenommen werden, daß die mobileren, beweglichen und aufstiegsorientierten Gruppen abwandern und daß diese im Verdrängungswettbewerb sich besser durchsetzen. Danach müßten bei beschränkten Ausbildungskapazitäten und Arbeitsplatzangeboten die in den Verdichtungsräumen bereits ansässigen sozial schwächeren Jugendlichen über vielfältige „Sickerprozesse" aus Ausbildung und Arbeit verdrängt werden.

[26]) Ein Überblick über die öffentliche Förderung der beruflichen Bildung gab unlängst der Parlamentarische Staatssekretär im Bundesministerium für Bildung und Wissenschaft Björn Engholm: Programme zur Förderung der beruflichen Bildung; gewerkschaftliche Bildungspolitik, Heft 12.1977 S. 298–302.

[27]) Seit dem 7. Rahmenplan der Gemeinschaftsaufgabe „Verbesserung der regionalen Wirtschaftsstruktur" werden betriebliche Ausbildungsplätze in der Förderung mit den Dauerarbeitsplätzen gleichgestellt. Für diese Gemeinschaftsaufgabe ist eine explizite Fördergebietskulisse eingeführt. Diese garantiert, daß die Fördermittel den benachteiligten Regionen zufließen.

Für periphere dünn besiedelte Regionen mit meist einseitiger Wirtschaftsstruktur erscheinen kompensatorische Ausbildungsstrategien zweckmäßiger als strukturangepaßte. Demnach würden Einrichtungen der überbetrieblichen Ausbildung zweckmäßiger als betriebliche Ausbildungsstätten und vollzeitschulische Einrichtungen zweckmäßiger als teilzeitschulische sein. Hier stehen allerdings noch umfangreiche Forschungsarbeiten über Akzeptanz und regionalstrukturelle Effekte bestimmter Ausbildungseinrichtungen an. Außerdem sind die komplexen Verhältnisse am Übergang zwischen Ausbildungs- und Beschäftigungssystem der regional unterschiedlich strukturierten Regionen bislang kaum geklärt[28]).

Tabelle 11   *Regionale Disparitäten in der beruflichen Bildung*

Ausgewählte Gebietseinheiten (BROP)	Ausbildungsplätze auf 100 Schulabgänger	vollzeitschulische Ausbildungsplätze auf 100 Schüler	Breite des Ausbildungsangebots
	(1)	(2)	(3)
Hamburg (3)	86	29	1,15
Hannover (10)	92	34	0,96
Düsseldorf (16)	99	42	0,97
Köln (18)	83	36	1,15
Frankfurt (24)	100	35	0,89
Lüneburg (4)	79	24	1,29
Ems (7)	75	29	1,38
Westpfalz (27)	55	24	0,94
Oberpfalz (32)	57	24	1,43
Niederbayern (33)	63	24	1,42

(1) Quelle: Berufsbildungsbericht 1977 (Schulabgänger bereinigt um Hochschulberechtigte)
(2) + (3) Quelle: System der laufenden Raumbeobachtung der BfLR

Tabelle 12   *Jugendarbeitslosigkeit*

Gebietskategorien[1])	Arbeitslosigkeit der unter 20jährigen 1977	Binnenwanderungssaldo der 18- bis 25jährigen auf 1000 Ew. 1975
Regionen mit großen Verdichtungsräumen	8,8 %	+ 6,6
periphere ländliche Regionen	10,2 %	−18,9

[1]) Definition s. Tabelle 1
Quelle: Laufende Raumbeobachtung der BfLR

[28]) Gerade in benachteiligten Regionen sind die subjektiven Einschätzungen der späteren Verwertbarkeit von beruflicher Ausbildung ein bedeutsamer Aspekt bei der Bereitschaft, bestimmte Ausbildungsangebote zu akzeptieren. Dies zeigt sich u. a. in der tendenziellen Zurückhaltung bei der Annahme des Berufsgrundbildungsjahres durch Eltern und Auszubildende.

VI. Die Raumbedeutsamkeit der Forschungsmittel ist bislang wenig beachtet

Für universitäre und außeruniversitäre Forschung werden gegenwärtig weit mehr als 5 Mrd. DM jährlich ausgegeben.

Die universitären Forschungsmittel verteilen sich nicht proportional zu den Hochschulkapazitäten[29]). Ein überdurchschnittlich hoher Anteil entfällt auf die voll ausgebauten Hochschulen mit technisch-naturwissenschaftlichen Fächern. Die neu gegründeten Hochschulen dagegen sind bislang kaum in der Lage, in nennenswertem Umfang Forschung zu betreiben. Da die technisch-naturwissenschaftlichen Fächer im Vergleich zu Geisteswissenschaften und Lehramt geringer vertreten sind, entfällt die „teure" naturwissenschaftliche Forschung weitgehend (vgl. Tabelle 13).

Auch die außeruniversitäre Forschung in staatlichen Großforschungseinrichtungen und in der privaten Wirtschaft konzentriert sich zum größten Teil auf die großen Verdichtungsräume. Zum Teil findet diese in Kooperation mit der universitären Forschung statt[30]).

Die staatlichen Forschungsmittel haben direkte und indirekte Beschäftigungswirkungen. Mit durchschnittlich 100 000 DM pro Jahr wird ein hochwertiger Arbeitsplatz geschaffen bzw. gesichert. Indirekt wird die Standortattraktivität von Regionen für die Entwicklung bzw. Neuansiedlung von Betrieben und Dienstleistungsunternehmen gefördert, die über die Produktion hinaus Forschung und Entwicklung betreiben[31]).

Die stärkere Umlenkung der staatlichen Forschungsmittel in die erwerbsstrukturell benachteiligten Regionen stößt auf zwei Schwierigkeiten[32]):

– Geeignete Ansatzpunkte im universitären und außeruniversitären Bereich fehlen weitgehend;

– für die Vergabe der Forschungsmittel sind bislang keine Planungsverfahren formalisiert, auf die die Raumordnungspolitik einen Koordinationsanspruch erheben könnte.

In wirtschaftlich benachteiligten Regionen finden die Absolventen an neu gegründeten Hochschulen besonders schwer eine Beschäftigung. Die an sich weit verbreitete „Zwischenlagerung" der Absolventen in der universitären Forschung hat also gerade hier besondere Bedeutung. Der Abbau der Abwanderung an Studienberechtigten durch wohnortnahe Studienplätze ist letztlich regionalpolitisch betrachtet nur ein Teilerfolg, wenn nicht anschließend auch die Beschäftigung in der Heimatregion gelingt. Besondere Förderungsprogramme und höhere Priorität in der Wissenschaftsförderung für neu gegründete Hochschulen sollten also weiter fortgedacht werden.

---

[29]) Dies ist ein in der Regionalpolitik bislang weitgehend vernachlässigter Tatbestand. Die Bundesregierung hat erstmals im Raumordnungsbericht 1974 (S. 75 ff.) auf diesen Sachverhalt hingewiesen.

[30]) Eine ausführliche Darstellung der regionalpolitischen Bedeutung und der räumlichen Verteilung der staatlichen Forschungs- und Technologienförderung enthält der Raumordnungsbericht 1978.

[31]) Vgl. dazu Ergebnisbericht zum Forschungsprojekt 1974.01 des BMBau: „Analyse der raumordnungspolitischen Effekte der wesentlichen raumwirksamen Maßnahmen des Bundes."

[32]) An dieser Schwierigkeit ist bislang u. a. jeder Versuch einer ausdrücklichen Regionalisierung der Forschungs- und Technologienförderung gescheitert.

Tabelle 13

Forschungsbeschäftigte 1973 auf 10 000 E

Gebietstypen	Beschäftigte in staatlich geförderten außeruniversitären Forschungseinrichtungen (ohne Industrieforschung)	Forschungsbeschäftigte insges. (einschl. Hochschulen u. Sonderforschungsbereiche, ohne Industrieforschung)
in GE mit Schwächen in der Infrastruktur	6,2	13,8*)
in GE mit Schwächen in der Erwerbsstruktur	5,3	13,9**)
in GE mit Schwächen in der Infrastruktur und der Erwerbsstruktur	1,3	4,2
ohne Strukturschwächen	7,4	15,9

Anmerkungen: *) die relativ hohen Werte beruhen vor allem auf dem weit überdurchschnittlichen Besatz von Braunschweig mit 34,2 Forschungsbeschäftigten je 10 000 Ew.

**) die relativ hohen Werte beruhen vor allem auf den weit überdurchschnittlichen Werten von Göttingen (69,8), Aachen (60,0) und Mittel-Osthessen (17,7)

Quelle: Eigene Berechnungen nach Angaben im Bundesbericht Forschung V

VII. Der Medieneinsatz eröffnet Dezentralisierungschancen

Im Vergleich zu anderen hochentwickelten Industrieländern ist in der Bundesrepublik Deutschland der Einsatz von Medien im Bildungswesen unterentwickelt[33]).

Audio-visuelle Medien – Funk, Fernsehen, Ton und Bildkonserven – können auf zweifache Weise regionale Defizite im Bildungsangebot abbauen:

- Soweit bei dezentralen Bildungseinrichtungen die Betriebsgröße eine ausreichende Spezialisierung der Lehrkräfte und des Lehrangebotes nicht zuläßt, können die Lücken im Lehrangebot über Medien geschlossen werden.

- Soweit die tägliche Zugänglichkeit der Bildungseinrichtungen durch überlange Wege erschwert wird, kann die Präsenznotwendigkeit durch den Einsatz von Medien verringert werden.

Die Einsatzmöglichkeiten sind vielfältig:

- Die Rückkehr zu Schulen mit wenigen Zügen bei abnehmenden Schülerzahlen in Grundschule und Sekundarstufe I wird erleichtert.

- Die angestrebte Differenzierung im Kurssystem der Sekundarstufe II wird auch bei geringeren Schülerzahlen möglich.

---

[33]) Eine ausführliche Darstellung der Raumbedeutsamkeit von Telekommunikationsmedien enthält das Themenheft der Zeitschrift „Informationen zur Raumentwicklung", Heft 10. 1977 – Raumbedeutsame Aspekte des Medieneinsatzes im Bildungswesen –.

- Das einseitige Fächerangebot der neu gegründeten Fachhochschulen und Hochschulen kann durch die zusätzliche Einrichtung von Fernkursen erweitert werden.

Wohnortnahe dezentrale Bildungseinrichtungen und Medieneinsatz kommen vor allem den sozialen Gruppen zugute, die traditionell eine große soziale Distanz zu weiterführenden Bildungseinrichtungen haben.

Die technologische Entwicklung im Bereich der Telekommunikation bringt neue Möglichkeiten: Die Kombination von Telefon und Bildschirm im Verbund mit verschiedenen Datenquellen (Bibliotheken, Statistische Ämter usw.) eröffnet den individuellen Zugang zu verschiedenen Informationsquellen und Lehrangeboten. Das Kabelfernsehen macht darüber hinaus den örtlichen und regional begrenzten Dialog zwischen Bildungseinrichtungen und Wohnung der Schüler möglich.

Der Raumordnungspolitik in Bund und Ländern stellt sich somit die Aufgabe, auf die bevorzugte Ausbreitung der konventionellen Medientechnik in den benachteiligten Gebieten hinzuwirken. Bei den sich abzeichnenden Fortentwicklungen der Telekommunikation sollten darüber hinaus Modellversuche vor allem in dünn besiedelten Gebieten mit abnehmender Bevölkerung angeregt werden[34]).

VIII. Schlußbemerkung

Effektive gesamtstaatliche Bildungsplanung sollte mehr denn je die regionalen Besonderheiten beachten und mit einer entsprechenden Regionalisierung der Maßnahmen antworten. Die stärkere Regionalisierung der raumwirksamen Maßnahmen im Bildungsbereich ist jedoch gerade neuerdings von zwei Seiten her in Frage gestellt:

1. Die deutlich hervortretenden Friktionen zwischen Bildungssystem und Beschäftigungssystem werden zum Anlaß genommen, Ziele und Maßnahmen in der allgemeinen Bildungsplanung zu revidieren. Ursprünglich angestrebte Ausbauziele in den materiellen und personellen Infrastrukturkapazitäten werden zurückgenommen. Dadurch wird das regional verteilbare Potential geschmälert. Vorhandene Kapazitäten sollen vorübergehend „überlastet" genutzt werden. Dadurch werden die Standorte und Regionen begünstigt, die heute bereits voll ausgebaut sind. Die Ausbildungsinhalte sollen mehr auf die Anforderungen der jeweiligen regionalen Arbeitsmärkte abgestimmt werden. Dadurch besteht die Gefahr, daß Regionen auf die gegenwärtigen, häufig problematischen Arbeitsmarktstrukturen festgeschrieben werden.

2. Neuere raumordnungspolitische Grundsatzdiskussionen stützen diese Tendenzen in der Fachplanung. Hier wird von raumfunktionaler Arbeitsteilung geredet, womit eine Legitimation für Substandards in bestimmten Funktionsbereichen, darunter auch im Bildungs- und Ausbildungssystem für diejenigen Regionen entsteht, in denen schon bislang keine chancengleichen Angebote ausgebaut werden konnten.

Wesentliche Aufgabe der regionalen Bildungsplanung und der zugehörigen Regionalforschung sollte es daher sein, die Konsequenzen derartiger Zielvorstellungen analytisch

---

[34]) Aus den langwierigen Diskussionen über die Modellversuche zum Kabelfernsehen ist zu entnehmen, daß diese u. a. aus Rentabilitätsgründen ausschließlich in großen Verdichtungsräumen und dort wiederum in dicht besiedelten Quartieren durchgeführt werden sollen. Damit wird wohl auch diese Technologie den üblichen Innovationsverlauf haben, der den Verdichtungsräumen zuerst zu einem technologischen und später zu einem sozial-ökonomischen Vorsprung verhilft.

zu verfolgen und politisch zu bewerten. Je mehr Argumente für die generelle Zweckmäßigkeit einer stärkeren Entkopplung von Bildungs- und Beschäftigungssystem in der Bildungspolitik gefunden werden, um so eher kann auch der Abbau regionaler Disparitäten unter den veränderten Bedingungen weiter verfolgt werden[35]). Bildung und Ausbildung würden dann einen von den aktuellen Beschäftigungsaussichten unabhängigen Eigenwert erhalten, der den weiteren Ausbau auch dann rechtfertigt, wenn der nahtlose Übergang ins Beschäftigungssystem kurz- und mittelfristig nicht in vollem Umfang vorgezeichnet ist.

Für periphere Regionen mit kleinen und einseitig strukturierten regionalen Arbeitsmärkten erscheint es besonders fragwürdig, auf den „Bedarf" von heute auszubilden. Der Regionalpolitik würde dadurch das Argument geliefert, höherwertige Arbeitsplätze könnten wegen fehlenden Qualifikationen der Arbeitskräfte nicht angesiedelt werden. Die Position des Arbeitnehmers auf dem Arbeitsmarkt würde erheblich geschwächt, da wegen mangelnder Qualifikation die regionalpolitisch zwar nicht erwünschte, aber im Einzelfall den Freiheitsspielraum erweiternde Option zur Abwanderung eingeschränkt wurde. Außerdem hat die Einrichtung eines differenzierten Bildungs- und Ausbildungssystems unmittelbare und abgeleitete Beschäftigungseffekte in den benachteiligten Regionen, die quantitativ durchaus bedeutsam sind.

In dieser Grundsatzdiskussion wird also darüber befunden, welche Zuwachsraten in der materiellen und personellen Infrastruktur insgesamt notwendig erscheinen und wieviel regional verteilbares Potential zur Verfügung stehen wird.

Der These ist allerdings zu widersprechen, daß regionale Bildungsplanung am Ende sei, wenn kaum noch verteilbare neue Kapazitäten zur Disposition stehen. Bildungsplanung wird sich in den nächsten Jahren zunehmend mehr mit der innersektoralen Umverteilung von vorhandenen Kapazitäten befassen. Das Verhältnis von allgemeinschulischer, beruflicher, hochschulischer und auf die Erwachsenen bezogenen Bildung ist neu zu ordnen. Dies wird Jahre in Anspruch nehmen. Darüber hinaus werden innerhalb der einzelnen Bereiche Bewegungen stattfinden. Die Anteile von Hochschulen und Fachschulen von Lehrerausbildung und anderen Ausbildungsgängen, von vollzeitschulischer, teilzeitschulischer und überbetrieblicher beruflicher Ausbildung stehen zur Diskussion. Richtzahlen für Schüler-Lehrer-Relationen, von Klassenstärken, von zumutbaren Einzugsbereichen und davon abgeleitet von Mindestgrößen für Standorte von Bildungseinrichtungen werden neu bestimmt.

Jede der dabei getroffenen Entscheidung hat erhebliche räumliche Implikationen und ist daher auf Verträglichkeit mit den raumordnungs- und regionalpolitischen Zielsetzungen zu prüfen. Die innere Umstrukturierung in den einzelnen Bildungssektoren eröffnet dabei stets auch die Chance, räumliche Umverteilung zumindest ins Gespräch zu bringen. Aus der Sicht der Raumordnungspolitik kann es keine „Standortgarantie" für einmal geschaffene Kapazitäten geben. Dies würde zwangsläufig eine Perpetuierung des in vielen Bereichen doch unzulänglichen status quo bedeuten.

Für regionale Bildungsplanung und regionale Bildungsforschung werden also veränderte Perspektiven bedeutsam. Die damit gestellten planerischen Aufgaben sind vielleicht weniger spektakulär als in der Phase der zahlreichen Neugründungen von Schulen und Hochschulen. Sie sind gleichwohl nicht weniger bedeutsam.

---

[35]) Hierzu sei besonders hingewiesen auf den Beitrag von WERNER E. SPIES „Perspektivenwandel bei Zielsetzung und Systemabstimmung in regionaler Bildungsplanung" in diesem Band (S. 7 ff.).

Forschungs- und Sitzungsberichte
der Akademie für Raumforschung und Landesplanung

Band 107: Infrastruktur im Bildungswesen

Aus dem Inhalt: Seite

Clemens Geißler, Hannover	Vorwort: Die Einordnung des Forschungsansatzes „Infrastruktur im Bildungswesen" in das Arbeitsprogramm des Arbeitskreises	1
Alfons Otto Schorb, München	Aufriß einer Theorie der Infrastruktur des Schulwesens	7
Martin Dettinger-Klemm, Stuttgart	Verwaltung als Infrastruktur des Bildungswesens	23
Werner E. Spies, Dortmund	Regionalisierte curriculare Infrastruktur	47
Robert Geipel, München	Bildungsgeographische Probleme bei der Schulversorgung von Kindern ausländischer Arbeitnehmer (dargestellt am Beispiel Münchens)	57
Raimund Ritter, München	Schulbeförderung in drei bayerischen Landkreisen	99
Rolf Hansen und Kurt Zippel, Hannover	Schülertransport – ein Element der Infrastruktur im Bildungswesen – Grundlagen der Planung –	115
Hans-Jürgen Back, Hannover	Die Funktion überbetrieblicher Ausbildungsstätten als Teil der Infrastruktur im Bildungswesen	133
Clemens Geißler und Uwe Brandes, Hannover	Die Planung von Studienzentren für Fernstudium und Fernunterricht als Element der Infrastruktur im Bildungswesen	145

Der gesamte Band umfaßt 178 Seiten; Format DIN B 5; 1976; Preis 36,– DM

ISBN 3-507-91402-6

Auslieferung

HERMANN SCHROEDEL VERLAG KG · HANNOVER